Le serment des hommes rouges

Aventures d'un enfant de Paris

Ponson du Terrail

Alpha Editions

This edition published in 2024

ISBN : 9789362513076

Design and Setting By
Alpha Editions
www.alphaedis.com
Email - info@alphaedis.com

As per information held with us this book is in Public Domain.
This book is a reproduction of an important historical work. Alpha Editions uses the best technology to reproduce historical work in the same manner it was first published to preserve its original nature. Any marks or number seen are left intentionally to preserve its true form.

TOME I

1879

PROLOGUE

AMIS ET RIVAUX

I

LE DUEL IMPROVISÉ

Un soir de janvier de l'année 1746, il y avait bal à l'Opéra.

—Toute la cour y sera, s'était dit madame Toinon, costumière et loueuse d'habits, qui logeait dans la rue des Jeux-Neufs, aujourd'hui des *Jeûneurs*, à l'enseigne de la *Batte d'Arlequin*.

Et elle avait ajouté:

—Allons, Tony, fais tes préparatifs, tu m'y conduiras. Je t'habillerai en gentilhomme.

—Et vous, patronne, comment serez-vous?

—Je me mettrai en marquise.

—Avec des mouches?

—Mais dame!

—Et des paniers?

—Comme ça!...

Et mame Toinon arrondit ses deux bras en les éloignant le plus possible de son corps, de façon à témoigner de l'ampleur de ses futurs paniers.

Or mame Toinon était une jolie brune, accorte et souriante, qui n'avait guère plus de trente-quatre ans, en paraissait vingt-huit tous les soirs, et était la coqueluche de son quartier. Mame Toinon était veuve; elle n'avait pas d'enfant et n'avait pas voulu se remarier.

Mais elle avait trouvé un matin, sur le seuil de sa porte, un pauvre petit garçon de huit ans qui grelottait et pleurait, et elle l'avait recueilli.

L'enfant abandonné ne savait ni le nom de son père, ni celui de sa mère; il savait seulement qu'on l'appelait Tony.

Il paraissait avoir éprouvé un violent effroi qui lui avait fait perdre la mémoire.

Tout ce que mame Toinon en put tirer, c'est que des hommes masqués avaient voulu le tuer.

La costumière prit l'enfant chez elle et l'adopta.

A partir de ce moment, elle ne songea plus à se remarier, et les mauvaises langues de son quartier prétendirent que l'enfant recueilli était son fils, un péché mignon de première jeunesse dont le mari n'avait jamais rien su. Or, à l'époque où commence cette histoire, Tony avait à peine seize ans, mais il était grand et fort, admirablement bien pris et d'une charmante figure, pleine de malice et d'esprit.

On ne l'appelait dans la rue que le *beau commis à mame Toinon*.

—Ainsi, vous allez au bal? demanda-t-il à sa mère d'adoption.

—Tiens, pourquoi pas? répondit-elle en se jetant un coup d'oeil passablement admirateur dans la petite glace placée au-dessus du comptoir. Je ne suis pas encore trop déchirée pour une femme de trente-quatre ans, et je pense que la poudre ne va pas toujours aussi bien à de véritables marquises.

Puis mame Toinon, qui, on le voit, n'était pas précisément la modestie en personne, regarda du haut en bas son commis.

—Et toi, dit-elle, mon petit, sais-tu que tu seras charmant avec ce bel habit bleu de ciel à paillettes, cette veste rouge et cette culotte de satin blanc, que j'ai fait faire dernièrement pour ce gentilhomme de province?...

—Ah! oui, dit Tony, et qui vous a laissé le tout pour compte, sous prétexte que vous ne vouliez pas lui faire crédit?

—Justement.

—Et vous croyez que cela m'ira?

—A ravir.

Tony, à son tour, se mira dans la glace et ne fut pas trop désolé de l'examen.

—Tu seras à croquer, ajouta mame Toinon, en fixant sur son fils adoptif des regards qui n'étaient peut-être pas très maternels.

—Faudra-t-il me faire poudrer?

—Mais sans doute.

—Et à quelle heure irons-nous?

—Tout au commencement. A minuit. Tu me feras danser, j'imagine?

—C'est que je ne sais pas trop bien.

—Bah! Je te montrerai!...

—Et qui gardera la boutique?

—Babet, donc.

Babet était l'unique servante de mame Toinon,—une vieille fille honnête et désagréable, qui baissait les yeux et s'efforçait de rougir quand un homme la regardait par hasard.

Tandis qu'ils causaient, un chaland entra dans la boutique. C'était un gentilhomme d'environ trente ans, de belle prestance, aux airs hautains, et posant avec impertinence le poing sur la garde de son épée qu'il portait en verrouil. Il salua mame Toinon de la main, d'un air familier et protecteur et lui prit même un peu le menton.

—Toujours jolie et toujours veuve! dit-il.

—Ah! monsieur le marquis, répondit la costumière, qui ne se fâcha point des petites libertés que le gentilhomme prenait avec elle, vous m'avez dit cela souvent, à pareil jour, ce qui est à la fois une preuve que je vieillis et que vous êtes toujours jeune.

—Plaît-il? fit le gentilhomme. On dirait que vous tournez une phrase comme M. de Marivaux lui-même, Toinon?

—Mais non, monseigneur. Je vieillis, puisqu'il y a déjà longtemps que vous m'avez dit la même chose; et vous êtes toujours jeune, puisque vous revenez, comme jadis, à l'approche du bal de l'Opéra.

Et Toinon prit une pose un peu railleuse.

—Nous nous amusons donc encore? dit-elle; nous courons les femmes de la bourgeoisie?... les caméristes?... les grisettes?...

—Silence, madame Toinon, ces choses-là étaient bonnes autrefois.

—Hein?

—Je suis marié.

Mame Toinon leva les mains au ciel avec une expression lamentable.

—Ah! mon Dieu, dit-elle, la malheureuse!...

—Tu ne sais ce que tu dis, ma brave Toinon. Le diable s'est fait ermite, et j'adore ma femme.

—Est-elle riche, au moins?

—Très riche.

—Jeune?

—Vingt ans.

—Jolie?

—Comme un ange.

—Et vous allez au bal de l'Opéra, seigneur Dieu! car, puisque je vous vois, c'est que...

—Chut! dit le marquis, c'est que ma femme et sa soeur ont eu un singulier caprice.

Mame Toinon regarda le marquis.

—Ces dames, continua-t-il, ont imaginé de s'en aller ce soir au bal de l'Opéra, déguisées en bergères.

—Et vous les accompagnerez, sans doute?

—Naturellement.

—Déguisé en berger?

—Ou en faune, je ne suis pas encore bien fixé. Je viens donc vous prier, ma chère Toinon, de m'envoyer, le plus tôt possible, plusieurs costumes complets de bergères. Ces dames choisiront.

La costumière regarda Tony. Tony se tenait immobile dans le coin le plus obscur de la boutique depuis l'entrée du marquis.

—Mon mignon, lui dit mame Toinon, tu iras chez M. le marquis.

—Mais, fit ce dernier, il est bien plus simple que ce garçon vienne avec moi tout de suite.

—Comme vous voudrez, monsieur le marquis.

Mame Toinon, en un clin d'oeil, eut assorti des étoffes, empli trois grands cartons et appelé, du seuil de sa porte, un commissionnaire; puis elle se pencha à l'oreille de son cher commis et lui dit:

—Reviens au plus vite. Il faut que tu te fasses poudrer et que tu te costumes.

Le commissionnaire plaça les cartons sur ses crochets et s'apprêta à suivre le client de mame Toinon.

—De quel côté allons-nous, monsieur le marquis? demanda Tony.

—Dans l'île Saint-Louis.

Alors le jeune homme, voulant éviter au grand seigneur l'ennui de cheminer côte à côte avec un commissionnaire, invita ce dernier à prendre les rues de traverse et à aller attendre à l'entrée de la rue Saint-Louis-en-l'Isle.

Le marquis, lui, se prit à questionner Tony, tout en marchant. Tony était peu timide; il avait l'esprit alerte et souple, un peu moqueur, de l'enfant de Paris; il s'était toujours plu en la compagnie de gens de qualité, lesquels affluaient dans la boutique de mame Toinon, et, le gentilhomme lui ayant quelque peu lâché la bride, le commis se mit à jaser de choses et d'autres.

Le marquis le regarda tout à coup attentivement.

—Tu as la figure fine, dit-il, le pied petit, la main blanche et délicate.

Tony rougit.

—Tu es peut-être le péché mignon d'un homme de qualité.

—Je ne sais pas, répondit Tony; mais ce que je sais bien, c'est que si je n'aimais pas tant maman Toinon, je me ferais soldat.

—Ah! et que voudrais-tu être?

—Garde-française. On a un bel habit blanc à parements bleus.

Le marquis se mit à rire.

—Bon! dit-il, tu ignores, je parie, que je suis précisément capitaine aux gardes-françaises.

—Vous, monseigneur?

—Moi, et si tu veux t'enrôler...

Tony allait répondre, sans doute, qu'il aimait trop mame Toinon pour se séparer d'elle; mais il n'en eut pas le temps, car un troisième personnage vint se mêler à la conversation.

En ce moment le marquis et Tony atteignaient l'extrémité de la rue Saint-Louis-au-Marais et s'apprêtaient à tourner l'angle nord de la place Royale.

Bien qu'il fût à peu près nuit, un gentilhomme, qui cheminait en sens contraire, avait aperçu le marquis et était venu droit à lui, juste au moment où Tony méditait sur la réponse qu'il avait à faire.

A la vue de ce personnage, qui portait d'ailleurs un costume rouge assez étrange, le marquis recula d'un pas et porta la main à la garde de son épée.

—Bonsoir, marquis!

—Bonsoir, comte!

Les deux gentilshommes se saluèrent comme se saluent deux adversaires.

—Je ne vous savais pas à Paris, comte, ricana le marquis.

—J'y suis depuis une heure.

—Ah!

—Et vous devinez que j'y suis venu pour vous.

—Naturellement.

—Allons, fit l'inconnu d'un ton railleur, je vois que vous me comprenez à merveille.

—Certainement. Quelle est votre heure, comte?

—Celle-ci.

—Et... le lieu?

—La place est déserte. Nous y serons chez nous.

—Ah! pardon, dit le marquis, j'aimerais assez remettre la partie à demain.

—C'est impossible, marquis.

—Cependant, j'ai promis à ma femme de la conduire au bal de l'Opéra cette nuit.

L'inconnu répondit sèchement.

—J'en suis désolé; mais voilà quatre ans que je vous cherche, en Bohême, en Autriche, en Espagne, partout, et je suis pressé de vous tuer.

—Ainsi, vous me refusez?

—Positivement.

—Mais nous n'avons pas de seconds.

— Nous nous en passerons. Venez, marquis, et flamberge au vent, s'il vous plaît!

Le marquis avait déjà oublié Tony, qui, à deux pas de distance, avait assistera cette provocation.

—Eh bien, soit, dit le marquis avec colère, venez!

Et tous deux se prirent à marcher d'un pas rapide et gagnèrent l'angle le plus obscur de la place.

Tony avait toujours entendu dire, dans le quartier Montmartre, par les bourgeois de sens que les petites gens ne se doivent point mêler des querelles des grands. Aussi se tint-il prudemment à l'écart. Cependant, comme la prudence n'excluait pas chez lui la curiosité, il ne perdit point de vue le marquis et son adversaire.

L'un et l'autre mirent l'épée à la main, et le cliquetis du fer froissant le fer arriva jusqu'à l'oreille de Tony.

Le combat fut long; chacun des deux gentilshommes laissa échapper à diverses reprises une exclamation de colère qui attestait une blessure; puis, tout à coup, le commis de mame Toinon entendit un grand cri...

Et tout aussitôt l'un des deux adversaires chancela, tournoya un moment sur lui-même et tomba à la renverse.

Quant à l'autre, il remit son épée au fourreau, s'enveloppa soigneusement dans son manteau et s'éloigna d'un pas rapide, comme si de rien n'était.

Alors Tony accourut.

Le client de mame Toinon gisait dans une mare de sang...

II

LE COFFRET D'ÉBÈNE

Tony se pencha sur le gentilhomme qui respirait encore, le prit dans ses bras et l'adossa contre une arcade.

—Mon ami, balbutia le marquis, je suis frappé à mort...

—Au secours! cria Tony.

Mais la place était déserte, et personne ne vint.

—Tais-toi, dit le marquis, c'est inutile... seulement écoute-moi... et jure-moi de faire ce que je te dirai.

—Je le jure, répondit le jeune homme.

—Il y a, reprit le marquis, dans ma chambre à coucher, une armoire dont j'ai la clef sur moi; dans cette armoire, tu trouveras un coffret d'ébène... et... tu le porteras...

Un hoquet interrompit le moribond qui, laissant sa phrase inachevée, ouvrit cette brusque parenthèse:

—Surtout n'en dis rien à ma femme... avant demain. Elle veut aller ce soir au bal de l'Opéra. Que le dernier désir... que je lui aie entendu formuler... hélas!... soit au moins réalisé... Tu te présenteras à l'hôtel tout à l'heure... Mon valet de chambre Joseph... t'ouvrira; tu lui montreras cette clef... et tu prendras le coffret... tu le porteras à mon ami... le baron...

Le marquis n'eut point le temps de prononcer le nom du baron; il se souleva violemment, poussa un soupir, puis renversa la tête et tomba sur le sol.

—Ah! il est mort! s'écria Tony.

Pour la première fois de sa vie, le jeune homme se trouvait dans une de ces situations qui commandent à la fois la prudence et l'énergie.

Cependant il avait seize ans à peine, un âge où la réunion de ces deux qualités est rare.

Mais notre héros les déploya en cet instant critique.

Tout d'abord il fouilla le marquis et trouva sur lui une bourse assez ronde et une clef, la fameuse clef. Il mit le tout dans sa poche et se dit:

—Je restituerai la bourse à la famille et je me servirai de la clef pour avoir ce coffret dont il m'a parlé, et que je dois remettre à un baron... Il n'a pas eu le temps de me dire le nom du baron, mais je le trouverai peut-être dans le coffret.

Or Tony savait que le marquis demeurait dans l'île Saint-Louis, mais il ignorait son nom ainsi que celui de la rue où il avait son hôtel. Il fut donc obligé de revenir rue des Jeux-Neufs.

Là, il trouva mame Toinon qui avait déjà commencé sa toilette.

—Eh bien, dit-elle, te voilà de retour?

—Oui, patronne.

—Comme tu es pâle!

—Oh! ce n'est rien!...

—Mais il est arrivé quelque chose... c'est impossible autrement!...

Soudain la costumière jeta un cri:

—Ah! mon Dieu! dit-elle, tu as du sang sur les mains.

Alors Tony fut obligé de raconter à sa mère adoptive la scène étrange et terrible dont il venait d'être témoin.

Mame Toinon l'écouta en frémissant et finit par s'écrier:

—Mais il faut absolument informer sa famille! Cours, c'est le marquis de Vilers, capitaine aux gardes-françaises; il demeure rue Saint-Louis-en-l'Isle.

Tony secoua la tête.

—Il n'a pas voulu que j'avertisse sa femme; il me l'a demandé avant de mourir. Je lui obéirai.

—Soit; mais... ce coffret...

—J'exécuterai la volonté du défunt, répondit Tony avec une gravité qui n'était pas de son âge.

Mame Toinon secoua la tête.

—Mon pauvre enfant, dit-elle, il ne fait jamais bon de se mêler des affaires des gens de cour.

—J'ai juré, répondit Tony avec fermeté. Je tiendrai mon serment; je vais aller à l'hôtel de Vilers.

—Pour quoi faire?

—Mais pour prévenir le valet de chambre du marquis.

Et Tony qui, pour la première fois peut-être, se montrait rebelle aux exhortations de mame Toinon, Tony s'en alla, muni des deux renseignements qu'on venait de lui donner, et il reprit sa course vers l'île Saint-Louis.

Mame Toinon s'était laissée tomber tristement sur une chaise en murmurant:

—Adieu, mou bal de l'Opéra!

Tony courut à perdre haleine et gagna l'île Saint-Louis en moins de temps qu'il n'en avait mis à venir de la place Royale à la rue des Jeux-Neufs.

Le commissionnaire attendait toujours à l'entrée de la rue Saint-Louis, appuyé sur son crochet qu'il avait mis bas et placé le bout inférieur en terre.

—Viens avec moi, lui dit Tony.

—Hé! dit le commissionnaire, je commençais à perdre patience, ma foi!

—Viens

—Et ce gentilhomme, où est-il?

—Viens toujours.

Le jeune homme jugea inutile de donner des explications à l'Auvergnat et s'en alla avec lui jusqu'à la porte de l'hôtel de Vilers. Là il lui dit:

—Laisse ton crochet, va sonner à la porte, et, quand elle sera ouverte, tu entreras chez le suisse et tu lui diras que tu veux parler à Joseph, le valet de chambre de M. le marquis; ensuite tu me l'amèneras.

Le commissionnaire exécuta ponctuellement les ordres de Tony.

Tony attendit quelques minutes, puis il vit venir à lui un vieux laquais grisonnant.

—Est-ce vous qui me demandez? fit-il en regardant curieusement Tony.

—C'est moi.

—Que me voulez-vous?

—Je viens de la part du marquis votre maître.

—Ah! fit le laquais, vous l'avez vu?

—Oui.

—Voici trois fois que madame la marquise sonne pour savoir s'il est rentré.

—Il ne rentrera pas.

—Pourquoi donc?

Tony répondit sans s'émouvoir:

—Parce qu'il vient de partir pour un voyage de vingt-quatre heures.

—Oh! c'est impossible! dit vivement le laquais; madame la marquise l'attend pour aller au bal de l'Opéra.

—Je le sais bien, puisque j'apporte les costumes.

Et Tony montra les trois cartons superposés sur le crochet du commissionnaire.

—Tiens! dit le valet, c'est tout de même bizarre.

Alors Tony prit la main de Joseph et lui dit en la pressant affectueusement:

—Vous aimiez donc bien votre maître, mon ami?

—Mais je l'aime encore, je l'aime toujours!

—Hélas! votre amitié, votre dévouement lui sont désormais inutiles.

Le valet étouffa un cri.

—Il est mort!... ajouta Tony.

—Mort? mort?? mort??? répéta le valet sur trois tons différents.

—Oui.

—Oh! ce n'est pas possible...

—Il est mort... depuis une heure... Il a été tué en duel, sur la place Royale, par un gentilhomme...

—Tué en duel par un gentilhomme?

—Oui.

—Savez-vous le nom de ce gentilhomme?

—Je l'ignore; mais je sais qu'il a fait le tour du monde tout exprès pour se battre avec votre maître.

—Ah! s'écria le valet qui paraissait posséder les secrets du marquis, c'est un des *Hommes rouges!* il fallait s'y attendre...

Et le valet se prit à pleurer.

Tony lui raconta alors la scène dont il avait été témoin, puis les dernières recommandations du marquis.

—Ainsi, dit Joseph, il veut que sa femme aille à l'Opéra?

—Oui.

—Mon Dieu! comment faire?

Tout à coup, Joseph se frappa le front.

—Je vais dire à ces dames, fit-il, que le roi, qui est à Versailles, a fait demander le marquis, et que, sans doute, il reviendra cette nuit.

—C'est cela!

—Mais... la cassette?

—Ah! c'est juste..., venez avec moi.

Le valet, qui était fort troublé, fit entrer Tony dans la cour de l'hôtel, débarrassa le commissionnaire de ses cartons, le paya et le renvoya. Puis il remit les cartons à un autre valet auquel il dit:

—C'est pour madame la marquise; cela vient de mame Toinon.

Tandis que le valet portait les costumes, Joseph prit Tony par la main, lui fit prendre un escalier de service et le conduisit au premier étage de l'hôtel.

Puis il poussa une porte devant lui et posa sur un meuble le flambeau qu'il avait pris chez le suisse.

—Voilà le cabinet de mon pauvre maître, dit-il; l'armoire est en face..., cherchez le coffret... Moi, je vais dire à madame que M. le marquis est à Versailles.

Et le valet, qui était en proie à un trouble et à une douleur extrêmes, laissa le jeune homme sur le seuil de la chambre qu'il appelait le cabinet de son maître.

C'était une vaste pièce tendue d'étoffe sombre et d'un aspect assez triste. Tony, un moment immobile sur le seuil, finit par entrer et ferma la porte derrière lui.

Jamais notre héros n'avait eu dans sa vie une heure aussi agitée que celle qui venait de s'écouler; jamais il n'avait été investi d'une mission pour ainsi dire aussi solennelle.

Il faut croire que la gravité des circonstances lui donna à ses propres yeux une véritable importance, car il s'enhardit tout à fait et se dit:

—J'ai fait un serment, je le tiendrai, et Dieu me punisse si je n'exécute pas fidèlement les dernières volontés de ce gentilhomme qui a eu confiance en moi!

Tony aperçut, en face de lui, l'armoire indiquée par le valet de chambre.

C'était un grand bahut de la Renaissance, à ferrures de cuivre, pourvu d'une fine serrure tréflée, comme on en fabriquait depuis peu.

Il prit la clef qu'il avait trouvée sur le marquis et la mit dans la serrure.

La clef entra, tourna deux fois et le bahut s'ouvrit.

Tony vit alors un joli coffret d'ébène sculpté, après lequel se trouvait une clef.

Il se hâta de l'ouvrir, moins par un sentiment de curiosité que dans le but de trouver dedans un indice quelconque qui pût le mettre sur la trace du destinataire, de ce baron dont le nom avait expiré sur les lèvres du marquis mourant.

A la grande surprise du jeune homme, le coffret ne renfermait qu'un cahier de parchemin, couvert d'une grosse écriture, et une lettre.

La lettre n'était point cachetée et portait cette inscription:

Au baron de C... on à celui qui trouvera ce coffret.

Tony, que cette initiale ne renseignait pas beaucoup, prit le parti d'ouvrir la lettre et lut:

> «Mon cher ami,
>
> »Je puis mourir demain. L'artilleur qui met le feu à une pièce de canon fêlée, le mineur qui travaille sous terre, le pêcheur assailli loin de la côte par une tempête, sont moins près de la mort que moi. Un poignard menace ma poitrine à toute heure; j'ai, comme Damoclès, une épée suspendue sur ma tête, et j'écris ces lignes en prévision de quelque catastrophe.
>
> »Toi ou celui qui lira le cahier ci-joint, où je raconte l'histoire étrange de mon existence, vous me vengerez, si je meurs!...
>
> »Marquis DE VILERS.»

Cette lettre bizarre et sinistre impressionna si vivement la jeune imagination de Tony, qu'il oublia mame Toinon, et Joseph, le valet de chambre, et le lieu où il se trouvait. Il alla fermer la porte au verrou, plaça le coffret et le flambeau sur une table, prit un siège et se mit à lire avec une curiosité ardente le manuscrit du marquis, lequel avait ce simple titre:

MON SECRET.

III

LE SECRET DU MARQUIS DE VILERS

Le manuscrit du marquis, écrit d'une grosse écriture fort lisible, commençait ainsi:

«J'ai trente ans. Il y en a quatre que ceci se passait. J'avais donc alors vingt-six ans.

Nous étions quatre amis, officiers au régiment de Flandre, lors du siège de la petite ville impériale de Fraülen, sur le Danube.

Le premier se nommait Gaston de Lavenay, le second Albert de Maurevailles, le troisième Marc de Lacy.

J'étais le quatrième.

Le siège traînait en longueur et le maréchal de Belle-Isle, qui en avait commandé les premières opérations, s'était retiré au bout de huit jours, laissant simplement devant la place trois régiments d'infanterie, un escadron de Royal-Cravate et deux batteries de campagne.

Le maréchal avait sans doute un vaste plan d'opérations dans lequel il entrait de ne prendre Fraülen qu'à la dernière extrémité, c'est-à-dire à la fin de la campagne. Fraülen était pour lui comme un point sans importance, sur lequel il forçait les Impériaux à concentrer toute leur attention.

Le mois de novembre arrivait et la saison devenait rigoureuse. Un jour, le commandant de la citadelle de Fraülen écrivit au marquis de Langevin, notre mestre-de-camp, qui commandait l'armée de siège, une lettre ainsi conçue:

«Monsieur le marquis,

«Voici le jour de la Toussaint, qui sera suivi du jour des Morts, et bientôt arriveront les fêtes de Noël et du nouvel an. Je vous viens faire une proposition: c'est d'établir une trêve entre nous pour tous les dimanches et jours de fête. Vos officiers pourront venir danser dans le faubourg de Fraülen, qui, vous le savez, renferme les plus belles maisons de la ville, et les miens les iront visiter dans la partie de votre camp que vous désignerez. Ce sera pour nos deux armées un moyen de tuer le temps.

«En attendant l'honneur de votre réponse, je suis, monsieur le marquis, votre très humble serviteur.

«Major BERGHEIM.»

Le marquis répondit:

«Monsieur le major,

» J'accepte votre proposition et j'invite vos officiers à dîner pour le jour de la Toussaint dans la première enceinte de nos retranchements, entre nos ouvrages avancés et la portée de vos canons.

» Je vais faire élever en cet endroit une tente convenable pour vous y recevoir et je suis, en attendant cet honneur, monsieur le major,

» Votre très obéissant,

» Marquis DE LANGEVIN.»

Or le jour de la Toussaint, les officiers français et les officiers autrichiens, profitant des conventions arrêtées, se rencontrèrent hors de la ville et firent assaut de courtoisie.

Notre mestre-de-camp, le marquis de Langevin, dont la fortune personnelle était considérable, donna aux assiégés un dîner splendide, et les dames de la ville furent invitées à venir danser sous une tente illuminée par des feux de Bengale et des lanternes vénitiennes.

Le lendemain, jour des Morts, on ne dansa pas dans Fraülen; mais nous fûmes invités à une messe en musique et nous dînâmes chez le major.

Le dimanche suivant, un magnat hongrois, fabuleusement riche, nous donna une fête splendide dans sa maison de campagne, située au delà du Danube et par conséquent sous la protection du canon des forts.

C'est à cette fête qu'a commencé pour moi la série d'événements étranges et terribles qui pourraient bien, au premier jour, avoir ma mort pour conclusion.

Je l'ai dit, nous étions quatre amis, quatre frères d'armes, servant dans le même régiment, nous tutoyant, n'ayant pas de secrets les uns pour les autres et faisant bourse commune.

On nous appelait les quatre *Hommes rouges*; et voici pourquoi:

Nous gardions un jour, avec une vingtaine d'hommes, une redoute.

Pendant deux heures, barricadés dans le bastion, nous supportâmes un feu meurtrier, et nos vingt hommes tombèrent un à un.

Quoique blessé lui-même, Marc de Lacy résolut avec nous de continuer la lutte. On décida qu'il chargerait les mousquets, tandis que nous ferions feu. Pendant une heure encore, à nous quatre, nous soutînmes ainsi le siège, et une compagnie tout entière d'Impériaux joncha de ses morts les alentours du bastion.

—Messieurs, nous cria Marc tout à coup, nous n'avons plus que vingt-cinq cartouches; je vous engage à les ménager.

—Vive le roi! répondîmes-nous, bien déterminés à ne tomber que morts au pouvoir des Impériaux.

Heureusement pour nous, un de ces épais brouillards qui sont fréquents sur les bords du Danube, s'éleva tout à coup en même temps que la nuit arrivait, et nous déroba à la fois la vue de la ville et celle du camp.

Alors le feu cessa.

—Il était temps, messieurs, nous dit Marc; vous avez brûlé vos vingt-cinq cartouches.

Nous passâmes une partie de la nuit couchés à plat ventre derrière un rempart de cadavres et dans l'impossibilité de sortir du bastion, car l'ennemi avait établi un cordon de Soldats autour de nous.

De temps à autre, une balle sifflait au-dessus de nos têtes; à un certain moment, un obus vint éclater au milieu du bastion.

—Allons, mes amis, dit Maurevailles, au point du jour nous serons morts. Dès que le brouillard sera dissipé, on nous livrera un dernier assaut, et comme nous n'avons plus de cartouches!...

—Nous serons morts ou sauvés, répondis-je.

—Ah! par exemple, répondit Marc en riant, tu es bien bon de conserver de l'espoir.

—Qui sait?

—A moins que tu ne veuilles te rendre?

—Vous êtes fous!

—Alors, fais tes préparatifs de voyage pour l'autre monde.

—Messieurs, répondis-je froidement, cet obus, qui vient d'éclater et qui a failli me tuer, a illuminé le bastion l'espace d'une seconde.

—Eh bien?

—A sa clarté, je vous ai vus pêle-mêle avec nos cadavres et couverts de leur sang.

—Où veux-tu en venir?

—Attendez! Les uhlans hongrois ont des tuniques et des manteaux rouges?

—Oui.

—Parfaitement, nous sommes sauvés.

La nuit était sombre et le brouillard épais; mais j'avais sur moi une mèche soufrée, comme on en porte dans les tranchées ou dans les mines; je battis le briquet et j'allumai la mèche.

—Malheureux! me cria Maurevailles, ta mèche est un point de mire, la place va nous envoyer un boulet.

—Ah! dame, je ne dis pas le contraire. Il y a des cas où il faut y voir.

La clarté de la mèche soufrée pénétrait bien un peu le brouillard, mais Maurevailles s'était trompé; elle ne pouvait arriver jusqu'à la place. Seulement les Impériaux, qui entouraient le bastion, l'aperçurent et en cinq minutes nous entendîmes cinquante balles pleuvoir autour de nous.

Mais nous avions mis à profit ces cinq minutes.

Dans le sang de nos soldats qui couvrait le sol de la redoute, chacun de nous avait roulé son manteau, puis s'était drapé dans ce manteau rougi.

Après quoi nous nous étions recouchés à plat ventre.

—Tenons conseil, dis-je alors.

—Voyons, me répondit-on.

—Il y a, autour du bastion, à cinquante pas de distance, un cordon d'Impériaux; mais il laisse passer les patrouilles des uhlans hongrois. Or vos manteaux sont maintenant aussi rouges que les leurs et comme on ne voit pas à cinquante pas de distance par le brouillard qu'il fait, on ne saura d'où nous venons. Partons.

Si aventureux que fût mon plan, il réussit.

Nous nous glissâmes hors du pavillon et nous nous mîmes à marcher résolument deux par deux.

—Qui vive! cria une sentinelle.

—Patrouille! répondis-je en hongrois, et nous fîmes trente pas en avant. Un pontonnier, qui travaillait dans une tranchée, souleva sa lanterne, et sa clarté se projeta un instant sur nos vêtements rouges. Les rangs des Impériaux s'ouvrirent... et nous passâmes. On nous avait pris pour des uhlans hongrois.

Dix minutes après, nous arrivâmes au camp français où on n'espérait plus nous revoir, et depuis lors, le surnom d'*Hommes rouges* nous est resté.

Or, ce fut à la fête, dont je parlais plus haut et que le riche magnat hongrois nous donna dans sa maison de campagne, que commença pour moi cette série d'événements que je vais retracer.

Une jeune fille attira tout d'abord notre attention à tous les quatre, tant elle était belle dans son riche et pittoresque costume de hongroise des montagnes.

—Palsembleu! m'écriai-je, je serais capable de lui conquérir un royaume si elle voulait m'aimer.

—Et moi aussi, dit Maurevailles.

—Et moi donc? exclama Gaston de Lavenay.

—Bon! fit Marc de Lacy, vous m'oubliez, messieurs. J'en suis, morbleu! moi aussi...

Nous avions échangé ces quatre exclamations dans un petit pavillon isolé, où nous étions demeurés seuls un moment, après avoir vu passer la belle Hongroise au bras de son père, qui était un autre magnat excessivement riche.

Nous nous regardâmes tous quatre et, pour la première fois, nous éprouvâmes un singulier malaise, et nos regards se croisèrent comme des lames d'épée.

—Ah ça! messieurs, dit Gaston de Lavenay, je crois, Dieu me pardonne! que nous allons devenir rivaux?

—C'est bien possible, murmurai-je.

—Tu l'aimerais?

—J'en suis déjà fou.

—Et toi, Maurevailles?

—Moi, je l'adore.

—Et toi, Lacy?

—Je te la disputerais l'épée à la main.

—Vous êtes insensés! répondit Lavenay. Et je vous propose, moi, de la tirer au sort.

—Au fait! dit Maurevailles, c'est une idée.

—Et je l'approuve, dit Marc de Lacy à son tour.

Comme eux, et sans réfléchir, j'inclinai la tête.

—Ah! messieurs, reprit Lavenay, j'ai une autre proposition à vous soumettre avant d'interroger le sort.

—Parle vite.

—Nous allons faire un serment, continua d'une voix grave notre ami, un serment solennel et terrible,—tel que des gens comme nous peuvent en prêter un,—un serment d'amitié, d'amour, mais de mort aussi.

—Lequel? demanda Maurevailles.

—Eh bien, reprit Lavenay, jurons d'aider de tout notre pouvoir, de servir par tous les moyens possibles l'heureux d'entre nous à qui le sort aura donné celle que nous aimons tous les quatre.

—Soit, répondîmes-nous.

—Et il est bien convenu que celui qui manquerait à ce serment et qui ne se résignerait pas à la volonté exprimée par le destin...

—Celui-là, dit Maurevailles, sera tenu de se battre avec les trois autres!»

IV

OU LE MARQUIS DE VILERS SE TROUVE ÊTRE UNE ANCIENNE CONNAISSANCE DE LA BELLE HAYDÉE.

Tony, de plus en plus intrigué, continua à lire:

«Nous fîmes le serment convenu et nous jetâmes nos quatre noms dans un chapeau.

Le sort allait décider...

Mais une difficulté se présenta.

Qui donc allait plonger la main dans cette urne improvisée? Quel était celui d'entre nous qui en retirerait le nom de l'élu du destin?

—Messieurs, dis-je à mon tour, il y a un moyen de nous mettre tous d'accord. Nous allons prier la belle Hongroise de plonger sa jolie main dans le tricorne.

—Ah! quelle drôle d'idée! Mais comment obtenir?...

—Soyez tranquille, je m'en charge.

—Bon! et après?

—Après? Je suis d'avis que nous brûlions les trois noms demeurés au fond du chapeau sans les lire.

—Et le quatrième?

—Si vous le voulez bien, le quatrième papier ne sera point déroulé tout de suite, et son contenu demeurera un mystère pour tous.

—Jusqu'à quand?

—Jusqu'à ce que nous ayons réalisé le plan que je médite.

—Voyons! firent-ils tous trois.

Je posai sur une table le tricorne de Maurevailles qui contenait les quatre papiers, puis je jetai un regard autour de nous pour m'assurer que nous étions toujours seuls.

—Messieurs, repris-je alors, laissez-moi vous dire que nous ne savons absolument rien de notre belle inconnue, si ce n'est qu'elle est la fille de ce vieux magnat qui lui donne le bras.

—Qu'importe? fit Lavenay.

—J'aimerais assez, puisque nous allons la tirer au sort, que chacun de nous concourût à sa conquête avant que le sort se fût prononcé.

—Mais, dit le baron, tu oublies que nous avons fait le serment d'aider le vainqueur.

—Je le sais...

—Voyons, explique-toi...

—Eh bien, je suis persuadé que nous déploierions bien plus de zèle isolément, si chacun de nous avait l'espoir que son nom fût contenu dans le quatrième bulletin.

—Au fait, dit Marc de Lacy, c'est une bonne idée.

—Ah! vous trouvez?

—C'est également mon avis, ajouta Maurevailles.

—Eh bien, arrêtons un plan.

—Soit!

—Je vais prendre quelques renseignements à travers le bal, faites-en autant.

—Et puis?

—Quand nous saurons où demeure la belle Hongroise, nous aviserons aux moyens, soit de nous introduire chez elle, soit de l'enlever.

—Je penche pour ce dernier parti, dit Gaston de Lavenay.

—Et moi aussi, répliquèrent Maurevailles et Marc de Lacy.

Nous laissâmes le tricorne de Maurevailles sur la table où je l'avais placé, et nous rentrâmes dans le bal, où chacun de nous prit une direction différente.

Moi, j'allai passer mon bras sous celui d'un jeune et charmant officier autrichien, aide de camp du major Bergheim, le commandant de Fraülen.

Le lieutenant Hinch, tel était son nom, s'était pris pour moi, dès le premier jour de trêve, d'une grande sympathie, que je lui rendais, du reste.

—Mon cher lieutenant, lui dis-je en lui montrant la belle Hongroise qui valsait en ce moment au milieu d'un groupe d'admirateurs enthousiastes, quelle est cette jeune fille?

Il me regarda en souriant.

—Ah! je vous y prends, vous aussi! me dit-il.

—Que voulez-vous dire?

—Que vous êtes amoureux.

—Passionnément.

—Vous avez cela de commun avec les cinquante ou soixante officiers de l'armée impériale qui sont ici ce soir.

—Oh! mais vous aussi, sans doute?

—Oh! non, dit le lieutenant, et cela tient à ce que j'ai laissé à Vienne une blonde fiancée que j'aime...

—Eh bien, tant mieux!

—Pourquoi?

—Je craignais que nous ne fussions rivaux.

—Oh! mon cher, répondit le lieutenant, je crois que ni vous ni personne ne réussirez jamais auprès d'elle.

—Bah! fis-je avec la fatuité d'un officier de vingt-six ans. Comment se nomme-t-elle, votre Hongroise?

—Haydée, comtesse Mingréli.

—Le nom est joli.

—C'est la fille de ce vieux comte Mingréli qui est appuyé là-bas, à cette colonne, et regarde danser.

—Je l'ai déjà vu. Ainsi vous dites que Haydée...

—Passe pour avoir un amour mystérieux.

—Diable!

—On ne sait pas quel est celui qu'elle aime, mais on sait bien qu'elle a refusé la main des plus riches et des plus nobles seigneurs de l'empire.

—Est-ce qu'elle habite Fraülen?

—Non; elle vient même assez rarement ici et ne quitte guère le manoir de son père, situé sur les bords du Danube. Ah! continua le lieutenant en riant, si vous voulez en faire le siège et tenter d'enlever la comtesse, vous ne serez pas le premier qui en aura eu l'idée.

—Vraiment!

—Un magnat des environs, après avoir demandé sa main et avoir été refusé, a fait un siège en règle du château.

—Et il a été repoussé?

—Le vieux comte Mingréli lui a envoyé, à cent pas de distance, du haut d'une tour, une balle dans le front! Si le coeur vous en dit...

—Mais, mon cher, m'écriai-je, tout ce que vous me dites là, loin de me décourager, irrite ma passion naissante.

—C'est assez l'ordinaire.

—Est-ce que vous ne pourriez pas me présenter?...

—Au comte?

—Non, à sa fille.

—Oh! très volontiers. Vous serez bien accueilli, car elle me sait un gré infini de ne point mourir d'amour pour elle, comme tout le monde. Tenez, justement la valse finit, venez...

Le lieutenant m'entraîna vers le milieu du grand salon.

La belle Hongroise remerciait alors son danseur, qui n'était autre que le magnat, maître de la maison, et elle s'apprêtait à rejoindre son père, lorsque nous l'abordâmes.

En Hongrie, une fille unique hérite des titres de son père et les porte même du vivant de ce dernier.

C'est ainsi que la fille du comte Mingréli était comtesse.

Elle accueillit le lieutenant Hinch avec un charmant sourire.

—Comtesse, lui dit-il, permettez-moi de vous présenter M. le marquis de Vilers, un ennemi que j'aime de tout mon coeur.

Elle reporta sur moi ce regard et ce sourire dont elle avait salué le jeune lieutenant.

—J'ai ouï parler de vous, monsieur, me dit-elle.

—En vérité, comtesse?

—D'abord, me dit-elle, vous êtes un des *Gentilshommes rouges*, comme on vous nomme depuis votre belle défense de la redoute?

—Oui, comtesse.

—Ensuite, je vous ai connu à Paris.

—A Paris? fis-je avec étonnement.

Le lieutenant Hinch, en galant homme qu'il était, s'était déjà mis à l'écart pour nous laisser causer.

—Chut! me dit tout bas Haydée; je vous conterai cela plus tard... à moins que vous ne vouliez me faire danser.

—Je vous le demande à genoux, répondis-je ébloui de sa beauté et prêtant l'oreille à sa voix qui était mélodieuse comme un chant slave.

—Parlez-vous le hongrois? me demanda-t-elle, car elle m'avait adressé la parole en français, et, comme tous les Slaves, elle parlait cette langue aussi purement qu'une Parisienne élevée à Versailles.

—Un peu, répondis-je.

—Vous devez être une exception dans votre armée?

—A peu près.

—C'est comme ici les Autrichiens; il y en a fort peu qui parlent le hongrois.

—Ah!

—Et si nous nous servons de cette langue, nous courons le risque de n'être entendus de personne.

Les préludes d'une danse nationale, que, à Paris et à Versailles, nous avons nommée la hongroise, se firent entendre alors.

Haydée plaça dans ma main sa main gantée et je l'entraînai dans le tourbillon.

—Comtesse, lui dis-je alors, vous êtes donc allée à Paris?

—L'hiver dernier.

—Pourtant nous étions déjà en guerre?

—Oui, mais mon père avait un sauf-conduit du maréchal de Belle-Isle, votre général.

—Ah! c'est différent; cependant...

—Je sais ce que vous allez me dire, interrompit-elle en souriant.

—Peut-être...

—Vous allez me dire: Moi aussi, j'étais à Paris et à Versailles l'hiver dernier, et il est impossible que des gens comme nous ne se soient point rencontrés.

—En effet..., vous êtes si belle, que, après vous avoir vue une seule fois, on ne saurait plus vous oublier.

—Flatteur!

Elle prononça ce mot sans irritation, d'une voix plutôt émue que railleuse, et je me demandai si c'était bien là cette femme qui, disait-on, était insensible à tous les hommages.

—Oui, reprit-elle, j'étais à Paris, et je vous ai vu.

—Oh! c'est impossible!...

—Regardez bien mes cheveux blonds. Je tressaillis.

—C'est tout ce que vous avez vu de moi...

—Ah! m'écriai-je, je me souviens... c'était vous?

Pour vous expliquer ces paroles que nous avions si rapidement échangées, il est nécessaire que je raconte une aventure qui m'était advenue l'hiver précédent.

Un soir de décembre, je me rendais au premier bal de l'Opéra, et mes porteurs longeaient la rue Saint-Denis. Arrivé à la hauteur de la rue aux Ours, j'entendis tout à coup des cris, des supplications et tout le tapage, en un mot, d'une rixe nocturne.

Plusieurs voleurs avaient entouré une chaise à porteurs dans laquelle une jeune femme se débattait et appelait au secours.

Les voleurs lui disaient:

—Donnez votre argent, vos pierreries, vos bijoux, madame, et il ne vous sera fait aucun mal.

La jeune femme était masquée, ce qui était une preuve qu'elle se rendait au bal de l'Opéra.

A la première attaque, les porteurs de la dame s'étaient enfuis.

Je sortis de ma chaise et je fondis, l'épée haute, sur les bandits en criant:

—Je suis le marquis de Vilers, et j'ai rossé le guet trop souvent pour n'avoir point bon marché de drôles tels que vous.

Je tuai l'un des voleurs; les autres prirent la fuite. Alors j'offris ma chaise à la jeune femme, qui l'accepta, et je marchai à ses côtés jusqu'à l'Opéra.

Là, elle me remercia chaudement, mais elle n'ôta point son masque, et je la perdis de vue dans le bal.

Toute la nuit, je la cherchai. Ses cheveux blonds avaient fait sur moi quelque impression.

Mes recherches furent vaines...

Elle avait disparu,—et je l'oubliai.

—Ainsi, murmurai-je en regardant la comtesse avec extase, c'était vous?

—C'était moi, me répondit-elle. Vous voyez que nous sommes de vieilles connaissances.

Il me sembla alors que sa voix trahissait une légère émotion, et il me passa par l'esprit et par le coeur un ardent espoir.

—Qui sait? me dis-je, si je ne suis pas cet homme qu'elle aime et dont nul ne sait le nom?...

Mais, en ce moment, j'aperçus devant moi la figure railleuse de Gaston de Lavenay qui m'observait attentivement, et je sentis mon sang se glacer...

Je me souvenais du serment odieux que j'avais fait!

V

OU TONY APPREND A QUOI PEUT SERVIR LA VALSE

La jeune Hongroise n'avait remarqué, disait ensuite le manuscrit, ni les regards de mes amis braqués sur nous, ni le trouble que m'avait fait éprouver cette espèce de surveillance.

La danse finissait.

—Voulez-vous que je vous présente à mon père? me demanda la comtesse.

—Je vous en serai reconnaissant, répondis-je.

Elle continua à s'appuyer sur mon bras et me conduisit jusqu'à cette colonne contre laquelle le magnat était demeuré appuyé depuis que sa fille dansait.

—Mon père, lui dit-elle, je vous présente M. le marquis de Vilers.

Le magnat me salua avec la courtoisie d'un homme bien né, mais il n'y eut rien dans son geste, son regard ou sa voix qui pût me laisser croire que mon nom eût été déjà prononcé devant lui.

—Il paraît, pensai-je, que la belle comtesse n'a pas jugé convenable de lui parler du petit service que je lui ai rendu à Paris.

Puis, comme le magnat ne m'adressait que quelques paroles insignifiantes et semblait désirer que sa fille demeurât avec lui, je pris congé:

—Comtesse, dis-je en me retirant, m'accorderez-vous, cette nuit, l'honneur de vous faire valser?

—Avec plaisir, me répondit-elle, en m'enveloppant de ce sourire qui m'avait déjà enivré. Venez me chercher quand on valsera.

Elle prit alors à sa ceinture le petit bouquet que chaque danseuse, en Allemagne, a coutume de confier à son danseur, et elle me le donna en ajoutant:

—Vous me le rapporterez.

Je m'éloignai et voulus me perdre dans la foule, mais Gaston de Laveney me frappa sur l'épaule.

—Hé! hé! me dit-il, tu fais un peu trop tes affaires personnelles, marquis, il me semble...

—Moi? pas du tout.

—Te voilà présenté..., tu nous présenteras, j'imagine.

—Parbleu! dit Maurevailles qui s'approchait avec Marc de Lacy.

Marc ajouta:

—Cela va de soi. Tu dois nous présenter l'un après l'autre.

—Soit, répondis-je.

—Nous avons eu nos renseignements, nous aussi, dit Gaston de Lavenay.

—Ah!

—La belle a un amour au coeur...

Je tressaillis.

—Elle aime, nous a-t-on dit, un petit cousin à elle...

Ces mots me firent éprouver un éblouissement, et le sang fouetta mes tempes avec violence.

—Êtes-vous sûrs de cela?

—On dit tant de choses!

—Mais qu'importe! dit Gaston de Lavenay, il faudra bien qu'elle se résigne à aimer celui de nous qui...

—Moi, interrompit Maurevailles, je vais vous donner un autre renseignement.

—Voyons?

—La belle Hongroise habite un château en aval du Danube, sur la rive gauche, et à la frontière de l'Empire.

—Je sais cela.

—Attendez..., son père est un chasseur passionné, et il lui arrive de s'absenter deux ou trois jours de suite.

—Pour chasser?

Oui.

—Hé! dit Marc de Lacy, cette indication est précieuse. Le père absent, on enlèvera plus aisément la fille.

—Comment! messieurs, fis-je avec aigreur, vous comptez donner suite à votre plaisanterie?

—Plaît-il? fit Gaston.

—Est-ce que tu te moques de nous? exclama Maurevailles.

—Non, mais...

—Ah! messieurs, dit Marc de Lacy, notre ami le marquis est plus roué qu'il n'en a l'air.

—Mais... je te jure...

—Il a avancé ses petites affaires et il voudrait maintenant nous distancer.

—Ma foi! dit Gaston, il me vient une idée.

—Voyons?

—Tu vas la prier de tirer elle-même du chapeau de Maurevailles le nom du vainqueur.

—Mais il faudra donc lui expliquer...

—Absolument rien. Tu lui diras que nous avons fait une gageure, que cette gageure est provisoirement un mystère.

J'étais au supplice.

Cependant je n'osai refuser.

En ce moment le prélude d'une valse se fit entendre.

La comtesse m'avait promis de valser avec moi.

—Messieurs, dis-je en grimaçant un sourire, je vais continuer à avancer mes affaires.

Et je les quittai brusquement.

La comtesse Haydée m'attendait, debout, auprès de son père, qui n'avait point quitté sa place.

J'allai m'incliner devant elle. Elle prit ma main en souriant.

—Allons, me dit-elle.

Je lui fis faire deux tours de valse sans pouvoir murmurer une seule parole, tant j'étais ému; mais elle me dit:

—J'ai tenu à valser avec vous, parce que je veux vous parler, marquis.

Je sentis, à ces mots, tout mon sang affluer au coeur.

Elle continua:

—Au point du jour, la trêve du dimanche finira, et il vous faudra regagner le camp français.

—Hélas! balbutiai-je, et dimanche prochain est bien loin.

—Pourtant, reprit-elle, il faut que je cause avec vous.

Sa voix trahissait une émotion contenue.

—... Que je cause avec vous, poursuivit-elle, longuement, pendant plus d'une heure.

—Je suis à vos ordres, comtesse.

Ma voix tremblait plus que la sienne.

—Et, dit-elle encore, il faut que mous soyons seuls.

Je tressaillis et je songeai à mes trois amis.

—Je vais quitter le bal dans une heure, continua-t-elle.

—Et puis?

—En sortant du faubourg, vous vous dirigerez vers le Danube.

—Bien.

—Vous verrez une petite maison blanche, isolée de toute autre habitation.

—Je la connais.

—Cette maison est inhabitée. Vous irez vous asseoir sur le seuil de la porte et vous attendrez!

A mesure que la comtesse parlait, mon coeur battait avec violence.

—Ah! soupira la jeune fille au moment où la valse finissait, je n'ai, hélas! foi qu'en vous...

Et comme je lui demandais l'explication de ces étranges paroles:

—Ne m'interrogez pas, dit-elle; dans une heure vous saurez tout.

J'allais la reconduire auprès de son père et sortir du bal, mais, en ce moment, je vis Maurevailles, Lacy et Lavenay qui s'avançaient vers nous.

Maurevailles avait à la main son tricorne qui renfermait nos quatre noms.

—Présentez-nous donc! fit-il.

Je devins fort pâle; mais je parvins néanmoins à me dominer, et, souriant à la jeune fille, je lui dis.

—Permettez-moi, comtesse, de vous présenter mes trois amis *les hommes rouges*.

Elle les salua avec une grâce charmante.

—Madame, lui dit alors Maurevailles, nous avons fait un pari, mes amis et moi.

—En vérité, fit-elle souriante.

—Nous avons une expédition à entreprendre. Il faut que l'un de nous se dévoue, me hâtai-je d'ajouter.

—Ah! mon Dieu! dit-elle. Mais vous êtes en pleine trêve, messieurs?

—Il ne s'agit point de guerre, madame.

—C'est différent, en ce cas.

—Et nous avons mis nos quatre noms dans un chapeau.

—Eh bien?

—Nous cherchons une main innocente pour remplir le rôle du destin; il était impossible d'en trouver une plus pure et plus belle, murmurai-je.

Elle eut un frais éclat de rire.

—Ah! comme vous voudrez! dit-elle.

Et elle mit sa main blanche dans le chapeau de Maurevailles.

Une violente émotion s'empara sans doute de mes trois rivaux, car je les vis pâlir.

Gaston de Lavenay, surtout, devint livide.

VI

OU TONY VOIT LE MARQUIS ALLER A UN RENDEZ-VOUS

Quant à moi, lut encore le commis à mame Toinon, j'éprouvai, pendant que la comtesse plongeait sa jolie main dans le chapeau de Maurevailles, un supplice qu'il me serait impossible de décrire.

La jeune fille, souriante et calme, retira sa main et nous montra un des quatre rouleaux de papier.

—Voici le nom du gagnant, dit-elle.

Et elle s'apprêtait à dérouler le papier; mais Gaston de Lavenay l'arrêta d'un geste.

—Pas encore! murmura-t-il.

La jeune fille le regarda avec étonnement.

—C'est pour la suite du pari, dit Marc de Lacy.

—Comtesse, ajouta Maurevailles, veuillez garder un moment ce billet.

Il s'approcha d'une cheminée et jeta les trois autres noms dans le feu.

Puis il revint vers nous.

—M'expliquerez-vous cette énigme? demanda la belle Hongroise en se tournant vers moi.

Mais Maurevailles prit encore la parole et dit:

—Comtesse, nous nous sommes fixé un but tous les quatre.

—Ah!

—Ce but doit être la récompense de celui dont le nom se trouve roulé entre vos jolis doigts.

—Eh bien?

—Mais chacun de nous doit le poursuivre.

—Je ne comprends pas, dit naïvement la jeune fille.

—C'est peut-être une énigme, ajouta Gaston de Lavenay, qui avait fini par sourire.

—Et cette énigme?

—Nous devons concourir à la déchiffrer tous les quatre.

—Je comprends de moins en moins.

—Eh bien, dit Maurevailles, voulez-vous nous donner huit jours pour vous l'expliquer!

—Oh! de grand coeur...

—Et, en attendant, gardez ce billet sans l'ouvrir.

—Par sainte Haydée, ma patronne, je le jure, répondit la jeune fille.

Une Hongroise mourrait plutôt que de trahir son serment.

Nos trois amis s'inclinèrent, laissant le billet aux mains de la comtesse Haydée, et je demeurai seul avec elle une minute encore.

—Qu'est-ce que cette nébuleuse plaisanterie?

—Je ne sais...

—Comment! fit-elle.

—Ou plutôt, ajoutai-je me remettant tout à fait de mon trouble, je ne puis vous l'expliquer aujourd'hui.

—C'est juste, me dit-elle; comme vos amis, vous êtes lié par un serment sans doute?

—Oui, comtesse.

Elle me sourit.

—Soit, dit-elle, gardez votre secret, mais n'oubliez pas que je vous attends dans une heure. Adieu.

Elle me tendit le bout de ses doigts à la façon orientale et me quitta pour rejoindre son père.

Quant à moi, je voulais me perdre dans la foule et m'esquiver; mais Gaston de Lavenay me rejoignit.

Il passa son bras sous le mien.

—J'ai à te parler, marquis, me dit-il.

—Que veux-tu?

—Nous avons recueilli un nouveau renseignement.

—Sur qui?

—Sur *elle*, parbleu!

—Voyons?

—Elle va chaque dimanche, au matin, avant le jour, entendre la messe dans une petite chapelle située au milieu des bois. C'est un voeu qu'elle a fait.

—Ah! fis-je avec une indifférence affectée.

—Un seul serviteur l'accompagne.

—Eh bien?

—Tu comprends que le moment est propice.

—Pourquoi?

—Mais pour l'enlever.

—C'est juste, balbutiai-je.

—Ah ça! me dit Gaston, mais tu es idiot, mon cher, depuis une heure.

—Tu trouves?

—Tu es amoureux fou, stupide.

—Toi aussi.

—D'accord; mais je n'oublie pas nos conventions, tandis que toi...

—Je ne parais pas m'en souvenir, veux-tu dire?

—Précisément.

Je fis un violent effort sur moi-même et je répondis:

—Pardonne-moi, mais je viens d'éprouver une violente contrariété et j'ai l'esprit à tout autre chose qu'à nos amours.

—Qu'as-tu donc?

—J'ai aperçu dans le bal un officier autrichien que j'ai connu à Paris avant la guerre et je désire le trouver.

—Une querelle?

—Peut-être...

—Mais, c'est jour de trêve...

—Oh! pas pour des affaires particulières... j'ai mes raisons.

—Veux-tu que je t'accompagne?

—C'est inutile. Au revoir...

Et grâce à ce prétexte, je me débarrassai de Gaston, m'élançai au plus épais de la foule et parvins à gagner la porte. Dix minutes après, j'étais assis sur le seuil extérieur de la petite maison isolée au bord du Danube, que la comtesse Haydée m'avait assignée comme lieu de rendez-vous.

J'attendis environ une heure dans la plus vive anxiété.

Pourquoi la jeune Hongroise m'avait-elle donné rendez-vous? Pourquoi avait-elle besoin de me voir et *n'avait-elle foi qu'en moi?*

A l'émotion que de telles pensées devaient faire naître dans mon coeur, joignez le souvenir de ce serment infâme que j'avais prêté et de cette loterie étrange à laquelle j'avais consenti.

Depuis une heure, mes amis m'étaient devenus odieux.

Il me semblait que ces trois hommes formaient entre *elle* et moi une barrière infranchissable.

Toutes ces réflexions tumultueuses torturaient mon esprit, lorsque je vis se mouvoir dans l'éloignement une forme humaine.

La nuit était assez sombre, et je ne pus distinguer tout d'abord à qui j'avais affaire.

Cependant j'entendis un pas léger résonner sur le sol glacé et bientôt je pus me convaincre que la personne qui venait à moi était une femme.

Cette femme était enveloppée dans une mante épaisse qui lui cachait entièrement le visage.

Je crus que c'était la comtesse elle-même et j'allai vers elle.

Mais une voix qui m'était inconnue me dit, en mauvais français:

—Qui êtes-vous?

—Je suis le marquis de Vilers.

—C'est bien, reprit la voix, on vous attend.

—Où?

—Suivez-moi. *Elle* n'a pu venir ici.

La femme inconnue me prit alors par la main et me fit remonter les bords du Danube vers la ville, où nous pénétrâmes par une ruelle tortueuse et sombre.

—Où me conduisez-vous? demandai-je.

—Venez toujours, répondit la femme encapuchonnée.

Nous cheminâmes ainsi de ruelle en ruelle pendant un quart d'heure environ.

Puis, la femme s'arrêta.

J'essayai alors de m'orienter, et je cherchai à savoir où je me trouvais. J'étais sur le seuil d'une porte bâtarde, sous les murs d'une maison noire et de sinistre apparence.

Un moment je crus à un guet-apens.

Mais je n'étais pas homme à reculer et me contentai de porter sous mon manteau la main à la garde de mon épée.

La femme souleva un marteau qui rendit à l'intérieur un bruit sourd; une minute s'écoula, puis la porte s'ouvrit.

—Venez, répéta l'inconnue.

J'avais devant moi un corridor ténébreux.

La femme encapuchonnée me prit par la main et m'entraîna. Je fis en ce moment une réflexion bizarre.

Peut-être un rival malheureux avait-il entendu la comtesse Haydée lorsqu'elle m'assignait un rendez-vous, et, ivre de jalousie, me tendait-il un piège?

Mais je serais allé au bout du monde et je n'en continuai pas moins à marcher.

Tout à coup, à l'extrémité du corridor, nous atteignîmes une porte.

La femme encapuchonnée poussa cette porte, et, lorsque celle-ci fut ouverte, je demeurai, ébloui.

VII

OU TONY EST INITIÉ A UNE SOMBRE HISTOIRE D'AMOUR

Je me trouvai, disait encore le marquis de Vilers dans ce manuscrit si palpitant, à l'entrée d'un joli boudoir comme nos marquises de Versailles savent en avoir.

C'était un boudoir à la française avec des meubles de Boule, des sièges en bois doré, recouverts de tapisseries des Gobelins; les murs étaient tendus d'une étoffe de soie d'un gris tendre à grands ramages.

Ça et là, j'aperçus des tableaux, des bronzes, des statuettes d'un goût parfait.

Je n'étais plus chez une Hongroise, j'étais chez une femme de qualité de Versailles.

Ce boudoir était vide cependant.

—Entrez, me dit la femme encapuchonnée, et attendez.

Je fis quelques pas dans cette pièce que deux flambeaux à trois bougies éclairaient, et je m'assis sur un canapé auprès de la cheminée, où flambait un grand feu.

—Si je suis tombé dans un piège, pensai-je, il faut convenir que celui qui m'y attire mène galamment les choses.

Mais à peine avais-je fait cette réflexion, qu'une portière s'écarta dans le fond du boudoir.

Je me levai précipitamment, et un cri de surprise et de joie m'échappa.

La belle Hongroise pénétrait dans le boudoir et vint à moi.

—Pardonnez-moi, me dit-elle, de ne m'être point trouvée moi-même au rendez-vous que je vous ai donné. Ce n'est point ma faute, en vérité; c'est celle des circonstances. J'ai craint que nous ne fussions surpris... et j'ai préféré ce lieu.

—Qu'importe! lui répondis-je, puisque j'ai le bonheur de vous voir.

Elle eut un sourire triste et me demanda:

—Par où êtes-vous venu?

—Par... là... fis-je en me retournant vers le mur, et en reconnaissant avec surprise que ce mur n'avait aucun indice de porte.

Elle tira tout à fait la portière qu'elle avait soulevée pour entrer.

—C'est mon boudoir, me dit-elle; il dépend de la maison de ville que nous possédons à Fraülen, mais au lieu d'y pénétrer par cette porte, vous y êtes venu par une autre, que moi seule et la femme qui vous a amené connaissons.

—Mon Dieu, ajouta-t-elle avec tristesse, savez-vous que si on vous surprenait ici, vous seriez perdu?

J'eus un fier sourire de dédain.

—Et moi aussi peut-être, ajouta-t-elle en courbant le front.

Alors seulement je frissonnai et jetai un regard inquiet autour de nous. La comtesse Haydée vint s'asseoir auprès de moi, prit ma main et me dit:

—Monsieur le marquis, laissez-moi vous répéter que vous êtes le seul homme en qui j'aie foi.

—Oh! répondis-je, permettez-moi donc alors d'être le plus fier des hommes.

—J'ai osé venir à vous, me dit-elle, car vous êtes brave et loyal et me l'avez déjà prouvé.

—Comtesse...

—Ah! poursuivit-elle, tous ceux qui me voient jeune, belle, couverte de pierreries, adorée de tous, s'imaginent que je suis la plus heureuse des femmes. D'autres encore prétendent, en me voyant refuser tous ceux qui aspirent à ma main, que je suis une jeune fille sans coeur. Hélas! les uns et les autres se trompent. Vous seul saurez le secret de ma mystérieuse existence.

La jeune fille parlait avec une émotion grave, pleine de dignité. Je pris sa main et la portai respectueusement à mes lèvres.

—Madame, lui dis-je, quelque terrible que puisse être le secret que vous allez me confier...

—Oh! dit-elle en m'interrompant, je sais qu'il sera gardé.

—Parlez donc, madame, je vous écoute...

—Monsieur le marquis, reprit-elle, je ne suis point la fille du comte.

Je fis un geste de surprise.

—Je ne suis pas Hongroise.

A cette révélation, mon étonnement redoubla.

—Je suis née à Paris, il y a aujourd'hui dix-neuf ans, et je ne suis point comtesse de Mingréli.

Le comte de Mingréli n'est pas même mon parent, et cependant il m'aime avec une sauvage affection, avec une affection qui m'est odieuse et m'épouvante.

—Mon Dieu! m'écriai-je en frissonnant, qu'allez-vous m'apprendre?

Elle me comprit sans doute, car son visage eut une expression de défi, tandis qu'elle ajoutait:

—Oh! rassurez-vous, je suis restée digne de moi-même. Le comte, après m'avoir aimée comme un père, m'aime à présent d'une autre affection; il voudrait m'épouser. Mais, je vous l'ai dit, ce vieillard à demi sauvage m'épouvante et, jusqu'à présent, j'ai refusé son amour... et j'ai pu le forcer à respecter ma résistance. Hélas! je ne sais ce que me garde l'avenir. Si on ne vient à mon aide...

—Oh! m'écriai-je avec enthousiasme, je vous protégerai, moi, je vous défendrai.

—Merci! me dit-elle. Écoutez encore...

Je regardai la comtesse, dont la voix était émue.

Elle reprit:

—Voici mon histoire. Je m'appelle Haydée de Tresnoël, et je suis la fille cadette du comte Armand de Tresnoël.

—L'ancien colonel de Royal-Cravate?

—Oui.

—Mais je me suis battu sous ses ordres!...

—Je le sais, me dit-elle en souriant.

—Oh! poursuivez, madame, et dites-moi...

—Attendez... Mon père a long-temps servi en Autriche. Il y avait connu le comte de Mingréli et s'y était lié avec lui.

Une année, j'avais alors dix ans, le comte vint à Paris, se présenta chez mon père, à qui il venait rendre visite, et jeta un cri terrible en m'apercevant.

Je ressemblais d'une façon étrange à une enfant que le malheureux avait perdue six mois auparavant.

Chez lui, toutes les affections sont violentes, vivaces et sentent un peu l'homme primitif.

Le comte aimait ardemment sa fille morte; en me voyant, il se prit pour moi, qui lui ressemblais, d'une ardente affection. Pendant un an, il ne quitta point Paris. Il logea chez mon père, il y vécut; il ne me quitta pas.

J'étais sa fille.

Mon malheureux père, vous le savez, continua la jeune fille, fut tué en duel. J'avais déjà perdu ma mère.

Mon père mort, je devais être confiée à une parente éloignée.

Le comte se chargea de moi, mais il s'en chargea à une condition qui devait faire le malheur de ma vie.

Il ne m'adoptait point, il me faisait passer pour sa fille et me substituait à elle, grâce à cette ressemblance.

Tout le monde, en Autriche et en Hongrie, me croit sa fille, et c'est pour lui, à moins qu'il ne m'épouse, le seul moyen de m'assurer son immense fortune.

La jeune fille s'arrêta un moment et me regarda silencieusement. Elle était émue; une larme brillait dans ses yeux.

—Ainsi, lui dis-je, après vous avoir aimée comme sa fille...

—Il voudrait faire de moi sa femme.

—Mais c'est un vieillard! m'écriai-je.

—Oh! répondit-elle, à l'heure où il aurait pu, pour la première fois m'avouer son amour, j'étais encore une enfant, je l'aimais plus qu'aucun homme au monde, et j'eusse fait ce qu'il m'aurait demandé sans y réfléchir.

—Mais depuis...

Elle s'arrêta une seconde fois et soupira.

Pour la seconde fois aussi, j'éprouvai un tressaillement bizarre.

Était-ce un pressentiment?

Elle avait un nom et un aveu sur les lèvres; mais elle se domina sans doute et me dit brusquement:

—Croiriez-vous que cet homme s'est pris pour moi d'un amour si violent, si étrange, si effrayant, que sa jalousie est devenue mon supplice de toutes les heures et de tous les instants!

Un jour, un jeune officier de hussards m'a demandée en mariage.

Le comte a refusé net.

Le jeune homme a osé m'écrire; il a fait plus, il est venu errer sous mes fenêtres. Un matin, on l'a trouvé mort dans un des fossés du château. Le comte l'avait tué pendant la nuit.

—Quelle infamie! m'écriai-je.

—Un autre jour, continua la jeune fille, ce tyran a osé me dire: «Vous ne voulez point être ma femme, soit! mais jamais vous n'aurez d'époux... je tuerai tous ceux qui vous aimeront.»

La jeune fille s'arrêta encore, et la larme que j'avais vue briller dans son oeil, roula lentement sur sa joue. Je pris sa main dans les miennes:

—Eh bien, lui dis-je, que dois-je faire? Qu'attendez-vous de moi?

—Sauvez-moi! me dit-elle.

Je jetai un cri.

—Ah! tenez, acheva-t-elle, vous souvenez-vous de cette nuit... où j'allais à l'Opéra... où vous m'avez sauvée?...

—Oui.

—Eh bien, depuis lors...

Elle s'arrêta... Sa voix était tremblante, étouffée.

—Achevez? je vous en conjure! m'écriai-je hors de moi.

—Eh bien!... cette nuit-là, j'ai compris que je ne pouvais épouser le comte...

Les dernières paroles de la jeune fille m'avaient ouvert le ciel.

Elle m'aimait!

Pendant deux heures, Haydée et moi, nous échangeâmes les plus doux serments et méditâmes un plan d'évasion.

Je voulais à tout prix la soustraire à la tyrannie du comte, la conduire en France et l'y épouser.

J'avais oublié le pacte honteux qui me liait aux autres *hommes rouges*.

VIII

OU LE MARQUIS DE VILERS S'APPRÊTE A CONSOMMER SA TRAHISON

Le timbre de la pendule, en marquant trois heures du matin, continua à lire Tony, vint nous arracher, la jeune fille et moi, à notre extase et à notre bonheur.

—Mon Dieu! me dit-elle, il faut que vous partiez! Le comte est resté au bal, assis à une table de jeu; mais il va rentrer et il me fera demander sans doute.

—Quand vous reverrai-je?

—Ah! quelle maudite guerre! murmura-t-elle. La trêve expire au point du jour.

—Il est pourtant impossible, lui dis-je, que nous attendions à dimanche prochain.

—Oh! certes...

—Indiquez-moi un lieu où je puisse vous revoir demain. Tenez, ici, par exemple...

—Y songez-vous?

—Je trouverai un moyen d'entrer sain et sauf dans la ville et de m'en aller de même.

—Eh bien, soit, me dit-elle... À demain...

—A demain! répondis-je en lui baisant les mains avec transport.

Mais, comme je faisais un pas vers la porte mystérieuse, elle m'arrêta.

—Ah! mon Dieu! me dit-elle, le billet.

—Quel billet?

—Celui que m'ont confié vos amis.

Le souvenir me revint, et je sentis mon sang se glacer.

—C'est une plaisanterie, balbutiai-je: néanmoins gardez-le, je vous dirai tout demain.

Elle me conduisit jusqu'à la porte qui s'ouvrit sans bruit.

Nous échangeâmes le baiser d'adieu et je me trouvai dans les ténèbres.

—Venez! me dit une voix que je reconnus pour celle de la femme encapuchonnée.

Celle-ci me conduisit dans la rue:

—Retrouverez-vous votre chemin?

—Parfaitement. Bonsoir.

Et je regagnai la maison du magnat, où l'on dansait toujours.

Un homme était sur le seuil du premier salon quand j'entrai; c'était Gaston de Lavenay.

—On te cherche partout, me dit-il. Et Maurevailles prétend que tu as eu un rendez-vous avec la belle Hongroise.

Je devins aussi pâle qu'un fantôme.

—Maurevailles est un niais, répondis-je d'une voix altérée.

En ce moment, je l'aperçus qui venait nous rejoindre au bras de Marc de Lacy.

Je fis un violent effort et je lui dis:

—Où diable as-tu vu que j'avais eu un rendez-vous avec la comtesse?

—C'est une plaisanterie, répondit Maurevailles; mais tu es déjà si bien avec elle que nous sommes un peu jaloux.

Je compris qu'il fallait à tout prix détourner les soupçons de mes amis, et je dis en riant:

—Je fais les affaires de la communauté, messeigneurs.

—Et ce sera fort triste, ma foi! murmura Gaston, si tu n'es pas l'élu du sort.

—Je me résignerai...

—Hé! mais, dit Maurevailles, il faut pourtant que nous adoptions un plan pour l'enlèvement...

A l'infâme proposition de Maurevailles, qui parlait d'enlever la comtesse,—la femme que j'aimais déjà si ardemment!—je pâlis et me sentis chanceler.

Gaston de Lavenay répliqua:

—J'ai un plan.

—Voyons?

—Je te l'ai dit; nous enlèverons la comtesse dimanche prochain pendant qu'elle ira entendre la messe à la petite chapelle qui est située au milieu des bois.

—C'est bien loin, dimanche, dit Maurevailles.

—Et puis qu'en ferons-nous? demanda Marc de Lacy.

—Nous la conduirons au camp.

—Après?

—Après, nous lui dirons: Nous vous aimons tous les quatre. Déroulez le papier que nous vous avons confié, et voyez quel est celui de nous qui doit devenir votre mari.

—Mais enfin, messieurs, observai-je à mon tour, si elle préfère l'un de nous.

—Tant pis! une femme enlevée épouse qui l'enlève!...

—Messieurs, nous dit un officier français, l'heure de rentrer au camp est venue. Si nous partions?...

—Volontiers, répondis-je; et je vous jure que je dormirai de bon coeur sous ma tente.

L'officier qui venait de nous parler était un tout jeune homme, cornette au régiment de Bourgogne; il était nouveau dans l'armée, connaissait peu de monde et était enchanté de nous accompagner.

Sa présence nous empêcha de discuter plus longtemps le plan d'enlèvement.

Nous quittâmes ensemble le bal. Nous sortîmes de la ville avant le point du jour, et une heure après nous étions au camp.

J'avais, en route, pris le cornette sous le bras et je lui avais dit tout bas:

—Rendez-moi un service.

—Parlez...

—D'abord, êtes-vous discret?

—Quand je donne ma parole.

—Eh bien, donnez-la moi que ce que je vais vous demander restera à jamais un secret entre nous.

—Foi de gentilhomme.

—Le marquis de Langevin, notre mestre de camp, lui dis-je, avait son accès de goutte ce matin, et il n'est pas venu à Fraülen.

—Je le sais.

—Vous êtes son parent...

—C'est un cousin de ma mère, à la mode de Bretagne.

—Ce qui vous donne vos entrées à toute heure dans sa tente?

—A peu près...

—Eh bien, allez voir le marquis.

—Quand?

—En arrivant. Vous lui direz: Général, le marquis de Vilers a une grâce à vous demander; veuillez le faire appeler par un de vos aides de camp, comme pour affaire de service et à propos de prétendues dépêches venues de France.

—Ce sera fait, m'avait répondu le cornette.

Et, en effet, à peine étions-nous rentrés sous la tente habitée en commun par mes trois amis et moi, que nous vîmes arriver un aide de camp du général, le chevalier de Sorigny.

—Monsieur de Vilers, me dit-il, le colonel-général a reçu de France des nouvelles qui vous concernent.

Je jouai l'étonnement et je suivis le chevalier.

Mes trois amis n'eurent aucun soupçon.

Le colonel-général, marquis de Langevin, qui n'était plus jeune, bien qu'il fût d'une bravoure passant pour chevaleresque, avait le malheur d'être atteint de la goutte.

Quand il avait son accès, force lui était de garder le lit.

Mais, son accès passé, il remontait à cheval et devenait l'officier le plus actif de l'armée.

Or, comme, ce jour-là, il avait son accès, je le trouvai au lit, souffrant beaucoup et n'ayant fermé l'oeil de la nuit.

—Que diable me voulez-vous donc? fit-il en me voyant entrer.

—Je viens vous demander un service, général.

—Parlez, marquis.

—Un service auquel j'attache une si haute importance, que je donnerais ma vie, s'il le fallait...

—Peste!

—Avez-vous bien besoin de moi devant Fraülen, général?

—Hé! mais, répondit le marquis, je n'ai pas plus besoin de vous que des autres. Je fais le siège de Fraülen, j'ai ordre de ne pas le prendre... provisoirement du moins.

—Pouvez-vous me donner un congé?

—Sans inconvénient.

—Un congé de deux mois?

—Va pour deux mois. Je n'ai qu'à appeler mon secrétaire.

—Non pas, général!

—Plaît-il? fit M. de Langevin.

Alors j'expliquai au colonel-général que j'avais besoin de quitter le camp et que, pour le camp tout entier, je devais avoir reçu de lui une mission secrète des plus importantes.

—Mais pourquoi tous ces mystères? fit le marquis.

—Il faut que je sauve l'honneur d'une femme, répondis-je.

Le marquis était un parfait galant homme.

—S'il s'agit d'une femme, me dit-il, je n'insiste pas, gardez votre secret... et partez!...

—Mais ce n'est pas tout, général, lui dis-je.

—Que voulez-vous encore?

—Un mot pour le major Bergheim qui commande Fraülen. Il faut que je m'introduise dans la place et que, pendant trois jours, on m'y laisse vivre à ma guise, sans me traiter en ennemi.

Le marquis de Langevin se fit apporter une plume et écrivit la lettre suivante:

«Monsieur le major,

«Un de mes officiers qui, de plus, est mon ami, a perdu son coeur dans les rues de Fraülen dimanche dernier; il demande quelques jours pour le retrouver, et je vous engage ma parole de militaire qu'il ne s'occupera ni de stratégie ni de politique.

«Je suis, monsieur le major, le plus obéissant de vos serviteurs,

«Marquis DE LANGEVIN,

«Colonel-général, mestre-de-camp.»

—Avec cette lettre, me dit le marquis, vous ferez à Fraülen tout ce que vous voudrez.

—Merci, général.

—Il est inutile de vous demander, ajouta le marquis, si je dois vous garder le secret?

—Un secret absolu, s'il vous plaît, général!

—Allez, vous avez ma parole.

Je pris congé du général et je retournai auprès de mes amis.

—Messieurs, leur dis-je, les gentilshommes rouges vont être réduits à trois, de quatre qu'ils étaient.

—Hein? dit Maurevailles.

—Je pars.

—Comment! Tu pars?

—Oui, à l'instant; on selle mon cheval.

—Et... où vas-tu?

—C'est un secret entre le colonel-général et moi. On m'envoie en mission.

—Pour longtemps?

—Je ne sais.

Jusqu'au siège de Fraülen, nous nous étions aimés tous les quatre comme si nous eussions été frères. Nous allions ensemble au feu, nous ne nous quittions jamais.

Cependant, en apprenant mon départ, une joie subite brilla dans leurs yeux.

Je n'étais plus un ami, j'étais un rival.

Je m'éloignais et leur laissais, croyaient-ils, le champ libre.

—Prends garde! me dit Gaston de Lavenay. Si tu n'es pas ici dimanche...

—Eh bien?

—Nous enlèverons la Hongroise.

—Je ne serai pas ici; mais je compte bien, répliquai-je, que si le sort m'a désigné...

—Oh! nous tiendrons notre serment, sois tranquille, répondit Maurevailles.

Ces mots me firent éprouver un remords passager.

N'allais-je pas trahir mes camarades?

Mais j'avais une excuse: la comtesse Haydée ne les aimait pas: elle m'aimait!...

J'avais avec moi, au camp, un valet de chambre, Joseph, qui est encore à mon service et qui m'est dévoué jusqu'au fanatisme.

Joseph avait sellé mon cheval, placé ma valise à l'arçon et il m'accompagnait.

Une demi-heure après, j'étais de retour à Fraülen. Comme j'approchais des lignes de défense, j'avais placé mon mouchoir au bout de mon épée, m'annonçant ainsi comme un parlementaire. Les portes de Fraülen s'ouvrirent devant moi lorsque je montrai la lettre du marquis de Langevin pour le commandant de place.

Le major Bergheim me reçut sur-le-champ, ouvrit la lettre du marquis, la lut, la relut, et finit par me regarder en souriant.

—Je gage, me dit-il, que j'ai la moitié de votre secret.

Je tressaillis.

—Oh! si c'est ce que je crois, poursuivit-il, soyez persuadé que je n'y mettrai aucun obstacle, moi...

Je gardai le silence.

—Il y a longtemps, acheva-t-il, que je souhaite une mésaventure au comte de Mingréli.

A ce nom, un léger incarnat colora mes lèvres.

Le major Bergheim était un vieux courtisan qui avait eu de grands succès à Vienne, et même à Paris, où, dans sa première jeunesse, il était attaché à l'ambassade. Il admirait M. de Richelieu pour ses galanteries et il était toujours prêt à épauler un mauvais sujet.

—Oh! vous pouvez parler avec moi, me dit-il. Je sais tout et je suis muet; je vois tout, et je suis aveugle. J'ai donc vu, la nuit dernière, que vous étiez tombé éperdument amoureux de la jeune comtesse Haydée.

—Monsieur...

—Et, certes, ce n'est pas moi qui vous trahirai.

Je déteste le comte et je vous souhaite tout le succès possible auprès de sa fille.

Je remerciai le major de ses voeux et lui demandai la permission d'aller me loger, muni d'un sauf-conduit qu'il me donna, dans un faubourg de la ville, où je m'empressai de changer de vêtement et de me métamorphoser; je m'appliquai une grande barbe, j'adoptai le costume des paysans hongrois et, grâce à la connaissance que j'avais de la langue de leur pays, je me donnai, dans l'hôtellerie où nous descendîmes, pour un riche paysan de la Hongrie orientale apportant ses redevances à son seigneur, qui se trouvait pour le moment à Fraülen.

Et je passai la journée à chercher le moyen de soustraire, le soir même, la belle Hongroise à la tyrannie du comte...

La nuit venue, je me rendis, sous mon nouveau costume, dans cette rue sombre, par laquelle j'avais déjà pénétré chez la jeune fille.

La femme encapuchonnée m'attendait sur le seuil de la porte bâtarde. Elle me prit silencieusement la main, et, comme la veille, me conduisit, à travers le corridor ténébreux, jusqu'à cette porte secrète qui donnait accès dans le boudoir de la comtesse Haydée.

IX

OU TONY LIT LE DERNIER MOT DU SECRET DU MARQUIS

La jeune fille,—acheva de lire Tony,—m'attendait avec impatience. A ma voix, elle étouffa un cri de joie.

—Ah! venez vite, me dit-elle, j'ai une bonne nouvelle à vous donner.

—Parlez, répondis-je en lui baisant la main.

—Le comte part.

—Où va-t-il?

—A Vienne, où l'empereur le demande.

—Et il ne vous emmène point?

—Il le voulait; mais, depuis le matin, je me prétends malade.

—Et il consent à vous laisser ici?

—Oh! non pas, il m'envoie dans son château des bords du Danube.

—Avec qui?

—Sous la garde de ma gouvernante et d'une sorte d'intendant eu qui il a une confiance aveugle...

—Mais alors...

—La gouvernante est cette femme qui vous a conduit ici.

—Et l'intendant?

—Je l'ai acheté à prix d'or. Il favorisera notre fuite.

—Eh bien, lui dis-je, cela tombe à merveille, car, démon côté, j'ai tout préparé.

—Vraiment?

—J'ai loué une barque pour descendre le Danube. Elle est montée par deux Bulgares.

—Mais, me dit-elle, si nous descendons le Danube, où irons-nous?

—En Turquie d'abord, afin qu'on perde nos traces.

—Et puis?

—En France.

—Oh! Paris, me dit-elle avec un naïf enthousiasme, Paris!... le paradis eu ce monde! c'est là que je veux vivre.

Je ne quittai Haydée que vers trois heures du matin, comme la nuit précédente.

Le lendemain, le comte partit pour Vienne, et sa prétendue fille monta dans une litière avec sa gouvernante.

A une lieue de Fraülen, la litière s'arrêta.

En cet endroit la route côtoyait le Danube et une barque était amarrée dans les roseaux.

Quatre hommes montaient cette barque, moi et mon domestique, déguisés toujours en paysans hongrois, et deux mariniers bulgares.

L'intendant consentit à s'en aller, et la jeune fille et sa gouvernante s'assirent dans l'embarcation.

Nous descendîmes le Danube jusqu'à la mer Noire.

Là nous trouvâmes un navire de commerce français qui faisait voile pour le Bosphore.

Deux mois après, nous débarquions à Marseille, et huit jours plus tard nous arrivions à Paris.

Vous me permettrez, mon ami, de vous résumer en quelques lignes ma vie tout entière à partir de cette époque. J'étais parjure avec mes amis, et, malgré toutes les précautions que j'aie pu prendre, ils ont su que je les avais trahis et que j'avais enlevé Haydée.

Longtemps mariés secrètement, nous avons vécu ignorés.

Malheureusement, un jour, nous eûmes la folie de penser que ni Marc de Lacy, ni Maurevailles, ni Lavenay, à quatre années de distance, ne reconnaîtraient dans mademoiselle Haydée de Tresnoël, devenue marquise de Vîlers, la jeune comtesse hongroise de Mingrélie.

J'annonçai publiquement mon mariage, et nous vînmes habiter mon hôtel de l'île Saint-Louis.

Mais, il y a huit jours, j'ai reçu la lettre suivante, que je transcris textuellement:

«Marquis,

«Te souviens-tu de Fraülen?

«D'abord nous t'avons soupçonné de nous avoir trahis et d'avoir enlevé la comtesse Haydée.

«Aujourd'hui nos soupçons se sont changés en certitude, et tu peux t'attendre à notre visite.

«Nous avons fait un nouveau serment, nous, tes anciens amis: le serment de te tuer.

«Gaston de Lavenay part le premier pour Paris.

«Attends-le sous huit jours.

«Après Gaston, ce sera Marc; après Marc, ce sera moi.

«MAUREVAILLES.»

Je les connais, ils viendront. Je les attends!...

C'est une fatalité, mon ami; mais je n'ai plus qu'un moyen de vivre tranquille avec ma femme et sa jeune soeur qui était restée à Paris et que nous avons attirée auprès de nous, c'est de tuer ces trois hommes l'un après l'autre...

Haydée ne sait rien.

Là finissait le manuscrit, qui ne portait plus qu'une signature, celle du marquis de Vilers.

Pendant un moment, le commis de mame Toinon demeura comme stupéfait.

Les pages qu'il venait de lire avaient produit sur lui une si vive impression qu'il se demanda tout d'abord s'il ne rêvait pas.

Puis sa jeune imagination s'éveilla. Il se sentit devenir homme. Il pensa:

—Pour avoir été si ardemment aimée par ces quatre officiers, cette comtesse Haydée, aujourd'hui marquise de Vilers, est donc bien belle? Qui la protégera maintenant? Et ce pauvre marquis que j'ai vu mourir, qui le vengera? Qui défendra sa mémoire? Où le trouver, ce baron de C... à qui est adressé le manuscrit?

Et, tout à coup, Tony, qui se prenait au sérieux, se frappa le front et s'écria:

—En attendant, monsieur de Vilers est abandonné là-bas dans la boue de la place Royale.

Et vite il ouvrit la porte de la pièce en emportant le coffret.

Dans le corridor, il rencontra Joseph, le brave valet de chambre, qui s'essuyait les yeux et faisait des efforts inouïs pour ne pas sangloter.

—Du courage! lui dit-il.

—Ah! mon jeune ami, lui répondit celui-ci, il faut en avoir de reste pour savoir ce que je sais et faire ce que je fais. Il était si bon, mon pauvre maître, si vraiment gentilhomme! Quand, afin d'obéir à sa dernière volonté, j'ai porté vos costumes à ma maîtresse pour ce bal où elle doit se rendre, il me semblait à chaque instant que les larmes allaient me trahir. Ah! vous n'avez pas besoin de me recommander d'avoir du courage. Je vous jure que j'en ai.

—Eh bien, reprit Tony, il vous en faudra un plus grand. Vous comprenez bien que deux honnêtes femmes ne peuvent aller toutes seules au bal de l'Opéra. Mon pauvre Joseph, mettez le costume que votre maître aurait pris et accompagnez-les.

—Mais vous voulez donc que je meure en route?

—Je ne veux rien, dit Tony. Je n'ai le droit de rien vouloir. Je vous prie seulement de veiller sur celle que son mari ne peut plus protéger.

Et ces mots furent prononcés sur un ton si simple et à la fois si convaincu que le vieux valet de chambre répondit:

—C'est juste. Quand le maître n'est pas là, il faut que le chien de garde y soit. Je ferai ce que vous dites, mon ami.

—Eh bien, à demain, reprit Tony. Ainsi que le marquis m'en a prié, je viendrai apprendre à la marquise la terrible nouvelle... après qu'elle aura goûté le dernier plaisir souhaité devant lui.

Sur ces mots, le jeune homme s'éloigna et se dirigea vers la place Royale. Il voulait faire déposer jusqu'au lendemain chez mame Toinon le cadavre du marquis.

A son grand étonnement, la place, toujours déserte à cette heure, était pleine de monde. L'hôtel près duquel le marquis avait été frappé était éclairé et ouvert; de nombreux groupes causaient sur le pas de la porte.

Tony s'approcha et prêta l'oreille.

—Il n'y a plus de sûreté dans Paris, disait un bon bourgeois.

—Mais ce doit être un duel, répliquait un autre.

—Je vous soutiens que c'est un assassinat.

Instinctivement Tony pensa que la prudence lui faisait un devoir de se taire.

—Si je parle, se dit-il, ils m'entraîneront chez le lieutenant de police qui me retiendra et me prendra mon temps. J'ai un autre soin à remplir.

Et, se glissant dans les groupes, il écouta un mot par-ci, un mot par-là. Au bout de quelques minutes, il savait que le corps du marquis, rencontré par des passants qui avaient réveillé tous les habitants de la place Royale, venait d'être transporté au Caveau des morts.

C'est ainsi qu'à cette époque on appelait la Morgue.

Le Caveau des morts était situé dans le sous-sol de la prison du Châtelet.

A seize ans, on a de bonnes jambes. Tony arriva au Châtelet en même temps que les gens de police qui portaient la civière. Une crainte le tourmentait. Il se disait:

—Que l'on trouve dans les poches du marquis un papier à son nom ou que quelqu'un le reconnaisse, on ira aussitôt avertir froidement, brutalement sa femme. Il faut que j'empêche cela.

Et, s'introduisant dans le Caveau des morts derrière les gens de police, il se cacha sous l'une des nombreuses civières déposées dans la première salle et attendit que ceux-ci fussent partis.

Dès que le gardien les eut reconduits, sa lumière à la main, jusqu'au seuil de la porte et se fut barricadé, Tony, pour ne pas l'effrayer, se mit à tousser légèrement.

Le gardien dressa la tête.

Tony recommença un peu plus fort.

Le gardien entra dans la loge ou reposait sa femme et dit à celle-ci:

—Écoute donc.

Tony eut un gros rhume. La gardienne dit:

—Est-ce que ce monsieur qu'on vient d'amener ne serait pas mort? Veux-tu que je me lève?

Il faut croire que cette excellente femme n'avait pas une foi très grande dans la bravoure de son époux; mais le commis de mame Toinon l'ayant entendue faire cette réflexion et voulant lui épargner la peine de prendre froid, sortit de sa cachette et se montra timidement à la porte de la loge.

—Au secours! s'écria le gardien.

—N'ayez pas peur, dit Tony, je ne vous veux que du bien.

—Eh! il a l'air gentil, ce petit-là, fit la gardienne... Écoute-le donc pourvoir.

Après leur avoir raconté comment il se trouvait devant eux, le commis à mame Toinon ajouta:

—Je connais le gentilhomme qu'on vient de placer dans le Caveau.

—Eh bien, grommela le gardien, ce n'est pas à cette heure-ci qu'on fait les déclarations.

—Aussi ne suis-je pas venu pour en rédiger une.

—Qu'est-ce que vous demandez alors?

—Pour des raisons particulières, il ne faut pas que la femme de ce gentilhomme, madame la marquise, soit informée de sa mort avant que je vous le dise.

—Comment, c'est un marquis! s'écria la gardienne.

—Et très riche! répondit Tony. Je vous promets, au nom de sa femme, une forte somme si vous vous arrangez de façon qu'on ne reconnaisse pas le cadavre avant demain à midi. Songez donc, on le lui porterait. Jugez de la douleur de la pauvre femme qui croit son mari en parfaite santé.

Et Tony donna de si excellentes raisons, sentimentales et pécuniaires, que le gardien, et la gardienne, dans l'espérance de faire une bonne affaire en même temps qu'une bonne action, lui promirent tout ce qu'il voulut.

—Alors une dernière prière, ajouta le jeune homme. Permettez-moi de le voir ce soir.

—Ça, c'est plus facile que le reste, dit le gardien, qui commençait à exagérer l'importance de ses services pour être mieux récompensé.

Et il fit pénétrer le jeune ami du marquis dans le Caveau des Morts.

Sur une dalle de pierre, à côté de cinq ou six autres cadavres, reposait l'infortuné dont Tony possédait le secret.

Pâle et blême, les yeux encore ouverts, le marquis avait, dans la mort, une expression de douceur et de beauté qui impressionna vivement le témoin de sa dernière heure.

Tony, d'abord, lui ferma les yeux, puis l'embrassa et s'agenouilla.

Quelle inspiration d'en haut lui vint pendant sa courte prière? Nous ne saurions le dire. La vérité est qu'en se relevant, le jeune homme s'écria:

—Monsieur le marquis, je demandais qui protégerait votre veuve et qui vous vengerait. Eh bien, ce sera moi!

Et Tony, étendant la main sur le cadavre, ajouta solennellement:

—Je le jure!!!

Puis il déposa un dernier baiser sur le front du gentilhomme, remercia de nouveau le gardien et sortit.

Un quart d'heure après, Tony entrait chez mame Toinon et lui disait:

—Je veux aller à l'Opéra!...

La costumière jeta un cri de joie, sans avoir le soupçon des graves événements que cette soirée allait préparer, et se hâta tellement qu'elle ne vit pas même son commis serrer le coffret qu'il portait, dans un vieux bahut dont il avait la clef...

X

LE PREMIER BAL DE TONY

Le bal de l'Opéra était, en ce temps-là, le rendez-vous de la cour et de la ville.

Les femmes de qualité, les grands seigneurs s'y pressaient.

Les abords de l'Opéra, alors situé où se trouve à présent le théâtre de la Porte-Saint-Martin, étaient, ce soir-là, dès minuit, encombrés de litières, de carrosses et d'une foule compacte de masques.

Deux litières arrivèrent à peu près en même temps et s'arrêtèrent devant le péristyle.

Deux jeunes femmes et un homme, ce dernier paraissant âgé et très embarrassé de sa personne, sortirent de l'une. Un jeune homme et une ronde commère sortirent de l'autre.

Les deux jeunes femmes et leur suivant portaient des costumes villageois que reconnurent la ronde commère et le jeune homme qui l'accompagnait.

Car ces costumes provenaient de la boutique de mame Toinon, et le jeune homme en question n'était autre que notre ami Tony.

Mais Tony était métamorphosé. Au lieu de son habit de droguet et de ses bas de filoselle, Tony portait un habit de drap soutaché d'or, un beau gilet à ramages, une culotte et des bas de soie.

Il était poudré à frimas, portait l'épée en verrouil, le tricorne sous le bras et avait tout à fait l'air et les façons d'un vrai gentilhomme.

Pour tous ceux qui le virent entrer, Tony était un jeune seigneur débauché qui dédaignait de se déguiser et s'en venait promener à l'Opéra sa jolie figure, à seule fin d'y faire des conquêtes.

Quant à la femme à laquelle il donnait la main, on a déjà reconnu mame Toinon.

Mame Toinon s'était déguisée en marquise.

Elle avait les bras nus ainsi que les épaules, un tout petit masque sur le visage, un masque qui, ne cachant presque rien, laissait admirer les dents, pétiller le regard, s'arrondir le sourire.

Tony la conduisit triomphalement dans la salle.

Mame Toinon le regardait et le trouvait charmant.

—Tu es un vrai gentilhomme, lui dit-elle.

Tony soupira.

—Et je vais être fière de danser avec toi.

—Déjà? fit-il naïvement.

Ce mot impressionna douloureusement la sensible costumière.

—Comment! dit-elle, tu veux me quitter?

—Non, mais...

—Ah! c'est que je suis un peu jalouse de mon cavalier, moi...

Et mame Toinon montra ses dents blanches, épanouit son sourire, et, pour la première fois sans doute, enveloppa son ami d'une oeillade assassine.

—Patronne, dit tout bas Tony, je suis prêt à vous faire danser... Tenez, justement on organise un menuet là-bas.

Mame Toinon prit la main que lui offrait son commis et dit tout bas:

—Garde-toi bien de m'appeler patronne; puisque nous jouons aux gens de qualité, il faut en avoir les façons. Tu m'appelleras *baronne*.

—Et vous, comment m'appellerez-vous?

—Moi, je t'appellerai *chevalier*. Viens.

—Ah! pardon, dit Tony, je vous ai dit que j'allais vous faire danser...

—C'est convenu.

—Mais à une condition...

—Comment, petit drôle? dit la costumière, tu me fais des conditions à présent...

—J'ai un devoir à remplir.

—Lequel?

—Il faut que j'exécute un article du testament du marquis de Vilers.

—Quel est-il?

—C'est un secret, patr... *baronne*, je veux dire.

La prétendue baronne n'eut point le temps de répondre, car l'orchestre la contraignit à se mettre en place.

Précisément, l'une des deux bergères, qui étaient entrées au bal en même temps que Tony et madame Toinon, donnait la main à un officier des gardes-françaises et se trouva faire vis-à-vis à la costumière et à son commis.

Le menuet commençait.

Tout en dansant, Tony dévorait des yeux la danseuse et se demandait:

—Est-ce elle ou sa compagne qui est la marquise de Vilers?

Il lui vint une inspiration.

Au moment où il dut, pour obéir aux lois du menuet, changer de danseuse et quitter mame Toinon pour sa cliente, il dit tout bas à cette dernière:

—Vous souvenez-vous de Fraülen?

Soudain l'inconnue tressaillit, se troubla, et Tony sentit sa main trembler dans la sienne.

Il était fixé.

—Fraülen, murmura la pauvre femme d'une voix émue. Vous avez entendu parler de Fraülen?

—Et du marquis de Vilers...

Elle tressaillit de nouveau et regarda cet adolescent au charmant visage, au doux sourire un peu triste, au regard plein de mélancolie.

—Qui donc êtes-vous? fit-elle avec plus de curiosité que d'effroi.

—Un ami...

—Votre nom?

—Le chevalier Tony, répondit le commis hardiment.

—Vous connaissez mon mari?

—Oui.

—Est-il ici?

—Non, et c'est lui qui m'envoie.

—Mon Dieu! fit la marquise avec inquiétude, où donc est-il?

—A Versailles, chez le ministre.

—Mais il reviendra cette nuit?

—S'il le peut...

—Et il vous envoie?

—Pour vous rassurer, madame.

Tony ne put en dire davantage; une nouvelle *figure* le sépara, et il rejoignit mame Toinon.

Le menuet fini, un flot de masques passa entre Tony et la marquise, qui se perdirent de vue un moment.

Un mousquetaire, qui venait au bal en quittant son service, charmé par les belles épaules, le léger embonpoint et le pied finement cambré de mame Toinon, papillonnait autour d'elle et lui disait mille galanteries.

Tony profita de la circonstance pour abandonner mame Toinon et se mettre à la recherche de la pauvre veuve.

Mais la foule était nombreuse, difficile à fendre, et notre jeune héros erra pendant un bon quart d'heure avant d'avoir aperçu celle qu'il cherchait.

Tout à coup, un homme dont le visage était découvert et qui portait un manteau rouge, passa près de lui.

Tony le reconnut sur-le-champ.

C'était ce gentilhomme qui avait tué l'infortuné marquis. C'était le comte Gaston de Lavenay.

—Il doit chercher la marquise, pensa Tony.

Et il se mit à le suivre. Il le vit errer à travers le bal, puis s'arrêter soudain.

Il s'arrêta aussi. Le comte fit tout à coup quelques pas en avant et salua. Il était en présence de la marquise de Vilers, dont le masque s'était détaché un instant, et qu'il avait aussitôt reconnue, bien que ne l'ayant pas vue depuis quatre longues années.

—Bonjour, marquise, dit le comte d'un air railleur.

Tony s'était glissé derrière elle.

—Monsieur!... fit la marquise, je ne vous connais pas.

—Nous allons, si vous le permettez, renouer connaissance. Je suis le comte de Lavenay, et vous êtes la marquise de Vilers.

La pauvre femme jeta autour d'elle un regard éperdu; elle semblait chercher un appui. En vérité, elle ne se souvenait plus de lui. Nous savons que le marquis ne lui avait jamais parlé du serment qui le liait aux Hommes Rouges, et, comme leur souvenir lui était exécrable, il avait toujours évité de prononcer leurs noms. La marquise pensait avoir uniquement affaire à l'un de ces hommes de plaisir, qui fréquentent l'Opéra, et ne se souciait nullement d'être l'héroïne d'une aventure de bal.

—Ah! marquise, reprit le comte, vous conviendrez que j'ai mis une certaine discrétion à ne point troubler votre lune de miel.

—Monsieur!...

—Cependant, deux de mes amis et moi, nous désirerions avoir un certain billet que nous vous avons confié un soir à Fraülen...

A la demande du comte, la mémoire revint à la marquise qui, ne sachant pas qu'elle avait devant elle l'un des plus grands ennemis de son mari, répondit légèrement:

—Oh! monsieur, excusez-moi. Le billet confié à Fraülen?... Vous me rappelez une bien lointaine histoire.

—Avez-vous au moins gardé ce billet?

—Non, certes. Je n'y pensais plus, quand un jour monsieur de Vilers l'a trouvé par hasard dans mon *bonheur du jour*...

—Il l'a ouvert?

—Parfaitement, puis l'a jeté au feu avec colère. Je me souviens même que jamais il n'a voulu me dire ce qui l'avait offensé dans ce papier. Mais venez le lui demander demain. Il sera peut-être moins discret avec vous.

—Votre mari ne nous dira rien, madame ricana le comte.

—Et pourquoi?

Le comte eut un sourire étrange et sans doute il allait ajouter:

—Votre mari ne nous dira rien, madame, parce qu'il est mort, parce que je l'ai tué!

Mais il n'en eut pas le temps.

Tony, qui était devenu, nous l'avons dit, un homme, Tony, qui n'avait pas cessé de se tenir auprès de la marquise et avait tout entendu, se dressa sur la pointe des pieds et jeta son gant au visage du comte.

—Vous êtes un lâche! dit-il.

Le comte, stupéfait, anéanti par une semblable insulte, étouffa un cri et fit un pas en arrière.

Puis il regarda son agresseur.

Tony n'était qu'un enfant, mais il avait l'oeil étincelant, les lèvres pâles, et il appuya la main sur la garde de l'épée qu'il portait pour la première fois, avec tant de fierté et de résolution que le comte de Lavenay comprit qu'il avait devant lui un adversaire sérieux.

—Vous êtes un lâche, répéta froidement Tony.

La marquise reconnut son vis-à-vis de tout à l'heure.

—Ah! *chevalier*, dit-elle, éperdue.

Ce titre qu'elle donnait à Tony acheva de faire illusion.

Le jeune Tony était beau; il était bien tourné; il portait galamment son habit de gentilhomme.

Le comte ne douta pas un instant qu'il eût affaire à un homme parfaitement né.

—Ah! mon petit monsieur, dit-il, je vais vous couper les oreilles sur l'heure.

—Venez donc, dit Tony, et priez Dieu qu'il vous rende la peau bien dure!

Il jeta un regard protecteur à la marquise et sortit, fier et hautain, sur les pas du comte, en se félicitant d'avoir décidé Joseph à venir au bal. Il le rencontra à quelques pas de l'endroit où s'était passée cette scène et lui confia la marquise.

Mame Toinon n'avait rien vu, rien entendu.

Elle était tout entière aux galanteries du mousquetaire qui lui donnait le titre de baronne.

XI

LES TERREURS DE MAME TOINON

Le comte et Tony gagnèrent la porte, quittèrent l'Opéra et s'en allèrent jusqu'au premier réverbère; là, le comte tira son épée.

Tony l'imita.

Mais, avant de tomber en garde, le comte regarda de nouveau son jeune adversaire.

—C'est singulier, dit-il; je ne vous ai jamais vu!...

—Je vous connais, moi, répondit Tony.

—Qui êtes-vous?

—Peu vous importe!

—Cependant...

—Faut-il vous répéter, une fois de plus, que vous êtes un lâche?

Le comte rugit.

—Un lâche et un assassin!...

—En garde, donc! s'écria le comte hors de lui.

—Je suis l'exécuteur testamentaire du marquis de Vilers, que vous avez tué ce soir, dit Tony en croisant le fer, et je me suis juré de vous tuer, vous, Maurevailles et Marc de Lacy!...

Et Tony, qui n'avait jamais touché une épée et se trouvait en présence de l'un des bretteurs les plus renommés de ce temps, Tony fondit sur son adversaire avec cette impétuosité, cette vaillance brutale de ceux qui n'ont point été initiés aux galantes finesses de l'escrime... Aussi, avec son inexpérience et sa jeunesse, semblait-il prédestiné à trouver la mort dans ce combat qu'il avait provoqué.

Le comte Gaston de Lavenay était un tireur habile et prudent qui s'était fait une réputation terrible dans les gardes-françaises.

C'était lui qui avait tué le marquis Van Hop, un Hollandais fameux, qui longtemps, à Versailles, avait semé l'effroi parmi les gentilshommes.

Tony allait donc mourir.

Cependant mame Toinon, qui avait un peu perdu de vue le sort de son client, le pauvre marquis de Vilers, et qui n'était venue à l'Opéra que pour s'y amuser très consciencieusement, mame Toinon, disons-nous, s'était longtemps complue à écouter les paroles du beau mousquetaire, qui persistait à la considérer comme une femme de qualité.

Mais, au bout d'une demi-heure, après avoir dansé et valsé, la costumière se prit à songer à Tony.

Où était-il?

Elle le chercha longtemps à travers le bal, et, pour la première fois peut-être, elle éprouva un bizarre sentiment de jalousie.

—Comment!... Le bambin, se dit-elle, oserait-il s'amuser sans moi?

Et, parcourant les salles, elle inspecta les groupes et les coins. Nous savons qu'en ce moment Tony était sur le point de partager le sort du marquis de Vilers.

Tout à coup, arrivée sur le lieu même où avait eu lieu la provocation, elle vit et entendit quantité de gens qui, avec force gestes, se racontaient et interprétaient à leur façon la scène que nous avons racontée.

Elle bondit et, de ses deux bras écartant la foule, se plaça au milieu du groupe stupéfait; puis, s'adressant à celui qui semblait en savoir le plus:

—Vous dites, demanda-t-elle, qu'un jeune homme a jeté tout à l'heure son gant au visage d'un seigneur?...

—Oui. J'étais à deux pas.

—Et ce jeune homme était un beau petit blond tout poudré?

—Parfaitement.

—Déguisé en mousquetaire?

—C'est cela.

—Et ils sont sortis ensemble?

—Par le foyer d'entrée.

Grâce au même mouvement par lequel elle avait fendu la foule, mame Toinon se fit de nouveau place et, relevant ses paniers, descendit quatre à quatre les marches de l'escalier.

Il était trois heures du matin. Tous ceux qui devaient venir à l'Opéra étaient déjà entrés. Aucun des danseurs ne songeait encore à se retirer. Mame Toinon ne rencontra donc personne à qui elle pût demander de quel côté s'étaient dirigés les deux hommes.

Est-ce son instinct, est-ce la Providence qui la guida?

Une minute après, elle tombait comme la foudre entre les deux adversaires qui ne l'avaient même pas vue venir, et, entourant de l'un de ses bras son petit Tony, s'écriait en agitant l'autre sous le nez du comte abasourdi:

—Vous moquez-vous du monde? Est-ce que vous croyez que c'est vous qui allez me le tuer? Mais je vous tuerais plutôt, savez-vous?

Tout en étreignant contre elle l'adoré de son coeur, la commère lui arracha de la main son épée et se mit bravement en garde à sa place.

Le comte commençait à trouver la scène fort amusante. Son adversaire improvisée continua:

—Il faudrait savoir, entendez-vous, que ce petit-là est mon enfant d'adoption, mon commis, et qu'on ne s'appelle pas pour rien mame Toinon, costumière, qui a même une boutique joliment achalandée.

A ces mots, le comte, qui naturellement avait abaissé son épée depuis l'invasion de cette singulière femme, ne se tint plus de rire.

—Un commis, lui, oh! c'est trop drôle! Et moi qui avais pris son déguisement pour son costume ordinaire! Et la marquise qui l'appelait *chevalier*! Ah! ah! ah! j'en rirai longtemps. Mais je ne me bats pas avec les commis, mon petit ami. Les injures de tes pareils ne nous salissent pas, nous autres...

Tony écumait de rage, mais le bras gauche de «mame Toinon» était véritablement un étau, duquel il lui fut impossible de se dégager, pendant que le comte, toujours riant aux éclats, remettait son épée au fourreau, puis s'éloignait...

Alors mame Toinon embrassa son commis, puis le regarda avec amour à la lueur du réverbère.

Tony pleurait.

—Il a raison, dit-il en sanglotant, je ne suis qu'un courtaud de boutique...

Il s'opéra en lui comme une révolution.

L'histoire qu'il avait lue, l'avait initié aux moeurs et à la vie des gentilshommes. Il se sentit rougir à la pensée que la marquise de Vilers, elle aussi, quand elle le reconnaîtrait, ne verrait peut-être en lui que le commis de mame Toinon.

Il se frappa sur le coeur et dit:

—Cela changera!

À partir de ce moment, l'avenir de l'enfant était-il donc irrévocablement décidé?

Toutefois, pensant à la marquise, il se souvint qu'elle était restée au bal.

—Adieu, dit-il à mame Toinon.

—Où veux-tu aller encore?

—A l'Opéra.

—Pour y rencontrer une nouvelle affaire?

—Pour y accomplir un devoir.

En prononçant ces mots, il avait l'air si vaillant que mame Toinon vit qu'il serait inutile de lutter contre sa volonté.

—Adieu, fit-elle.

Et notre héros, qui se trouvait de prime abord au niveau des circonstances, remit fort galamment son épée au fourreau, rajusta ses habits un peu en désordre et rentra dans le bal.

Mais, à vingt pas derrière lui, se glissait mame Toinon.

XII

LE SAUVEUR DE RÉJANE

La marquise de Vilers était tombée sur une banquette non loin de l'endroit où le comte Gaston de Lavenay avait osé l'aborder.

Seulement elle avait été rejointe par sa jeune soeur, qu'accompagnait Joseph.

Tony alla droit à elle.

—Madame, lui dit-il à voix basse, vous avez tout à craindre du comte Gaston de Lavenay...

Elle tressaillit et le regarda.

Tony ajouta simplement:

—Jusqu'à ce que je l'aie tué.

La jeune femme étouffa un cri.

—Mais, qui êtes-vous, dit-elle, vous qui prenez ainsi ma défense?

—Un inconnu qui connaît toute votre histoire.

La marquise pâlit sous son masque.

—Vous étiez à Fraülen? dit-elle.

—Non, madame.

—Alors, mon mari vous a raconté?...

Tony regarda la marquise avec tristesse.

—Madame, dit-il, je suis un tout jeune homme presque un enfant, et cependant, pardonnez-le-moi, j'ose, en ce moment, vous donner un conseil...

—Mais, monsieur...

—Quittez le bal...

—Oh! fit la marquise, si j'avais su que mon mari n'y viendrait pas...

—Rentrez à votre hôtel et priez...

La marquise devint affreusement pâle...

—Mon Dieu! dit-elle.

—Rentrez, madame, acheva Tony, et priez Dieu... Il est miséricordieux et il protège les faibles contre les forts, les bons contre les méchants.

La marquise, éperdue, fixa longtemps ses regards sur les yeux clairs et profonds du jeune homme et n'osa point l'interroger.

—Réjane, dit-elle à sa soeur, viens.

Elle fut forcée de l'appeler une seconde fois. Celle-ci, qui semblait plongée dans un rêve, n'avait rien entendu. C'est que la jeune enfant, depuis une heure, avait, elle aussi, son secret.

Nous avons peu parlé d'elle. Pourquoi? Parce qu'on parle mal des anges. Sur terre, un ange ne fait pas de bruit; il aime dans la paix et ne songe qu'au bonheur tranquille de ceux qui l'entourent. Or Réjane était vraiment angélique.

Restée au couvent jusqu'au mariage de sa soeur, elle en avait été retirée par la marquise, quelques jours après l'installation définitive de celle-ci à Paris. A l'hôtel de Vilers, c'était Réjane qui, sans qu'on le lui eût jamais demandé, veillait à ce que tous les ordres donnés par sa soeur ou par son beau-frère fussent toujours strictement exécutés. Elle avait étudié leurs petites habitudes et ne laissait en aucun temps rien à souhaiter au marquis ou à la marquise.

Aussi cette dernière fut-elle bien étonnée d'avoir à lui dire deux fois:

—Viens.

Que s'était-il donc passé? Nous allons le dire. Réjane jouera, d'ailleurs, dans l'épouvantable drame que nous nous sommes donné la mission de raconter, un rôle trop important pour que nous la laissions plus longtemps dans l'ombre.

Le comte de Lavenay n'était point venu seul au bal de l'Opéra. Ses amis, Albert de Maurevailles et Marc de Lacy y promenaient également leurs manteaux rouges et y cherchaient, chacun de son côté, la marquise, pendant que Lavenay la trouvait à l'endroit que nous connaissons.

Au moment où madame de Vilers faisait vis-à-vis à Tony, un flot de curieux sépara d'elle Joseph et Réjane, puis, jetant le vieux valet de chambre sur une banquette, repoussa dans le couloir la pauvre enfant affolée.

Dans ce couloir, un gigantesque tambour-maître paradait, à moitié gris, devant les femmes qui l'admiraient et les hommes qui l'applaudissaient.

Réjane vint s'échouer contre lui.

Quand il s'agit de se faire remarquer, tous les moyens sont bons.

Le tambour-maître confia sa canne à un voisin et, asseyant la jeune fille sur sa main, la brandit en l'air et la secoua, comme il eût fait de sa canne.

La foule trépignait d'aise. Quant à Réjane, stupéfaite, effrayée, elle allait s'évanouir.

Tout à coup, le tambour-maître reçut en pleine poitrine un formidable coup de poing.

—Misérable! lui cria une voix.

Et celui, qui avait frappé et parlé, lui arracha l'enfant, la saisit dans ses bras et, jouant des coudes, la porta dans la salle des rafraîchissements où il lui administra un cordial.

C'était Maurevailles.

—Oh! monsieur, vous êtes bon, lui dit l'enfant, et je vous remercie.

Et, ce disant, elle le regarda longuement, comme pour se souvenir à jamais des traits de son bienfaiteur.

Hélas, c'en était fait! Elle venait de graver pour toujours le portrait de celui-ci dans son coeur.

La tendre enfant qui, jusqu'à ce moment fatal, avait ignoré l'amour, allait aimer, pour son malheur éternel, l'un des hommes qui avaient juré de tuer M. de Vilers et de posséder la marquise!

Quelques instants après, celui-ci la remettait entre les mains de Joseph, sans qu'elle eût osé lui demander son nom, et c'est cette timidité qu'elle se reprochait pendant que sa soeur l'appelait en vain...

A la fin pourtant, elle reconnut la voix de la marquise et se leva soudain.

Tony aida les deux femmes et Joseph à sortir du bal.

Au moment où elle montait en litière, la marquise lui saisit vivement le bras.

—Oh! dites-moi tout, fit-elle. Dites-moi la vérité... si terrible qu'elle soit.

—Aujourd'hui je ne puis, dit Tony.

—Pourquoi?

Il n'hésita point à mentir, tant l'endroit lui semblait déplacé pour apprendre à la marquise une si horrible nouvelle, et répondit:

—Je ne la connais pas suffisamment. Mais je la connaîtrai demain et je vous en ferai part. Je vous le promets.

Et, certain que les Hommes Rouges ne pourraient attenter à la marquise, puisqu'il les avait vus dans le bal en sortant, il salua sa protégée et revint se poster à la porte de l'Opéra pour les empêcher au besoin, autant que Dieu le lui permettrait, de se mettre à sa poursuite.

Quel ne fut pas son étonnement quand il trouva sous le péristyle la bonne mame Toinon!

La pauvre femme faisait pour lui ce qu'il faisait pour la marquise.

—Ah! viens, s'écria-t-elle avec effroi en le revoyant seul auprès d'elle. Si tu savais ce que j'ai entendu!!!

Et, bon gré mal gré, elle l'entraîna vers la rue des Jeux-Neufs.

Chemin faisant, Tony, de nouveau enserré dans les bras de mame Toinon, lui demanda naturellement des explications sur son redoublement de terreur.

—Ah! mon pauvre ami, dit-elle, dans quelles aventures t'es-tu jeté!

—Mais enfin qu'y a-t-il?

—Il y a que, au moment où tu reconduisais tes grandes dames, deux hommes sont venus rejoindre l'oiseau qui voulait te tuer.

—Qu'est-ce que cela fait? répliqua tranquillement Tony.

—Ce que ça fait? Ah! tiens, tu m'épouvantes. Tu cours à la mort, pour sûr. Ils étaient vêtus de rouge, comme lui.

—De rouge? Alors c'étaient les marquis de Maurevailles et de Lacy...

—Comme tu nous défiles leurs noms! Ils ne savent pas le tien, eux, mais s'ils te tenaient!

—Qu'avez-vous donc entendu?

—Voici. Quand tu es passé devant eux, celui que tu sais a raconté ton affaire aux autres. Sais-tu aussi ce que le grand a répondu? Il a dit: «Puisque ce petit-là veut nous gêner, tu as eu tort de ne pas en finir avec lui.» A quoi l'autre a répliqué: «Veux-tu que je lui cherche querelle? Dans une seconde ce sera fait.—Non, a riposté notre oiseau, j'ai réfléchi. Il y a un lieutenant de police à Paris. Il pourrait se fâcher à la fin. Attendons une occasion meilleure.» J'espère que tu te tiendras tranquille maintenant?

—Je n'en ai plus le droit.

—Tu me feras mourir.

Et, jusqu'à la maison, la pauvre femme se répandit en jérémiades désespérées!

XIII

A L'HOTEL DE VILERS

Après avoir enfin gagné sa chambre, Tony, tout bouleversé par les terreurs de mame Toinon, récapitula dans son cerveau les événements singuliers dont il venait d'être témoin et acteur.

Pour un enfant de seize ans, habitué à l'existence calme et un peu effacée qu'il avait menée jusqu'alors auprès de la bonne mame Toinon, il y avait de quoi devenir fou.

Tony en était à se demander s'il n'avait pas rêvé, si le duel sans témoins, la cassette d'ébène, le manuscrit du mort, l'histoire des Hommes Rouges et enfin l'aventure du bal de l'Opéra n'étaient pas le résultat d'un épouvantable cauchemar...

Malheureusement il n'y avait pas à en douter. Tout cela était arrivé, bien véritablement arrivé.

—Que vais-je faire, ou plutôt que dois-je faire? se demandait le jeune commis en s'asseyant, pour réfléchir, sur le bord de sa couchette.

Il songeait que son premier devoir était maintenant d'informer la comtesse de Vilers de la mort de son mari. Mais il était peut-être bien tôt pour se présenter à l'hôtel. La jeune femme, rentrant du bal, épuisée par tant d'émotions, n'avait-elle pas besoin d'un repos si péniblement gagné?

Il se dit qu'il valait mieux attendre quelques heures. Il ferait jour alors à l'hôtel de Vilers. La comtesse, remise de sa nuit, serait mieux à même de recevoir l'épouvantable nouvelle.

Puis Tony succombait à la fatigue; malgré lui, ses paupières s'appesantissaient.

Il pensa que sa mission ne se bornait pas à voir la comtesse, qu'il lui restait bien d'autres choses à faire et que, loin de nuire au succès, quelques heures de sommeil lui rendraient, à lui aussi, la force nécessaire pour les accomplir jusqu'au bout.

Dans cette idée, il se coucha tout habillé sur son lit et s'endormit,—pour quelques heures, pensait-il.

Mais, l'on doit s'en douter, le pauvre garçon était rompu de lassitude, et à son âge on dort bien.

Quand il se réveilla, le jour commençait à tomber...

—Ah! mon Dieu, s'écria-t-il, quelle heure peut-il être et combien de temps ai-je dormi? Pourvu qu'il ne soit pas trop tard maintenant!...

Et, sans quitter le costume de mousquetaire qu'il avait porté à l'Opéra, costume qui, du reste, nous l'avons dit, allait remarquablement bien à sa figure éveillée et fière, il descendit les escaliers quatre à quatre et s'élança dans la rue.

Il arriva bientôt à l'île Saint-Louis. La porte de l'hôtel était fermée.

Il frappa. Personne ne répondit.

—Que se passe-t-il donc? se demanda-t-il.

Tony saisit de nouveau le marteau et se mit à frapper de toutes ses forces. Mais ce fut en vain.

Quelques bourgeois du voisinage, seuls, ouvrirent leurs fenêtres pour voir d'où venait ce tapage. Puis, se disant que les affaires de l'hôtel de Vilers ne les regardaient point, ils rentrèrent prudemment dans leur logis.

Tony ne se rebuta pas. Irrité au contraire de ce silence, il voulut en pénétrer la cause.

—L'hôtel, pensa-t-il, doit avoir une autre sortie, soit du côté de la Seine, soit sur la rue voisine.

Et il se mit à chercher cette issue.

Il ne se trompait pas.

Comme toutes les demeures seigneuriales de cette époque, l'hôtel de Vilers donnait sur d'immenses jardins qui s'étendaient jusqu'au quai de Béthune.

Le mur, qui leur servait de clôture, avait sans doute quelque point vulnérable, quelque brèche où il était facile de le franchir en s'écorchant un peu les mains et les genoux.

Il est vrai que Tony, en commettant ainsi une escalade, s'exposait à recevoir un coup de fusil ou tout au moins à être arrêté par quelque jardinier.

Mais il n'y pensa même pas.

Et, depuis vingt-quatre heures, il en avait vu bien d'autres!

Il prit donc sa course vers le quai, décidé à pénétrer de vive force dans l'hôtel.

Comme il arrivait au coin de la rue de la Femme-sans-Tête, il aperçut une voiture attelée de deux chevaux qui stationnait sous la garde d'un cocher.

Très pressé d'arriver à son but, le jeune homme ne jeta qu'un regard distrait sur cette voiture, un de ces grands carrosses monumentaux suspendus à d'immenses courroies de cuir, comme on les faisait en ce temps-là et dont on retrouve encore quelques spécimens au Petit-Trianon et au musée de Cluny.

D'ailleurs l'eût-il regardée, il n'eût pu voir dedans, car devant les glaces les rideaux de cuir étaient fermés.

Quant au cocher, qui ne portait pas de livrée, il avait, pour se préserver sans doute contre le froid de janvier, relevé jusqu'aux oreilles les collets de sa roquelaure, et les boucles de sa perruque lui cachaient en grande partie le visage.

Tony avait d'ailleurs bien autre chose à faire que de s'occuper de ce carrosse, qui appartenait probablement à quelque seigneur du voisinage.

Il lui tardait d'en finir.

Il examina rapidement la muraille du jardin et trouva bientôt l'aide qu'il cherchait.

Par-dessus la crête du mur, un gros arbre moussu laissait passer une branche comme pour inviter à s'en servir.

En sautant, l'apprenti saisit cette branche; puis, roidissant les reins et raccourcissant progressivement les bras, il exécuta ce que les gymnastes appellent le *rétablissement*.

Tout essoufflé de cet effort, il s'assit sur la branche pour se reposer un peu.

Le plus dur était fait. Il ne s'agissait plus que de descendre. Mais Tony dominait le jardin; il voulut en profiter pour s'orienter.

Comme il examinait les larges allées, se demandant laquelle conduisait directement à l'hôtel, un cri étouffé se fit entendre à quelque distance de lui, suivi d'un piétinement.

Puis les branches d'un fourré crièrent, froissées par la chute d'un corps.

Tony dégringola, plutôt qu'il ne sauta, du haut de sa branche et s'élança vers le point d'où partait le bruit.

Deux hommes luttaient en effet dans un fourré. L'un d'eux, qui tenait l'autre sous son genou et était en train de le bâillonner, était enveloppé d'un grand manteau.

Et, à la pâle clarté de la lune qui se levait, le jeune homme vit en pâlissant la couleur de ce manteau...

L'agresseur était un des Hommes Rouges!...

Quant à celui qu'on bâillonnait, Tony le reconnut également. C'était le vieux Joseph, l'ami, le valet de chambre du marquis.

Tony aussitôt s'élança au secours du vieillard.

Mais il se dit que la marquise était certainement en péril et qu'il fallait avant tout courir la défendre.

Le misérable, occupé à bâillonner Joseph, ne s'était pas aperçu de l'arrivée du jeune homme.

Celui-ci s'esquiva sans bruit et courut vers l'hôtel.

Comme il allait franchir la porte, une ombre se dressa devant lui.

C'était encore un homme drapé dans un manteau pareil à celui du premier.

C'était le deuxième des Hommes Rouges!...

Il barra le passage à Tony. Mais le commis à mame Toinon avait en ce moment la force et le courage d'un lion. Que lui importait le péril?... Il voulait passer!

D'un coup d'épaule, il culbuta l'ombre qui tentait de lui barrer le passage.

Puis, les yeux étincelants, les narines gonflées, les tempes battant la fièvre, il s'élança dans l'hôtel.

L'homme qu'il venait de renverser s'était relevé et s'était mis à sa poursuite.

Qu'est-ce que cela faisait à Tony?

Tony s'était promis d'arriver jusqu'à la marquise!

Et il fallait qu'il y arrivât, malgré les murs, malgré les grilles, malgré les Hommes Rouges et leurs spadassins et leurs suppôts.

Et, vive Dieu! s'il était besoin d'engager une lutte, il l'engagerait!... Mame Toinon n'était pas là!

Tony ne se connaissait plus. Le feu de la bataille l'avait embrasé; il lui semblait entendre mille clairons sonnant la charge.

Comme les volontaires en sabots qui, quarante ans plus tard, devaient enlever à la baïonnette, au chant de la *Marseillaise*, les batteries de la vieille armée allemande, il sentait quelque chose qui l'emportait malgré lui.

Il eût, à ce moment, sans reculer d'une semelle, engagé la lutte contre tout un régiment.

A peine avait-il franchi le vestibule, qu'il aperçut le troisième des Hommes Rouges qui, cherchant comme lui, sans doute, à arriver aux appartements de la marquise, hésitait entre deux couloirs.

Tony s'élança vers lui. L'homme tira son épée.

Mais le jeune mousquetaire de l'Opéra avait, lui aussi, une épée au côté, une épée qui brûlait de prendre une revanche et qui sortit toute seule du fourreau.

L'arme haute, il fondit sur l'Homme Rouge.

Celui-ci, stupéfait de cette brusque attaque, rompit d'un pas.

L'autre Homme Rouge arrivait; Tony, bondissant en arrière, lui cingla le visage du revers de sa rapière, dont il se servait comme d'une cravache.

Le nouveau venu poussa un juron énergique et dégaina à son tour.

Le pauvre Tony était pris entre deux lames menaçantes.

Il était perdu.

Que pouvait-il faire, en effet, contre ces deux hommes que toute l'armée avait connus comme les plus habiles bretteurs de l'entourage du maréchal de Belle-Isle?

Mais s'il fallait mourir, au moins Tony mourrait bravement, et en donnant, lui aussi, la mort. Se jetant dans une encoignure, il attendit de pied ferme l'attaque de ses ennemis.

Il en vit venir en effet un encore, celui-là même qui tout à l'heure bâillonnait Joseph.

Seulement l'arrivant, au lieu de sembler prêt à tirer l'épée, avait au contraire l'air consterné.

Il dit:

—On vient d'enlever la marquise!

A ces mots, il y eut comme une trêve entre les trois adversaires abasourdis.

—Enlever la marquise! s'écrièrent-ils ensemble.

—Et dans ma propre voiture! répondit le nouveau venu.

—L'enlever! mais qui donc alors? murmura Tony.

Les Hommes Rouges étaient non moins stupéfaits que lui.

Le carrosse qu'ils avaient amené pour enlever la marquise avait servi à un autre!...

Quel pouvait être cet autre qui était venu ainsi se jeter si fatalement dans leurs brisées?

Comment avait-il su que le carrosse était là tout prêt, tout disposé pour une longue route?

Un instant, l'idée leur vint que ce courtaud de boutique, qui se mêlait de leurs affaires, était peut-être l'auteur de leur mésaventure.

Mais il n'y avait qu'à regarder Tony pour se convaincre de sa parfaite innocence et même de l'abattement dans lequel l'avait plongé le mystère qui venait de s'accomplir. On ne joue pas ainsi, à un tel âge, le désappointement, le trouble, la peur de l'inconnu.

Sans plus s'occuper de lui, qui semblait hébété sur le siège où la surprise l'avait cloué, les trois amis quittèrent donc cet hôtel où ils n'avaient que faire.

Leurs chevaux, gardés par des palefreniers, les attendaient sur le quai, non loin de l'hôtel de Vilers.

Les Hommes Rouges se mirent en selle.

—Et maintenant avisons vite, dit Lavenay.

—Séparons-nous et poursuivons le ravisseur, proposa Marc de Lacy.

—Mauvais moyen, murmura Maurevailles.

—Mais avec nos palefreniers, nous sommes six. En allant de six côtés différents...

Maurevailles l'interrompit:

—Peux-tu me jurer que le carrosse ne passe pas en ce moment par l'un des cent autres côtés? Or, dans notre situation, il ne faut point courir la chance; on ne l'attrape jamais.

—Connaîtrais-tu donc le moyen certain de retrouver la marquise?

—Hé! laisse-moi le chercher, fit Maurevailles avec impatience.

Et, pendant quelques minutes, les trois cavaliers, dont les palefreniers se tenaient respectueusement à distance, se creusèrent le crâne pour y trouver l'expédient sauveur.

Rien, ils ne trouvaient rien!

Ah! Tony aurait beau jeu si, au lieu de rester anéanti sur son siège, dans la salle abandonnée de l'hôtel de Vilers, il se donnait la peine de chercher!

Mais Tony, le pauvre Tony était comme mort, épuisé par tant d'événements divers.

La veille seulement, à ce mot: «On enlève la marquise!» il n'eût pas hésité à s'élancer par la fenêtre. Guidé par le bruit des roues du carrosse, qui alors n'eût pas eu le temps de s'éloigner, il se serait cramponné à l'une des portières. Qui sait ce qu'il eût fait!

Mais la force d'un enfant a des bornes et, tandis que la fatigue le domptait, les ennemis de la marquise délibéraient...

Tout à coup Lavenay poussa un cri:

—Nous n'avons qu'une chose à faire, fit-il.

—Parle, dit Marc de Lacy.

—Cet homme qui vient d'enlever la marquise, reprit Lavenay, ne restera pas à Paris...

—Qu'en sais-tu?

—D'abord, il doit évidemment nous connaître et il sait de quoi nous sommes capables. Nous avons retrouvé la comtesse Haydée, malgré toutes les précautions prises par Vilers. Ici nous la retrouverions encore, malgré tout le soin que cet inconnu pourrait mettre à la cacher. Donc il va quitter Paris et probablement la France.

—Lavenay a raison, s'écria de Lacy, mais quel peut être cet homme?

—Je n'en sais rien. Nous chercherons cela plus tard. Le plus pressé, c'est de le joindre. On ne fait pas un long voyage ainsi, surtout avec une femme, à l'improviste et sans bagages. Il ne faut pas oublier que le carrosse m'appartenait, il n'y a qu'un quart d'heure. Notre ennemi a dû toucher à son hôtel pour prendre quelques malles, puis il gagnera au plus vite l'une des portes de Paris. Si nous savions laquelle, il nous serait facile d'aller l'y attendre. Mais Paris a quinze barrières et nous ne sommes que six, dont trois imbéciles.

—Que faire alors?...

—Ma foi! prendre un grand parti: courir chez le lieutenant de police et l'informer de ce qui s'est passé. On connaît assez ses habitudes pour être sûr qu'il enverra immédiatement du monde à toutes les portes de Paris.

Si le carrosse veut sortir, on l'arrêtera.

S'il est déjà passé, on saura quelle direction il a prise.

Et qu'on nous dise cela..., avec les chevaux que nous avons, nous l'aurons vite rattrapé.

—Lavenay a raison, dit Marc de Lacy, mais je crois qu'il est bon de ne mettre qu'en partie le lieutenant de police dans la confidence.

—C'est évident.

—Peut-être aussi serait-il maladroit de nous montrer à lui tous les trois.

—Certes, dit Lavenay, un seul doit se rendre à l'hôtel de la police.

—Et celui-là?

—Ce sera moi, si vous le voulez bien. Partons ensemble. Vous m'attendrez sur la place Vendôme.

Et les Hommes Rouges partirent au quadruple galop.

XIV

OU LA POLICE FAIT PLUS QU'ON NE LUI DEMANDE

L'hôtel de la police n'était pas situé à cette époque dans le quartier où il est aujourd'hui. Il touchait à l'enclos des Capucines, avec lequel il a depuis longtemps disparu.

Le lieutenant général de police était alors M. Feydeau de Marville, ancien conseiller au Parlement de Paris.

C'était un homme d'une équité sévère et qui n'avait ni l'âpreté, ni la verve inquisitionnelles de son prédécesseur, M. Hérault, celui que le fameux voleur Poulailler attacha un jour dans son propre cabinet, en dépit des gardes et des agents.

M. de Marville, au contraire, s'appliqua à rendre ses fonctions utiles à tout le monde, aux petits comme aux grands, aux pauvres comme aux riches, et il révoqua plusieurs agents qui, dans leur habitude d'omnipotence, avaient abusé de leurs fonctions.

Dans la célèbre affaire de la tragédie de *Mahomet*, il n'hésita pas à faire, auprès de Voltaire, une démarche personnelle qui eut le meilleur résultat.

Tel était l'homme qu'allait voir M. de Lavenay.

Malgré l'heure avancée et bien qu'il travaillât avec ses secrétaires à des règlements sur les jeux publics, très difficiles à réprimer, M. de Marville n'hésita pas à recevoir le gentilhomme, dont le nom lui était fort connu.

Lavenay lui raconta l'enlèvement, sans dire quelle part ses amis et lui avaient eu l'intention d'y prendre.

Tout au contraire, il donna comme motif de sa démarche la vieille amitié qui l'unissait au marquis de Vilers?

M. de Marville l'écoutait avec attention.

A la fin, il demanda, tout en fixant sur Lavenay ses yeux de lieutenant de police:

—Mais que faisait donc pendant ce temps-là le marquis de Vilers?

Un instant, Lavenay, qui ne s'attendait point à cette question parce qu'on oublie toujours la chose principale, resta décontenancé, mais il se remit bien vite et riposta gaillardement.

—Vilers? mais il est en voyage!

—Et depuis quand?

—Depuis quelques jours.

—Oh! c'est étrange! j'avais cru l'apercevoir hier au petit lever du roi et même lui entendre dire qu'il n'était pas près de quitter Paris.

—Vous, ou moi, nous nous trompons, M. le lieutenant de police. La vérité est qu'à l'heure de l'enlèvement, Vilers n'était point chez lui.

—Soit! mais qui vous fait supposer que l'inconnu qui a enlevé la marquise doive, lui aussi, quitter Paris?

La réplique encore était difficile. Lavenay ne pouvait tenir en effet à faire part à M. de Marville de la poursuite sans merci dont lui-même et ses amis menaçaient la marquise.

Il trouva cette réponse:

—Le ravisseur ne doit-il pas craindre, monsieur le lieutenant de police, qu'à Paris vous ne mettiez trop tôt la main sur lui? Aussi soyez certain qu'il ne songe qu'à vous fuir. C'est pour cela que je me suis permis de venir à cette heure indue.

Le magistrat s'assit à son bureau et écrivit rapidement un ordre.

Puis il frappa sur un timbre. Un huissier entra.

M. de Marville lui remit l'ordre qu'il venait d'écrire.

—Dans un quart d'heure d'ici, dit-il, tous les postes des portes de Paris seront informés qu'il faut arrêter le carrosse s'il passe, qu'il faut lui donner la chasse, s'il est passé.

Lavenay se mordit les lèvres.

On lui accordait plus qu'il ne demandait.

La maréchaussée à la poursuite de l'homme mystérieux, c'était une grande chance pour qu'il pût s'échapper avec sa précieuse conquête. Ou, dans le cas où la police parviendrait à l'arrêter, c'était la marquise ramenée à son hôtel, et protégée, au moins pour un temps assez long, par M. de Marville, contre les entreprises des Hommes Rouges.

Cependant Lavenay réfléchit qu'avec des chevaux comme ceux qu'ils possédaient, lui, Lacy et Maurevailles, il leur serait facile de devancer les lourdes montures des cavaliers de la maréchaussée.

Aussi fut-ce le sourire sur les lèvres qu'il demanda à M. de Marville de vouloir bien lui permettre d'attendre les renseignements qu'il allait recevoir, afin qu'il pût aller sur les traces du ravisseur.

Mais le magistrat secoua la tête.

—Ce que vous sollicitez là, monsieur le comte, est impossible, dit-il.

—Impossible! pourquoi?

—Parce que je vous arrête!

—Vous m'arrêtez?

—Comme accusé d'assassinat sur la personne de votre ancien ami, le marquis de Vilers!...

Lavenay devint livide.

Comment M. de Marville savait-il que M. de Lavenay avait tué le marquis?

Le duel n'avait eu d'autre témoin que Tony.

Et ce n'était pas lui qui avait averti le lieutenant de police.

Mais M. de Marville venait de parler *au jugé*.

Il n'avait que des soupçons et voulait les changer en certitude.

A la suite des nombreux crimes qui se commettaient chaque nuit dans Paris, M. de Marville avait pris une ordonnance fort sage pour l'époque.

Cette ordonnance, en date du 17 mai 1743, prescrivait à tout chirurgien d'avoir à déclarer à la police, dans les vingt-quatre heures, le nom, le domicile et le genre de blessure des gens qu'on portait à soigner chez eux.

De cette façon, quand deux gentilshommes se coupaient galamment la gorge, il n'était plus possible au blessé de se faire soigner en secret et de cacher le duel.

Les exempts avaient reçu en même temps des ordres très sévères sur le même sujet.

Ils ne pouvaient plus, comme autrefois, dire en trouvant un cadavre sanglant:

—Voilà un homme qui s'est battu. Tant pis pour lui!...

Il leur fallait au contraire recueillir sur la cause et les circonstances du duel tous les renseignements possibles.

Quelques-uns remplissaient exactement ce devoir; beaucoup trop le négligeaient.

Or, par hasard, l'exempt qui avait vu relever le cadavre et l'avait fait transporter aux caveaux du Châtelet était un homme intelligent et zélé.

Grâce aux soins pris par Tony, il n'avait pu constater l'identité du mort.

Mais il avait questionné tous les portiers de la place Royale.

Et il avait appris qu'un homme en manteau rouge avait été vu, vers l'heure du meurtre, d'abord entrant fort tranquillement dans cette place, puis s'éloignant à pas rapides.

Cet agent avait fait son rapport au lieutenant de police.

Et celui-ci, voyant le manteau rouge de Lavenay, s'était dit tout de suite:

—Voilà le meurtrier.

Quant au nom de la victime, il l'avait trouvé par un semblable enchaînement d'idées:

Lavenay, encore en manteau rouge, déclarait venir de l'hôtel de Vilers... où l'on avait enlevé la marquise... qu'il paraissait aimer plus qu'il ne fallait...

Et le mari de celle-ci avait disparu?...

Évidemment la victime de la veille, ce gentilhomme inconnu, dont on cherchait le nom, c'était le marquis.

M. de Marville tenta l'épreuve.

On a vu comment elle réussit. La pâleur de Lavenay lui prouva qu'il avait touché juste.

Cependant, la première surprise passée, le comte se remit:

—Monsieur le lieutenant de police, dit-il, on a bien raison de prétendre qu'aucun fait ne vous est longtemps ignoré. Je vous donnerai tout à l'heure des explications qui vous satisferont, je l'espère. Cependant mes amis, MM. de Lacy et Maurevailles, attendent avec une impatience fébrile le résultat de ma démarche. Moi-même, je suis plus anxieux sur le sort de madame la marquise de Vilers que sur le mien propre. J'ai tué en duel loyal son mari, qui m'avait mortellement offensé. Mais un grand danger la menace, je le sens, j'en suis sûr. Si je ne puis courir sur les traces du ravisseur, permettez-moi au moins de prier mes amis, sur qui ne pèse aucune accusation, d'y aller à ma place.

M. de Marville ne répondit pas, mais pour la seconde fois, il frappa sur le timbre.

L'huissier parut.

—Dites à M. La Rivière de venir ici.

L'huissier s'inclina et sortit.

XV

LE RAVISSEUR DE LA MARQUISE

Presque aussitôt apparut M. La Rivière, un gros bonhomme à la face rougeaude, au sourire béat, tout le contraire du type que l'on se fait généralement du policier de l'ancien régime. Il est vrai que ses petits yeux gris, percés en vrilles, brillaient comme deux étoiles derrière les lunettes bleues qui les abritaient. Sans ces deux yeux, on eût pu prendre M. La Rivière pour un franc imbécile. Quand on les avait vus fixés sur soi, on frissonnait.

M. La Rivière fit un magnifique salut et attendit, les mains croisées sur son ventre, que M. de Marville l'interrogeât.

—La Rivière, demanda le lieutenant général, a-t-on exécuté mes ordres relativement aux barrières?

Le policier tira sa montre, une grosse montre d'argent:

—L'expédition a été faite à moins onze, supputa-t-il, le départ à moins quatre... Mettons quinze minutes l'une dans l'autre pour le trajet ventre à terre. Monseigneur, dans trois minutes tous les postes seront prévenus. La plupart les ont déjà.

—Et s'il y a un résultat? ne put s'empêcher de demander Lavenay.

M. La Rivière répondit:

—S'il y a un résultat, monseigneur le saura au bout d'un quart d'heure.

M. de Marville congédia du geste le policier qui salua et disparut.

—Vous le voyez, comte, dit-il, tout est prévu.

Les mesures les plus sérieuses sont prises. Vous n'avez donc rien à redouter pour la marquise. Quant à vos amis qui vous attendent, je ne veux pas les laisser se morfondre inutilement sur la place Vendôme, où ils doivent commencer à trouver le temps long. Je vais les envoyer chercher.

—Pardon, monsieur le lieutenant de police, se permit-il de demander. Mais comment savez-vous que c'est place Vendôme qu'ils m'attendent?

Pour toute réponse, M. de Marville tendit au comte un papier que M. La Rivière, en entrant, avait invisiblement placé sur le bureau.

Lavenay lut sur ce papier:

—Deux autres Hommes Rouges se promènent place Vendôme.

—C'est admirable, fit-il en s'inclinant.

—Mais, en attendant, reprit M. de Marville, racontez-moi par suite de quelles étranges circonstances vous avez pu arriver à tuer votre ami intime, le marquis de Vilers.

Lavenay commença son récit et expliqua les faits que nous connaissons déjà pour les avoir lus, avec Tony, dans le manuscrit du mort.

Seulement, le récit de Lavenay s'arrêtait au départ du marquis, de celui qu'il appelait «le traître.»

—Il avait failli à sa parole, ajouta le comte; nous nous réunîmes en tribunal pour le juger.

—Et vous l'avez condamné?

—A mort.

Le lieutenant de police avait écouté avec un vif intérêt ce récit presque fantastique.

—Et la comtesse Haydée? demanda-t-il.

—Il fut décidé que rien ne serait changé à son égard.

—Comment cela?

—Nous avions juré qu'elle serait à celui dont le nom était sur le bulletin choisi par elle.

—Eh bien?

—De deux choses l'une: ou le marquis avait fait disparaître ce bulletin, ou le papier était resté entre les mains de la comtesse. Dans le second cas, la chose allait naturellement; car il est évident que si son nom avait été sur ce papier, le marquis n'eût pas eu besoin d'enlever la comtesse pour l'épouser.

—Et si le bulletin était détruit?

—Il l'est. Or, le marquis étant mort, le pacte subsiste entre nous trois. Nous referons trois billets, et, comme la première fois, nous consulterons le sort.

—Mais vous savez que la comtesse Haydée ne vous aime pas, puisqu'elle avait choisi M. de Vilers?

—Parfaitement. Aussi sera-ce là sa punition.

—Sa punition?

—Elle apprendra la mort de celui qu'elle aimait, et qui a trahi son serment, et appartiendra à l'un de nous, à celui que le sort désignera.

—Et si celui-là est M. de Lacy ou M. de Maurevailles?

—Je mettrai autant de zèle à l'aider que j'ai mis d'acharnement à poursuivre et à tuer le marquis.

—Mais c'est de la folie!...

—Pour nous trois, liés par notre parole, c'est de l'honneur!

On gratta à la porte.

L'huissier venait avertir le lieutenant de police que les deux gentilshommes qu'il avait envoyés chercher étaient là. M. de Marville se leva pour recevoir MM. de Maurevailles et de Lacy.

Ceux-ci étaient déjà depuis longtemps sur la place Vendôme, enveloppés dans leurs manteaux, et marchant de long en large, à côté de leurs chevaux tenus en laisse par les palefreniers, quand on était venu les mander près du lieutenant de police. Ils se doutèrent qu'il était arrivé quelque incident nouveau. Aussi, après les salutations, parurent-ils attendre une explication.

—Messieurs, leur dit M. de Marville, je viens d'avoir un long entretien avec votre ami. Il m'a raconté votre pacte. Il ne m'a pas caché qu'il l'avait déjà en partie accompli. Il reconnaît que c'est lui qui a tué le marquis de Vilers.

—En duel! répondirent en même temps les deux gentilshommes.

—Et il m'a affirmé en outre que le combat avait été loyal...

—Nous nous en portons garants pour lui, s'écria Maurevailles.

—Et nous demandons notre part de responsabilité, ajouta Lacy.

M. de Marville réfléchit un instant. Certes, le cas était grave. Il y avait eu un meurtre commis et la victime était un officier connu de la cour et de la ville. Cela pouvait engendrer un grand scandale. Mais d'un autre côté, ce n'était que par induction que le lieutenant de police était arrivé à savoir le nom du mort. Pour tout le monde, le cadavre qui reposait là-bas dans les caveaux du Châtelet était celui d'un inconnu.

Au pis-aller, si plus tard on arrivait à savoir que le marquis de Vilers avait été tué, les trois officiers n'hésiteraient pas à répondre de cette mort. Ils l'avaient promis. Et le lieutenant de police voyait qu'ils étaient gens à tenir leur parole. Il était d'ailleurs en pouvoir de les y contraindre.

En ce temps, malgré les édits, il y avait pour les duels une grande tolérance. On ne courait donc pas grand risque à fermer les yeux sur celui-ci. Quant à l'exempt qui avait fait l'enquête, il n'était pas difficile de lui fermer les yeux et la bouche.

—Messieurs, dit M. de Marville, j'accepte votre parole. Vous êtes libres. Et maintenant attendons le résultat des mesures prises relativement au carrosse. Justement voici une estafette qui arrive. Peut-être allez-vous savoir quelque chose.

En effet le galop d'un cheval venait de retentir sur les pavés inégaux de la rue des Capucines. On entendit ce cheval s'arrêter devant l'hôtel, puis un cavalier de la maréchaussée, dont le sabre traînait sur les marches, monter l'escalier.

Aussi impatient que les trois amis, M. de Marville n'attendit pas qu'on vînt le prévenir et se précipita dans l'antichambre.

Le cavalier tenait à la main un large pli scellé. M. de Marville lui arracha la lettre et rentra dans son cabinet en regardant la suscription.

—Porte Saint-Antoine! dit-il.

Il brisa le cachet et parcourut rapidement la dépêche en murmurant:

—Oh! c'est étrange!

—Que se passe-t-il donc? demandèrent à la fois Lavenay, Maurevailles et Lacy.

—Voyez vous-mêmes, Messieurs. Selon mes ordres, on a arrêté le carrosse à la porte Saint-Antoine...

—Eh bien?...

—Il contenait deux personnes: un homme âgé, vêtu d'un surtout de fourrures, et une jeune femme...

—Le ravisseur et madame de Vilers...

—A l'invitation des gardes, l'homme aux fourrures s'est incliné avec un sourire...

—Et on l'a arrêté?

—On l'a laissé libre.

—Comment cela?...

—La marquise s'est penchée à la portière et a prié le chef des gardes de ne pas mettre obstacle à leur voyage.

—C'est impossible!

—Lisez plutôt. Elle a déclaré qu'elle partait librement avec...

—Avec?... interrompirent les Hommes Rouges suspendus aux lèvres du lieutenant!

—Avec son père!!!

Les trois gentilshommes restèrent anéantis. Marc de Lacy reprit le premier son sang-froid; il demanda enfin:

—Mais où l'emmène-t-il?

—Il n'appartient à personne de le lui demander.

XVI

OU JOSEPH VA DE STUPÉFACTION EN STUPÉFACTION

Après plus d'une heure d'anéantissement physique et moral, Tony s'était réveillé plus allègre, plus ardent, plus prêt à sauver et à punir aussi.

Tout d'abord, il se dit:

—Ce qu'il y a de mieux à faire pour l'instant est d'observer ici même ce qui a pu s'y passer, après avoir délivré toutefois ce pauvre Joseph.

Mais la manière belliqueuse dont il était entré dans cette partie de l'hôtel l'avait empêché d'étudier son chemin. Et celles des lumières que le vent n'avait pas éteintes étaient consumées jusqu'au bout. Il prit au hasard le premier corridor venu, courut droit devant lui et se cogna contre le battant ouvert d'une fenêtre. Si faible qu'elle fût, la clarté de la lune lui permit de mesurer d'un coup d'oeil rapide l'espace qui le séparait du sol.

Il se trouvait au rez-de-chaussée. Il n'eut qu'à sauter. Devant lui s'étendaient de grands arbres.

Il était donc dans le jardin. Après vingt allées et venues, il aperçut enfin Joseph, resté abasourdi sous le massif où l'Homme Rouge l'avait jeté.

Ce pauvre Joseph était si bouleversé que, ne reconnaissant pas d'abord «le commis à mame Toinon», il se demandait si on ne venait point l'achever.

—Oh! grâce! Ne me faites point de mal, murmura-t-il quand Tony lui eut ôté son bâillon.

—N'ayez pas peur. C'est moi.

—Vous, monsieur Tony? Que vous êtes bon! Vous voulez donc sauver tout le monde?

Et le vieux serviteur baisa les mains qui le déliaient.

—Mais que s'est-il passé? demanda-t-il.

—Je ne le sais pas moi-même exactement.

Le vieillard, dont les membres avaient été engourdis sous la corde qui les serrait, trébuchait sur ses jambes.

—Il ne s'agit pas d'être malade, fit Tony. On a enlevé votre maîtresse.

—Ils ont enlevé madame! Oh! les misérables!

—Ce ne sont pas eux.

—Qui donc alors?

—Nous allons peut-être le savoir. Venez.

Le danger couru par la marquise avait rendu toute son activité à Joseph, qui se sentait maintenant aussi jeune que Tony.

—Voyez d'abord, dit celui-ci, comment il se fait qu'on ne m'ait pas ouvert quand j'ai frappé, comment il se fait que pas un domestique ne soit accouru au bruit de ce qui s'est passé. Moi, je vais demander autre chose aux voisins. Nous nous retrouverons sur le pas de la grand'porte.

Et, de nouveau, Tony enjamba le mur. Il tomba quai de Béthune et fut, en quelques enjambées, rue de la Femme-sans-Tête, ou il ne se fit aucun scrupule de réveiller les portiers. Il avait dans sa poche l'argent pris par lui dans celle du marquis de Vilers et qu'il aurait rendu ce soir même à la marquise, s'il avait pu la voir, hélas!

—Cet argent qui est à elle, je puis bien l'entamer pour elle, se dit-il, puisque je n'en ai pas à moi.

Et, grâce aux écus habilement semés ici ou là, voici ce qu'il apprit:

À la tombée de la nuit, un carrosse était venu se poster au coin de la rue de la Femme-sans-Tête.

C'était le carrosse qu'il avait remarqué en venant. Il y avait à peine quelques minutes que cette voiture était là, quand un homme, couvert de fourrures et paraissant assez âgé, s'était approché du cocher, le seul serviteur qui la gardât. A la lueur des lanternes, on l'avait vu donner de l'argent à ce cocher et causer longuement avec lui.

Puis il s'était dirigé vers la porte de l'hôtel.

Il n'avait pas même eu besoin de frapper. La porte était ouverte. Quelques minutes après, il sortit. Mais cette fois il n'était plus seul. Madame de Vilers le suivait. La marquise avait jeté sur ses épaules une grande mante de voyage. Bien qu'elle ne semblât faire aucune résistance, elle avait plutôt l'air d'obéir que de partir librement. Dans le court trajet qui séparait de l'hôtel le carrosse, elle porta plusieurs fois son mouchoir à ses yeux.

Au moment d'entrer dans la voiture, elle parut hésiter. L'homme lui saisit le bras et l'aida à monter. Il s'assit à côté d'elle et le carrosse partit au grand galop. Tony en avait pour son argent, du moins pour l'argent du marquis. En rentrant dans l'hôtel, il trouva, comme il était convenu, sur le seuil de la porte, le vieux Joseph qui, en l'apercevant, leva les bras vers le ciel par petites secousses. Ce geste a toujours voulu dire:

—Ce qui est arrivé est inimaginable!

—Eh bien? lui demanda Tony en refermant la porte.

—Ah! mon pauvre monsieur, ma maîtresse est perdue...

Et, pour abréger le récit de Joseph, récit coupé par des exclamations sans nombre, par des larmes et des hoquets, disons que le brave domestique, en parcourant les chambres, les cuisines, avait trouvé tout le monde endormi.

Enfin, il était parvenu à éveiller un laquais, à qu'il avait arraché mot à mot ces renseignements:

Vers trois heures de l'après-midi, un valet de chambre, se disant sorti de la veille de l'hôtel de Chevreuse et engagé aussitôt par le marquis, s'était introduit dans les cuisines.

Là, il avait fait vingt folies, raconté trente histoires et finalement demandé qu'on célébrât sa bienvenue, le verre en main. Il s'y était si bien pris que tous les domestiques de l'hôtel, y compris le suisse et les femmes de la marquise, avaient tour à tour trinqué avec lui.

Le laquais interrogé par Joseph ne savait rien de plus. Il avait tellement bu en compagnie de l'intrus que peu à peu la tête lui avait semblé lourde, puis il s'était endormi... Tous les autres avaient sans doute fait comme lui.

Tony était suffisamment éclairé.

Évidemment le soi-disant ex-laquais du duc de Chevreuse appartenait aux Hommes Rouges.

C'était lui qui, par l'ivresse, avait rendu inerte tout le personnel de l'hôtel de Vilers, puis avait ouvert la porte de la rue; après quoi, obéissant vraisemblablement à un ordre, il s'était retiré.

Malheureusement pour les Hommes Rouges, ils avaient travaillé pour un autre larron.

Au moment où Joseph finissait de raconter à Tony ce qu'on vient de lire, le marteau de la porte, soulevé, retomba lourdement sur son clou.

Le vieux domestique alla ouvrir.

—Monsieur Joseph? demanda la personne qui avait frappé.

—C'est moi.

—Voilà un papier pour vous. Il y a une réponse.

Certes, il y avait une réponse, et une bonne

Car ce papier disait:

«Prière à mon bon Joseph de remettre au porteur, contre le présent, dix mille livres.

» MARQUIS DE VILERS.»

—C'est étrange! se dit le vieux domestique. Mon pauvre maître, qui me racontait toutes ses affaires, ne m'a point parlé de celle-là. Qu'est-ce que ça signifie?

Pourtant il n'y avait rien à répliquer. L'écriture était bien celle du marquis. Le paraphe était bien le paraphe du marquis. Le papier était daté de la semaine précédente et n'avait donc pas été rempli par un fantôme. De plus, le cachet du marquis était apposé à l'un des angles.

Joseph dit:

—Attendez-moi.

Il alla chercher dix mille livres et paya, non sans tâcher de savoir en quelles circonstances ce bon avait été délivré.

—Je ne saurais vous l'apprendre, répondit le porteur. C'est une commission que je fais...

—Enfin! murmura Joseph en reconduisant ce commissionnaire.

Et comme il s'apprêtait à fermer la porte:

—M'sieur, m'sieur, cria un de ces gamins de Paris qui, plus tard, devaient s'appeler des gavroches. Ne fermez pas. J'apporte quelque chose.

Le gamin, tout en sueur, qui courait aussi vite qu'un poney, vint s'abattre devant l'hôtel en tendant à Joseph un papier.

—Pour qui cela? demanda le vieux domestique.

—Pour... le... marquis de Vilers, répondit le gamin tout poussif.

—Hélas! ne put s'empêcher de soupirer Joseph.

Le gamin continua:

—C'est de la part... d'une belle dame... qui était... dans un beau carrosse... Elle a écrit... pendant que son monsieur faisait charger des malles... Elle m'a dit... qu'on me payerait bien...

—Oh! certes, répondit Joseph, qui vida sa poche dans les mains du gamin émerveillé, puis rentra dans l'hôtel et rejoignit Tony.

Mais à cette époque le respect des domestiques pour leurs maîtres était tel que, bien que le marquis fût mort et que cette lettre pût lui fournir une indication précieuse, Joseph n'osa pas l'ouvrir.

Longtemps il la tourna et retourna entre ses doigts. Ce billet n'était point cacheté. Une épingle seule le fermait. L'adresse était écrite au crayon.

—En finirez-vous? demanda Tony impatienté.

—Je brûle d'ouvrir ce papier. Je n'en ai pas le courage.

—Je l'aurai, moi qui suis l'exécuteur testamentaire de votre maître!

Et le jeune homme s'empara du papier, fit sauter l'épingle et lut à haute voix ces mots également écrits au crayon:

«Cher ami,

«Le magnat m'emmène où vous savez! Au moins je ne quitterai pas la France! Veillez sur Réjane. Pauvre chérie! Elle venait de se mettre au lit quand je suis partie. Dites-lui que je l'ai embrassée... Comptez sur moi comme je compte sur vous...

«Marquise DE VILERS.»

—Eh bien, demanda vite Tony après la lecture de ce billet. Où le magnat emmène-t-il votre maîtresse! Vous devez le savoir aussi, vous?

Joseph était atterré. Des propriétés du magnat, Joseph n'avait jamais entendu parler que du château du Danube et la marquise disait: «Au moins je ne quitterai pas la France!»

Tony perdit de nouveau courage. Le fil conducteur que venait de lui tendre la Providence pour l'aider à se retrouver dans ce labyrinthe cassait tout à coup. Comment protéger la marquise maintenant?

Après avoir mûrement réfléchi, il s'arrêta définitivement à la résolution suivante:

Les trois autres ennemis de la marquise,—les siens en même temps,—étaient gardes-françaises.

Il le serait aussi.

D'abord, il sentait en lui, il n'était pas né pour la vie douce et enfantine qu'il menait chez la bonne mame Toinon. Ce qu'il lui fallait, c'était la vie des camps, le tapage, la bataille. Il l'avait bien compris aux battements joyeux de son coeur, la première fois que sa main avait brandi une épée, la première fois que cette épée s'était croisée avec une autre. Et puis, dès son enrôlement, Tony serait auprès des Hommes Rouges. Malgré eux et à leurs côtés, il grandirait, les surveillant, ne les perdant pas de vue.

Le régiment est une grande famille où tout se sait: si les Hommes Rouges complotent, s'ils parviennent à découvrir la retraite du magnat, s'ils trament quelque entreprise contre la marquise, le garde-française Tony le saura et prendra ses mesures en conséquence...

—Je ne serai pas toujours simple soldat, se dit l'adolescent avec cette confiance superbe qu'il avait mise en toutes choses depuis la mort du marquis et qui lui était revenue. Je passerai anspessade, bas-officier, sous-lieutenant!... Je deviendrai l'égal de mes ennemis! Ainsi le comte ne pourra plus refuser de se battre avec moi. Je laverai l'insulte qu'il m'a faite en même temps que je vengerai le marquis. Et la marquise n'aura pas honte de son défenseur. Oui, je serai l'égal de ces fiers capitaines, leur supérieur peut-être... Tiens! pourquoi pas? parce que je ne suis point noble? Bah! L'armée mène à tout. M. Chevert, qui n'était pas plus noble que moi, est bien devenu maréchal de France!... Que je devienne général, ajouta-t-il en riant, je m'en contenterai. Le général Tony... Cela sonnerait joliment!...

Cependant, avant de s'enrôler, Tony songea qu'il lui restait un devoir à remplir.

Le corps du marquis de Vilers était toujours au Châtelet. Il en informa Joseph en l'invitant à aller avec lui.

La marquise n'étant plus là pour réclamer le corps de son mari et satisfaire aux derniers devoirs, ce soin incombait aux deux seuls vrais amis que le marquis eût à Paris: Tony et Joseph.

Dès que vint le matin, ils se rendirent donc au Châtelet, où on leur remit une magnifique bière de chêne, dans laquelle le lieutenant de police, voulant éviter le scandale, après la déclaration de MM. de Lavenay, de Maurevailles et de Lacy, avait enfermé le marquis.

Une messe fut célébrée à l'église de Saint-Louis-en-l'Isle, puis ils firent descendre le cercueil dans le caveau de la famille de Vilers, au Père-Lachaise.

—Mon pauvre maître, s'écria Joseph en fermant le caveau, c'en est donc fait de toi!!!

FIN DU PROLOGUE

PREMIÈRE PARTIE

LE CHÂTEAU DU MAGNAT

I

LES GARDES-FRANÇAISES

Le lendemain de l'enterrement du marquis de Vilers, il y avait grande rumeur à la porte Montmartre, devant un cabaret qui avait cette enseigne bizarre:

Au servent recruteur.

Une centaine de jeunes gens de quinze à vingt ans, appartenant pour les deux tiers à la classe ouvrière, et pour le tiers restant à la caste boutiquière et à la bourgeoisie de Paris, se pressaient aux abords du cabaret.

Un tambour des gardes-françaises avec son habit blanc à parements bleus, son tricorne et sa perruque poudrée, battait le rappel, et parfois, entre deux roulements, dépliait une grande pancarte et lisait à haute voix l'avis suivant:

«Monsieur le marquis de Langevin, mestre de camp, chevalier de l'ordre royal et militaire de Saint-Louis et colonel-général du régiment des gardes-françaises, fait assavoir:

«1° Que, par ordonnance du roi, contresignée par Son Excellence le secrétaire d'État au département de la guerre, le régiment des gardes-françaises vient d'être augmenté de deux compagnies;

»2° Que, les cadres de ces compagnies ayant été formés et chaque officier pourvu de son emploi, il est nécessaire de compléter l'effectif;

»3° Que les jeunes gens qui désirent servir peuvent s'adresser, soit directement à M. le marquis de Langevin, soit à MM. de Bressuire et de Vauxcouleurs, capitaines-commandants d'icelles compagnies, lesquels les enrôleront; soit enfin à Humbert, dit Pivoine, sergent recruteur, qui leur comptera dix pistoles en leur faisant signer leur engagement;

»4°...» (Nous ne garantissons pas le texte de cet article que Humbert, dit Pivoine, débita de mémoire sans regarder la pancarte): «4° Le régiment des gardes-françaises est le plus agréable de tous les régiments.

»On y danse le dimanche au son des violons et de la flûte.

»La solde est bonne, exactement payée.

»Les soldats ont la permission de dix heures tous les jours, et de minuit les jours de fête.

»Le colonel n'interdit à ses soldats, pourvu que le service ne souffre point, ni les amourettes, ni le cabaret. Les beaux garçons seront enrôlés de préférence, le régiment des gardes-françaises ayant à coeur de soutenir sa belle réputation de galanterie.»

Les variations exécutées par Pivoine sur ce quatrième et alléchant paragraphe auraient suffi à retenir la foule devant le cabaret du *Sergent recruteur*.

Pivoine était un grand diable d'homme qui pouvait bien avoir passé la cinquantaine.

Il était sec, maigre, osseux et portait une longue paire de moustaches blanches sur une trogne enluminée et d'un rouge incarnat qui lui avait valu ce nom de Pivoine.

Il était Gascon, hâbleur au delà de la permission, brave jusqu'à la témérité et buveur enragé. Sa mine rouge et son nez violacé disaient éloquemment qu'il avait largement usé de la tolérance dont les gardes-françaises jouissaient à propos du cabaret.

—Venez, mes garçons, mes petits amours, mes chérubins, reprit-il en faisant sonner quelques centaines de pistoles qu'il avait dans des sacs de cuir placés devant lui.

Qui veut servir le roi? qui veut dix pistoles?

Dix pistoles! cornes du diable! c'est un beau denier, mes enfants, et qui ne se trouve pas sous les pieds d'un cheval, ni dans le capuchon d'un moine.

Dix pistoles! sang du Christ! si j'avais dix pistoles à moi appartenant, dix pistoles neuves, luisantes et jaunes comme celles-là, je voudrais épouser une femme de qualité qui aurait un carrosse et des laquais chamarrés à outrance...

Dix pistoles! enfer et damnation! continua Pivoine d'une voix enrouée, c'est assez d'argent, ma foi! pour entretenir la plus belle fille de Paris pendant huit jours.

De temps en temps, le sergent interrompait sa parade pour faire signer un volontaire, qui prenait la plume en tremblant, écrivait son nom et son adresse, et touchait ensuite cinq pistoles.

—On donne les cinq autres, disait Pivoine, quand on se présente à la caserne.

Puis le sergent reprenait de plus belle:

—Il n'y a pas de meilleur métier que celui des gardes-françaises, mes poulets. On se lève tard, on ne fait pas de manoeuvres, on est bien nourri, on boit du bon vin. Le jour, on joue au bouchon; le soir, on fait la partie de cartes.

Les femmes du quartier sont amoureuses de nous... et nous le prouvent. Tenez, moi qui vous parle, mes lapins, moi, Pivoine, tel que vous me voyez, j'ai embroché plus de maris en ma vie qu'un cuisinier n'embroche de poulets.

Et Pivoine chantait d'une voix fausse et désagréablement timbrée:

On fait l'amour,

Tout le jour,

Dans les gardes-françaises,

On fait l'amour, sur ma foi!

Dans les gardes du roi!...

Et les enrôlés arrivaient, signaient et touchaient la moitié de leur prime dont ils laissaient une bonne part avant de sortir du cabaret.

Tout à coup un jeune homme fendit la foule.

C'était presque un enfant; il n'avait pas un poil de barbe, et il était blanc et pâle comme une jeune fille.

—Qu'est-ce que tu veux, toi, *mademoiselle?* lui demanda Pivoine en le voyant s'approcher.

—Je veux m'enrôler.

—Dans les gardes-françaises?

—Oui.

—Tu es trop jeune...

—J'ai passé seize ans.

Le sergent sourit.

—Tu es une fille habillée eu garçon, dit-il; c'est pour suivre ton amoureux... que tu veux...

Le jeune homme rougit jusqu'aux oreilles.

—Sergent, dit-il, je me suis battu cette semaine contre deux hommes ensemble, dont chacun était plus grand que vous, et je vous apprendrai quel est mon sexe véritable.

—Toi, bambin?

—Moi.

Le sergent riait à gorge déployée. Son interlocuteur lui demanda de nouveau:

—Voulez-vous m'enrôler, oui ou non?

—Non, tu es trop petit.

De rouge qu'il était, le jeune homme était devenu pâle.

—Sergent, dit-il, je vais aller trouver le marquis de Langevin. Ce soir, je serai soldat, et demain nous nous retrouverons.

Et Tony, car c'était lui, sortit du cabaret, la tête haute, le sourcil froncé, l'oeil enflammé, le coeur plein de colère.

A la porte, il s'adressa au tambour:

—Où faut-il aller, lui demanda-t-il, pour trouver le marquis de Langevin?

—Chez lui, à son hôtel.

—Où est-il, son hôtel?

—Rue des Minimes, proche la place Royale, au Marais.

Et il s'en alla, suivant le rempart.

L'hôtel du marquis était situé vers le milieu de la rue, sur la gauche. A la porte, Tony aperçut, collé au mur, un double de la pancarte dont le tambour avait donné lecture au cabaret du *Sergent recruteur*. Sur le seuil de la porte, se trouvait un laquais.

—Monsieur le marquis est-il chez lui?

—Que lui voulez-vous?

Tony fit la réflexion que le laquais serait capable de le trouver trop jeune, lui aussi, et il se souvint que l'infortuné marquis de Vilers lui avait dit:

—Je suis capitaine aux gardes-françaises.

Aussi répondit-il au laquais:

—J'ai un message pour M. le marquis de Langevin.

—De la part de qui?

—Du marquis de Vilers.

—Donnez...

—Non, dit l'enfant, je dois le remettre au marquis en personne.

—Alors, venez avec moi...

II

LE CAPORAL TONY

Le laquais conduisit le commis à mame Toinon à travers plusieurs salles luxueusement décorées jusqu'à un vaste cabinet de travail. Au milieu de ce cabinet Tony aperçut un homme déjà vieux, dont la moustache était grise, mais dont l'oeil brillait du feu de la jeunesse.

C'était le colonel-général marquis de Langevin.

La jolie figure et l'assurance de Tony lui plurent.

—Que voulez-vous, mon jeune ami? lui dit-il d'un ton plein d'affabilité.

—Monseigneur, répondit Tony, je voudrais être soldat.

—Vous croyez-vous donc assez fort pour cela?

—Je serai brave.

—Quel âge avez-vous?

—Seize ans.

—Et vous voulez servir?

—Je veux devenir officier.

—Oh! oh!

—Et, ajouta Tony avec un accent de mâle fierté, je vous jure que j'aurai un jour la croix de Saint-Louis.

—Peste! fit le marquis, enchanté de l'attitude martiale de l'enfant.

—En attendant, reprit celui-ci, je serais bien content d'être sergent au plus vite.

—Et pourquoi?

—Afin de me battre avec le sergent recruteur Pivoine qui m'a insulté.

—Bah!

—Sur l'honneur, Monseigneur.

—Quand cela?

—Il y a une heure.

Et Tony raconta comment le sergent Pivoine avait refusé de l'enrôler.

Le marquis écouta en souriant.

—Sais-tu lire? lui demanda-t-il.

—Lire et écrire.

—Sais-tu compter?

—Oui, Monseigneur.

Le marquis lui tendit une plume:

—Voyons ton écriture?

Tony traça la phrase que lui dicta le marquis. Il avait une fort belle écriture, lisible comme des caractères d'imprimerie, et de plus, chose rare en ce temps-là, il savait l'orthographe.

—Eh bien, dit le colonel, en attendant mieux, je te prends pour mon secrétaire.

Tony poussa un cri de joie.

—Ce qui, ajouta le colonel, te donne, au régiment, le grade de caporal.

—Est-ce qu'un caporal peut se battre avec un sergent? demanda Tony.

—Non, dit le marquis.

Tony se mordit piteusement les lèvres.

—A moins, ajouta M. de Langevin, que le sergent n'y consente. Mais, du reste, quand on est caporal, il suffit d'une bataille pour devenir sergent.

—Et se battra-t-on bientôt?

—Peut-être dans huit jours...

Tony ne put s'empêcher de se frotter les mains.

M. de Langevin ouvrit un registre d'enrôlements.

Tony reprit la plume et signa sans sourciller.

Il était garde-française!

—A nous deux, sergent Pivoine! Murmura-t-il.

Le lendemain, comme neuf heures sonnaient, le tambour battit dans la cour de la caserne des gardes-françaises!

Le sergent Pivoine se mit à passer en revue ses enrôlés de la veille.

Tout à coup il fronça le sourcil, et sa trogne déjà rouge devint ardente. Un moment même, il crut avoir un éblouissement:

—J'ai la berlue! se dit-il.

Pivoine se trompait; il n'avait pas la berlue, et il avait parfaitement vu.

Ce qu'il avait vu, c'était un tout jeune homme, déjà revêtu de l'uniforme blanc et bleu, sur la manche duquel s'épanouissaient les galons de caporal.

Ce jeune homme n'était autre que Tony.

Le sergent rongea sa moustache avec fureur, et son nez passa par toutes les nuances du violet.

Cependant il se contint et procéda à l'appel.

Quand l'appel fut fini, il fit un pas vers Tony.

Mais Tony en fit deux vers lui.

—Bonjour, sergent, lui dit-il.

—Bonjour, bambin!

Tony regarda fièrement Pivoine:

—Est-ce que vous n'avez pas vu ce que j'ai sur les bras, sergent?

—Mais si... si...

—Et cela vous étonne?

—Un peu, petit intrigant. Comment as-tu fait pour devenir caporal d'emblée, quand il m'a fallu dix ans, à moi, Pivoine, pour obtenir ce grade?...

—C'est le marquis de Langevin qui m'a pris pour son secrétaire.

Le sergent Pivoine plissa dédaigneusement les lèvres.

—Ah! dit-il, c'est plus facile de gagner ainsi les galons; on n'a pas besoin d'aller au feu...

—Sergent, dit froidement l'enfant, M. le marquis de Langevin m'a promis que nous irions au feu avant huit jours.

—Ah! ah!

—Et j'espère m'y bien conduire.

Pivoine ricanait.

—Afin d'obtenir bien vite les galons de sergent.

—Par exemple! s'écria le vieux soldat d'un ton railleur et plein de mépris tout à la fois; tu me la bailles belle, freluquet! Toi sergent? Il faut avoir de la barbe au menton pour cela.

—Je ne sais pas si j'aurai bientôt de la barbe au menton, mais ce que je sais, c'est que, le jour où je serai votre égal, je vous planterai mon épée dans le ventre jusqu'à la garde!...

—Si tu veux en essayer, blanc-bec, exclama le sergent exaspéré, je renonce à mes galons.

—Et vous vous battrez avec moi?

—Sur-le-champ.

Pivoine était ultra-cramoisi.

Tony ne connaissait encore personne au régiment, mais ses galons de caporal lui servaient d'introducteurs.

Il aborda deux vieux soldats qui, l'appel terminé, s'en étaient allés fumer dans un coin de la cour, et il leur dit d'un petit air crâne et résolu qui les charma:

—Camarades, voulez-vous être mes témoins?

Les deux grognards regardèrent l'enfant avec une curiosité bienveillante:

—Avec qui voulez-vous donc vous battre? lui demanda l'un.

—Avec le sergent Pivoine.

—Oh! oh! C'est une forte lame, le sergent.

—Et qui a tué deux douzaines d'hommes en sa vie, ajouta l'autre.

—Je le tuerai, moi.

A ce moment, entraient dans la cour les officiers de Lavenay, de Maurevailles et de Lacy, qui venaient donner des ordres pour une prochaine revue...

III

OU L'ON N'INTERROMPT PLUS LES EXPLOITS DE TONY

Tony avait parlé avec une assurance telle que les deux soldats consentirent à le suivre, en qualité de témoins.

Le sergent Pivoine avait également prévenu deux de ses camarades.

—Où se bat-on, ici? demanda le jeune homme.

—Oh! répondit un soldat en riant, on ne se bat pas à la caserne.

—Où donc alors?

—Ordinairement nous allons du côté de la Grange-Batelière ou sur les Porcherons.

—Allons où vous voudrez.

Les choses s'étaient passées si rapidement qu'aucun officier de service ne s'était aperçu de la provocation.

Mais, pour gagner la rue, il fallait se croiser avec les trois amis de Fraülen.

—Oh! vois donc, dit Maurevailles à Lavenay, le petit protecteur de la marquise, qui s'est fait garde-française!

Un homme aussi expérimenté que Lavenay ne pouvait s'y tromper. Quand deux soldats, aux regards furibonds, sortent de la caserne, suivis de quatre autres, c'est toujours à un duel qu'ils courent.

—Parfaitement, dit Lavenay. Tu désirais que nous fussions débarrassés de cet ex-commis. Ce grand sergent va se charger de la besogne.

Et les trois amis se rendirent au rapport sans plus s'occuper de Tony.

Le sergent Pivoine, ivre de rage d'avoir été insulté par un enfant, sortit le premier de la cour.

Tony le suivit.

Quand on fut dans la rue, le sergent se retourna vers ses témoins.

—Allons au plus près, dit-il, derrière le rempart; j'ai hâte de corriger ce bambin.

Et il allongea le pas outre mesure.

—Hé, sergent, lui cria Tony, vous êtes un peu trop pressé de vous en aller dans l'autre monde.

Pivoine répondit par un affreux juron et redoubla de vitesse.

La caserne des gardes-françaises se trouvant proche du Louvre, il y avait un bout de chemin à faire pour arriver derrière les remparts.

Il fallait un grand quart d'heure pour atteindre la porte Montmartre.

Puis là, comme il y avait du monde sur les remparts et qu'on jouait aux quilles et au bouchon à droite et à gauche, le sergent Pivoine, tout en maugréant, se dirigea vers les derrières de la petite maison que le maréchal de Richelieu avait fait bâtir récemment au bout du chemin des Porcherons. Là les deux adversaires trouvèrent un terrain sablonneux, entouré de quelques grands arbres et adossé au mur du jardin de la petite maison.

Le lieu était désert.

—Ventrebleu! murmurait le sergent Pivoine en mettant bas son habit et en retroussant les manches de sa chemise, je ne veux pas tuer ce poulet, car on m'appellerait tueur d'enfants; mais je lui planterai trois pouces de fer dans le bras et je l'égratignerai au visage d'un coup de fouet. Ce sera pour lui une leçon.

Tony pensait:

—Le sergent est très fort, dit-on, et je ne sais pas tirer; mais Dieu est juste, et comme la marquise de Vilers n'a plus d'autre protecteur que moi, il ne permettra point que cet ivrogne me tue.

—Allons! allons! *mademoiselle*, hurlait Pivoine de plus en plus colère, voulez-vous donc que nous chantions la messe avant d'en découdre?

—Monsieur, répondit Tony, vous avez une fort vilaine voix, et je vais tâcher de la modifier.

Tony tira son épée et tomba en garde.

Il était superbe d'attitude et de résolution.

Les témoins, qui d'abord avaient secoué la tête, commencèrent à s'étonner; puis l'un dit à l'autre:

—Qui sait? le sergent pourrait bien recevoir une leçon.

Tony se tint d'abord sur la défensive. Le sergent Pivoine fondit sur lui et lui porta un terrible coup droit qu'il esquiva.

Puis il riposta et toucha le sergent Pivoine à l'épaule.

Le vieux soldat poussa un cri de rage.

—Je voulais t'épargner; mais tant pis pour toi, dit-il.

Et il se mit à presser Tony, qui commençait à rompre pas à pas.

—Ah! drôle! ah! petit misérable, la peur te prend, tu lâches pied! hurlait le sergent.

Et soudain il se fendit.

Les témoins de Tony fermèrent les yeux. Ils crurent que le pauvre enfant était mort. Mais il avait fait un bond de côté!

L'épée du sergent fila dans le vide, et Tony, revenant à la riposte, lui enfonça la sienne dans la gorge.

—Vous aviez une vilaine voix, dit-il simplement.

Le sergent tomba comme une masse, en vomissant un flot de sang.

Vous eussiez dit Goliath tué par David.

On releva le pauvre Pivoine et on le transporta en toute hâte dans le cabaret le plus voisin.

Tony, qui, au fond, avait un excellent coeur, oublia sa colère en présence de son ennemi vaincu, et lui prodigua des soins.

On envoya chercher un chirurgien.

Le chirurgien sonda la blessure et déclara qu'elle n'était point mortelle, mais que peut-être le sergent en conserverait une extinction de voix.

Transporter le blessé, le coucher, faire venir le chirurgien et assister au premier pansement, tout cela avait pris environ une heure.

Les deux soldats qui avaient servi de seconds à Tony ne l'avaient point quitté.

L'un était un Gascon surnommé La Rose, l'habitude aux gardes-françaises étant d'avoir toujours un sobriquet; c'était un homme de quarante ans, hâbleur mais brave, vantard mais incapable de mentir pour une chose sérieuse.

L'autre était un gros Normand taciturne, qui se battait fort bien, buvait sec, jouait sa solde un mois d'avance aux quilles ou au bouchon, et s'était pris d'une belle amitié pour le Gascon La Rose.

Le Normand et le Gascon s'étaient liés, en raison même des oppositions flagrantes qui existaient entre eux; l'un était sobre de paroles, même dans le vin, l'autre buvait pur et parlait beaucoup.

Le Normand s'était fait le Pylade de ce moderne Oreste, et comme il lui reconnaissait une grande supériorité d'esprit, il avait coutume de ne faire et de ne dire que ce que lui conseillait le Gascon.

Tels étaient les deux hommes qui venaient d'assister Tony en qualité de témoins.

—Voilà, sandis! un beau coup, mon garçon, dit La Rose en passant familièrement son bras sous celui de Tony, lorsqu'ils sortirent du cabaret, laissant le sergent Pivoine aux mains de son chirurgien et de ses deux témoins.

—Un beau coup! répéta le Normand avec son accent traînard des bords de la Manche.

Le Normand—on ne lui connaissait pas d'autre nom au régiment—s'était fait l'écho fidèle du Gascon.

Il répétait mot pour mot ce que le Gascon disait.

—Et qui vous fera honneur, mon jeune ami, poursuivit La Rose; on en parlera à la caserne.

—Oh! oui! dit le Normand, on en parlera.

—Cornes de boeuf! reprit La Rose, tandis qu'ils arpentaient le chemin qui longeait le rempart, on ne pouvait décemment demander un verre de vin dans ce cabaret où nous avons transporté Pivoine; il faut avoir du respect pour l'infortune.

—Oh! oui, fit le Normand.

—Mais ça n'empêche pas que nous avons soif, très soif.

—Très soif! répéta le Normand.

—Et si vous m'en croyez, mon jeune coq, continua La Rose, nous irons nous désaltérer.

—Mais, camarades, dit Tony, avec beaucoup de plaisir, et vous me permettrez de *régaler*.

La Rose prit une attitude pleine de protection:

—Soit, mon jeune ami, on vous le permet.

—Où irons-nous? demanda Tony.

—Je connais un bon endroit.

—Ah! vraiment?

—A deux pas d'ici.

—Serait-ce le cabaret du *Sergent recruteur*?

—Fi! dit La Rose, c'est une abominable guinguette.

—Pouah! dit le Normand, l'écho éternel des sentiments manifestés par son ami.

—C'est le cabaret de la *Citrouille*, mon homme,—reprit La Rose d'un ton solennel,—tenu par madame Nicolo et sa fille Bavette.

—Les singuliers noms! dit Tony.

—Pour celui de Nicolo, je ne puis vous dire d'où il vient; mais quant au joli nom de Bavette....

—Vous le savez?

—Parbleu! c'est moi qui vous parle, moi La Rose, qui suis son parrain, à cette petite.

—Ah! vous êtes son parrain.

—C'est toute son histoire que je vais vous raconter, poursuivit le garde-française, une drôle d'histoire, allez!

—Très drôle! grommela le Normand.

Tony avait une pistole dans sa poche; en outre, il avait hâte de faire son noviciat, c'est-à-dire de passer, de nouveau qu'il était, à l'état d'ancien et il pensait que le meilleur moyen pour cela était de se faire des amis le plus promptement possible.

Or, la leçon qu'il venait de donner au sergent Pivoine lui avait déjà valu l'estime de La Rose et du Normand, il pensa que leur amitié lui serait bientôt acquise s'il leur payait à boire et écoutait complaisamment leur histoire.

—Est-ce loin? demanda-t-il.

—Non, à deux pas d'ici. J'ai le temps de vous dire mon histoire.

—J'écoute avec bien du plaisir, murmura Tony, qui était plein de courtoisie.

—Il y a bien quinze ans de cela, mon jeune ami, dit alors le sergent La Rose, vu que Bavette a quatorze ans révolus; j'avais vingt-cinq ans, attendu que j'en ai quarante aujourd'hui:

—Vous ne les portez pas, observa Tony, qui tournait à la flatterie.

La Rose frisa sa moustache d'un air vainqueur.

—Je suis bien conservé, dit-il.

Le Normand eut pour son ami un regard et un sourire pleins d'admiration.

—Mais revenons à mon histoire, reprit La Rose, j'avais donc vingt-cinq ans. Nous faisions la guerre en Flandre et notre cantinière n'était autre que maman Nicolo, chez qui je vous conduis.

—Ah! ah!

—Maman Nicolo était une belle femme qui était veuve d'un tambour, lequel avait été tué dans une tranchée, à je ne sais plus quel siège. Les mauvaises langues disaient qu'elle avait trente ans sonnés; mais, à y regarder de bien près, elle était, ma foi! très belle, et il n'y avait pas un homme au régiment qui n'en fût amoureux, à commencer par moi...

La Rose soupira... puis ajouta:

—Et à finir par cette brute que vous voyez-là.

Le garde-française accompagna ces mots d'un coup de poing qu'il appliqua au Normand entre les deux épaules.

Le Normand soupira à son tour, non à cause du coup de poing, mais en souvenir des charmes probablement défunts de maman Nicolo.

Le Gascon La Rose reprit:

—Maman Nicolo était donc une belle femme dont nous étions tous amoureux, et tous sans aucun succès.

—Pas possible! dit Tony.

—Elle était sage et n'écoutait personne. «Je pleure encore mon mari», disait-elle... Et elle nous riait au nez... Cependant, un jour, il arriva au régiment un jeune cornette qui était beau comme les amours.

—Bon! observa Tony, qu'est-ce que cela pouvait faire à un homme comme vous?

—Attendez! ce cornette était un gentilhomme, comme bien vous pensez.

Il avait seize ou dix-huit ans, et il ressemblait à une fille habillée en garçon. Quand il arriva, nous faisions le siège d'une petite ville de Flandre, et nous étions campés en rase campagne. En sa qualité de cantinière, maman Nicolo avait une belle tente, bien vaste; et, comme c'était en hiver, on s'y réunissait tous les soirs, on y buvait à l'entour d'un bon feu allumé au milieu.

—Je gage, dit Tony, que le cornette y vint.

—Justement.

—Et il s'éprit de la cantinière?

—Non, ce fut la cantinière qui s'éprit de lui.

—Trois jours après son arrivée au camp, poursuivit La Rose, le cornette reçut une balle dans l'épaule qui le coucha tout de son long dans la tranchée.

—Comment! il fut tué? exclama Tony que son récent duel intéressait au sort du cornette.

—Non, la blessure n'avait rien de grave; mais on le transporta dans la tente de la cantinière.

—Je devine...

—Maman Nicolo le soigna comme si elle eût été infirmière de son état, et trois semaines après le cornette était sur pied. Mais, à partir de ce moment-là aussi, maman Nicolo, qui riait toujours pour faire voir ses belles dents, devint mélancolique et soucieuse. Elle prétendait qu'elle était malade et congédia ses pratiques dès neuf heures du soir. Cela les intriguait beaucoup, mais aucune n'en savait le vrai mot. Le cornette était discret, et personne au régiment ne se doutait de la chose.

—Il faut pourtant que je sache, me dis-je un jour, pourquoi maman Nicolo est ainsi changée!

Alors, comme je n'avais rien à faire, je me mis à rôder toute la nuit dans les environs de la cantine. A minuit, une ombre se glissa sous la tente de maman Nicolo. C'était un homme enveloppé d'un manteau.

Le manteau lui cachait le visage, et la nuit était noire.

—Bon! me dis-je, je n'ai pu le voir à présent, je le verrai quand il sortira...

J'attendis toute la nuit.

—Diable! dit Tony, la visite avait été longue.

—Au petit jour, reprit La Rose, mon inconnu de la nuit, sortant avec précaution de la tente de maman Nicolo, se trouva face à face avec moi. C'était le cornette. C'était le marquis de Vilers...

—Le marquis de Vilers! exclama Tony.

—Oui. Vous le connaissez? C'est lui le vrai père de Bavette.

—Ah! mon Dieu!... murmura le jeune homme interdit, il y a des hasards étranges dans la vie!...

IV

LES PREMIÈRES AMOURS DU MARQUIS DE VILERS

Pendant quelques secondes, le Gascon La Rose contempla Tony, dont la physionomie exprimait la plus vive surprise.

—Ah ça, voyons, dit-il enfin, qu'est-ce qu'il y a d'étrange à ce que le marquis de Vilers, que Dieu conserve!...

Tony fit un mouvement.

—Quel drôle d'effet vous produit ce nom! exclama La Rose.

—Continuez, dit Tony.

—Je disais donc: Que trouvez-vous d'étrange à ce que M. le marquis de Vilers ait été cornette aux gardes-françaises? A ce qu'il soit le père de Bavette?

—Rien encore.

—Alors, expliquez-vous.

—Quand vous aurez fini.

—C'est drôle tout de même! dit La Rose. Est-ce parce que je vous ai vu l'épée à la main? Je fais ce que vous voulez.

Et le Gascon reprit:

—En reconnaissant M. de Vilers: «Hé, hé! mon officier, lui dis-je, il paraît que vous savez payer les soins qu'on a pour vous.» Il rougit jusqu'au blanc des yeux, ni plus ni moins qu'une jeune fille.

—Es-tu discret? me demanda-t-il.

—Dame! si vous y tenez.

—Énormément, me dit-il. Mon oncle le chevalier, qui est capitaine de ma compagnie, ne me pardonnerait jamais s'il savait que j'aime une cantinière.

—Eh bien, mon officier, lui dis-je, foi de La Rose, vous n'avez rien à craindre.

—Et vous avez tenu votre parole? demanda Tony.

—Naturellement. Un beau matin, il y eut grande rumeur au quartier. Maman Nicolo avait perdu sa taille fine.

—Ah! diable...

—Afin d'être plus sûr de mon silence, continua La Rose, M. de Vilers m'avait pris à son service. Je brossais ses habits. Je pansais son cheval. Un matin il me dit: «La cantinière va devenir mère. Il faut que tu sois le père adoptif de l'enfant. Tu veilleras à son éducation et je donnerai secrètement l'argent nécessaire.» Le rôle me convenait, je l'acceptai. Bientôt, dans le régiment, comme j'allais souvent à la cantine, on prétendit que c'était moi, et non le marquis de Vilers, que maman Nicolo avait favorisé. Elle accoucha. Je manoeuvrai si bien que tout le monde me félicita.

Tony se prit à rire.

—Le nouveau-né était une petite fille qui ouvrit un oeil dès la première heure, et les deux à la fin de la journée. Une fois que le camp tout entier fut bien convaincu que j'étais le père, je fis le modeste, je niai. Je prétendis que le meilleur moyen de me justifier était de tenir l'enfant sur les fonts baptismaux. Il n'y eut pas un fifre, ni un tambour qui en crût un mot; on m'appela *père et parrain*, mais, ajouta La Rose en riant, il fallait bien faire quelque chose pour la réputation de maman Nicolo.

—Et vous fûtes parrain?

—Naturellement. L'aumônier, avant d'ondoyer l'enfant, me demanda comment il fallait l'appeler.

—Bavette, répondis-je.

—Comment, *Bavette?* dit l'aumônier, ce n'est pas un nom du calendrier.

—Non, mais c'est un bon nom tout de même, répondis-je.

—Pourquoi?

—Je suis de la Gascogne et, dans mon pays, on n'estime que deux choses, le bras et la langue. Le bras tient l'épée, la langue sert utilement et vaut souvent mieux que le bras. Or, voyez-vous, poursuivis-je, une femme, même quand elle est cantinière comme l'accouchée, ne se sert pas d'une épée, mais elle peut faire faire un rude service à sa langue.

L'aumônier me regardait et ne savait pas où je voulais en venir.

—En Gascogne, continuai-je, quand un homme jase bien et avec esprit, on dit de lui: *Il sait tailler une bavette.* C'est une manière de parler. Donc, si j'appelle la petite Bavette, en vertu du proverbe qui dit que nom oblige, la petite aura une bonne langue dont elle se servira gentiment. Ça lui portera bonheur.

—Mais tout cela est absurde! s'écria l'aumônier.

—C'est possible, mais je donne ma démission de parrain si...

—Entêté! murmura le brave homme.

Et il imposa les mains sur l'enfant et dit, en s'efforçant de garder son sérieux: Je te baptise, Bavette...

—*Et coetera*, dit Tony. Est-ce là toute votre histoire?

Cette simple question rendit le soldat tout pensif.

—Oui, dit-il, mais depuis longtemps je n'ai vu mon pauvre capitaine,—car le cornette était devenu capitaine,—et voici quatre ans qu'il a quitté le régiment.

—Je sais cela, dit Tony.

—Vous savez cela? C'est vrai, alors? Vous le connaissez? fit le soldat ému.. Vous pourriez me donner de ses nouvelles?

Le Gascon avait dans la voix une angoisse indicible.

—Oui, je l'ai connu, balbutia Tony non moins ému. Mais, dites-moi, vous aimiez donc beaucoup votre capitaine?

—Je me ferais hacher pour lui.

—Et si... il lui arrivait... malheur?

—Oh! fit La Rose, qui porta la main à la garde de son épée, on compterait avec moi!

Alors Tony, l'enfant de seize ans, le bambin que Pivoine avait appelé *mademoiselle*, ce courtaud de boutique de la veille, devenu soldat en quelques heures, Tony se redressa, hautain et grave; Tony eut la dignité d'un homme.

—Camarade, dit-il, le marquis de Vilers est mort.

—Mort! exclama La Rose. qui recula frappé de stupeur.

—Mort, il n'y a pas quatre jours, acheva Tony, et tout à l'heure encore je ne lui connaissais qu'un vengeur, c'était moi. Maintenant...

—Oh! maintenant! exclama La Rose, pâle comme la mort, maintenant il en a deux!...

—Il en a trois, dit le Normand, qui depuis une heure gardait un silence respectueux.

—Mais, reprit La Rose, dont les yeux s'étaient remplis de larmes, comment est-il mort?

—Il a été tué.

—Par qui?

—Chut! dit Tony, il y a des noms qu'il ne faut pas prononcer en plein air. On vous dira peut-être un jour qu'il a été tué en duel. Ce n'est pas vrai. Il est mort frappé par une association composée de trois hommes qui devaient le provoquer tour à tour jusqu'à sa mort. Vous voyez bien que c'était vraiment un assassinat.

—On les tuera! dit La Rose à qui revint sa suffisance gasconne.

En ce moment, Tony et ses deux compagnons qui, tout en causant, avaient continué à marcher, se trouvaient à la porte du cabaret de maman Nicolo.

—Ah! moi, dit La Rose, je n'ai plus soif!

—Ni moi, dit le Normand.

—Ni moi! ajouta Tony. Mais entrons cependant.

—Pourquoi?

—Je veux voir sa fille, et puis... on cause mieux à l'écart. Nous prendrons un salon.

Ils entrèrent.

—C'est bizarre, dit La Rose, je ne vois ni maman Nicolo ni Bavette.

Le cabaret était désert.

Un garçon cabaretier qui trônait au comptoir reconnut le soldat La Rose, et, accourant, son bonnet à la main, témoigna, par son attitude, du respect qu'on avait dans l'établissement pour le parrain de Bavette.

—La patronne et mam'zelle sont dans Paris, dit-il, mais elles ne peuvent pas tarder à rentrer. Elles sont sorties depuis le matin. Qu'est-ce qu'il faut vous servir, monsieur La Rose?

—Rien, dit le soldat d'un ton bourru.

Et il alla s'asseoir dans un petit cabinet attenant à la première salle. Tony et le Normand le suivirent. Alors le jeune garde-française se penchant vers les deux vieux soldats:

—Est-ce que les lois militaires ne punissent pas de mort le soldat qui tue son officier? demanda-t-il.

—Oui, certes.

—Vous voyez, murmura l'enfant; ce que vous comptiez faire est impossible.

—Pourquoi?

—Parce que les meurtriers du marquis de Vilers...

—Eh bien?

—Sont des officiers de notre régiment, camarades.

Les deux soldats frissonnèrent. Tony continua:

—Ils se nomment Gaston de Lavenay, Albert de Maurevailles et Marc de Lacy!

—Diable! fit La Rose, ce sont nos chefs...

—Nos chefs, répéta le Normand.

—Les miens aussi, depuis ce matin, reprit le jeune garde-française. Mais est-ce en qualité de chefs qu'ils ont tué votre brave capitaine, le père de votre petite Bavette, et qu'ils sont ou veulent être les bourreaux de sa veuve? Lorsque, sous les armes, ils nous commanderont, obéissons en soldats. Seulement il y a des heures où chefs et soldats ne sont plus, les uns vis-à-vis des autres, que des hommes. Alors souvenons-nous. Ils sont trois; combien serons-nous?

—Je l'ai dit, nous serons trois, s'écria La Rose en saisissant à la fois la main de Tony et celle du Normand.

—Oui, nous serons trois, répéta celui-ci.

Et longtemps encore, les futurs vengeurs du marquis de Vilers parlèrent du malheureux capitaine déposé si jeune dans le caveau de sa famille par son seul domestique et un jeune homme qu'il ne connaissait pas une heure avant de mourir. Ils s'entretinrent aussi et de la pauvre marquise aujourd'hui disparue et de Bavette l'orpheline.

—Cette mâtine-là ne rentrera donc pas! murmurait à fréquentes reprises La Rose.

—Elle ne rentrera pas! répétait le Normand.

A la fin pourtant la porte s'ouvrit devant maman Nicolo. La cantinière avait dû être fort belle et conservait des restes très présentables; mais il y avait à ses côtés une jeune fille qui attira sur-le-champ les regards de Tony. C'était Bavette.

Bavette était si belle, que l'ancien commis de mame Toinon fut soudain ravi d'admiration autant que de surprise.

—Comme elle ressemble à son père! murmura-t-il à l'oreille de La Rose.

—Et comme je l'aimerai! se dit-il à lui-même.

Cependant La Rose et le Normand fronçaient les sourcils. Maman Nicolo et Bavette ne leur semblaient pas avoir leur figure de tous les jours.

—Ah! qu'est-ce qu'il y a donc? demanda le Gascon.

—Mon brave, ça nous regarde, fit d'un ton bourru maman Nicolo.

—Maman Nicolo, je ne sais pas d'où vient votre nom, mais je saurai d'où vous venez.

—Jamais!

—Un mystère?

—Et un solide!

V

L'ULTIMATUM

Laissons le Gascon et le Normand essayer de faire parler maman Nicolo. Ils n'y parviendront pas.

Et même il faut que le secret de la cantinière soit bien grave pour qu'elle soit aussi discrète avec ses deux vieux amis. En vain ils lui promettent de lui livrer en échange du sien celui que leur a révélé Tony. En vain ils tentent d'arracher à Bavette une indiscrétion. En dépit de son nom, celle-ci est muette et maman Nicolo se contente de crier... sans parler.

Plutôt que d'assister à cette vaine querelle, suivons le carrosse qui emporte madame de Vilers et le magnat.

Quelque diligence que pût faire le Hongrois et bien que, de poste en poste, il eût envoyé en avant un courrier, chargé de faire préparer les relais, le carrosse n'allait pas vite.

Avec les horribles chemins que possédait la France à cette époque, il était bien difficile de faire plus de quinze à vingt lieues par jour.

Or, le magnat, qui craignait d'être poursuivi, prenait à chaque relai une direction fausse, pour dépister ses ennemis.

Aussi le voyage se prolongeait-il, voyage odieux, épouvantable pour la marquise.

Elle se retrouvait séparée de celui qu'elle aimait, en tête-à-tête avec cet homme redouté qu'elle n'avait pas vu depuis quatre ans, qu'elle avait autrefois considéré comme un père et qu'elle avait fui parce qu'elle avait deviné que ce n'était plus l'amour d'un père qu'il ressentait pour elle...

Comprenant qu'auprès de ce vieillard fou de passion, son honneur n'était plus en sûreté, elle s'était confiée au loyal gentilhomme vers lequel l'avait entraînée son coeur, au marquis de Vilers. Elle avait fui le magnat, espérant ne jamais plus être en face de lui.

Et elle était là, en son pouvoir, sachant à peine où il allait la conduire, ignorant ce qu'il allait faire d'elle...

On se demandera pourquoi la jeune femme avait ainsi quitté son hôtel, où elle était en sûreté, pour suivre le magnat qu'elle abhorrait.

Était-ce par crainte du scandale?

Non. Qu'eût pu faire le magnat contre sa réputation? N'était-elle pas l'épouse légitime et respectée du marquis de Vilers?

Ce n'était pas non plus par reconnaissance pour les soins qu'enfant elle avait reçus du vieux comte, madame de Vilers savait trop bien maintenant à quoi s'en tenir sur le but intéressé qui avait dicté ces soins.

Si elle l'avait suivi, c'était uniquement par peur, non pour elle, mais pour son mari.

Ce qui s'était passé lui avait en effet paru étrange.

Le marquis était sorti pour quelques heures, afin de choisir les costumes que lui et sa femme devaient porter au bal de l'Opéra.

Puis à sa place était arrivé un commissionnaire et M. de Vilers avait fait dire que, appelé à Versailles par une affaire inattendue et pressante, il était contraint de renoncer au plaisir de l'accompagner.

Selon le désir de son mari, qui promettait d'ailleurs de la rejoindre à ce bal, elle y était allée malgré tout.

Là, elle avait rencontré l'un de ces officiers dont elle se rappelait à peine le visage, l'un de ces Hommes Rouges qu'elle avait vus à Fraülen à côté de celui qui devait être son mari, le soir où celui-ci lui demanda de les aider dans l'accomplissement d'un pari...

Cet homme l'avait insultée...

Et soudain un enfant, qu'elle ne connaissait pas, mais qui, lui, semblait parfaitement la connaître, était venu la défendre...

Ce défenseur, dans les quelques mots qu'ils avaient pu échanger ensemble, lui avait parlé d'un danger...

Tout d'abord, elle avait supposé qu'elle devait craindre les Hommes Rouges... Mais quand elle aperçut le magnat, elle pensa:

—Voilà le danger dont m'a parlé mon jeune défenseur.

Et elle avait mesuré les conséquences que pouvait avoir pour M. de Vilers le retour du magnat.

Elle connaissait l'horrible passion du vieillard pour elle.

Elle savait que cet homme n'avait reculé devant rien, pas même devant le crime, pour éloigner d'elle ceux qui auraient pu être ses rivaux.

Elle n'avait pas oublié le malheureux jeune homme qui avait voulu faire le siège du château du Danube et qu'on avait trouvé dans les fossés frappé en plein front par la balle du magnat.

Aussi trembla-t-elle pour son mari.

Elle se dit que le comte Mingréli devait avoir entouré d'embûches le marquis, avoir mis à ses trousses une armée de spadassins ou de bandits aux attaques desquels celui-ci ne pourrait échapper.

Aussi quand, reprenant pour un instant son rôle de père, le magnat lui avait dit:

—Venez!

Elle s'était levée, désolée, brisée de douleur, mais espérant, par un commencement de soumission, détourner de la poitrine de celui qu'elle aimait le poignard des assassins.

Et lorsque le comte, lui désignant la voiture, lui avait annoncé qu'ils allaient partir pour un long voyage, elle avait pensé:

—Je serai longtemps sans voir mon mari adoré. Il m'accusera, il me maudira peut-être, mais il vivra!!!

Et elle était montée en voiture...

Ainsi que l'avaient supposé les Hommes Rouges, le magnat n'était point parti sans s'arrêter à l'hôtel où il était descendu.

Il avait eu des bagages, des provisions à prendre, des ordres à donner à son homme de confiance, un trakan, vieux cavalier hongrois, qui le servait depuis vingt ans et qui devait partir à cheval derrière lui, pour l'aider à garder la marquise. En même temps, loyal à sa manière, le magnat envoyait à M. de Lavenay le prix de son carrosse.

Or, quelque surveillée que fût la jeune femme, elle trouva moyen d'échapper une minute à l'attention de ses gardiens, et cette minute lui suffit pour écrire un mot à son mari.

Elle avait glissé ce mot dans la main d'un enfant qui aidait à charger les bagages et dont la figure intelligente lui inspirait confiance.

Nous avons vu ce gamin remplir consciencieusement sa mission.

Il nous reste maintenant à expliquer comment le magnat avait eu connaissance de l'enlèvement projeté par les Hommes Rouges.

Arrivé à Paris depuis quelques jours seulement, le Hongrois avait établi ses batteries du côté de l'hôtel de Vilers, cherchant une occasion favorable pour enlever la jeune femme, pour laquelle il éprouvait cet amour sénile, qui est le plus effréné de tous les amours.

Apprenant que madame de Vilers venait de partir sans son mari pour le bal de l'Opéra, ce qu'indiquaient assez son costume et son masque, il avait jugé l'occasion favorable.

Mais il était arrivé trop tard. Les Hommes Rouges avaient déjà rencontré la marquise.

Du premier coup d'oeil, il les reconnut.

Il les avait remarqués à Fraülen, causant avec la jeune comtesse et fort empressés auprès d'elle... Cela avait suffi pour que leur visage se gravât dans sa mémoire.

Se doutant à juste raison qu'ils parleraient d'elle, il les avait suivis et écoutés.

Il apprit ainsi que, le lendemain, une voiture serait prête et les attendrait pendant que l'un de leurs laquais les introduirait dans l'hôtel.

Il se promit de profiter de leurs préparatifs.

Or, il était en train de jouir de son succès.

Le voyage continuait, toujours triste, lamentable. Il paraissait mortellement long à la jeune femme, ce tête-à-tête avec un ravisseur abhorré!

Et cependant elle en redoutait la fin...

Tant qu'ils voyageraient à travers les routes, elle n'aurait rien de bien grave à craindre de la part du magnat.

Mais, le voyage terminé, une fois qu'elle serait tout à fait seule avec lui et en son pouvoir, dans un château perdu au milieu des forêts!...

Les témoignages d'affection, les tentatives que faisait le comte pour la sortir de la mélancolique torpeur dans laquelle elle était plongée, ne faisaient que redoubler sa terreur.

Plus elle allait, plus grandissait son horreur pour cet homme.

La quatrième nuit enfin, après mille angoisses, madame de Vilers vit se dresser dans l'ombre, au bout d'une longue allée de chênes, le château de Blérancourt.

Une autre voiture y serait venue en deux journées, mais nous avons parlé des innombrables détours faits par le magnat, qui tenait à ce que personne ne lui ravît sa proie.

A la vue de ce château qu'il lui avait souvent dépeint comme un nid d'amoureux, madame de Vilers se sentit défaillir.

Quel sort l'y attendait? Une seuls chose la consolait; elle avait écrit à son mari!

Le carrosse arriva en face du pont-levis, dont la herse s'abaissa avec un grincement lugubre.

Le carrosse entré, les chaînes rouillées crièrent de nouveau sur les poulies; la herse se relevait! La marquise était prisonnière.

Une fois dans la grande cour, le magnat offrit la main à la jeune femme et l'aida à descendre de voiture.

Puis il lui montra les appartements qu'il lui destinait et la laissa seule un instant pour qu'elle réparât le désordre occasionné dans sa toilette par un si long voyage.

Deux jeunes femmes entrèrent, se tinrent debout devant madame de Vilers et parurent attendre ses ordres.

A tout hasard, espérant trouver un peu de sympathie chez des personnes de son sexe, la jeune femme demanda:

—Au nom du ciel, où suis-je et que veut-on faire de moi?

L'une des femmes secoua la tête. L'autre mit un doigt sur sa bouche avec un sourire mélancolique. Elles étaient muettes.

Elles firent signe que le lit était préparé, mais madame de Vilers les congédia du geste.

Quelque fatiguée qu'elle fût par le voyage, elle n'osait se coucher, craignant une surprise.

Elle se reposa dans un fauteuil.

Deux heures après, l'une des femmes revint avec un homme qui apportait une table toute servie.

La marquise voulut lui adresser la parole.

Comme les autres, il fit signe qu'il ne pouvait répondre.

Tout le service du château était fait par des muets,—créatures du vieux comte, amenées par lui d'Allemagne, et paraissant avoir pour lui un dévouement à toute épreuve...

Madame de Vilers refusa le dîner comme elle avait refusé le lit.

Quelques instants plus tard, le magnat entrait chez elle.

—Haydée, lui dit-il, car, pour moi, vous n'avez que ce seul nom, réfléchissez bien à ce que je vais vous dire...

Vous êtes en mon pouvoir, bien en mon pouvoir. Chercher à m'échapper serait inutile...

Mais vous aimez la France, vous tenez à y rester. Eh bien, consentez à être à moi et vous ne la quitterez pas. Je m'arrangerai de façon à ce que tout le monde continue à me croire votre père. Pour vous seule, j'aurai un autre titre à votre affection.

Si vous refusez, nous partirons de nouveau et je vous emmènerai sur les bords du Danube, dans ce château où vous avez été élevée. J'ai assez de pouvoir pour faire casser votre mariage et, bon gré, mal gré, vous deviendrez ma femme. Vous avez dix jours pour réfléchir. Dans dix jours à pareille heure, je vous demanderai la réponse

VI

LE REFRAIN DE PIVOINE

A Paris, le tambour battait aux champs. Le peuple était en rumeur.

Louis, quinzième du nom, après une trêve assez longue, était décidé à recommencer la guerre dans les Flandres.

Le régiment des gardes-françaises, ce beau régiment composé de huit mille hommes et dont le roi avait coutume de dire, sans trop grande flatterie d'ailleurs: «C'est le plus pur de mon sang,» partait, le matin même, pour entrer en campagne.

Aussi les rues de Paris étaient-elles encombrées comme en un jour de fête.

Les maisons se pavoisaient de drapeaux,—de drapeaux tricolores, ma foi! car l'étendard des gardes-françaises était alors composé de trois couleurs;—les croisées se garnissaient de têtes curieuses sur le parcours que devait suivre le régiment. Ça et là, sur les portes des maisons, on voyait des cartels, des écussons, des emblèmes...

—Vive la France! vivent les gardes-françaises! criait-on de chaque fenêtre.

—Vivent les gardes-françaises! répétait la foule enthousiaste qui adorait ce blanc uniforme aux parements bleus, resté le plus populaire de tous les uniformes disparus.

Neuf heures sonnaient à toutes les horloges qui allaient bien.

Louis XV avait quitté Versailles pour venir à Paris. Il avait couché aux Tuileries; il avait consenti à passer une journée tout entière sur les bords de la Seine, à seule fin de voir partir et de saluer le beau, le magnifique régiment.

Le départ était pour dix heures; il n'en était que neuf et déjà la circulation devenait impossible à travers Paris. Le marquis de Langevin, ce vieux soldat perclus de goutte et de rhumatismes, avait retrouvé, pour ce jour-là, son humeur de vingt ans et sa vigueur de trente.

A le voir monter avec élégance un cheval de race et caracoler dans la cour de la caserne, sur le front de ses troupes déjà rangées en bataille, on eût dit un jeune homme, on eût juré qu'il n'avait pas atteint la quarantième année.

Tout à coup, un adolescent qui portait sur la manche gauche les galons de caporal sortit des rangs, fit le salut militaire et s'approcha du colonel-général, c'est-à-dire du marquis de Langevin.

—Colonel, dit-il, voulez-vous m'accorder une permission de trois quarts d'heure?

Le marquis regarda le jeune homme:

—Comment! dit-il, c'est toi, Tony!

—C'est moi, mon colonel.

—Et pourquoi veux-tu une permission?

—Pour aller embrasser la femme qui m'a recueilli le jour où je mourais de froid et de faim, qui m'a élevé en me servant de mère et que mon départ désole.

—Va, dit simplement le marquis.

Et comme Tony faisait un pas, le chef ajouta;

—Mais, prends garde, on part dans une heure.

—Je rejoindrai le régiment à la porte Montmartre.

—C'est bien, dit le colonel, qui, depuis huit jours que le jeune homme lui servait de secrétaire, était déjà sûr de pouvoir compter sur lui.

Tony sortit de la caserne et s'en alla.

Il marcha par les rues, d'un pas rapide, jusqu'à la rue des Jeux-Neufs. Là, il éprouva un moment de violente émotion et s'arrêta.

Comme les autres rues, la rue des Jeux-Neufs était pavoisée. Il vit force gens aux fenêtres, force gens au seuil des portes.

Une seule maison était fermée,—celle de la pauvre mame Toinon.

Du plus loin qu'on aperçut Tony, ce fut un hourra d'admiration.

Il y avait si peu de temps que le jeune soldat était encore commis et voyait arriver, dans la boutique de sa patronne, le malheureux marquis de Vilers...

Et déjà, quel changement!

Tony n'était plus l'enfant timide qu'un regard de sa patronne déconcertait, que les gens du quartier appelaient *une jolie fille*.

Tony était devenu un fier jeune homme; il avait la tête haute, le geste cavalier; il était charmant en son uniforme de garde-française.

—Voilà Tony, voilà Tony! murmura-t-on en le voyant apparaître.

—Bonjour, Tony, dirent les vieillards.

—Bonjour, monsieur Tony, firent les jeunes filles en rougissant.

Il rendit tous les saluts; mais il s'en alla droit à la porte fermée de mame Toinon et frappa.

La porte s'ouvrit.

Mame Toinon, tout en larmes, aperçut Tony, jeta un cri de joie et lui passa les deux bras autour du cou.

—Ah! tu es bon, mon enfant, dit-elle, tu es bon et généreux de n'être point parti sans venir me voir...

Et la pauvre femme, dont le coeur débordait à cette heure, se prit à couvrir son fils adoptif de tendres caresses.

—Ah! patronne, ah! ma mère, murmurait Tony, qui sentait son coeur se briser, je ne suis point un ingrat, allez! je ne vous oublierai pas... et puis je reviendrai un beau jour avec un grade... Je serai officier... Et alors je dirai avec orgueil que vous m'avez servi de mère...

Chacune des paroles de Tony entrait au coeur de mame Toinon comme un coup de poignard.

Tony se méprenait encore sur l'affection de sa mère adoptive comme elle s'était longtemps méprise elle-même.

La pauvre femme ouvrit un bahut, en retira une médaille d'or et la passa au cou du jeune homme:

—Ceci, dit-elle, te portera bonheur; c'est une médaille bénite.

Puis elle prit un sac de cuir qui était serré dans un des coins du bahut.

Ce sac renfermait trente pistoles, fruit des épargnes de la costumière.

—Tiens, mon enfant, ajouta-t-elle, prends encore cela...

Il voulut refuser, mais elle lui ferma la bouche d'un mot:

—N'es-tu pas mon fils? dit-elle. Et maintenant, enfant, pars! car j'entends, hélas! retentir les fanfares du régiment... Pars, et reviens-moi bel officier...

La pauvre femme craignait que son émotion ne la trahît!...

Dix minutes après, Tony avait rejoint son régiment, qui sortait de Paris, tambour et fanfare en tête, passant entre une double haie de peuple enthousiaste.

Une femme fendit la foule, elle arriva jusqu'au premier rang, agitant son mouchoir et attachant un oeil avide sur chaque peloton qui défilait.

Puis enfin, lorsque sur le flanc de l'un de ces pelotons elle eut aperçu le beau caporal Tony, elle lui fit un dernier adieu de la main, étouffa un cri de douleur suprême et murmura:

—O mon Dieu, si vous saviez comme je l'aimais!

Tony était déjà loin, et les gardes-françaises, le fusil sur l'épaule gauche, s'en allaient en chantant, au bruit des tambours, ce refrain du sergent recruteur Pivoine:

> On fait l'amour
>
> Tout le jour,
>
> Dans les gardes-françaises.
>
> On fait l'amour, sur ma foi,
>
> Dans les gardes du roi!

Sur l'un des fourgons qui suivaient le régiment il y avait, jurant et pestant, étendu tout de son long, un homme qui, lui aussi, essayait de faire sa partie dans le joyeux choeur des soldats.

Cet homme était l'auteur même de la chanson des gardes-françaises. C'était le sergent Pivoine, qui se portait de mieux en mieux, ainsi que le chirurgien l'avait fait prévoir, mais qui avait perdu sa voix, comme celui-ci l'avait également prédit.

Bien qu'étant assez malade pour garder la caserne, Pivoine avait tenu si ardemment à accompagner ses camarades, il avait tant de fois répété qu'il ne se laisserait plus soigner si le régiment allait au feu sans lui, que le chirurgien était parvenu à le faire placer sur un fourgon.

Et, de temps en temps, le malheureux, guettant la reprise du refrain, lançait dans le choeur qui scandait la marche:

On fait l'a...

Inutile effort! la note s'arrêtait dans son gosier qui n'avait plus que le son d'une clarinette dont on aurait retiré l'anche.

—Maudit moutard! murmura-t-il en pensant à Tony. N'importe! il a du chien, ce petit-là. Il n'a pas eu peur de moi. Il faut qu'il soit joliment brave!

Au fond, le commis à mame Toinon avait gagné un ami de plus. L'épée a du bon.

Et ce fut encore en chantant que le gai régiment fit son entrée à Chantilly.

Dès son arrivée, le marquis de Langevin se félicita d'avoir envoyé en avant Maurevailles.

Aux premiers les bons morceaux, comme dit le proverbe.

Les premiers régiments avaient donc trouvé de tout à profusion. On les avait fêtés, complimentés. Les habitants s'étaient fait un honneur de nourrir, et de désaltérer surtout les héros qui allaient se battre pour la France. Mais les seconds? mais les derniers? Sans Maurevailles, on n'eût pas mangé.

C'est qu'à cette époque les étapes n'étaient pas réglées comme elles le sont aujourd'hui et pour traverser un pays, même français, il fallait prendre ses précautions.

Car peu à peu l'enthousiasme diminuait, ou tout au moins les ressources. Et on finissait par ne plus même trouver les fournitures strictement réglementaires.

Et les régiments qui fermaient la marche de l'armée ne rencontraient plus rien.

Or, de tous les officiers de Louis XV, le marquis de Langevin était précisément celui qui prenait le plus grand soin de ses soldats. Afin d'éviter désormais les inconvénients, les ennuis, les tourments de tout genre qui avaient attendu ses prédécesseurs, il chargea le capitaine Maurevailles d'aller étudier les pays à traverser, se rendre compte des ressources que l'on pouvait espérer et y tout régler pour que ses huit mille hommes pussent y passer sans difficultés et sans trop de souffrances.

Naturellement le caporal-secrétaire Tony fut le premier informé du départ de Maurevailles.

Tout d'abord il n'y prit pas garde. Le capitaine était chargé d'une mission: rien de plus ordinaire.

Mais quelle ne fut pas sa surprise quand il vit, en se mettant à la fenêtre de la maison où s'était établi le marquis de Langevin, Maurevailles appeler les deux autres Hommes Rouges, les entraîner dans un coin de la cour, causer mystérieusement avec eux, et enfin ces derniers lui donner leurs bourses!

—Qu'est-ce que cela veut dire? se demandat-il.

Puis, en réfléchissant, il arriva à cette conclusion:

Maurevailles, rendu à lui-même, avait une chance pour retrouver la marquise de Vilers. Lavenay et Lacy, retenus au régiment, garnissaient sa poche d'argent afin qu'il pût, dans le cas où il parviendrait à s'emparer d'elle, prendre toutes les mesures possibles pour qu'elle ne leur échappât point de nouveau.

—Comment lutter contre des ennemis si prévoyants! se dit-il. Ah bah! S'ils ont pour eux les circonstances et l'argent, moi, c'est Dieu qui m'aidera.

Pendant ce temps-là, grâce à la prudence du colonel-général, le Gascon et le Normand ne manquaient ni de dîner ni de boire. Et, le soir même, à moitié ivres, ils avaient déjà oublié maman Nicolo et lutinaient la cantinière en lui chantant à tue-tête:

On fait l'amour

Tout le jour

Dans les gardes-françaises.

On fait l'amour, sur ma foi,

Dans les gardes du roi!

Hélas! couché à dix pas d'eux, le sergent Pivoine, l'enroué sergent, les entendait en maugréant. Pauvre Pivoine!...

VII

L'AMOUR D'UN VIEILLARD

Il y avait huit jours que le magnat avait amené la veuve du marquis de Vilers au château de Blérancourt, quand un cavalier longea la lisière de la forêt au milieu de laquelle s'élevait ce château.

Ce cavalier avait dû faire une longue route, car son cheval n'avançait qu'avec peine sur le terrain détrempé par la pluie et lui-même paraissait très fatigué.

A l'entrée de la forêt, à un quart de lieue du château, il y avait quatre ou cinq maisonnettes formant un petit village.

Au-dessus de la porte d'une de ces maisons pendait la branche de pin qui a coutume de dire aux voyageurs: Voici une auberge.

Triste auberge que celle-là et qui ne devait pas abriter souvent des voyageurs, car il passait bien peu de monde dans ce pays perdu.

Mais enfin on pouvait y trouver bon feu et passable gîte, et en tout cas de quoi se reposer à l'abri de la pluie.

Ce fut donc là que le cavalier frappa.

Nous ne saurions lui donner tort, car, autour d'un énorme brasier de tourbe et de branches mortes, une dizaine de paysans séchaient, tout en causant et en buvant du cidre, leurs habits mouillés.

A l'aspect du voyageur qui avait la mine d'un gentilhomme, ils s'écartèrent avec empressement pour lui faire place auprès de la cheminée.

—Holà! dit le cavalier, qui est l'hôte ici?

Un grand vieillard à barbe blanche ôta son bonnet de peau de renard et s'avança.

—Je suis officier et je vais me battre pour vous dans les Flandres, reprit le cavalier. Je me suis égaré dans vos satanés chemins, et du diable si je sais où je me trouve... Mais, il ne s'agit pas de cela. Avez-vous un coin pour loger mon cheval, une bête de mille pistoles qui est en train de prendre froid?

—Mon gentilhomme, si vous voulez bien, je mènerai moi-même en personne vot'cheval à l'écurie, s'écria l'hôtelier et je vous assure, foi de Garrigou, qu'il y sera mieux qu'à *l'Aigle noir* ou aux *Armes de Picardie*, à Noyon.

—Quant à moi, une place auprès du feu, une moitié de poulet et deux oeufs me suffiront—à la condition toutefois que vous ayez du vin?...

—Je crois bien, et d'excellent, mon officier. Il y a plus de dix ans qu'on n'y a *mie* seulement touché. Vous ne trouverez pas dans toute la contrée un seul cabaretier qui puisse se targuer d'avoir de meilleur vin que maître Garrigou de Chante-Caille.

—En tout cas, il ne doit pas y en avoir qui sache mieux vanter sa marchandise, dit en souriant le voyageur, qui alla s'asseoir au coin du feu et étendit vers les tisons son feutre et ses grosses bottes.

Il y eut un instant de silence, motivé par la présence de l'étranger.

Puis les paysans s'enhardissant reprirent leur conversation interrompue.

—Et tu dis, Jean, demanda l'un d'eux, que le château est habité?

—Oui, par le vieux seigneur qui est revenu.

—Il y avait longtemps qu'il n'avait pas mis les pieds par ici?

—Plus de vingt ans. C'était maître Jeanson, l'homme de loi, qui s'occupait de tout.

—Et maintenant?

—C'est une espèce de sauvage que le vieux seigneur a amené avec lui et qui a l'air d'un voleur plutôt que d'un intendant...

—C'est-y pas la même chose? interrompit un des paysans.

Tout le monde se mit à rire.

—N'importe, reprit le narrateur, c'est curieux tout de même, allez... Figurez-vous que le château est rempli de sonnettes...

—De sonnettes?

—Oui. A chaque porte, il y a un fil de laiton qui correspond à une sonnette placée dans la chambre du seigneur.

—Et pourquoi tout cela?

—Pour que personne ne puisse entrer dans le château sans qu'il en soit informé, et pour qu'il sache par quelle porte on entre.

—Et comment sais-tu cela, toi, Jean?

C'est Philippe, le forgeron, qui me l'a raconté. Il a aidé les ouvriers que le vieux seigneur avait envoyé chercher à la ville pour poser les fils, et, comme il voulait voir si ça allait, il s'est présenté l'autre jour au château.

—Et il est entré?

—C'est-à-dire qu'il a été reçu par le nouvel intendant, le sauvage... Il y dit: «J'apporte pour votre maître un beau chevreuil que j'ai tué...» Et pendant que l'autre le débarrassait, il a bien remarqué que les portes faisaient tinter des sonnettes.

—Et que lui a dit l'intendant?

—Rien. Il a tiré de sa poche une pièce d'or; il la lui a mise dans la main, et il l'a poussé dehors.

—C'est bien singulier, tout ça. Mais qui sert le seigneur au château?

—Des muets... Oh! ceux-là, je leur ai causé moi-même avant l'arrivée de leur maître...

—Tu leur as causé... à des muets?...

—C'est-à-dire que j'ai essayé; mais ils m'ont fait signe qu'ils avaient la bouche fermée.

—C'est dommage, j'aurais voulu savoir ce que cela veut dire.

—Pardi! il ne tient qu'à toi d'aller au château; tu seras reçu comme Boniface le braconnier.

—Qu'est-ce qui lui est arrivé?

—Il a voulu entrer dans le jardin, la nuit, pour voir. Il a été saisi par les muets qui l'ont roué de coups de gaule...

—Ah ben alors, fit un autre, c'est presque l'aventure de Sébastien, le cordonnier, qui était allé rôder près des fossés un soir... Il a entendu craquer le ressort d'une arquebuse... il s'est sauvé, mais pas assez vite pour ne pas entendre une balle siffler à deux doigts de sa tête.

—Ah ça! que diable racontez-vous-là, mes drôles, s'écria tout à coup le cavalier qui, depuis un instant, avait prêté l'oreille aux propos des paysans, est-ce une histoire ou une légende?

—Ni l'une ni l'autre, mon gentilhomme, c'est ce qui se passe au château de Blérancourt.

—Et où prenez-vous ce château?

—Au bout de l'allée de Saint-Paul... Tenez, vous pouvez l'apercevoir d'ici.

—Et c'est là que se passent toutes ces choses étranges?

—C'est là.

—Ah! palsambleu, il faut que je vois cela par moi-même.

—Vous, mon officier? s'écria l'hôte épouvanté.

—Oui, certes.

—Mais vous n'avez donc pas entendu ce qu'on vient de dire?...

—Peuh! Avez-vous peur que je ne vous paie pas ma nourriture? Mais au surplus vous avez raison. Cela ne me regarde pas. Me voilà sec; maintenant, je mangerais bien le poulet tout entier, arrosé de ce bon vin qui n'a pas son pareil... Et j'irai ensuite dormir, afin de pouvoir demain reprendre ma route.

Maître Garrigou avait dressé la table. Le gentilhomme se mit à manger.

Le temps s'était un peu éclairci, les paysans sortirent l'un après l'autre. Le cavalier, qui depuis un moment semblait préoccupé, put réfléchir tout à son aise.

Au château de Blérancourt, le supplice de madame Vilers continuait.

Le magnat cependant la comblait de prévenances, mais de la part de cet homme les prévenances lui étaient odieuses.

Par un raffinement de délicatesse, il avait évité même de lui parler de son amour, et des conditions imposées par sa passion sans merci.

Il avait accordé à la marquise dix jours de réflexion. Il voulait la laisser en paix pendant ces dix jours.

Il avait fait plus.

Pour qu'Haydée ne s'ennuyât point, il avait envoyé à Paris un exprès, afin de mander auprès d'elle sa soeur Réjane qui lui tiendrait compagnie.

Une heure encore et le délai allait expirer...

Depuis quelques jours, le magnat avait demandé à la marquise la permission de prendre ses repas avec elle. Fatiguée de la solitude, madame de Vilers n'avait pas refusé. Elle ne se défiait plus, du reste, des mets que lui présentait le comte, espérant qu'il n'agirait avec elle que par persuasion et qu'il n'emploierait ni force ni surprise. Le soir où nous sommes, le comte et madame de Vilers dînaient ensemble dans les appartements de celle-ci.

Au dessert, le magnat se leva:

—Le dixième jour est expiré, dit-il d'une voix émue. Haydée, quelle est votre décision? Voulez-vous m'aimer?

—Non!... répondit-elle.

—Réfléchissez encore!...

—Vous me faites horreur!...

—J'ai donc bien fait alors d'agir comme je l'ai fait!...

—Que voulez-vous dire? s'écria la jeune femme au comble de l'effroi.

—Que vous venez de prendre un narcotique qui, dans quelques minutes, vous livrera sans défense à mon amour...

—Oh! c'est épouvantable!

—C'est de bonne guerre. Vous me repoussez lorsque j'implore. Eh bien, malgré votre orgueil et vos répulsions vous serez à moi.

—Oh! infâme! infâme! répéta madame de Vilers en saisissant un couteau sur la table et en essayant de se lever pour s'élancer vers le comte.

Mais ses forces la trahirent. Un engourdissement, invincible s'empara d'elle...

Elle retomba sur son fauteuil.

Le vieillard la regardait avec un sourire ironique.

—Tu vois bien, ma pauvre Haydée, dit-il en la tutoyant pour la première fois, tu vois bien que tu aurais mieux fait de consentir. Ah! tu seras à moi maintenant... bien à moi!...

Il lui prit la main. Vainement elle tenta de le repousser.

—Ah! tu ne te doutes pas, continua-t-il en lui enlaçant la taille de ses bras avides, ah! tu ne peux avoir une idée de ce qu'est l'amour à mon âge... Tu ne sais pas quelle lave, à ta seule vue circule dans mes veines; tu ne sais pas quelle tempête s'agite dans mon coeur... Haydée, personne,—personne, entends-tu,—de tous ces jeunes gens qui se disputaient un regard de toi, ne l'a mérité par un amour semblable, comparable à celui qui me dévore!...

Et, le visage cramoisi, les lèvres humides, les yeux saillants à faire croire qu'ils allaient jaillir de leur orbite, les veines du cou gonflées, le vieillard se penchait de plus en plus sur la jeune femme défaillante, qui n'avait plus la force de se reculer pour éviter la souillure de ce contact.

—Haydée, murmura encore le comte, Haydée, tu vas être enfin à moi! à moi!... personne ne peut t'arracher de mes bras!...

Il se pencha sur elle. Ses lèvres touchaient presque les lèvres de la malheureuse femme...

Une minute encore... et elle allait être à lui quand un coup de sonnette retentit dans la chambre du comte. Le vieillard bondit.

—Qui donc, s'écria-t-il, qui donc ose enfreindre mes ordres et entrer dans le château sans que je sois prévenu?

Il s'élança vers le grand vestibule et se trouva en face d'une jeune fille.

C'était Réjane, la soeur de la marquise, qui arrivait de Paris.

Il s'empressa de la conduire dans les appartements qu'il lui avait fait préparer, puis la laissant à sa toilette et la priant d'attendre la marquise, il revint tout palpitant auprès de celle qui allait être sa proie...

Mais en entrant dans la pièce où il comptait réaliser l'unique espoir de sa vieillesse avilie, il poussa un épouvantable cri de surprise et de rage...

Cette chambre où, peu d'instants auparavant, madame de Vilers inanimée annonçait si bien devoir être en son pouvoir, cette chambre était vide!...

VIII

LE MUET QUI PARLE

Quand la marquise, après sa périlleuse torpeur, recouvra sa raison, un cheval de sang l'emportait au galop à travers une forêt...

Sur ce cheval, elle était soutenue par un homme dont la main qui tenait les rênes s'appuyait tendrement sur son coeur, tandis que, de l'autre main, il lui protégeait le visage contre le fouet des branches.

Les souvenirs de la scène du château lui revinrent en mémoire; elle pensa au magnat, et un frisson lui parcourut tout le corps.

Mais en levant les yeux vers l'homme qui la soutenait, elle reconnut qu'il portait un costume d'officier des gardes-françaises.

Que s'était-il donc passé et comment se trouvait-elle dans les bras de ce gentilhomme?

On sait de quelle mission Maurevailles avait été chargé par le marquis de Langevin.

Nous avons vu comment,—après avoir préparé les étapes du régiment des gardes-françaises, qui tenait à faire joyeusement la route, en régiment d'élite qu'il était,—l'ancien ami du marquis de Vilers était arrivé chez Garrigou et comment la conversation des paysans lui avait appris ce qui se passait au château voisin.

En fallait-il davantage pour qu'un soupçon lui traversât l'esprit?

Maurevailles se promit d'éclaircir ce soupçon.

Le soir, quand le château fut noyé dans une masse d'ombre, il se hâta d'aller examiner les lieux, au risque de recevoir une volée de coups de bâton comme

Boniface le braconnier, ou un coup de mousquet comme Sébastien, le cordonnier du village.

Il ne lui arriva aucune mésaventure; mais il se convainquit, à n'en pouvoir douter, qu'il était impossible d'entrer dans le château.

Par la force? On rencontrerait l'année des muets dévoués au magnat.

Par surprise? Les sonnettes avertiraient.

A tout hasard, il descendit dans le saut-de-loup.

Ce qu'il eût fallu trouver, c'eût été un passage secret comme il en existe dans presque tous les vieux châteaux, les architectes d'autrefois prévoyant toujours l'amour et le meurtre, ainsi que le besoin du mystère.

Mais le temps et le moyen de découvrir ce passage?

Comme il se faisait cette réflexion, Maurevailles vit une ombre sortir en quelque sorte du pied de la muraille, à vingt pas de lui, et disparaître rapidement.

Autant que le chevalier avait pu en juger, c'était un enfant, car sa taille atteignait à peine la moitié de la moyenne.

Mais d'où sortait cet enfant? Maurevailles alla examiner l'endroit. Il ne découvrit aucune porte, aucun trou.

—Parbleu, se dit l'officier, j'en aurai le coeur net. Ce promeneur nocturne reviendra probablement au logis. Il ne s'agit que de l'attendre.

M. de Maurevailles avait passé plus d'une nuit en plein air au bivouac; quelques heures de faction sous la pluie ne l'effrayaient donc pas.

Il se blottit le plus commodément qu'il put sous un toit de plantes grimpantes, et attendit le retour de l'ombre.

Il y avait à peu près deux heures qu'il était là et il commençait à maugréer, quand un pas pressé se fit entendre. En même temps l'ombre surgissait sur le bord du talus et se laissait glisser jusqu'au fond du saut-de-loup.

Maurevailles lui mit la main au collet.

—Grâce, Monseigneur, miséricorde, gémit l'ombre en s'affaissant.

Maurevailles examina alors sa capture.

C'était un être bizarre: Pas tout à fait trois pieds de haut, une tête énorme et plantée de cheveux en broussailles, des bras démesurément longs, des jambes fendues jusqu'au milieu du torse: un nain difforme et hideux.

—Qui es-tu et que fais-tu là? demanda l'officier.

—Je suis un des serviteurs du château, répliqua le nain qui se rassura un peu en voyant qu'il avait affaire à un étranger.

—Tiens, tu n'es pas muet, toi?

—Ne dites rien, mon gentilhomme, j'ai feint d'être muet pour être amené en France, parce que chez nous personne ne voulait m'employer. Je suis trop petit. Et puis, j'adore le vin de France... Oh! le vin de France! Comme il donne de beaux rêves! Et c'est pour cela que, la nuit, je m'échappe, afin de boire et de causer un peu avec de bons compagnons...

—Tu aimes le vin de France, dit Maurevailles en souriant. Aimes-tu aussi l'or de France?

La figure du nain s'éclaira.

—Et veux-tu beaucoup de pièces comme celle-ci? continua l'officier en lui mettant un louis dans la main.

—Que faut-il faire, Monseigneur?

—Me montrer le passage par où tu rentres au château.

Un tressaillement d'effroi secoua le corps débile du nain.

—Le magnat me tuerait, s'écria-t-il.

—Allons donc, qui te trahira? répliqua Maurevailles en lui présentant un second louis.

L'effet de l'or fut magique. Les yeux du nain s'éclairèrent. Il se redressa.

—Venez, dit-il.

Il alla jusqu'à la muraille, se baissa, appuya trois fois son pouce sur une tête de clou que, même en plein jour, Maurevailles n'aurait pas remarquée, et une énorme pierre tourna sur elle-même, ouvrant un passage suffisant pour deux hommes.

—Entrez, dit le faux muet. N'ayez pas peur. J'ai coupé le cordon de la sonnette.

—Entre le premier, maître gnôme, répondit l'officier, et souviens-toi qu'à la première trahison, je te passe mon épée à travers le corps.

—Mais en vous trahissant, dit le nain, je me perdrais moi-même; le magnat me ferait pendre. Tandis qu'avec vous, au contraire, j'aurai de quoi boire du bon vin de France jusqu'à la fin de mes jours.

L'ouverture démasquée par la pierre donnait sur un escalier en colimaçon, ménagé dans l'épaisseur de la muraille. A la hauteur d'un second étage, un couloir s'étendait perpendiculairement à la muraille extérieure.

—Comment as-tu découvert ce passage, maître gnôme? demanda Maurevailles.

—Je m'ennuyais, moi qui aime à causer, d'être toujours en tête-à-tête avec toutes ces langues mortes. Je me suis souvenu qu'aux bords du Rhin, chez nous, les vieux burgs ont des escaliers secrets. J'ai cherché et j'ai eu vite trouvé.

—Où conduit ce passage?

—Au-dessous de la chambre où je couche. Mais ce n'est pas le seul. Ce souterrain est comme la toile d'une araignée: quand on est au milieu, on voit des rayons partout.

—Et y a-t-il un couloir qui aille à la chambre de la comtesse Haydée?

—Comment, vous savez?... Au fait, je suis bête, moi... je me demandais pourquoi vous vouliez entrer dans le château!... Certes, oui, mon gentilhomme, il doit y en avoir un, mais où est-il? Je n'ai pas le temps de le chercher maintenant; voilà le jour qui va venir et on s'apercevrait de mon absence. Mais ce soir, si vous voulez...

—Ce soir, soit!...

Maurevailles mit un nouveau louis dans la main du faux muet et redescendit l'escalier. Il n'eut pas de peine à refermer la pierre, qu'il rouvrit ensuite à plusieurs reprises, afin de s'assurer qu'il possédait bien le secret du muet.

—Enfin! se dit-il en remontant sur les glacis du saut-de-loup. La marquise sera à nous!

Et il examina attentivement l'endroit où il était, pour être bien certain de retrouver sa route.

Le soir où nous sommes, il était entré seul dans le couloir secret où le nain l'attendait.

—Venez, dit celui-ci, j'ai trouvé.

Et il le conduisit dans le troisième couloir à droite, à partir de celui par lequel il avait gagné le centre de la toile d'araignée. A certain endroit, un mince filet de lumière, passant comme par le trou d'une épingle, traversait l'obscurité.

—Je trouve tout, je trouve tout, disait le nain en frétillant. Il y a un tableau mobile par lequel on peut entrer chez votre bonne amie. Seulement il faut attendre: le vieux comte y est. J'ai fait un trou. Vous pouvez voir!...

Maurevailles vit, eu effet, le magnat assis à table vis-à-vis de la comtesse Haydée.

Le vieillard était juste en face de lui. Il causait et souriait. Quant à la comtesse, qui lui tournait le dos, Maurevailles avait le droit de supposer qu'elle aussi causait affectueusement avec le magnat.

Il avait donc la rage dans le coeur. Vingt fois, l'envie lui prit de bondir dans la salle et de poignarder le comte de Mingréli et Haydée...

Mais il se contint, voulant attendre...

Quand il vit le comte penché sur la jeune femme inerte, il n'y put tenir et chercha du bout du doigt le bouton qui faisait tourner le tableau.

C'est à ce moment que les sonnettes retentirent et que le magnat sortit.

A l'arrivée de Réjane, le magnat, nous l'avons dit, l'avait à la hâte conduite à son appartement. Lui recommandant expressément de ne pas bouger, il était allé donner quelques ordres, puis était revenu au plus vite vers Haydée.

Mais, quelque diligence qu'il eût faite, Réjane, pressée d'embrasser sa soeur, était venue avant lui.

Et qu'avait-elle vu en écartant la tapisserie?

Elle avait vu l'homme qu'elle aimait, celui dont elle avait fait son rêve, son espoir, Maurevailles enfin, se glisser par l'entrebâillement du tableau, s'approcher de la marquise de Vilers, la regarder avec passion, déposer deux baisers sur ses yeux clos, puis l'emporter, radieux, par le couloir secret!

C'était horrible!

Cet ange venait d'entrevoir l'enfer!

La jeune fille, quoique étant à l'instant même initiée au mal, resta ange.

Maurevailles avait laissé le passage ouvert.

Elle se dit:

—Si le magnat s'en aperçoit, il saura où le poursuivre...

Et elle remit le tableau en place!

Puis elle s'enveloppa dans les plis de l'immense tapisserie qui cachait la porte par laquelle allait entrer le magnat...

IX

LE GAMIN DE PARIS

Et le cheval galopait à travers les halliers, emportant l'officier des gardes-françaises et la marquise de Vilers.

—Qui êtes-vous? s'écria celle-ci en faisant un mouvement pour se dégager.

Mais le cavalier l'enserra plus étroitement encore en répondant:

—Je suis l'un de ceux qui t'aiment et qui donneraient leur sang pour toi. Je suis l'un des Hommes Rouges. Souviens-toi de Fraülen. Je suis le chevalier Albert de Maurevailles.

La marquise, épouvantée, poussa un grand cri.

A ce cri répondit une autre exclamation.

Et des broussailles sortit, à vingt pas en avant du cheval, un jeune homme portant, lui aussi, l'uniforme des gardes-françaises.

Il s'élança pour barrer le passage, mais Maurevailles fit faire à son cheval un bond de côté et lui enfonça ses éperons dans le ventre...

Le cheval était passé... Le soldat, à pied, ne pouvait espérer le rattraper, ni même le suivre.

Mais il eut une inspiration subite.

Il tira son sabre et, avec la rapidité de l'éclair, le lança par la pointe vers les jambes du cheval.

L'arme tournoya en sifflant jusqu'à ce qu'elle eût atteint son but...

L'animal venait de s'abattre...

Il avait un jarret coupé.

Ce jeune homme, arrivé si à propos pour arrêter la fuite de Maurevailles, on l'a deviné, c'était Tony...

Tony qui, voyant Lavenay et Lacy retenus par leur service auprès du marquis de Langevin, s'était dit:

—Le danger n'est plus ici, il est là où va Maurevailles.

Où se rendait Maurevailles,—officiellement du moins,—Tony le savait bien.

En sa qualité de secrétaire du colonel, il avait lui-même rédigé les pleins pouvoirs avec lesquels l'officier était parti.

Mais, dans le temps que lui laisserait l'accomplissement de son devoir, qu'allait faire Maurevailles?

Cela ne laissa point que d'intriguer le jeune homme.

Aussi se promit-il de se servir de la première circonstance qui lui permettrait ou de rappeler Maurevailles ou de le rejoindre. Elle ne se fit pas attendre.

Le lendemain, le maréchal de Saxe, sous qui étaient maintenant les gardes-françaises, ordonnait au marquis de Langevin d'attendre le gros de l'armée à trente-cinq lieues de Paris, sur la route des Flandres. Tony alla trouver le colonel-général et lui demanda d'être le messager qui irait dire au chevalier de Maurevailles de ne pas continuer sa route au delà de trente-cinq lieues et choisir pour l'état-major des logements convenables, appropriés à un séjour plus ou moins long.

Bien qu'il lui en coûtât un peu de se séparer de son secrétaire, qu'il affectionnait de plus en plus, le colonel n'eut pas le courage de lui refuser ce qu'il demandait.

Et Tony, muni de son ordre, partit immédiatement au grand galop, dans la direction qu'avait prise Maurevailles.

On a vu comment il était arrivé à point nommé dans la forêt de Blérancourt.

En s'abattant, le cheval avait entraîné, sur la mousse du hallier, Maurevailles et la marquise.

Rompu aux exercices du corps, toujours prêt à tout accident, le capitaine n'avait eu qu'à ouvrir les jambes pour se trouver debout et sans aucun mal.

Quant à la marquise, qui était en travers du pommeau de la selle, elle avait simplement glissé à terre.

Tony s'élança pour la relever.

Mais déjà Maurevailles avait mis l'épée à la main. D'un bond, il se plaça devant elle.

Et Tony était désarmé!

Le cheval était tombé sur son sabre, sur lequel il se tordait dans les douleurs que lui causait sa blessure.

—Ah! petit misérable, s'écria Maurevailles, tu te trouveras donc toujours sur notre route! Je vais te guérir une bonne fois de ta manie de te mêler de ce qui ne te regarde pas.

Et il fondit sur Tony, l'épée haute. Le jeune soldat n'eut que le temps de bondir en arrière.

—Au secours! cria inconsciemment la marquise.

—Tiens, tiens, dit railleusement Tony, il paraît que nous ne reculons pas au besoin devant l'assassinat, monsieur le capitaine?...

—Défends-toi!... cria le comte en le poursuivant.

—Me défendre? Avec quoi?... Ah! de capitaine aux gardes-françaises, devenir voleur de femmes et spadassin, pour un gentilhomme, la chute est lourde!... disait Tony; en fuyant d'arbre en arbre, avec l'agilité d'un gamin de Paris et en évitant les atteintes de Maurevailles, qui, écumant de colère, le poursuivait toujours.

—Au secours! au secours! continuait de crier la marquise affolée.

—Je te clouerai comme un hibou le long d'un de ces arbres! hurlait le capitaine en courant après Tony.

Mais le gamin, toujours railleur, répliquait:

—Vous ne clouerez rien du, tout! Dites donc, capitaine, et moi qui vous apporte un ordre du colonel...

Un furieux coup d'épée vint déchirer le revers de son habit. Il gagna au large.

—Sapristi, vous avez justement failli le trouver. Si c'est comme ça que vous recevez les messagers...

Il fut de nouveau obligé de s'effacer derrière un arbre.

—Ah! c'est ennuyeux, à la fin, dit-il en se baissant et en ramassant vivement une grosse pierre, il faut que je remplisse ma mission, moi!...

Et la pierre, lancée avec une sûreté de coup d'oeil infaillible, alla frapper l'ennemi en plein front.

Maurevailles poussa un véritable rugissement en portant les deux mains à son visage.

Tony profita de l'instant et bondit sur lui pour le désarmer.

Mais ce mouvement lui fut fatal. Il glissa et tomba à la renverse.

Maurevailles, triomphant de sa douleur, lui mit un pied sur la poitrine et leva son épée...

La marquise eut un cri terrible et ferma les yeux.

X

LA FLÈCHE DU PARTHE

Inévitablement Tony allait mourir, quand un grand bruit de gens et de chevaux se fit entendre.

Maurevailles, surpris et prêtant l'oreille, n'abaissa point son épée...

Qui donc pouvait venir?

C'était le magnat qui, aussitôt après la disparition de la marquise, avait mis sur pied ses muets et les avait lancés dans toutes les directions.

Bien que le nain, complice de Maurevailles, eût fait son possible pour diriger les recherches du côté opposé à celui par où le capitaine avait pu fuir, il n'avait pas été difficile de retrouver les traces du cheval qui, lourdement chargé, enfonçait ses sabots profondément dans le sol, et dont les pas ne pouvaient se confondre avec les autres.

En voyant arriver sur lui les gens du magnat, M. de Maurevailles abandonna tout à fait Tony pour leur tenir tête.

Mais comment lutter, un contre vingt?

Dans l'encoignure d'un mur où l'on a ses ennemis en face, il y a encore moyen de résister.

Dans une forêt où l'on peut être entouré et frappé par derrière, c'eût été folie d'essayer.

Le capitaine ne s'en tira que par un coup d'audace.

N'attendant pas l'attaque, il choisit son adversaire.

Fondant sur l'un de ceux qui se trouvaient le plus éloignés de lui, il le frappa de son épée, le renversa, sauta sur le cheval et par un bond prodigieux s'élança hors du hallier.

Mais, avant de faire ce bond, il eut le temps de crier à la marquise:

—Vous m'échappez cette fois encore, marquise... Mais vous serez aussi malheureuse que moi... Celui que vous aimez, votre mari, est mort!!! Si vous ne me croyez pas, demandez à votre ami, le courtaud de boutique!

Et désignant Tony d'un geste méprisant, il disparut, sans qu'on le poursuivît cette fois, le seul ordre qu'avaient les muets étant de retrouver madame de Vilers.

Tony s'était relevé.

Délivré de Maurevailles, sa situation ne valait guère mieux, car les gens du magnat l'entouraient et menaçaient de lui faire un mauvais parti.

Si le jeune homme eût eu une arme, il eût certes, malgré la difficulté de renouveler pareille surprise, essayé, comme Maurevailles, de démonter un des muets pour fuir sur son cheval, en emmenant la marquise.

Nous savons que Tony ne doutait de rien. Au besoin, il eût tenté de faire une trouée.

Mais Tony n'avait pas d'arme...

Rien, pas même un tronçon de lame.

Faudrait-il donc que Tony se rendît et demandât grâce au vainqueur?

Se rendre!... demander grâce!... A cette pensée, le jeune soldat sentait tout son sang bouillonner. Et cependant, oui, il le fallait. La marquise était là, au pouvoir du magnat, menacée par Maurevailles qui voudrait prendre sa revanche et par les deux autres Hommes Rouges qui allaient bientôt arriver, eux aussi.

Plus que jamais, elle avait besoin d'un défenseur.

Il était donc nécessaire que Tony vécût pour la protéger.

Tony faisait ces réflexions, tandis que le magnat, certain que son prisonnier n'échapperait pas, s'occupait de la marquise qu'il faisait prendre par deux hommes et déposer sur une litière improvisée avec des branches d'arbres et des manteaux.

Tout à coup le jeune secrétaire de M. de Langevin eut une inspiration.

Il s'approcha du magnat et, ôtant son chapeau galonné comme pour témoigner de ses intentions parlementaires:

—Monsieur, dit-il, permettez-moi de m'expliquer.

Le magnat inclina affirmativement la tête.

—Vous me prenez probablement, reprit Tony, pour le complice de l'homme que vous poursuiviez. Ce serait une grave erreur. Je passais, au contraire, me rendant à un château situé non loin d'ici, quand je l'ai rencontré emportant de force cette dame qui se débattait contre son étreinte. J'ai essayé de la lui arracher en frappant son cheval que vous voyez là gisant à terre. Lui, par contre, a voulu me tuer, et sans vous, il y aurait facilement réussi. Enfin il vient de partir en m'insultant. Nous sommes donc loin d'être complices...

Le magnat n'eut pas besoin de réfléchir pour se rendre à l'évidence. La position désespérée dans laquelle il avait, à son arrivée, aperçu le jeune garde-française, aurait même dû suffire à l'éclairer.

—Et, maintenant, reprit Tony, si vous êtes, comme je le suppose, le maître de ce château, j'ai un ordre à vous montrer, un ordre qui m'autorise à le requérir pour le logement des officiers des gardes-françaises... Voici cet ordre.

Tony parlait haut et ferme. Il sortait à demi, des revers de son uniforme, le pli scellé aux armes du marquis de Langevin et dont nous savons le contenu. Le magnat n'osa refuser.

—Soit, dit-il, venez.

Tony alla reprendre, sous le cadavre du cheval, son sabre de garde-française, prit le cheval d'un des muets qui portaient la litière de la marquise, et suivit le cortège jusqu'au château.

Grâce à l'ordre du marquis de Langevin, Tony ne pouvait y être considéré comme un intrus.

Bien au contraire, il était presque un personnage officiel.

Et bien que peu familiarisé avec les usages de la France, qu'il habitait rarement, le magnat se considérait comme tenu de faire les honneurs du château à son hôte.

Puis, le vieux comte n'oubliait pas que c'était grâce à l'intervention du jeune homme que ses gens avaient pu rejoindre le ravisseur, qui avait sur eux une forte avance.

Il se disait que Tony avait failli être tué par ce ravisseur et se rappelait les paroles d'adieu.

Il était donc certain que Tony devait avoir une haine mortelle pour Maurevailles et qu'au cas où celui-ci ferait une nouvelle tentative, son hôte pourrait aider à la déjouer et à la repousser.

Enfin, le magnat fut touché de la délicatesse du jeune homme qui, à son arrivée au château, choisit pour le colonel et ses officiers un pavillon situé à l'opposé de celui dans lequel se trouvaient les appartements de la marquise.

Au bout de deux heures, Tony était donc invité à circuler à sa guise dans le château.

Il en profita pour se rendre auprès de la marquise.

Il la trouva agenouillée au fond d'un petit boudoir.

Elle portait déjà des habits de deuil et pleurait.

A la vue de Tony, elle jeta un cri, et, toute défaillante, vint au-devant de lui.

—Ah! lui dit-elle, vous qui m'avez deux fois sauvée, vous qui avez peut-être vu mon malheureux époux le jour de sa mort, vous qui saviez, sans doute...

—Madame, interrompit Tony, je savais tout!

—Oh! je vous en prie, parlez.

—J'ai recueilli le dernier soupir de votre époux, continua le jeune homme, et, à l'heure suprême, votre nom errait sur ses lèvres. C'est pour obéir à sa dernière volonté que je me suis tu.

La marquise pleurait à chaudes larmes; elle avait pris les mains de Tony dans les siennes et les pressait tendrement...

—Mais, s'écria-t-elle tout à coup avec une explosion de douleur, qui donc l'a tué?

—L'homme avec qui j'ai voulu me battre quelques heures plus tard.

Et alors Tony raconta simplement tous les faits auxquels il s'était trouvé mêlé.

Et haletante, avide, la marquise l'écoutait.

—Mais enfin, Monsieur, dit-elle, lorsqu'il eut terminé son récit, qui donc êtes-vous?

Cette question fit tressaillir le jeune homme.

Un moment il courba le front.

Mais presque aussitôt il le releva.

—Madame, dit-il avec une noble modestie, j'étais, il y a trois semaines, comme le disait M. de Maurevailles, un pauvre commis de boutique, un enfant recueilli par charité.

La marquise eut un geste d'étonnement.

—C'était en cette qualité que je suivais M. le marquis de Vilers, qui sortait de la boutique de friperie où j'étais commis. Je vous apportais des costumes pour le bal de l'Opéra.

Votre époux fut provoqué devant moi.

Quand il tomba, mortellement frappé, son regard ne rencontra que le mien. Le meurtrier avait fui.

Alors une révolution s'opéra en moi. Je compris que la Providence, dans ses vues impénétrables, me confiait une mission,—la mission de venger l'homme que je venais de voir mourir, la mission de protéger la femme qu'il laissait en ce monde.

Et c'est pour cela, madame, acheva Tony avec chaleur, c'est pour cela que vous m'avez rencontré le soir à l'Opéra; pour cela que, le lendemain déjà, je songeais à être soldat, car l'épée est une noblesse!

Peu à peu le jeune homme avait pris une fière attitude, son regard s'était enflammé, son geste était devenu solennel.

La marquise le regardait et, sous ses larmes, elle eut presque un sourire.

—Vous êtes un noble coeur, dit-elle.

—Madame, reprit Tony, je repartirai bientôt avec mon régiment, et avant un an je serai officier... Mais, d'ici là, quoi qu'il arrive, je veillerai sur vous, et ni M. de Maurevailles, ni M. de Lacy, ni M. de Lavenay ne parviendront jusqu'à vous.

La marquise lui tendit sa belle main à baiser, mais hocha la tête.

—Monsieur Tony, dit-elle, s'il est vrai que parfois les pressentiments et les voeux des infortunés portent bonheur, laissez-moi vous dire que vous deviendrez un jour un des plus brillants officiers de l'armée de France!

Tony jeta un cri d'enthousiasme...

—Mais, maintenant, madame, dit-il après un moment de silence, voudriez-vous me permettre de vous demander à mon tour comment je vous ai trouvée dans ce château ou plutôt fuyant de ce château en compagnie d'un homme que vous détestez plus que moi encore?

Et la marquise lui expliqua pourquoi, persuadée qu'elle sauvait ainsi son mari,—qu'elle croyait vivant,—elle avait consenti à suivre le comte de Mingréli.

Avec toute la pudeur qu'elle devait à ses instincts autant qu'à son éducation, elle lui fit part des infâmes propositions du magnat.

Quand elle en arriva à parler du soporifique:

—Oh, le misérable! s'écria Tony. Mais alors qu'allez-vous devenir?

—Tranquillisez-vous, mon parti est pris. Il est bien simple. Je refuserai désormais toute nourriture, toute boisson. Mon mari est mort. Je mourrai.

—Mourir? Vous! Mais vous n'en avez pas le droit. Il faut le venger. Voudriez-vous me laisser poursuivre seul cette tâche?

—Ma douleur m'enlèvera tout courage...

Le jeune homme eut un mouvement sublime.

—Du courage? Mais je vous en donnerai, moi. Moi et une autre...

—Que voulez-vous dire?

—Qu'une grande consolation vous est réservée, car celui que vous pleurez a laissé une enfant...

—Mon mari?

—Oui, une fille qu'il a eue longtemps avant de vous connaître. Elle a aujourd'hui quinze ans. Elle est tout son vivant portrait. Cette fille, c'est lui encore. C'est sa chair, c'est son sang. Vous la verrez, je vous le promets. Vous l'aimerez. N'est-ce pas que maintenant vous vous sentez du courage?

Déjà la marquise était transfigurée. Elle rayonnait. Elle allait voir, embrasser sinon son mari, du moins quelque chose de lui.

Mais soudain son beau front s'obscurcit de nouveau.

—Nous oublions le magnat, dit-elle. Qui sait ce qu'il fera de moi s'il parvient à m'endormir encore?

A ces mots, Tony se redressa:

—Ne craignez rien, Madame, s'écria-t-il. Vous avez quatre ennemis, et je sens en moi la force de huit hommes!

XI

L'INTERROGATOIRE

Quatre jours après, les roulements du tambour et le froissement des armes éveillaient de nouveau les échos de la forêt de Blérancourt, depuis longtemps habitués à un plus long sommeil.

Les gardes-françaises arrivaient.

L'avant-garde, qui les avait précédés d'une heure, avait, à défaut de logements, choisi, d'après les conseils de Tony, les emplacements nécessaires au campement des huit mille hommes.

Aussitôt arrivée, chaque compagnie, chaque escouade était informée du point qu'elle devait occuper et, sous la direction des sous-officiers—des *bas-officiers*, comme on disait alors, s'empressait de dresser ses tentes ou d'organiser ses bivouacs.

Quelques vieux officiers de fortune, des moustaches grises qui devaient leurs épaulettes à vingt ans de campagnes et à autant de blessures, restèrent pour surveiller le campement. La jeunesse dorée du régiment, les brillants capitaines qui faisaient l'ornement de Versailles, se rendirent directement au château, où l'on sait que Tony avait préparé leurs logements.

Quant au marquis de Langevin, le colonel, il se promena de long en large, regardant ce qui se passait, observant le bivouac, s'inquiétant de savoir si tous les hommes étaient bien, au physique comme au moral.

Au bout d'une heure, toute l'installation était terminée, et devant les feux qui flambaient joyeusement, les cuisiniers d'escouade, les manches retroussées jusqu'au coude, le tricorne remplacé par un bonnet, surveillaient les marmites dans lesquelles cuisait le dîner, tandis que les vivandières mesuraient à l'avance les bouteilles et les chopines afin d'aller plus vite à la besogne quand le grand moment du souper arriverait.

—Allons, tout va bien, dit le colonel.

Et, après un dernier coup d'oeil aux gardes du camp, il alla rejoindre son état-major au château.

En prenant place au rapport, il fit appeler Tony.

Le jeune caporal se rendit immédiatement à l'ordre de son chef, qu'il trouva au milieu de ses officiers.

Le marquis de Langevin le reçut d'un air sévère, auquel il ne l'avait pas accoutumé.

Le jeune homme se douta de ce qui était arrivé.

Après sa lutte dans le bois, Maurevailles, fuyant les gens du magnat, était revenu vers le colonel, auquel il avait raconté à sa façon ce qui venait de se passer.

Naturellement le récit n'avait pas été à l'avantage de Tony, que Maurevailles avait dépeint comme un mutin et un indiscipliné.

Gaston de Lavenay et Marc de Lacy s'étaient joints à Maurevailles pour desservir le jeune garde auprès de son protecteur.

Le colonel connaissait depuis longtemps les trois amis et les estimait fort pour leur bravoure.

Il ignorait quelle haine féroce les poussait à se défaire de Tony.

Aussi était-il résolu à sévir rigoureusement contre le soldat qui abusait de la faveur dont on le comblait pour vouloir marcher de pair avec ses supérieurs, les insulter, tirer l'épée contre eux.

Cela coûtait beaucoup au marquis, car il affectionnait son jeune secrétaire. Mais il était, avant tout, l'homme de la discipline et de la justice.

Il commença donc par demander brusquement au jeune homme l'emploi de son temps, à partir du moment où il avait quitté Paris pour se rendre en mission.

—Mon colonel, répondit Tony, j'ai, ainsi que j'en ai reçu l'ordre, suivi la route parcourue par le capitaine de Maurevailles, choisi ce château pour vous et votre état-major, retenu les provisions nécessaires...

—Vous savez bien que ce n'est pas de cela qu'il s'agit. Allons, pas de tergiversation. Parlez.

Tony se tut. Le marquis de Langevin reprit:

—Je vous demande de quel droit vous vous mêlez des affaires particulières de votre capitaine.

Le jeune homme pâlit.

—Mon colonel, dit-il, je ne puis répondre à cette question que devant vous et vous seul...

—Il s'agit d'une faute contre la discipline. Ces messieurs doivent être éclairés comme moi.

—Alors, mon colonel, faites-moi fusiller tout de suite... Il est des choses que, même devant un conseil de guerre, je ne déclarerais pas!...

—Une nouvelle mutinerie, petit drôle?... s'écria le colonel furieux.

—Pardon, mon colonel, mais vous m'interrogez sur une affaire d'honneur et de délicatesse, et en ces questions-là vous êtes trop bon juge pour ne pas me dire tout à l'heure que j'ai raison.

Le vieux marquis tortillait furieusement sa moustache grise, ce qui chez lui était le signe de l'indécision. Il réfléchit un moment, puis il dit:

—Je crois que tu espères m'attendrir en me flattant, gamin!... mais cela te coûtera cher si tu me trompes!...

Et, se tournant vers ses officiers qui regardaient curieusement, il reprit:

—Messieurs, soyez assez aimables pour me laisser seul avec ce blanc-bec qui a une confession à me faire. Je vais voir tout à l'heure s'il faut lui donner l'absolution ou lui infliger une dure pénitence. J'ai bien peur que ce ne soit le second cas qui arrive.

Les officiers se retirèrent. Le marquis demeura seul avec Tony.

—Eh bien, qu'as-tu à me dire, voyons, parle!... lui dit-il.

Tony lui raconta brièvement, mais sans omettre aucun détail, l'histoire du serment des Hommes Rouges telle qu'il l'avait lue dans le manuscrit du marquis de Vilers, et les événements qui avaient été la conséquence de ce pacte.

En apprenant comment et par quelle main son ancien compagnon d'armes avait été frappé, M. de Langevin eut un soubresaut de surprise, mais il fit signe à Tony de ne pas s'arrêter.

—Ah ça! morbleu, dit-il, quand celui-ci eut fini de raconter la scène qui s'était passée entre Maurevailles et lui dans le bois; ah ça! je comprends bien l'envie qu'ont eue ces messieurs de tuer ce pauvre Vilers, je comprends bien le désir qu'ils ont de s'emparer de sa veuve... mais toi, toi, mon petit Tony, que diable fais-tu dans cette affaire?

—Dame, mon colonel, puisque j'ai juré au marquis de Vilers mourant de le venger et de protéger sa veuve, il faut bien que j'accomplisse mon serment.

—Tu te feras massacrer, malheureux enfant!...

—Bah! mon colonel, est-ce qu'un garde-française doit craindre la mort?

—La mort en face, devant l'ennemi, pour son drapeau et pour la France, non, celle-là, on ne doit pas la craindre... Mais la mort par la main d'un lâche, d'un assassin, dans l'ombre, il faut la redouter. Et puis, mon ami, songe à ceux que tu aimes et que tu as laissés à Paris, attendant ton retour; car si j'ai bon souvenir, tu es allé embrasser quelqu'un avant ton départ, n'est-ce pas?

—Oui, mon colonel, mame Toinon.

—Et qu'est-ce que mame Toinon? Ta mère?

—Non, mon colonel. Certes, je l'aime autant que si j'étais son fils; car elle a fait autant pour moi que si elle avait été ma mère véritable...

—Et où est-elle, ta mère véritable?...

Tony haussa les épaules et répondit tristement:

—Je n'ai jamais connu mes parents...

—Mais où as-tu été élevé?

—Je crois bien que c'est dans un petit village près de Paris.

—Qui te fait croire cela?

—C'est que je me souviens que mes premières années se sont passées à la campagne, chez des paysans et que la femme qui m'élevait allait à Paris souvent...

—Mais où était-ce? Parle, tu m'intéresses vivement.

—Ah! mon colonel, je n'en sais pas davantage...

Le marquis de Langevin, qui depuis un instant avait regardé attentivement Tony, s'était mis à marcher à grands pas et semblait en proie à une vive émotion.

—Voyons, cherche, tâche de te rappeler!... murmura-t-il sur un ton de prière. Tu as bien quelques souvenirs d'enfance... Dis-moi tout ce que tu sais. D'abord, comment étaient-ils, les gens qui t'ont élevé?

—Ils étaient bien bons, mon colonel, voilà tout ce que je sais, répondit Tony, stupéfait de l'émotion du marquis.

—Mais cherche, cherche donc!... Il faut que tu te souviennes!...

—Mon colonel!...

—Il n'y a pas autre chose, un indice, un mot que tu te rappelles?

Le marquis, en disant cela, avait saisi les mains de Tony.

—Alors ne vous moquez pas de moi, reprit l'enfant. Ne me dites pas que je vous fais un conte, mais il y a une chose qui s'est gravée dans mon esprit. Un soir, c'était encore au village... nous avions pris notre repas et ma mère nourricière me faisait faire ma prière. J'allais donc me coucher... Tout à coup, la porte s'ouvre brusquement, des hommes masqués font irruption dans la pièce où nous nous tenions. «Sauve-toi, ils veulent te tuer!» me crie la brave paysanne, en se mettant entre les hommes masqués et moi. Épouvanté, je m'enfuis par une porte qui donnait sur le verger, mais non sans voir celui qui me servait de père renversé par ses agresseurs, blessé, sanglant... J'avais tout au plus six ans. Mais, s'interrompit Tony, qu'avez-vous, mon colonel?

—Moi, rien... rien... continue! La route m'a fatigué. A mon âge, mon ami, cela n'a rien de surprenant. Mais reprends ton récit. Tu m'intrigues au plus haut point.

—Mon Dieu, mon colonel, il me reste bien peu de choses à dire... Éperdu, j'ai marché au hasard à travers champs, me dirigeant vers les lumières que j'apercevais au loin et qui étaient celles des barrières de Paris... j'arrivai dans la ville...je continuai à aller devant moi, jusqu'à ce que je tombasse de fatigue et de sommeil... C'est alors que cette brave et digne femme, mame Toinon, la fripière de la rue des Jeux-Neufs, prit pitié de moi, me recueillit, m'adopta... Mon colonel, vous chancelez?...

En effet, le marquis de Langevin tremblait épouvantablement; il était d'une pâleur mortelle! Il passa la main sur son front, et murmura avec effort:

—Non, je n'ai rien... rien... tais-toi!...

Le colonel continua à regarder attentivement Tony, en semblant chercher sur ses traits une ressemblance... A la fin, il se remit et dit froidement, presque avec sécheresse:

—C'est bien, Tony. Vous resterez mon secrétaire et je me charge de vous. Je vous défendrai contre toutes les attaques, je confondrai ceux qui voudraient vous nuire...

Tony remarqua que le marquis de Langevin ne le tutoyait plus.

—Enfin, continua le colonel, je me mettrai aussi du côté de votre protégée, c'est mon devoir de gentilhomme et de Français, c'est mon devoir d'homme d'honneur... Si MM. de Lavenay, de Maurevailles et de Lacy trouvent que trop de distance sépare leurs épées de la vôtre, j'abrégerai celle qui est entre mon épée et les leurs...

Maintenant, allez, Tony, vous vous êtes pleinement justifié. Mais, avant de vous retirer, jurez-moi, puisque vous tenez si bien vos serments, que vous ne répéterez jamais à d'autres ce que vous venez de me dire et que vous oublierez que je vous ai interrogé.

Et, comme Tony levait la main, le colonel ajouta avec bonté, en le tutoyant de nouveau:

—Va, mon enfant, va!...

Tony sortit tout ému...

XII

LE PROTECTEUR DE LA MARQUISE

L'arrivée du régiment des gardes-françaises à Blérancourt contrariait singulièrement le comte de Mingréli.

En amenant Haydée au château, il avait espéré l'y soustraire à tous les regards.

Le château de Blérancourt était isolé, depuis longtemps inhabité; il y avait donc peu de chances pour qu'on vînt y chercher la jeune femme, se disait le comte.

L'arrivée de Maurevailles et l'enlèvement de la marquise avaient été la première preuve de son erreur.

L'installation de Tony au château avait été la seconde.

De même que les Hommes Rouges, le magnat, en effet, n'avait point tardé à ressentir les effets du rôle pris par Tony dans ce drame enchevêtré.

Ce maudit gamin voyait tout, se mêlait de tout, était partout.

C'était évidemment d'après ses conseils que la marquise, devenue à bon droit méfiante depuis la terrible scène du soporifique, évitait de se trouver seule avec le misérable qui se faisait passer pour son père.

De plus, la présence de Tony l'avait singulièrement enhardie.

Le comte avait jugé convenable d'inviter le secrétaire du marquis de Langevin à s'asseoir à sa table pour le premier repas pris par lui à Blérancourt.

Mais ne voilà-t-il pas qu'au dessert la marquise dit à Tony:

—Vous nous honorerez, Monsieur, en partageant désormais tous nos repas.

—Mais non, avait bien essayé de dire le magnat, monsieur préférera certainement manger dans sa chambre.

—Du tout, avait répliqué la marquise, il est trop bon gentilhomme pour nous priver du plaisir de sa compagnie...

Et le magnat avait remarqué qu'elle ne mangeait, qu'elle ne buvait que lorsqu'il avait lui-même touché aux plats ou aux boissons. Il n'y avait donc plus de surprise possible.

La marquise, d'ailleurs, toute à sa douleur, n'avait guère la force de manger. De même, elle ne parlait que lorsque, par un mot, elle trouvait le moyen de se défendre contre le magnat.

Le pauvre comte allait avoir à lutter contre bien d'autres ennemis.

Maintenant ce n'était plus un seul des Hommes Rouges, c'étaient tous les trois qui connaissaient la retraite de la femme qu'ils aimaient.

Et tous trois venaient d'arriver à Blérancourt, suivis de leurs soldats... Que faire?

Un instant, le comte se demanda s'il ne devait pas donner l'ordre d'atteler une chaise de poste et s'enfuir pendant la nuit avec Haydée pour gagner son château des bords du Danube.

Mais il réfléchit que la guerre était déclarée, et que, en route, il aurait à craindre d'être arrêté, retardé, rejoint par ses ennemis.

En demeurant tranquille, au contraire, il ne risquait rien. Tout ce qu'il avait à faire, c'était de veiller sur son trésor jusqu'au départ du régiment.

Le jour où les trois Hommes Rouges partiraient pour la bataille, il en serait peut-être débarrassé à jamais... Le mieux était encore d'attendre.

Cela admis, fallait-il cacher Haydée?...

—Bah! se dit le magnat, une femme n'est jamais mieux gardée que lorsqu'elle ne semble pas l'être!...

Et loin de dérober la marquise à tous les regards, il résolut de donner le soir même une fête aux officiers français et d'y montrer Haydée éblouissante de toilette et de beauté.

Les gardes-françaises, avec cette insouciance qui caractérise nos troupiers, s'attendaient donc à passer la soirée la plus agréable du monde.

Les uns, étendus sur l'herbe un peu humide, fumaient leurs courtes pipes en causant de leurs campagnes passées et des nouveaux lauriers qu'ils allaient cueillir. D'autres, accroupis en cercle, jouaient sur un tambour leur partie de cartes ou de dés. Quelques joyeux conteurs ou des chanteurs à succès, comme chaque régiment en contient quelques-uns, charmaient un auditoire bénévole. De distance en distance, un vieux grognard nettoyait son mousquet terni par la pluie, astiquait ses buffleteries ou rajustait prudemment les courroies de son sac et les boucles de ses guêtres, petits détails importants quand on part pour une longue campagne.

Mais le plus grand nombre s'étaient rendus aux cantines, vidant gaiement des bouteilles à la santé de la France. La tente de maman Nicolo surtout était assiégée et, malgré l'aide de deux soldats, garçons improvisés, elle et sa fille, la charmante Bavette, ne pouvaient suffire aux pratiques.

Car, aussitôt après avoir promis à la marquise de lui faire embrasser Bavette, la fille naturelle du marquis de Vilers, Tony avait envoyé par un messager une lettre à La Rose.

—Cher camarade, lui disait-il en substance dans cette lettre, rendez-moi le service de demander immédiatement un congé de vingt-quatre heures. Retournez sur l'heure à Paris. Bon gré mal gré, obtenez de maman Nicolo qu'elle reprenne sa cantine. Et surtout amenez-nous Bavette.

La chose était encore bien plus facile que Tony ne pouvait l'imaginer.

Car le soir même du jour où elle avait vu partir les gardes-françaises, maman Nicolo, s'ennuyant déjà d'eux, qui constituaient d'ailleurs sa seule clientèle, avait fermé son cabaret, était partie pour Chantilly en compagnie de Bavette et avait supplié le marquis de Langevin de la laisser suivre le régiment.

Le marquis, si bon pour tous, n'avait point manqué de l'être pour elle; il lui avait répondu:

—Il y a bien de l'occupation pour une cantinière de plus.

Et voilà dans quelles conditions maman Nicolo était rentrée aux gardes-françaises quelques heures après que Tony était parti vers Blérancourt.

Inutile d'ajouter que, le soir où nous sommes, sous la tente de maman Nicolo se trouvaient le gascon La Rose et le Normand, son fidèle ami, qui, assis devant un bloc de chêne, transformé en table, devisaient des choses de l'ancien temps.

Tout à coup un jeune caporal fendit la foule des buveurs, non sans provoquer maintes récriminations, dont, du reste, il parut médiocrement se soucier. Il arriva jusqu'à l'endroit où trônait maman Nicolo et lui dit rapidement:

—Venez, j'ai à vous parler... Il s'agit du marquis de Vilers.

La cantinière devint écarlate. Ce nom avait produit sur elle un effet prodigieux.

—Et qu'as-tu à me dire, petit? demanda-t-elle en se rapprochant de lui.

—Vous étiez son amie, n'est-ce pas?

—Oui, et une amie dévouée, je puis m'en vanter.

—Vous saviez qu'il était marié?

—Il me l'a dit lui-même, le jour où il est venu apporter au colonel sa démission. Le capitaine savait que maman Nicolo était une brave femme... ajouta-t-elle d'une voix sombre.

—Et vous n'avez pas de haine contre sa femme? interrogea Tony, en regardant fixement la cantinière.

Maman Nicolo devint pourpre, mais elle soutint le regard.

—Petit, dit-elle, tu m'as l'air d'en savoir bien long pour ton âge. Si tu veux me faire causer, tu perds ton temps. Il faut avoir plus de barbe au menton que tu n'en possèdes pour me tirer les vers du nez.

—Je ne vous demande pas vos secrets, maman Nicolo, dit Tony en souriant. Mais je voudrais savoir si, au besoin, vous voudriez rendre un service à la marquise?

—Ah! la pauvre chère âme! s'écria la vivandière, si elle a besoin de moi, qu'elle le dise. Vertuchoux, mon petit, il y a quelque chose de bon là, vois-tu!

Et la brave femme tout émue appliqua un vigoureux coup de poing sur son corsage rebondi.

—Eh bien, maman Nicolo, dit Tony, madame de Vilers est ici...

—Ici!!!

—Et elle court un grand danger...

—Ah! vertuchoux! et tu ne disais pas cela tout de suite! Par saint Nicolas, mon patron, maman Nicolo vaut un homme au besoin... les mauvais gars du régiment en savent quelque chose. Parle, mon camarade, parle vite. Que faut-il faire?

Et Tony répondit à la brave cantinière:

—Ce qu'il faut faire? Bien, que venir avec votre fille auprès de la marquise, pour la consoler et la garder, pendant que je n'y serai pas.

—Antoine! Baptiste! cria d'une voix de tonnerre maman Nicolo à ses deux garçons, houp! mes enfants, fermons la cambuse. Et vous, mes agneaux, reprit-elle en s'adressant aux buveurs abasourdis, nous ne sommes pas ici en garnison. Si le colonel savait qu'on s'amuse à boire, il ferait un beau tapage. Allons, au galop, le dernier coup et videz la place! N, I, ni, c'est fini!

Et, disant cela, la vivandière poussa vigoureusement ses pratiques et les éloigna de son comptoir improvisé. En un clin d'oeil, les abords de la tente furent libres.

XIII

MAMAN NICOLO

Seuls, La Rose et le Normand n'avaient pas quitté leur bloc de bois. Les éclats de voix de la vivandière avaient attiré leur attention. Ils s'étaient demandé:

—Qu'a donc maman Nicolo, ce soir?

Puis, remarquant la présence de Tony, La Rose avait dit:

—C'est le petit caporal... Il doit y avoir du nouveau...

—Oui, du nouveau.

C'était le Normand qui continuait son rôle d'écho.

Et quand maman Nicolo, Bavette et Tony passèrent se dirigeant vers le château, La Rose se leva et toucha du doigt l'épaule du caporal.

Tony se retourna.

—Si tu as besoin de quelque chose, camarade, dit La Rose, tu sais qu'il y a ici un homme sur lequel tu peux compter...

—Deux hommes, fit le Normand.

—Et si tu désirais...

—Nous désirons que vous tourniez les talons et que vous ravaliez un peu votre langue! interrompit vivement maman Nicolo avec colère.

—Laissez, dit Tony; à un moment donné, deux braves coeurs et deux bonnes épées ne sont pas de trop. Mais, pour l'heure présente, mes amis, je vous remercie. Quand j'aurai besoin de vous, je saurai où vous trouver.

Il serra la main aux deux gardes-françaises et partit avec maman Nicolo et Bavette.

Haydée était seule, absorbée par sa douleur.

Au dîner, le magnat lui avait annoncé que, à à l'occasion du passage des gardes-françaises, il donnait une grande fête et lui avait intimé l'ordre formel d'y assister avec sa soeur Réjane, qui depuis son arrivée, d'ailleurs, ne la quittait jamais.

Assister à une fête, quelques jours après qu'elle avait appris la mort de son époux, pour lequel elle s'était sacrifiée!

Et s'y retrouver en face de ces Hommes Rouges, de ces officiers dont l'amour lui avait été si fatal, qui n'avaient pas renoncé à l'espoir de s'emparer d'elle, et dont l'un était le meurtrier de son mari!

Être exposée peut-être à tomber entre leurs mains!

Et de nouveau Haydée songea à abandonner une vie dont l'avenir lui apparaissait si sombre et si terrible.

Ce fut à ce moment que Tony entra, suivi des deux femmes qu'il amenait auprès d'elle.

Dès le premier regard, une sympathie profonde s'établit entre Bavette et la marquise de Vilers...

Nous avons dit que Bavette était tout le portrait du marquis.

Sans songer à se contenir, la pauvre veuve attira sur son sein la fille de maman Nicolo et la couvrit de baisers.

—Elle sait tout! pensa la cantinière qui, en sa qualité de femme, ne pouvait s'y tromper et n'en prodigua que davantage à Haydée les témoignages d'amitié et les consolations.

La marquise lui raconta alors le nouveau coup qui la frappait, l'ordre que lui avait donné le magnat d'assister à la fête qui allait avoir lieu dans quelques heures...

Une fête au moment où elle pleurait son mari!...

Mais tout à coup, emportée comme malgré elle, maman Nicolo s'écria:

—Et qui vous dit qu'il soit mort?...

L'effet de ces paroles fut magique.

Un flot de sang monta du coeur aux joues de la marquise qui abandonna Bavette pour saisir les deux mains de la vivandière:

—Que dites-vous? Oh! répétez, répétez ce que vous venez de dire!...

Maman Nicolo se mordait les lèvres.

—Je veux dire, balbutia-t-elle, que tant qu'on n'a pas vu par soi-même, on ne doit pas se désespérer...

—Vous savez quelque chose?..

—Mon Dieu... je ne voudrais pas vous donner un faux espoir pourtant...

—Oh! Madame, je vous en supplie...

—Eh! jour de Dieu, tant pis! s'écria la cantinière, il ne sera pas dit que maman Nicolo sera restée le coeur sec en présence d'une petite femme comme vous! Avez-vous un endroit où on puisse causer sans crainte d'être entendu?

La marquise entraîna les deux femmes dans un petit boudoir capitonné, en ferma soigneusement l'unique porte et dit:

—Maintenant, parlez.

XIV

BAVETTE

Nous avons vu, à Paris, au cabaret de la *Citrouille*, le Gascon La Rose et le Normand froncer les sourcils quand maman Nicolo et Bavette étaient revenues de leur course mystérieuse.

Si vive que fût l'amitié qui liait le Gascon et la vivandière, celle-ci avait refusé de dire à son vieux camarade où elle s'était rendue.

Or, la confidence que ne put jamais obtenir le parrain de Bavette, la marquise allait l'entendre.

—Je vous en supplie, parlez, fit-elle encore en serrant dans ses mains brûlantes les mains potelées de maman Nicolo.

—Ah! j'en ai gros à dire, soupira la brave femme. Et c'est la première fois que ça va sortir de là, ajouta-t-elle en dégageant une de ses mains pour frapper sur le sein qui avait inspiré au Gascon et au Normand tant de désirs irréalisés.

Donc, il y a que, dans les cabarets on apprend beaucoup de choses. Sans compter que Bavette, tout en jacassant, vous délie toutes les langues. C'est comme ça que j'ai su que votre mari était mort...

A ce mot répondit un sanglot de la marquise.

—Eh! ne pleurez donc pas, reprit la vivandière, puisque je vous dis que ce mort-là est peut-être aussi vivant que vous et moi.

—Oh! par grâce, achevez.

—Je ne suis là que pour ça. Dès que j'ai eu connaissance du fameux duel et de sa terminaison: «Mets ton bonnet, Bavette,» que j'ai vite glissé à l'oreille de cette petite-là. Et nous voilà parties. J'avais mon idée. Nous arrivons à votre hôtel, où que je demande tout doucement M. Joseph, qui me connaissait bien. Plus d'une fois, il m'avait apporté, de la part de son maître, de petits cadeaux pour Bavette, que votre pauvre ami aimait bien. Il paraît même que ça lui faisait de la peine que vous ne lui ayez pas donné une petite Bavette.

M. Joseph vient. Il était tout en larmes.

—Ah! mon Dieu! que je me dis, c'est donc bien vrai pour lors!

Il me raconte tout. Comme quoi, vous aviez été enlevée par le vieux singe qui est le seigneur d'ici; comme quoi, il a enterré tout seul avec Tony son pauvre défunt maître.

Naturellement je pleure avec lui, et puis une idée me vient. Vous allez comprendre ça, ma bonne dame.

Sur mon père et sur ma mère, qui étaient de braves gens, je vous jure que je n'avais jamais révélé à cette petite-là le secret de sa naissance. Non. Son père vivait. On ne compromet pas comme ça les gens qui sont au-dessus de vous.

Mais puisqu'il était mort!!! Je ne vous connaissais pas, moi! Et puis, au fond, ça m'ennuyait de faire croire à cette enfant qu'elle n'avait pas de père. Je dis à M. Joseph:

—Il n'y a plus à faire les mystérieux maintenant. Allons au cimetière.

Il nous y conduit. Il ouvre la porte de la petite chapelle où on vous met, vous autres. Moi, je ferme avec soin la porte. M. Joseph nous fait descendre une dizaine de marches. Il y avait une petite lumière qui brillait dans le caveau.

C'était lui-même qui l'allumait, le matin. Cette lumière-là tombait en plein sur une bière toute neuve, devant laquelle le pauvre M. Joseph s'agenouille et pleure...

La marquise, haletante, la bouche ouverte, les yeux hagards, ne pleurant plus maintenant, tant elle était anxieuse, semblait aspirer avec tout son être chacun des mots de la vivandière.

Maman Nicolo continuait:

—A la vue de cette bière-là je me tourne vers la petite et je lui dis:

—Bavette, ton père est là depuis hier. Ah! voilà-t'y pas que, en entendant cela, l'enfant devient folle. Elle se roule sur la bière. Et des cris! Je m'efforce de la calmer. Mais c'était une furie.

—Pauvre ange! fit la marquise en pressant contre son coeur la chère enfant. Tu seras ma fille, va.

—Dans notre métier, reprit maman Nicolo, on a toujours un couteau dans sa poche. Vous imagineriez-vous qu'elle a tiré le sien! Nous nous disions: «Oh! mon Dieu, elle est malade. Elle va se tuer!»

Et puis nous essayons de le lui arracher des mains. Je suis solide, n'est-ce pas? Je suis ce qu'on appelle une forte commère. Je n'aurais peur ni de La Rose, ni du Normand, ni de dix autres avec. Eh bien, à nous deux, M. Joseph et moi, nous n'avons jamais pu venir à bout de cette mâtine-là. Elle était en fer, quoi. Mais ce n'était pas à se tuer qu'elle pensait.

Tout à coup, elle se penche sur la bière. Elle entre son couteau sous le couvercle.

—Je le verrai, dit-elle. J'embrasserai mon père.

—Un sacrilège! s'écrie ce bon Joseph.

—Un sacrilège? qu'elle répond... Vous allez voir qu'elle mérite bien son nom de Bavette. Est-ce que nous venons pour mutiler, pour voler, pour profaner?

Et elle fait une pesée. Elle vous avait la force d'un levier. Le bois crie...

Ce grincement produisait un effet épouvantable sur le pauvre M. Joseph, qui croyait entendre se plaindre le mort lui-même. Il s'écrie:

—Arrêtez, arrêtez donc, malheureuse enfant.

Ah! ouiche!

Aussitôt le couvercle se soulève; il laisse un large jour entre lui et les montants de la bière.

Elle vous empoigne le couvercle à deux mains et l'arrache violemment.

—Terrifiée, continua maman Nicolo, je regardais faire Bavette...

Chose étrange, on avait recouvert le corps de terre...

—Qu'est-ce que cela signifie? s'écrie le pauvre M. Joseph. Cependant, d'après la hauteur du corps et la place qu'il devait tenir dans la bière, la couche de terre ne pouvait être épaisse.

La petite, tout à coup calmée, se met à l'enlever avec précaution.

M. Joseph, qui peu à peu s'était enhardi, en arrive à l'aider.

La couche de terre diminuait et le corps du marquis n'apparaissait pas. Avec une ardeur dont je ne me serais jamais doutée, M. Joseph, qui maintenant n'employait plus les précautions de tout à l'heure, plongea dans la terre sa main.

Elle rencontra le fond du cercueil...

Le cercueil était plein de terre!

—Ah! s'écria M. Joseph, mon maître n'est pas mort!... Il y a là un nouveau mystère!...

Puis il réfléchit et nous dit:

—Silence! S'il y a un mystère, peut-être le marquis y consent-il; peut-être est-ce lui qui l'a voulu! Respectons ce que nous avons le devoir de considérer comme sa volonté. Il faut laisser croire à ses ennemis qu'ils n'ont plus à le redouter. Rentrez à votre cabaret et agissez pour tous comme si vous étiez persuadées de sa mort. Quand le marquis jugera bon de reparaître, je vous promets que vous l'embrasserez.

—Je vous le promets aussi, s'écria la marquise, qui savait bien qu'elle ne pouvait pas être jalouse de maman Nicolo.

Et pressant de nouveau Bavette contre son coeur:

—O ma fille, dit-elle, combien je te remercie et je t'aime!

XV

LE CONCILIABULE

La fête donnée par le comte de Mingréli aux officiers des gardes-françaises était splendide. Le magnat avait voulu montrer que, même en pays perdu et malgré les difficultés de l'improvisation, il lui était possible de lutter avec les splendeurs longuement préparées et chèrement payées des fêtes de Versailles.

Comme pour lui venir en aide, le temps avait changé. Un froid sec avait remplacé la pluie, et du campement les soldats pouvaient à loisir jouir du coup d'oeil féerique que présentaient le parc et les jardins magnifiquement illuminés.

Les officiers étaient réunis autour du colonel de Langevin dans la grande salle de réception dont les boiseries un peu délabrées étaient habilement masquées par de riches tentures. En face d'eux, le comte ayant à ses côtés *ses deux filles*, Haydée et Réjane, semblait rajeuni de dix ans.

En sa qualité de secrétaire ou plutôt de favori du marquis de Langevin, Tony avait obtenu la faveur marquante d'assister à la réception. Mais sa situation de simple caporal ne lui permettant pas de se mêler au groupe brillant des gentilshommes, il se tenait immobile près de la porte, son tricorne sous le bras droit et la main gauche sur la garde de son épée.

Il était charmant ainsi, plein d'une coquette crânerie, et bien des officiers brodés d'argent eussent envié la galante façon dont il portait son simple uniforme de drap blanc à revers bleus.

Mais tout en se tenant modestement à part, Tony observait ce qui se passait et surveillait surtout Maurevailles, Lacy et Lavenay qui venaient d'aller saluer le magnat et la marquise.

A la vue de Maurevailles, le magnat n'avait pu réprimer un froncement de sourcils involontaire, Haydée avait pâli, Réjane était devenue toute rose.

Tony seul remarqua cela.

—Hé! hé! se dit-il, aurais-je encore de la besogne cette nuit?

Et il se promit de surveiller, plus attentivement que jamais, les faits et gestes des Hommes Rouges.

Cependant, après les présentations d'usage, les officiers s'étaient dispersés à droite et à gauche, et formaient des groupes de causeurs. Il n'y avait pas là, malheureusement, comme à Fraülen, ces essaims de jeunes femmes qui donnaient aux fêtes tant d'attrait, mais le magnat allait de groupe en groupe, suivi de la marquise et de Réjane qui, faisant contre fortune bon coeur, distribuaient aux invités leurs plus gracieux sourires.

Tony remarqua même avec un certain étonnement que les yeux de Haydée brillaient d'une joie trop vive pour être factice. La veuve du marquis de Vilers était-elle déjà consolée?

Et Tony se sentit froid au coeur à cette pensée.

Les serviteurs muets du comte, revêtus de leurs costumes hongrois qui tranchaient nettement sur les uniformes français et donnaient à la fête un caractère particulier, faisaient circuler des rafraîchissements. Le jeune secrétaire du marquis de Langevin profita du moment où personne ne le regardait pour s'esquiver et se diriger du côté de la serre, où il avait vu Maurevailles, Lavenay et Lacy se rendre l'un après l'autre.

Cette serre, où le magnat avait réuni des fleurs d'hiver pour Haydée, était éclairée par une simple guirlande de bougies; mais dans la demi-obscurité qui y régnait, Tony reconnut parfaitement ses trois ennemis. Il observa, en se glissant derrière les bouquets d'arbustes, que, à ce jardin d'hiver, était contiguë une autre serre, qui n'était séparée de la première que par un treillage et qui n'était pas du tout éclairée.

Pénétrant dans ce «retiro» ombreux, il vint s'appuyer contre le treillage, l'oreille tendue.

Les Hommes Rouges étaient à trois pas de lui...

—Maurevailles a raison, il faut en finir, disait Marc de Lacy.

—En finir, je le veux bien, mais comment? Nous ne pouvons pourtant pas l'emmener avec nous d'étape en étape jusqu'en Flandre! répondit une voix que Tony reconnut être celle de Gaston de Lavenay.

—Mon cher, la laisser ici, c'est la perdre!

—Eh! non; c'est la garder. Voyez comme le magnat la suit des yeux. Il veille sur elle pour nous, comme au temps jadis.

—Mais s'il en abuse!... s'écria Lacy. Tu sais bien ce qu'a vu Maurevailles... Qui te dit que demain, cette nuit, peut-être, au sortir de la fête...

—C'est vrai, fit Lavenay en baissant la tête. Cet homme n'est plus le père, le tuteur auquel autrefois nous pouvions laisser sa pupille, en attendant le moment de l'enlever. C'est un rival, un rival dangereux que je redoute et que je hais. Car, vous l'avouerai-je, messieurs, depuis que j'ai revu la comtesse, je l'aime encore mille fois plus.

—Moi aussi, s'écria Lacy.

—Et moi, dit Maurevailles d'une voix sourde, il y a des instants où je serais presque tenté de pardonner à ce pauvre Vilers...

—Vilers était un traître, dit gravement Lavenay. Il a été justement puni. Mais il ne s'agit pas de revenir sur le passé; il faut préparer l'avenir, le temps presse.

—Quel est ton projet? demanda Maurevailles.

—Je ne sais. Toi d'abord, que penses-tu faire?

—Avant tout, nous devons cette fois parvenir à enlever la marquise. Quand nous l'aurons, il sera temps de décider.

—Non pas. Il faut tout régler aujourd'hui, dit Lacy, et si vous voulez m'en croire...

—Que feras-tu?

—Le marquis de Langevin, notre colonel, ne me refusera pas un congé de quelques jours...

—Un congé? Au moment où l'on est en marche pour la guerre! Tu rêves...

—Je ne rêve pas. Ma famille habite à quelques heures de Nancy, sur la route même que nous aurons à suivre. Il faut six à huit jours à nos hommes pour s'y rendre à pied. Mon cheval m'y conduirait en moitié moins de temps. Je puis donc demander de précéder le régiment et d'aller embrasser ma mère en attendant votre arrivée.

—C'est vrai; comme cela, ce serait possible.

—Au lieu d'aller voir ma mère, je conduis la marquise en lieu sûr, et pourvu qu'en arrivant à Nancy le colonel me voie arriver à sa rencontre, ni lui ni d'autres ne se douteront de rien.

—Morbleu! tu as raison, s'écria Lavenay. Mais, au moins, au nom du serment qui nous lie, tu n'abuseras pas de la confiance que nous mettons en toi?

—*Tous pour un, un pour tous*, dit Lacy. Que j'aie le sort de Vilers si, comme lui, je manque à mon serment.

—Eh! par le diable! dit Lavenay, je consentirais à être tué comme lui, au bout de quatre ans, au prix du bonheur qu'il a goûté pendant ces quatre années. Ta parole de gentilhomme, Lacy?

—Sur mon honneur, je jure de vous la rendre telle que vous me l'aurez confiée. Et maintenant, à tout prix, quoi qu'il en coûte, dussions-nous verser des flots de sang, il faut qu'elle soit à nous cette nuit.

—Nous n'aurons pas besoin de verser le sang, dit Maurevailles, je vous ai dit que j'ai des intelligences dans la place.

Donnez-moi seulement un quart d'heure. Toi, Lavenay, vois si le magnat continue à surveiller la marquise; toi, Lacy, va demander ton congé au colonel de Langevin; moi, je vais décider mon homme, celui qui, dans quelques instants, à la fin de la fête, nous conduira sans difficultés et sans danger, à la chambre de la belle Haydée.

—Mais où nous retrouverons-nous?

—Dans les fossés du château, à l'endroit où le tonnerre a jeté un tronc d'arbre, dans une heure.

—Soit, où tu dis, dans une heure!

Les trois officiers sortirent. Tony resta seul atterré.

—Que faire, se demandait-il, pour sauver la marquise?

Prévenir le magnat? C'était l'inviter à redoubler la surveillance dont Haydée était l'objet; c'était s'enlever à lui-même les moyens de lui venir plus tard en aide.

Aller avertir le marquis de Langevin? N'était-ce pas un peu tôt l'initier à ses affaires intimes et s'exposer à compromettre un appui qui pourrait devenir précieux?

Ah! combien Tony regrettait de ne pas avoir accepté l'offre que le gascon La Rose et le Normand lui avaient faite devenir avec lui...

—Eh! mais, pensa-t-il tout à coup, j'ai devant moi une heure. En une heure on entreprend bien des choses. Que ne vais-je les prévenir?

Et il courut à toutes jambes chercher ses deux amis.

En le voyant arriver tout essoufflé, les braves gens ne demandèrent pas d'explications; ils bouclèrent leur ceinturon et le suivirent.

Tony les conduisit sans mot dire jusque dans la cour du château, où, à la faveur de la fête, ils purent pénétrer sans être remarqués.

—Attendez-moi là un instant, leur dit-il.

Il courut vivement à l'appartement de la marquise où étaient restées Bavette et maman Nicolo.

En quelques mots, il les mit au courant de la situation.

Les deux femmes jurèrent qu'on n'arriverait à la marquise qu'en passant sur leurs cadavres.

—Du reste, ajouta Tony, je connais le lieu de réunion des Hommes Rouges, et j'y serai avant eux. Ils ont un secret que j'ignore pour pénétrer dans les souterrains par où M. de Maurevailles a déjà une première fois enlevé madame de Vilers. Ce secret, grâce à eux, je vais le connaître, et qui sait? peut-être profiterons-nous de la trame qu'ils ont ourdie.

—Prenez garde, monsieur Tony, s'écria Bavette tout émue à l'idée du danger qu'allait courir le jeune caporal. Le vieux seigneur a dû prendre des précautions terribles... Si vous alliez tomber dans un piège...

—Que voulez-vous dire?

—Il doit avoir, comme vous, remarqué que les Hommes Rouges avaient quitté la fête; car tout à l'heure il a fait demander son intendant, et pourtant il lui avait d'abord donné l'ordre de ne pas perdre de vue les appartements où nous sommes. Ma foi, je n'ai pas eu peur de m'attirer une mauvaise aventure; j'ai été sur la pointe du pied jusqu'au bout du couloir...

—Eh bien?...

—Eh bien, J'ai vu un grand nombre de muets se poster, le pistolet au poing, dans le grand corridor qui est au bout, prêts à obéir au premier signal. Tous ceux qui servent dans la salle de réception ont une arme à la ceinture. Il paraît qu'il est très féroce, ce vieux seigneur-là. Si la moindre alerte allait amener un massacre général!...

—Bah! il n'y aura pas d'alerte. Tout, pour le moment, doit se passer entre nous et les Hommes Rouges; ils sont trois, nous serons trois. La Justice est de notre côté. Dans une heure, la comtesse n'aura plus rien à craindre d'eux.

—Et si le cliquetis des armes attire l'attention des serviteurs du comte?...

—Qu'importe? La partie est engagée, il est trop tard pour reculer. Maman Nicolo, Bavette, une dernière poignée de main.

—Ah! jour de Dieu, mieux que cela, mon garçon, s'écria la cantinière. Laisse-moi t'embrasser, c'est de bon coeur, et embrasse aussi Bavette. Moi, sa mère, je t'y autorise...

Bavette tendit la joue, rouge comme une cerise.

En y appuyant ses lèvres, Tony éprouva une sensation étrange, qu'il ne connaissait pas encore. C'était son jeune sang qui affluait à son coeur.

Mais il secoua brusquement la tête, et courant de nouveau, rejoignit ses deux amis, La Rose et le Normand, qui l'attendaient dans la cour.

—Camarades, dit-il, il va falloir en découdre cette nuit. Ceux qui ont tué le capitaine de Vilers s'attaquent à sa veuve. Elle, nous la sauverons. Lui, il faut le venger.

—Il faut le venger! répéta le Normand.

—Et, sacredioux, tu peux compter sur nous pour cela, s'écria le Gascon. Mais où sont-ils, nos adversaires?

—Nous allons les attendre à leur lieu de rendez-vous... Venez.

XVI

DANS LES FOSSÉS DU CHÂTEAU

Dix minutes après, Tony, La Rose et le Normand étaient échelonnés non loin de l'endroit désigné par Maurevailles.

Chacun des humbles défenseurs de la marquise s'était posté de son mieux pour se dissimuler dans l'ombre et voir sans être vu.

Ramassés sur eux-mêmes, prêts à bondir,—l'épée nue cachée le long de la cuisse,—ils guettaient, le cou tendu, les yeux sondant les ténèbres, retenant leur haleine pour mieux entendre.

L'ordre donné était bien simple: surprendre un à un ou ensemble les trois alliés, les terrasser sans leur donner le temps de se reconnaître, bâillonner Lavenay et Lacy avec des mouchoirs préparés dans ce but et obtenir de Maurevailles le secret de l'entrée du souterrain.

Dans le cas où on ne pourrait se rendre maître d'eux sans bruit,—tuer!

Donc, ils étaient là depuis quelques minutes, lorsqu'un pas rapide se fit entendre du côté du Normand.

Un homme s'avançait.

Quand il arriva en face du soldat, celui-ci s'élança sur lui...

L'homme fit un bond en arrière et tira vivement son épée dont la lueur brilla dans les ténèbres.

—Manqué! grommela le Normand avec regret. Ma foi, tant pis pour lui. Il faut le tuer!...

Et, l'épée haute, il attaqua.

L'inconnu para vivement en s'écriant:

—J'en tiens un!...

—Nous allons bien voir, dit le Normand en portant un vigoureux coup de seconde qui, malgré la parade, alla trouver le manteau rouge, que l'homme avait rejeté sur son épaule gauche.

—Oh! cette voix! s'écria l'inconnu. Le Normand, c'est toi?

—Vous savez qui je suis? Tant pis. Raison de de plus pour que je vous tue.

—Mais tu ne me reconnais donc pas, toi?

—Si, parbleu, vous êtes officier. Mais qu'importe? Ici, il n'y a plus ni officiers, ni soldats. Nous sommes deux hommes, dont l'un va tuer l'autre... Et l'autre, ce sera vous, car il faut que je venge la mort de mon brave capitaine.

Le Gascon n'était plus là, le Normand se rattrapait en parlant pour son propre compte.

Mais cela ne semblait point lui réussir, car il se tut brusquement.

Son épée, liée par celle de l'inconnu, venait de voler à dix pas.

Cependant l'homme, au lieu de frapper, le saisit par le bras et murmura un mot à son oreille.

—Vous! vous!! vous!!! s'écria par trois fois le garde-française abasourdi, vous, monsieur le...

—Chut, dit l'inconnu en l'embrassant. Il est des noms qu'il ne faut pas prononcer trop haut. Et, maintenant, mon brave, dis-moi, que faisais-tu-là?

—J'attendais trois hommes qui doivent passer par ici pour enlever de force la marquise de Vilers. En voyant le manteau qui vous enveloppe, je vous avais pris pour l'un d'eux.

—Eux, toujours eux! L'enlever! Je ne m'étais donc pas trompé! fit l'inconnu agité. Mais tu n'es pas seul?

—Non, parbleu? La Rose est là-bas. Vous savez bien, le Gascon, langue bavarde, mais fine lame. Ce n'est pas lui que vous auriez, malgré votre habileté, désarmé par un liement comme vous avez fait pour moi. Là-bas encore, plus loin au coude, il y a le petit Tony... un vrai lapin, celui-là, qui donnerait du fil à retordre à son adversaire. On dirait qu'il est né avec une épée emmanchée au bout du bras...

Cependant La Rose avait vu de sa place le duel. Tant qu'il avait entendu le bruit des lames, il n'avait pas bougé; mais quand le fer du Normand décrivit dans l'ombre un cercle lumineux, il ne put retenir un énergique sacredioux! et fit un pas en dehors de sa retraite.

Que l'on juge de sa stupéfaction, lorsqu'il vit les deux adversaires se jeter dans les bras l'un de l'autre!

—Par tous les diables, dit-il, cet imbécile de Normand est fou. Sa grosse tête a perdu le peu de bon sens qui lui restait.

Et il s'avança vivement vers le groupe.

En le voyant arriver, l'inconnu souleva avec intention le chapeau à larges bords rabattu sur son visage. La demi-clarté de la lune d'hiver l'éclaira...

—Ah! s'écria le Gascon. Vous ici, vous! Et en chair et en os!

—Moi, mon bon La Rose; moi qui viens dans le même but que vos Hommes Rouges, dont j'ai pris le costume. Me combattras-tu comme eux? dit l'inconnu en souriant.

Le Gascon, croyant rêver, se frottait les yeux. L'homme au manteau reprit:

—Assez de temps perdu. Ce secret que vous vouliez arracher à vos ennemis, je le possède...

—Vous connaissez l'entrée des souterrains?...

—Voilà une heure que je tiens ce secret d'une espèce de nain difforme qui, trompé comme vous par mon costume, a cru reconnaître M. de Maurevailles, et m'a, de lui-même, ouvert l'entrée.

—Mais ce nain pourrait vous trahir?

—Il est solidement attaché à l'arbre que tu vois là-bas. Mais agissons vite! Puisqu'ils veulent enlever la marquise, il faut les devancer. La Rose, va chercher ton camarade, et, maintenant, du silence et de l'action. Et l'inconnu se dirigea vers une petite ouverture noire et béante.

—Quoi, c'est là qu'il faut entrer? dit le Normand hésitant.

—C'est là.

—Avez-vous de la lumière, au moins?

—Non.

—Ça ne fait rien. Voilà La Rose.

Le Gascon arrivait, suivi de Tony.

—La Rose, fit le Normand, allume ton rat-de-cave. Le Gascon battit le briquet et obéit à son camarade.

—Maintenant, partageons-nous les rôles, reprit l'inconnu. Toi, Normand, garde cette entrée avec ton jeune ami. Les Hommes Rouges ne vous soupçonnant pas là, il vous sera facile de les repousser dès qu'ils se présenteront. Toi, La Rose, viens avec moi.

—Comment donc! Et devant!

Et, d'un bond, le Gascon s'élança dans le couloir. L'inconnu eut même de la peine à le suivre.

La fête étant terminée, la marquise était rentrée avec Réjane dans la chambre où nous savons que maman Nicolo et Bavette l'attendaient.

Quand elles lui eurent raconté ce que Tony était venu leur annoncer, son effroi fut immense.

Vingt fois, durant cette soirée, Haydée avait été sur le point d'échapper au magnat et d'aller se jeter aux pieds du marquis de Langevin pour le supplier de l'arracher à son tyran.

Mais Bavette avait trouvé le moyen de lui parler des formidables préparatifs de défense du vieux Hongrois, et la peur d'une lutte l'avait arrêtée.

Si, dans cette lutte, un des Hommes Rouges avait profité du tumulte pour l'emporter!...

Elle avait peur d'eux, encore plus que du comte.

Puis, peu à peu, les officiers s'étaient retirés, et le comte l'avait ramenée chez elle.

Et voilà que maintenant Bavette et sa mère lui apprenaient qu'une tentative allait être faite contre elle et qu'une nouvelle bataille allait s'engager entre Tony et ses persécuteurs!

Si cette fois Tony allait succomber!...

Telle était la situation perplexe de la marquise, quand tout à coup des pas précipités retentirent dans le couloir que masquait le tableau.

La marquise frémit.

—Avant de trembler, s'écria courageusement Réjane, sachons ce qu'il en est.

Et la jeune fille, au grand étonnement de la marquise, ouvrit d'elle-même ce tableau que nous lui avons vu refermer derrière Maurevailles.

La marquise aperçut la bonne figure de La Rose, poussa un cri de joie et s'élança vers le brave soldat comme vers un libérateur...

Mais à dix pas derrière le Gascon, dans la nuit du couloir, marchait un second personnage, et l'insuffisante lumière que le soldat tenait à la main ne laissait voir de ce personnage qu'une chose, le manteau rouge qu'il portait sur ses épaules, l'odieux signe de ralliement qu'elle avait appris à tant redouter.

Elle crut comprendre la terrible vérité. Tony et ses amis avaient été tués. Les Hommes Rouges venaient recueillir le prix de leur victoire.

Elle s'élança vers la porte et l'ouvrit violemment.

—Au secours! cria-t-elle, à moi, comte, à moi! Maurevailles veut...

Elle n'acheva pas. Comme un ouragan, les muets, l'arme au poing, avaient déjà fait irruption dans la pièce. Le magnat renversa La Rose qui barrait le passage du couloir et s'élança, suivi de ses sbires, à la poursuite de l'inconnu au manteau rouge, qui ne pouvait lutter seul contre une telle avalanche.

—Ah! s'écria La Rose en se relevant tout meurtri, qu'avez-vous fait, madame?... Vous venez de condamner à mort mon capitaine... votre mari... le marquis de Vilers!...

La marquise poussa un cri déchirant et tomba évanouie.

Dans le passage secret, la poursuite continuait!

XVII

LE MORT VIVANT

C'était bien, en effet, le marquis de Vilers et nos lecteurs l'ont déjà reconnu.

On se rappelle que Tony, en pénétrant dans le caveau des morts au Châtelet, avait dit au gardien que l'homme qui était là, sur la dalle, était un marquis.

Ce mot avait frappé le gardien, et surtout, sa femme.

Un marquis, un homme probablement très riche, sur les dalles de pierre du caveau, cela ne se voyait pas tous les jours.

La pâture habituelle des curieux qui allaient voir les cadavres ne se composait guère que de pauvres diables morts de misère, tués accidentellement dans leur travail ou recueillis dans la Seine...

Le peuple seul allait à la Morgue; c'était une bonne fortune inouïe que d'y loger un marquis.

La gardienne n'y put tenir, elle voulut voir de près son locataire, et, décrochant sa lampe, elle s'approcha de la dalle.

Le marquis était là, inerte, les yeux fermés, semblant dormir.

—Pauvre garçon, dit la gardienne. Il n'avait pas l'air méchant, au contraire. Quel dommage!...

Ce mort ne lui faisait pas l'effet des cadavres ordinaires, affreux, hideux, repoussants. Elle prenait plaisir à le regarder.

—C'est certainement pour quelque affaire de femme qu'il aura été tué, se disait-elle. Ce joli garçon-là devait avoir plus d'une bonne fortune avec les belles dames de la cour... Quel air distingué! Quelles petites mains pour sa taille...

Sans y penser, la gardienne s'était penchée et avait pris dans la sienne la main du marquis.

Chose étrange! cette main n'était pas glaciale comme celle des autres morts; elle conservait encore quelque reste de chaleur.

Tout à coup la gardienne laissa tomber sa lampe et poussa un cri terrible.

—Seigneur Dieu! dit-elle, il a remué!...

A ce cri, son mari accourut effaré, la croyant folle.

Mais elle avait toute sa raison; le marquis avait remué, en effet.

Il était maintenant sur son séant, jetant un regard vague autour de lui, comme un homme qui cherche à deviner un mystère...

Il se demandait où il était. Il allait revivre...

Le coup d'épée de Lavenay avait occasionné une hémorragie très forte, à la suite de laquelle le reste d'émotion profonde causée au marquis par l'apparition de l'Homme Rouge avait produit une syncope.

Inanimé, exsangue, d'une raideur tétanique, M. de Vilers offrait tous les symptômes de la mort. On n'avait donc élevé aucun doute sur son état, et on l'avait fait porter au Châtelet.

L'accès de catalepsie était passé. Vilers revenait à lui...

Le devoir du gardien était tout dicté. Il n'y avait qu'à aller sur-le-champ avertir le greffier du Châtelet. Il allait sortir quand sa femme le retint.

—Tu es fou, lui dit-elle en l'entraînant dans un coin.

—Comment cela?

—Aimes-tu donc tant ton métier que, pour tout au monde, tu ne veuilles pas le quitter?

—Eh! tu sais bien le contraire.

—Ne serais-tu pas heureux d'aller vivre dans quelque coin aux environs de Paris, loin de ces vilains *Macchabées* qui me donnent le cauchemar?

—Parbleu, oui; mais où la chèvre est attachée...

—Eh! nigaud que tu es, elle se détache! Mais il faut savoir profiter de l'occasion. Voilà un homme, un seigneur, qui a certainement une grande fortune et qui te tombe entre les mains...

—Eh bien?

—Eh bien! on te l'amène mort; il ressuscite... vas-tu le laisser mourir de nouveau?

—Non pas, puisque je vais prévenir le greffier...

—Belle idée!... Mais tu ne comprends donc pas que si le marquis n'a pas été porté chez lui, que si on n'est pas venu le reconnaître, que si ce joli petit jeune homme qui pleurait près de lui hier soir, n'a pas osé le réclamer, c'est qu'il y a dans tout cela un mystère.

—Tiens, c'est vrai, pourtant, dit le bonhomme intrigué et émerveillé de la sagacité de sa femme.

—Eh bien, si tu le laisses entre les mains du greffier, ça fera du bruit, on saura qu'il est vivant, ça ennuiera celui-ci ou celle-là et peut-être bien le marquis lui-même. Et qu'est-ce que nous y gagnerons?

—Mais que faire?

—Ne rien dire, le cacher et le soigner. Ses ennemis le croiront mort, ils ne se méfieront pas de lui et il déjouera leurs canailleries. Naturellement il ne sera pas ingrat... Comprends-tu?

Il n'y avait rien à répondre à une si belle logique. Le gardien se rangea à l'avis de sa femme.

M. de Vilers, sorti du caveau, fut porté dans leur logement.

Grâce à leurs soins, il reprit rapidement des forces, et au bout de quelques heures, il put parler.

Ce qu'il leur dit confirma de point en point les hypothèses de la gardienne. Dans l'état de faiblesse où il était, le marquis avait le plus grand intérêt à ce qu'on ignorât qu'il vivait encore. Un malade ne se défend pas.

Mais, comme il ne voulait point être à charge aux braves gens qui l'avaient sauvé, il se mit en mesure de leur fournir les moyens de quitter le Châtelet.

Il demanda une plume et du papier et écrivit quelques lignes.

—Prenez ceci, dit-il au gardien, et portez-le à l'hôtel de Vilers, rue Saint-Louis-en-l'Isle. Vous demanderez Joseph.

Le gardien envoya un de ses amis, auquel il raconta une histoire de fantaisie.

Une demi-heure après, l'ami revenait avec les dix mille livres que l'on sait.

Le soir même, le gardien remplissait de terre le cercueil destiné au marquis, prétextait une maladie quelconque et donnait immédiatement sa démission.

Dans la nuit il transportait, avec l'aide de sa femme, le blessé à Palaiseau, où le grand air lui rendit promptement assez de forces pour qu'il pût essayer de reparaître.

Pendant ce temps-là, le bon Joseph gardait l'hôtel de Vilers où il continuait, non plus à pleurer, mais à être l'homme le plus stupéfait de France.

On se rappelle qu'il était descendu avec maman Nicolo et Bavette au caveau de la famille de son maître.

Depuis, il avait fait toutes les démarches possibles. Il avait remué ciel et terre et pour découvrir ce qu'était devenu le marquis et pour trouver l'endroit où pouvait être la marquise.

Il n'était parvenu à aucun résultat.

Le sixième jour pourtant, il eut un commencement de joie.

Un homme, vêtu comme un courrier, botté et éperonné, paraissant avoir fait une longue course, se présenta à l'hôtel et le demanda.

Il apportait à Joseph une lettre de la marquise.

Une lettre! Il allait donc revoir son écriture, avoir de ses nouvelles, apprendre où elle était.

Non. La lettre se taisait sur ce dernier point.

Le marquise lui écrivait simplement qu'elle se portait bien, qu'elle n'était point matériellement malheureuse et lui donnait l'ordre de confier Réjane au messager, chargé de la lui amener.

Évidemment cette lettre avait été écrite sous les yeux du magnat.

Où était la marquise? La missive le taisait et le messager refusait de le dire. Mais quoi d'étrange à cela? Le magnat, qui croyait le marquis vivant, ne pouvait logiquement pas lui indiquer le refuge de sa femme.

—Enfin, pensa Joseph, ma pauvre maîtresse aura au moins la consolation d'embrasser sa soeur.

Et il supplia Réjane de ne point dire à la marquise que Vilers était mort. Il avait jugé prudent de ne point révéler, même à la jeune fille, l'histoire du cercueil plein de terre.

—Un dernier mot, dit le messager en mettant Réjane en voiture. J'ai l'ordre de suivre le carrosse à cheval et de ramener mademoiselle à l'hôtel, si je m'aperçois que je suis suivi.

Et la voiture s'éloigna... Dans la solitude, la jeune fille au moins put préparer à l'aise les saints mensonges avec lesquels elle consolerait sa soeur...

A Blérancourt, hélas! le magnat allait avoir sur Réjane le même pouvoir que sur la marquise.

La jeune fille n'aurait le droit d'écrire que devant lui. Elle ne connaîtrait même pas, d'ailleurs, le nom de l'endroit où était situé le château.

Mais le magnat comptait sans Tony, dont le principal soin, après sa première entrevue avec la marquise, avait été d'expédier à Joseph le récit de tout ce qu'il avait vu, en prévision du cas où Vilers reparaîtrait.

Or Joseph venait de recevoir ce volume quand un paysan frappa à la grande porte de l'hôtel.

Ce paysan, dont la figure disparaissait à moitié sous un large bandeau noir, insista tellement qu'on appela Joseph. En le voyant, l'homme écarta son bandeau.

—Miséricorde!... s'écria le vieux serviteur, monsieur le...

—Chut! dit le marquis, car c'était lui, mène-moi dans ta chambre, j'ai à te parler.

—Ah! je le savais bien, que vous n'étiez pas...

—Chut! te dis-je. Je t'expliquerai tout. Mais au nom du ciel, il ne faut pas qu'on me voie tout de suite. Ma femme serait trop bouleversée. Viens dans ta chambre.

Joseph guida son maître dans l'escalier de service. Arrivé chez Joseph, le marquis, le rassurant, lui conta tout ce qui s'était passé et par quelle miraculeuse fortune il était encore de ce monde.

—Mais ma femme, ma femme, demanda-t-il à Joseph. Il faudrait doucement l'avertir.

Le pauvre vieux demeurait muet.

—Eh bien, qu'attends-tu? demanda le marquis étonné.

Joseph se décida alors à lui faire connaître à son tour ce qui s'était passé et termina en lui montrant les deux lettres de la marquise et celle de Tony.

—Blérancourt, s'écria le marquis, dès qu'il eut jeté les yeux sur ces lettres. Elle est à Blérancourt! Vite, mon épée, un cheval! Il faut trois jours pour aller à Blérancourt. J'y serai demain!!!

Et il y fut.

XVIII

SANG ET EAU

Ainsi c'était son mari, son mari sauvé miraculeusement, que la marquise venait de livrer au magnat.

Elle le perdait au moment où il accourait pour la sauver!

Cependant les muets étaient acharnés à la poursuite de Vilers.

Surmontant son émotion, Haydée se jeta aux pieds du magnat pour implorer sa pitié.

Mais il la repoussa avec un ricanement satanique.

—Ah! dit-il, madame, vous m'avez fait la part trop belle pour que j'y renonce!

Alors la marquise, folle de douleur, s'élança à son tour dans les corridors secrets, résolue à mourir avec son mari.

Dans ce couloir, la chasse continuait effrénée, fantastique.

Les serviteurs du comte avaient allumé des torches dont les lueurs rougeâtres flamboyaient, projetant sur les murs couverts de moisissures des ombres gigantesques qui semblaient autant de démons faisant leur partie dans cette poursuite infernale.

Vilers et La Rose fuyaient devant les muets qui les serraient de près.

Le marquis voulait arriver jusqu'à l'issue par laquelle il était entré.

Là, le couloir s'étranglait et devenait un boyau où l'on ne pouvait passer qu'à deux.

Si La Rose et lui parvenaient à gagner ce passage, ils étaient sauvés. Ils y tiendraient tête au magnat et à toute sa bande, si nombreuse qu'elle fût.

Mais, pour y arriver, il ne fallait pas se laisser entourer.

Et les muets gagnaient du terrain.

A un détour du couloir, l'un d'eux faillit saisir le manteau du marquis qui flottait derrière lui, soulevé par la rapidité de la course.

—Nous n'arriverons pas... dit tout bas le marquis à la Rose sans cesser de courir.

—Sacredioux, répondit le Gascon, si nous en décousions un ou deux, cela ralentirait peut-être les autres. Faisons-nous tête?

—Allons!

Les deux hommes se retournèrent brusquement, les épées flamboyèrent à la lueur des torches; deux des muets tombèrent, la poitrine trouée...

Un troisième étendit vers le marquis sa main armée d'un pistolet... Mais La Rose le prévint et d'un coup de revers lui fendit le crâne.

—Merci, dit simplement le comte. Maintenant au galop.

Ils firent volte-face et repartirent.

À ce moment des pas rapides retentirent devant eux. Le Normand, entendant le bruit de la lutte, répercuté par les échos, accourait secourir le marquis ou mourir avec lui.

—Ah! s'écria Vilers, voici de l'aide, à nous encore, mon brave La Rose!

Pour la seconde fois, La Rose et lui se ruèrent sur les muets et tuèrent les deux premiers qui se trouvèrent devant eux. Le Normand étendit également son homme.

Il y avait de nouveau une barrière de trois cadavres entre eux et leurs ennemis.

Ils se postèrent, prêts à se défendre.

Mais tout à coup, derrière le Normand, résonnèrent de nouveaux pas.

—Qui vient là? demanda La Rose inquiet.

—Tony, certainement.

—Il amèncrait donc quelqu'un avec lui?... On dirait les pas de plusieurs personnes.

—Tant mieux! Du renfort ne sera pas de trop, pour en finir avec cette canaille... fit le marquis, en plantant son épée dans la gorge d'un des muets qui tomba.

—A nous! à nous! cria La Rose... en se retournant vers ceux qu'il supposait être Tony et ses amis.

Mais il poussa un rugissement de fureur.

Ce n'était pas Tony qui arrivait défendre.

C'étaient les Hommes Rouges qui venaient d'entrer par le passage et qui accouraient attaquer.

Le marquis, la Rose et le Normand se trouvaient pris entre les muets et les Hommes Rouges.

—Il faut, dit Vilers, en prendre son parti. Mourons, mais au moins vendons cher notre vie.

Et le marquis fit face aux Hommes Rouges et les deux gardes-francaises tinrent tête aux muets.

Ces derniers s'élancèrent avec de rauques gloussements de joie.

La Rose enfonça son épée dans le ventre d'un des assaillants, le Normand broya deux têtes avec le pommeau de son sabre, mais il n'y avait pas moyen d'arrêter le flot qui débordait.

Ils furent enveloppés.

Dans la bagarre, les torches s'étaient éteintes.

Malgré l'obscurité, la lutte continua plus acharnée, plus horrible encore.

On ne pouvait plus jouer de l'épée, on se trouvait trop les uns sur les autres.

Mais on se cherchait dans les ténèbres, on s'étreignait, on s'étranglait, on s'étouffait...

Tout à coup, un mouvement se fit parmi les assaillants... On entendit un bruit de chairs trouées, des soupirs et la chute de plusieurs corps...

—En voilà toujours un de moins, deux, trois, quatre... au hasard! dit une voix fraîche que les gardes-françaises reconnurent bien.

—Tony! s'écria La Rose.

C'était en effet l'ancien commis à mame Toinon qui, du poste où on l'avait laissé seul, avait vu entrer les Hommes Rouges.

Étonné que ni le Normand, ni La Rose ne les eussent arrêtés, il s'était précipité dans les couloirs.

Mais connaissant moins bien que Maurevailles les passages secrets, il avait fait un détour et débouchait derrière la bande du magnat.

—Tony! s'écria La Rose, c'est toi?

—Le Gascon! dit joyeusement Tony. Allons, je n'arrive pas trop tard! Mais où donc êtes-vous?

—Ici, au milieu, avec le marquis de Vilers!

—Le marquis de Vilers! s'écria Tony stupéfait comme les autres. Le marquis de Vilers!...

Mais ce n'était pas le moment de s'étonner; il avait bien autre chose à faire!

Surpris d'abord par la brusque attaque de Tony, les muets n'avaient pas eu le temps de se défendre contre cet ennemi inattendu.

Mais ils se ravisaient et se retournaient contre lui.

Et Tony n'osait plus frapper au hasard, dans le tas, comme tout à l'heure. Il craignait de blesser ses amis.

Cependant, cette diversion avait permis à Vilers de reprendre un peu haleine. Repoussant du poing Lavenay qui s'était avancé jusqu'à le toucher, il alla s'adosser à la paroi du couloir...

Cette paroi céda sous la pression...

Vilers la sentit tourner doucement: il y avait là une voie nouvelle, inconnue certainement aux Hommes Rouges.

—La Rose, Normand, dit-il, à demi-voix et en se penchant, venez...

Et il les entraîna dans le passage qu'il venait de découvrir.

Mais à ce moment le magnat arrivait avec de nouveaux hommes portant des torches...

Les torches firent voir le marquis et les deux gardes-françaises qui s'échappaient.

Les Hommes Rouges, les muets, le magnat et Tony lui-même,—mais ce dernier dans un but différent,—s'élancèrent après eux.

Ah! cette fois, les fugitifs avaient de l'avance, et personne ne pouvait leur barrer le chemin...

—Tue! tue! hurlait le vieux comte en donnant l'exemple lui-même et en lâchant deux coups de feu sur ses ennemis.

Mais le couloir faisait de nombreux détours; les balles s'aplatirent sur les parois...

Les fugitifs continuèrent leur route.

Tout à coup Vilers, qui marchait le premier, poussa un grand cri et disparut....

—Qu'avez-vous, capitaine? Où êtes-vous? demanda La Rose en avançant vers l'endroit où il croyait que le marquis se trouvait.

Mais lui-même sentit le sol se dérober sous ses pas.

Il disparut à son tour.

La galerie qu'ils avaient prise s'étendait au-dessus de l'immense réservoir dont l'eau pouvait au besoin combler les fossés du château.

Dans quel but ce réservoir avait-il été creusé? Peut-être pour servir d'oubliettes et permettre aux seigneurs du château de se débarrasser ainsi sans danger d'un hôte incommode ou d'un témoin dangereux.

Certes, les malheureux qu'une justice ou une vengeance confiait à ce gouffre ne devaient jamais revoir la lumière.

Pour les muets eux-mêmes, la disparition du marquis et de La Rose avait eu quelque chose de si inattendu qu'elle interrompit la poursuite.

Tout le monde, Tony comme les autres, se rangea au bord du puits, sondant les profondeurs de ce gouffre.

Mais une femme, fendant la foule, vint se placer au premier rang.

Cette femme, c'était la marquise.

La marquise, qui, au comble de l'anxiété, avait suivi les péripéties de la poursuite et de la lutte et qui, n'entendant plus rien que des exclamations de surprise, avait voulu voir ce qui se passait.

—Mon mari! s'écria-t-elle éperdue. Qu'avez-vous fait de mon mari?

Le magnat ouvrait la bouche pour lui répondre, mais Maurevailles le prévint.

—Votre mari, madame, dit-il avec un affreux sourire, nous a épargné cette fois la peine de le punir. Et désignant du doigt le gouffre, il ajouta:

—Il est là!...

—Ah! s'écria Haydée désespérée, eh bien, je mourrai avec lui! Et elle s'élança.

Maurevailles la saisit par le bras. Mais avec une force que le désespoir décuplait, elle allait l'entraîner avec elle dans l'abîme quand Tony, bondissant à son tour devant eux, s'écria:

—Attendez, je vais le sauver ou mourir!

Et tandis que Lavenay et Lacy aidaient Maurevailles à contenir la marquise, il se précipita dans le gouffre béant.

Instinctivement chacun se tut.

En dépit de toute inimitié, le magnat et les Hommes Rouges sentirent une profonde émotion s'emparer d'eux.

Ils eussent voulu, en ce moment, sauver ceux qu'ils cherchaient à massacrer tout à l'heure!

Se penchant sur le bord du puits, ils essayèrent de projeter jusqu'au fond la lumière des torches...

Au-dessous d'eux, l'eau coulait noire et profonde...

Et au milieu des plissements causés par sa chute, Tony nageait, fort et confiant...

XIX

LES CRIS DU COEUR

Cependant, la fête terminée, le marquis de Langevin avait pris congé du comte de Mingréli et s'était retiré avec tous les officiers.

Les uns, que leur service appelait au camp, avaient quitté le château. Ceux qui étaient libres étaient rentrés dans les appartements que le magnat avait mis à leur disposition.

Le marquis de Langevin venait de regagner sa chambre et commençait déjà à se dévêtir, lorsqu'un bruit sourd et continu attira son attention.

Il prêta l'oreille. Peu à peu, pour lui, vieux soldat, blanchi sous le harnais, ce bruit prit une signification.

C'était celui d'une lutte. Il y avait, à quelques pas de lui, des gens qui se battaient avec acharnement.

Deux ou trois coups de feu qui, bien que fort assourdis, arrivèrent jusqu'à lui, ne lui laissèrent bientôt aucun doute.

—Qu'y a-t-il? demanda avec inquiétude le colonel. Cette fête aurait-elle caché une trahison et massacrerait-on ici mes officiers?

Il se rhabilla à la hâte et appela l'homme qui était de garde dans le corridor.

Celui-ci, comme le colonel, entendait bien le bruit de la bataille et cherchait depuis un instant à deviner d'où venait ce bruit; mais il n'avait pu y parvenir.

Le marquis l'envoya à la découverte. Au bout d'un instant, le soldat rentra tout déconcerté. Il n'avait absolument rien vu.

—Je ne rêve pourtant pas, dit le marquis.

—Mon colonel, je vais vous sembler fou; mais on dirait que c'est dans le mur...

M. de Langevin prêta l'oreille. En effet, le bruit semblait provenir de la muraille...

Le marquis, de plus en plus intrigué, boucla son ceinturon et se rendit chez le magnat pour lui demander l'explication de cet événement étrange.

Le comte hongrois était dans la pièce où nous l'avons vu naguère commencer avec la marquise ce repas qui s'était terminé par l'enlèvement d'Haydée.

Malgré l'opposition des muets qui gardaient la porte, M. de Langevin arriva jusqu'à lui.

Il ne lui fallut qu'un regard pour voir combien son arrivée embarrassait le comte.

C'est qu'en effet la visite du marquis contrariait singulièrement les projets du vieux Hongrois.

Le magnat avait espéré que le bruit de la lutte n'arriverait pas jusqu'au colonel, et son attente avait été trompée.

En reconnaissant la voix du marquis, il avait, à la hâte, refermé le tableau qui masquait l'entrée des couloirs, et il se demandait quelle réponse il allait faire.

Cependant son parti fut vite pris, il se décida à déclarer nettement la situation.

—Colonel, dit-il, il m'est pénible d'avoir à vous le dire; il y a parmi vos officiers des traîtres!...

—Des traîtres, s'écria M. de Langevin stupéfait de ce début.

—Des traîtres, répéta le magnat, qui, abusant de l'hospitalité que je leur ai généreusement donnée, ont voulu en profiter pour me ravir ma fille...

Le colonel tressaillit.

—Ils ont appris, je ne sais comment ni par qui, les secrets de cette demeure. Ils ont su que des couloirs, creusés dans les murs, donnaient accès dans cette pièce, et ils y ont pénétré nuitamment, comme des voleurs, comme des bandits, pour enlever l'aînée de mes filles...

—Ils ont enlevé la marquise! s'écria M. de Langevin, qui, involontairement, songea aux Hommes Rouges et aux craintes de Tony.

—Heureusement je veillais, continua le magnat. Mes gens étaient sur leurs gardes, et c'est dans le chemin même par où ils ont voulu me ravir mon bien le plus précieux que mes serviteurs poursuivent ces félons et leur font expier leur audace. C'est un acte de justice auquel, j'en ai l'espoir, votre loyauté bien connue vous empêchera de vous opposer!...

Le marquis à son tour se trouva plongé dans un grave embarras.

Quel que fût leur motif, ceux qui avaient ainsi profité de l'hospitalité du comte pour mettre leurs projets d'enlèvement à exécution, avaient commis un acte misérable, auquel il lui répugnait de s'associer, même par un simple mot d'excuse.

Mais, d'un autre côté, ces hommes étaient ses officiers, ses meilleurs peut-être: il en devait compte à la France. Et à la veille d'une guerre, il ne pouvait les laisser ainsi massacrer.

Au moins il voulut les connaître.

—Et quels sont, monsieur le comte, ceux qui, selon vous, se sont rendus coupables de cette infamie? demanda-t-il avec une froideur apparente.

—Je ne les connais pas.

—Alors, il faut que je les voie. Je veux moi-même faire justice d'eux.

—Épargnez-vous cette peine, colonel; mes gens s'en chargeront.

—Mais peut-être vous trompez-vous?...

—J'ai vu l'uniforme de votre régiment. Si ceux qui le portent l'ont volé, laissez-moi faire. Ils ne sortiront pas de ces souterrains. Si, comme je le crois, ils sont vraiment vos compagnons d'armes, vous saurez assez tôt les noms de ceux dont les mains ont souillé votre main loyale...

Mais le marquis de Langevin n'était pas homme à se rendre ainsi.

Le bruit redoublait. Les cris des combattants arrivaient maintenant plus distincts jusqu'à lui. La fièvre de l'impatience le saisit.

—Il y a un secret, s'écria-t-il, éclatant soudain. Ce secret, je veux le connaître; entendez-vous, je le veux!

Le magnat ne répondit pas.

Le marquis était devenu blême. L'impassibilité de cet homme à quelques pas d'un massacre l'irritait au plus haut point.

—Pour la seconde fois, monsieur, dit-il en frappant du pied, je vous somme de me livrer le secret de ce passage.

Le magnat haussa les épaules.

—S'il en est ainsi, reprit le colonel, en s'élançant vers le mur, je saurai bien le trouver moi-même.

Il se mit à tâter la tapisserie...

Le magnat le regardait faire avec un sourire ironique.

—Ah! s'écria tout à coup le marquis... ce tableau!

Sous sa main qui tâtait la toile, il avait senti comme des vibrations... Derrière le tableau, le mur manquait...

Le magnat fit un mouvement pour lui barrer le passage. Mais il était trop tard. Le colonel, tirant son épée, avait fendu le tableau, du haut en bas.

Une ouverture béante s'était montrée à ses yeux.

Il s'y engagea sans hésitation et, guidé par le bruit et la réverbération d'une vague lumière, se mit à parcourir à grands pas les couloirs.

Le chemin, du reste, était facile à suivre. Les mares de sang le lui indiquaient assez, et de distance en distance, funèbres jalons, des mourants se tordaient dans les convulsions de l'agonie.

Si vite qu'il allât, le colonel remarqua, non sans un sombre plaisir, qu'aucun des morts ou des mourants ne portait l'uniforme blanc des gardes-françaises.

Il arriva ainsi au bord du gouffre au-dessus duquel était penchée la marquise de Vilers.

—Qù'est-il donc arrivé? demanda-t-il avec angoisse.

Haydée lui montra du doigt le fond de l'abîme où l'eau s'agitait encore...

—Il y a trois hommes là, répondit une voix derrière lui.

Le colonel se retourna. Il reconnut le Normand, dont l'uniforme, tailladé de coups d'épée, disparaissait sous les taches de sang.

—Trois hommes! Qui?

—D'abord, le marquis de Vilers...

—Le marquis, mais il est mort?...

—Peut-être maintenant, mon colonel, mais je vous jure que tout à l'heure...

—Et qui, après?

—La Rose...

—Mon pauvre Gascon, si bon soldat, si brave?... Ah! le magnat aura un terrible compte à me rendre! dit le colonel, qui sentit une larme mouiller sa paupière, mais le troisième?

—Mon colonel...

—Eh bien?...

—C'est le caporal Tony...

—Tony!!!

—Lui-même qui, pour essayer de sauver les deux autres...

Le marquis n'écoutait plus.

Pâle comme un mort, il chancela comme s'il allait perdre connaissance. Mais, par un prodigieux effort, il se maîtrisa.

—Tony!!! répéta-t-il d'une voix déchirante; Tony perdu!... Ah! vite, des cordes, des échelles!... qu'on descende dans ce lac!... qu'on le fouille!... Dix mille louis à qui me ramène Tony...

Dominés par cette voix, les assistants s'agitèrent; en un clin d'oeil, les muets étaient de retour rapportant les échelles, les cordes demandées par le marquis.

Mais, au moment de descendre dans le gouffre, ils hésitèrent.

—Hâtez-vous donc, suppliait le colonel en se tordant les bras de désespoir. Songez que chaque minute perdue ajoute à son danger. Sauvez-le, sauvez-le, vous dis-je, je veux que vous le sauviez!...

Ils se regardaient, étonnés de cette douleur si grande et si inattendue.

—Ah! lâches! râla le marquis, lâches!... Si pas un de vous n'a le coeur d'y descendre, j'irai, moi, dans ce gouffre, moi, vieillard sans forces et paralysé par l'âge... j'irai et je le sauverai.

Joignant l'action à la parole; il saisit une corde et voulut s'élancer. Une main vigoureuse le retint. C'était celle du Normand.

—Laissez, mon colonel, dit le brave garçon... c'est moi qui vais y aller. Aussi bien j'étais avec eux au commencement, je dois les suivre jusqu'au bout. Vous péririez avec eux, vous; moi, je vais tâcher de vous les ramener.

Il se passa la corde autour du corps et descendit.

L'exemple était donné; six muets le suivirent. Les échelles attachées furent jetées dans le puits. Les muets, sans danger, se confièrent à ces échelles et, munis de torches, explorèrent la surface du lac souterrain.

Mais aussi loin que la vue pût s'étendre, on ne vit rien... rien que l'eau qui coulait paisiblement.

Le lac s'était refermé sur ses victimes.

XX

LE NOUVEAU MOÏSE

Les uns après les autres, le Normand et ses compagnons remontèrent, le visage désappointé.

A mesure qu'ils lui rendaient compte du résultat négatif de leurs recherches, le marquis de Langevin devenait de plus en plus pâle.

On eût dit que la vie se retirait du coeur de ce vieillard si ardent quelques heures auparavant.

Quand il vit le dernier chercheur sortir seul de l'orifice du gouffre, il se laissa tomber à genoux avec un sourd gémissement.

On respecta, sans la comprendre, cette immense douleur...

Au bout de plusieurs minutes pourtant, le Normand se permit de faire sortir son colonel de cet état de prostration et l'entraîna hors des souterrains.

Mais, une fois dans les appartements, le brave soldat, qui grelottait de froid et qui avait hâte d'aller prendre des vêtements secs, prit congé du marquis et se mit à courir vers sa tente.

Quant à M. de Langevin, il regagna sa chambre à pas lents.

Malgré les fatigues de la soirée, il n'éprouvait aucun besoin de sommeil, ses émotions avaient été trop vives!

En dépit du froid, il ouvrit la fenêtre et jeta un regard distrait sur la partie du parc qui s'étendait devant ses yeux et où le campement avait été dressé.

Tout à coup, sur le chemin qui contournait le flanc du château, il aperçut, venant vers lui, deux hommes à l'uniforme blanc et bleu des gardes-françaises.

La lune éclairant en plein la route, il sembla au colonel qu'il reconnaissait ces deux hommes.

La Rose et Tony!...

Dans la douleur, on se raccroche au moindre espoir. Le marquis se précipita hors de sa chambre.

La route que suivaient les deux soldats pour arriver au campement faisait autour des fossés de longs détours et passait presque sous les fenêtres du colonel. Il n'eut donc pas de peine à les rejoindre.

C'étaient bien le jeune caporal et son brave ami, le Gascon, tous deux ruisselant d'eau et grelottant. Comme le Normand, ils couraient vers le camp pour se sécher et changer d'habits.

En voyant Tony, le marquis ne put contenir sa joie.

Il s'élança vers lui, le prit dans ses bras et l'entraîna vers sa propre chambre.

—Sauvé, sauvé!... pauvre et cher enfant! murmurait-il.

Tony, qui se serait plutôt attendu à une verte semonce de la part du bon, mais rigide colonel, ne comprenait rien à ces témoignages de tendresse.

—Ah! monsieur le marquis, protestait-il, c'est vraiment trop d'honneur... en vérité...

Le marquis arrachait les vêtements mouillés du jeune homme et l'enveloppait dans ses habits à lui.

—Je vous en prie, mon colonel, disait le pauvre Tony tout confus... comment ai-je mérité tant de bontés?...

—Va, tu le sauras plus tard... Mais, d'abord, raconte-moi comment tu as pu échapper à ce gouffre maudit?

—Quoi, vous savez?...

—Je sais tout, mais parle, parle vite!...

—Eh bien, mon colonel, lorsque j'ai sauté dans le lac, où venait de tomber M. de Vilers, que je croyais mort et qui était si miraculeusement reparu pour disparaître presque aussitôt, lorsque je sautai, dis-je, le premier choc me fit plonger jusqu'au fond. Mais, enfant de Paris, je nage naturellement. Je revins vite à la surface. Des deux hommes que j'avais vus tomber, je n'en aperçus plus qu'un...

—Plus qu'un?

—Cet homme, continua Tony, ne savait presque pas nager; il se débattait dans l'eau glacée et allait peut-être succomber. Je m'approchai de lui: «Mettez vos mains sur mes épaules, lui dis-je, je vous soutiendrai!» Il ne m'entendit pas et instinctivement essaya de se cramponner à mes jambes...

—Ah! s'écria le marquis, frissonnant à l'idée du danger qu'avait couru Tony.

—Ne craignez rien, mon colonel, je m'y attendais. Tous ceux qui se noient font de même... D'un coup de pied, je le forçai de lâcher prise. Il enfonça, mais je le rattrapai par les cheveux, et nageant d'une main, le soutenant de l'autre, j'essayai de gagner une anfractuosité que j'apercevais à quelques pas.

—Et tu y parvins?...

—J'allais y arriver quand, subitement, un courant épouvantable, irrésistible, se fit sentir dans cette eau qui dormait tout à l'heure. Nous étions entraînés avec une vitesse vertigineuse, nous passions à travers des souterrains dont les parois se resserraient de plus en plus... A tout instant, je m'attendais à avoir le crâne brisé contre des pointes de roc...

Le marquis, tombé sur un fauteuil, écoutait haletant, suspendu aux lèvres du jeune homme.

—En plongeant à propos, continua Tony, je réussis à éviter ce danger; mais j'en avais à redouter un autre plus terrible. Les parois du conduit, qui se resserraient toujours, n'allaient-elles pas devenir trop étroites pour livrer passage à nos deux corps? Et l'eau, qui nous emportait avec une force invincible, ne nous étoufferait-elle pas, ne nous broierait-elle pas entre ces parois?...

—Mais comment as-tu pu échapper!...

—L'eau courait de plus en plus vite... Tout à coup un choc violent me fit lâcher mon compagnon, puis tous deux nous passâmes par-dessus le rebord d'un mur... enfin je fis une nouvelle chute, et j'aperçus le ciel au-dessus de ma tête... j'étais dans les fossés du château.

—Dans les fossés?

—Juste du côté opposé au camp... Le mur sur lequel je venais de me heurter n'était autre que le barrage d'une écluse dont la vanne, subitement levée, avait causé ce courant qui nous entraînait.

—Et ton compagnon de danger?

—Après avoir respiré un peu, je songeai à lui. Dans le trajet rapide, il avait perdu connaissance; mais en lui frottant un peu les tempes, je le fis revenir à lui. Nous étions toujours dans l'obscurité produite par l'ombre du bastion, je voyais mal son visage. Je le traînai sur le glacis, et là je le reconnus...

—Vilers? interrompit vivement le marquis.

—Non, La Rose, que tout à l'heure vous avez vu avec moi, se sauvant vers le camp où sans doute l'attendent les arrêts...

Le colonel haussa les épaules comme pour rassurer Tony.

—Et le marquis de Vilers? demanda-t-il.

—Pas de traces... Tenez, mon colonel, je ne suis pas superstitieux, mais positivement, j'ai remarqué une chose tellement étrange...

—Quoi donc?

—Comme je venais de faire revenir La Rose à lui et que je regardais autour de moi pour chercher du secours et voir où pouvait être le marquis de Vilers, un ricanement satanique retentit au-dessus de ma tête. Je levai les yeux; un être fantastique gambadait sur le rempart... C'était exactement un de ces bonshommes de bois que les Allemands font à Nuremberg, tête monstrueuse, jambes immenses se rattachant à un torse exigu, duquel pendaient deux bras démesurés... On eût dit un faucheux gigantesque...

—Et qu'était-ce que cela?

—Le sais-je? En me voyant lever les yeux vers lui, l'être étrange sauta du rempart à terre et disparut... Ma parole, j'ai cru une minute que c'était le diable qui, pour nous entraîner dans le gouffre, avait pris la figure du marquis de Vilers, et qui, voyant que nous étions sauvés, s'enfonçait maintenant dans son royaume infernal.

—C'est étrange en effet, dit le marquis intrigué, car enfin tu es bien certain d'avoir vu Vilers?

—Vu et touché, mon colonel, et il en a touché d'autres; les muets du vieux comte en savent quelque chose...

—Mais comment cette écluse s'est-elle trouvée ouverte si à propos?

—Voilà encore ce que j'ignore... Ce qui est plus clair, malheureusement, c'est que La Rose, le Normand et moi, nous avons tiré l'épée contre nos officiers et qu'ils vont probablement nous en faire supporter les conséquences...

L'oeil du marquis eut un éclair.

—Qu'ils ne s'y hasardent pas! s'écria le brave colonel. J'aurais un compte terrible, moi aussi, à demander à MM. de Lavenay, de Lacy et de Maurevailles!... Et d'abord, il leur faudrait me dire ce qu'ils allaient faire dans ces souterrains où vous les avez rencontrés!... Va, mon enfant; toi et tes amis, vous n'avez rien à craindre...

—Merci, mon colonel, s'écria Tony avec reconnaissance. Mais, puisque votre bonté est si grande, daignerez-vous me dire enfin la cause véritable de l'intérêt que vous me portez.

—Oui, tu as le droit de me la demander... Mais sans cela, va, je ne te la dirais pas... C'est un horrible secret que je vais te révéler, un secret que j'aurais voulu garder jusqu'au tombeau...

—Et ce secret me concerne? demanda Tony tout ému.

—Oui. Écoute.

XXI

L'INSOMNIE DU MARQUIS DE LANGEVIN

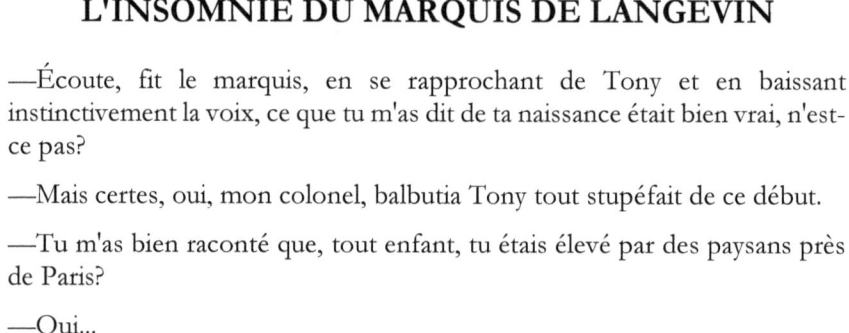

—Écoute, fit le marquis, en se rapprochant de Tony et en baissant instinctivement la voix, ce que tu m'as dit de ta naissance était bien vrai, n'est-ce pas?

—Mais certes, oui, mon colonel, balbutia Tony tout stupéfait de ce début.

—Tu m'as bien raconté que, tout enfant, tu étais élevé par des paysans près de Paris?

—Oui...

—Et tu ne te souviens pas du nom de l'endroit?

—L'ai-je jamais connu? Je ne pourrais le dire...

—Mais, la maison, la maison de ton père nourricier, où était-elle située?

—Attendez.. je crois vous l'avoir dit. Devant, il y avait des prés, une clôture verte; derrière, le jardin par lequel j'ai fui...

—Et c'est tout? Il n'y a pas un objet qui reste gravé dans ton esprit?

—Un objet?

—Au carrefour du chemin qui passait devant la maison?

Tony mit sa main devant ses yeux, comme pour revoir en lui-même le tableau des souvenirs lointains qu'évoquait le marquis.

—An! je me souviens, je me souviens! s'écria-t-il tout à coup... oui.. au bout du chemin, une grande croix de pierre, toute moussue, près de laquelle ma bonne nourrice me menait jouer... Est-ce bien cela, mon colonel?

Le marquis ne répondit pas. Deux rides profondes creusaient son front. Lui aussi semblait contempler le tableau sombre du passé.

—Tu m'as bien dit, reprit-il lentement après un instant de silence, que, il y a neuf ans de cela, ceux qui te nourrissaient te crièrent: «Prends garde!» au moment où des gens masqués envahissaient la maison pour te tuer!

—C'est bien cela, mon colonel, mais quel rapport?

—Ah! comment ne t'ai-je pas reconnu le premier jour que tu t'es présenté pour demander à entrer dans mon régiment?... Mais si... je te devinais, car cette sympathie secrète qui m'attirait vers toi, je me l'explique maintenant.

Tony, mon pauvre enfant, c'est une lugubre et triste histoire que le mystère de ta naissance, et peut-être serait-ce un bien pour toi de l'ignorer éternellement?

—Mais, mon colonel, un enfant doit connaître...

—C'est vrai; ce secret fatal ne m'appartient pas à moi seul. Mais je ne puis te le révéler qu'à une seule condition...

—Laquelle?

—C'est que tu te contenteras de ce que je puis te dire, et que jamais, tu m'entends, jamais, tu ne chercheras à en connaître plus que je ne t'en aurai dit. Tony, j'ai foi entière en ta loyauté. Tu me donnes ta parole?

Tony étendit la main.

—Sur mon seul bien, prononça-t-il gravement, sur mon honneur de soldat, je m'engage à me conformer toujours à vos seules volontés.

—Écoute, Tony, dit le colonel d'une voix émue, je n'ai pas toujours été le vieux soldat sec et froid qu'on connaît aujourd'hui... Certes, au milieu des camps, dans les hasards des batailles, mon coeur s'est desséché... Mais, autrefois, pour l'amitié comme pour l'amour, il battait chaudement dans ma poitrine...

Il y a dix-huit ans de cela. Dix-huit ans! dix-huit siècles!... j'avais une femme que j'adorais, une fille dont la beauté faisait mon orgueil et ma joie!... O souvenirs terribles!

Le marquis baissa la tête avec accablement. Ému et retenant son souffle, Tony attendait.

—Enfant, continua le colonel, il est, je te l'ai dit, des phases de ton existence sur lesquelles il ne faut pas que je lève le voile... Contente-toi de ce mot: Cette fille que j'aimais tant... tu es son fils!..

—Moi! s'écria Tony en se précipitant dans les bras du marquis; moi!... j'ai donc enfin une famille, j'ai donc quelqu'un à aimer sans arrière-pensée, oh! mon colonel, mon bon père, combien je vous aimerai!... Il couvrait le marquis de baisers. Celui-ci le repoussait faiblement.

—Laisse, enfant, murmura-t-il, laisse. Ne t'ai-je pas dit que mon coeur ne bat plus?... Laisse, ces baisers me font mal...

Le pauvre Tony se rassit, tout interdit.

—Et ma mère... se hasarda-t-il à demander enfin. Verrai-je ma mère? Je l'aimerais tant, mon Dieu!...

—Tu ne la verras pas.

—Mais... elle vit du moins?...

Le colonel était livide. Il hésita. Puis, d'une voix sourde, il prononça lentement ces trois mots:

—Elle est morte!...

—Morte!... répéta Tony avec un sanglot. Morte sans que j'aie pu voir son sourire, morte sans que j'aie pu recevoir son dernier baiser!... Oh! mon colonel, vous qui l'avez connue, vous qu'elle aimait et qui l'aimiez, parlez-moi d'elle, dites-moi combien elle était belle et bonne... Laissez-moi vous dire en retour combien j'aurais été heureux de pouvoir l'adorer à deux genoux... Ma mère! ma mère!..., ce serait si bon, mon Dieu, d'avoir une mère à chérir!...

Agenouillé, Tony levait vers le ciel ses grands yeux mouillés de larmes, comme s'il eut espéré qu'un miracle allait faire apparaître à sa vue cette mère qu'il avait si longtemps rêvé de connaître et dont il ne venait d'entendre parler pour la première fois que pour apprendre en même temps qu'il l'avait perdue à jamais.

—Assez... assez... Tu réveilles, enfant, des souvenirs qui me brisent. J'ai satisfait à mon devoir en te disant quels sentiments m'avaient poussé à m'attacher à toi, quel chagrin m'eût causé ta perte, quelle joie m'a faite ton retour. Mais, je t'en prie, maintenant..., ajouta le colonel avec effort, ne parlons plus du passé... surtout ne me parle plus de ta mère!...

—Si j'avais seulement pu la voir une fois, murmura timidement Tony suppliant. Si je pouvais au moins contempler son image?...

—Regarde!...

Le marquis tira de sa poitrine un médaillon suspendu à une chaîne d'or, et le présenta à Tony. Celui-ci le saisit avidement et l'ouvrit. Il vit une tête de femme d'une ineffable beauté. De longues boucles blondes encadraient un visage sur lequel se reflétait une expression de douceur angélique.

Chose étrange, il sembla à Tony qu'il l'avait déjà vue. Était-ce dans un songe? N'était-ce pas plutôt un souvenir? Quand il était tout enfant, cette tête si belle ne s'était-elle pas penchée sur son berceau pour cueillir son premier sourire?

—Oh! dit-il, qu'elle est belle!... plus belle encore que je n'osais la rêver... Et pourtant plus je la regarde, plus je la reconnais... Je l'ai vue... oh! dites-moi que je l'ai vue?...

Mais, par un revirement subit, le colonel lui arracha brusquement le médaillon des mains et le cacha dans sa poitrine.

—Jamais, s'écria-t-il, jamais tu ne l'as aperçue!... Ne t'ai-je pas dit qu'elle était morte... morte en te donnant le jour... Oh! ma pauvre enfant chérie!...

pardonne à ton père son injustice envers toi... envers ton fils... Mais laisse-moi, Tony, laisse-moi... Ces souvenirs, je te l'ai dit, me tuent; ils me déchirent le coeur. Va te reposer. Adieu. Tony porta la main du vieillard à ses lèvres et se retira à pas lents. Tout à coup le marquis courut à lui:

—Ta promesse, dit-il, souviens-toi de ta promesse.

Tony inclina la tête avec un triste sourire:

—Je ne puis plus espérer voir ma mère, dit-il; que puis-je désirer maintenant?...

Il s'éloigna. Le marquis écouta le bruit de ses pas dans le corridor. Quand il eut cessé de l'entendre, il se laissa tomber sur un fauteuil:

—Qu'il se repose et reprenne des forces, murmura-t-il, la jeunesse surmonte tout... Moi, je ne dormirai pas... Dieu juste!... C'est le châtiment!

XXII

LES EXPLOITS DU NAIN

Si le colonel de Langevin ne dormit pas cette nuit-là, le magnat ne sommeilla pas davantage.

Une question le préoccupait avant toute chose: il lui fallait savoir, tout de suite, comment les Hommes Rouges et les gardes-françaises avaient pu pénétrer dans les passages secrets du château.

Il fit immédiatement appeler par le traban, son intendant, tout le personnel du château afin de commencer une enquête.

Les muets défilèrent un à un devant lui, mais tous donnèrent les plus grands signes d'étonnement et, soit par gestes, soit en écrivant, jurèrent qu'ils n'avaient ouvert à personne.

Et vraiment ils avaient suivi à la lettre les ordres du magnat et ignoraient comment les officiers qu'ils avaient vus quitter le château en tenue de gala s'y retrouvaient un quart-d'heure plus tard en manteau rouge.

Un seul homme eût pu donner une explication, c'était le nain. Mais naturellement il s'en garda bien et nia encore plus énergiquement que les autres.

L'enquête semblait donc ne devoir donner aucun résultat, lorsqu'un des muets allégua un détail qui surprit vivement le magnat.

Il avait écrit sur une ardoise:

—Comment aurait-on pu ouvrir, puisque le saut-de-loup était plein d'eau?

Or, l'intendant avait constaté lui-même, dans la journée, que tous les fossés du château étaient presque à sec.

On avait donc déversé dans ces fossés l'eau du lac souterrain.

Mais la question changeait. Il s'agissait maintenant de savoir qui avait inondé les fossés.

Cette fois, le nain donna des explications.

—Moi, écrivit-il, fidèle à son rôle de muet. J'avais vu des hommes rôder dans la journée autour du château. J'ai eu peur pour monseigneur. Et comme monseigneur était auprès de sa fille aînée, je n'ai pas voulu aller le déranger.

Alors je me suis dit: Si j'inondais le saut-de-loup! De cette façon, quand les hommes voudront venir la nuit, ils tomberont dedans et se noieront. Et j'ai été ouvrir l'écluse. C'était bien difficile pour moi qui ne suis pas très fort; mais l'idée d'être utile à mon bon maître m'a donné de la vigueur.

Le magnat, en lisant une à une ces lignes, regardait fixement le nain. Sur le visage de celui-ci, était peinte la joie rayonnante du devoir accompli.

Le magnat n'avait aucune raison de douter de la fidélité de son muet.

Et cependant le drôle mentait effrontément, car c'était dans un but tout différent qu'il avait ouvert l'écluse.

En voyant entrer dans le souterrain l'homme rouge qu'il avait pris pour Maurevailles, et qui l'avait attaché à un arbre, tandis que le vrai Maurevailles lui avait donné de si beaux louis, le nain, plein d'inquiétude, avait prêté l'oreille. L'arrivée des autres Hommes Rouges, des gardes-françaises et de Tony, l'appel du magnat, la poursuite, la bataille, l'avaient rempli de terreur.

Il s'était dit:

—Je suis perdu. On va voir ces gens. On leur demandera comment ils sont entrés. Ils diront que c'est moi qui ai montré à l'un d'eux l'entrée secrète.

Naturellement couard et traître, le nain pensait que l'on n'hésiterait pas du tout à le dénoncer.

Aussi s'était-il immédiatement mis en mesure de parer à cette dénonciation. Vilers, pressé déjà, avait peu serré les liens. Le nain était habile. En se tordant, en s'amincissant comme une couleuvre, il n'avait pas tardé à se rendre à la liberté.

Tandis que les muets se battaient dans le souterrain, il avait couru au saut-de-loup, avait fermé la pierre qui donnait accès dans le passage, et, la terreur doublant sa force, avait ouvert l'écluse.

On sait le reste.

Du haut de la plate-forme, le nain regardait l'eau arriver en tourbillonnant dans le fossé.

Tout à coup il aperçut au milieu du courant un homme qui luttait péniblement pour se soutenir à la surface. Il rayonna de joie.

—Tiens, tiens, se dit-il. Voilà qui vaut mieux que tout. Ils auront voulu ouvrir la pierre pour se sauver, et ils se sont noyés. Allons, tout va bien, ils ne parleront pas!...

Il se pencha pour mieux voir l'agonie du mourant dont le corps venait vers lui. Il avait un sauvage orgueil, lui, l'avorton, dont chacun se moquait, d'avoir donné la mort à un homme.

—Ah! ah! ah! ricanait-il, s'ils allaient tous courir les uns après les autres et arriver dans le fossé. Je les verrais tous se noyer, tous, tous, avec leurs pistolets et leurs épées... Ah! ah! ah! je n'ai pas de pistolet ni d'épée, moi, mais j'ai dans ma cervelle dix fois plus de force qu'eux tous dans leurs grands corps idiots!...

L'homme, qui se noyait, se débattait faiblement, puis cessa de remuer. Le nain le considérait avec une joie farouche.

Tout à coup, une idée lui vint. Il avait cru reconnaître de nouveau Maurevailles.

—Bête que je suis, se dit-il, c'est l'homme qui m'a donné de l'or de France... Et je le laisserais se noyer comme un chien! Pas si sot! Il n'y a peut-être qu'à le sauver pour faire ma fortune!

Il descendit au galop et saisit par son manteau... le marquis de Vilers qui, fatigué par sa blessure récente et par la lutte qu'il venait de soutenir, avait perdu connaissance. Il l'attira au bord.

Avec une force qu'on n'aurait jamais pu soupçonner dans un corps chétif comme le sien, il traîna le marquis jusqu'à un bosquet d'arbres voisin.

Les secousses de la route furent meilleures que toutes les frictions possibles. Vilers ouvrit les yeux.

—Qui êtes-vous? murmura-t-il.

—Chut, dit le nain, en mettant un doigt sur sa bouche. Vous ne voudriez pas me perdre!

- 185 -

—Le nain!... dit Vilers en le reconnaissant, merci. Je ne t'oublierai pas...

—Attendez-moi là... Je me sauve. Si on s'apercevait de mon absence, ma vie ne vaudrait plus une pistole.

Et le nain s'esquiva au galop. Il était temps. Les serviteurs du magnat, lancés de tous les côtés, faisaient irruption de ce côté du bois. Ils avaient l'ordre de fouiller minutieusement jusqu'au moindre bosquet.

Le gnome s'était mêlé à eux, leur avait fait prendre une fausse direction, puis, après une vaine battue, était rentré tranquillement avec eux au château où le traban les attendait, pour les envoyer l'un après l'autre au magnat.

Mais il n'avait plus peur du traban, ni du magnat, ni de personne, la nain chétif et pauvre!

Il se disait:

—Je vais être riche, riche, riche...

XXIII

QUAND ON EST SECRÉTAIRE...

Le magnat, n'ayant pu rien savoir de ses muets, résolut de faire une seconde enquête. Mais, n'osant la solliciter en personne, il écrivit au marquis de Langevin pour le prier de lui envoyer les officiers qui avaient pris part au combat de la nuit, afin qu'il les interrogeât lui-même.

A cette demande, le vieux colonel bondit.

—Cet homme a trop d'audace, s'écria-t-il avec l'accent d'une violente colère. Interroger mes officiers!... Et de quel droit?... Se croit-il donc encore dans ses domaines de Mingréli, où il fait haute et basse justice?

Le marquis se promenait à grands pas avec fureur. Le muet, qui avait apporté la lettre, le regardait d'autant plus étonné qu'il ne comprenait rien à ses paroles.

—Personne, autre que le maréchal de Saxe et moi, n'a de pouvoir sur mes régiments! poursuivit le marquis de Langevin, dont la fureur allait croissante. Je suis colonel-général des gardes-françaises et je ne permettrai à qui que ce soit, fût-ce à un prince du sang, de le prendre ainsi avec moi. Retournez dire à votre maître...

Le muet l'interrompit par une pantomime expressive. Il mit un doigt sur son oreille, un autre sur sa bouche et secoua tristement la tête.

Toute la colère du marquis s'évanouit.

—C'est vrai, dit-il, reprenant la dignité qui convenait à sa situation et à son rang. J'oubliais à qui je faisais part de mes reproches.

Il alla à un bureau, prit une large feuille de papier à ses armes, et écrivit de sa grosse et large écriture:

«Monsieur le comte,

«Leurs supérieurs ont seuls le droit d'interroger un officier et même un simple soldat. Je ne puis donc acquiescer à la demande que vous m'adressez.

«Mais, désireux que justice se fasse, je vais assembler moi-même un conseil d'enquête pour éclaircir cette affaire.

«J'aurai l'honneur de vous communiquer le résultat de l'enquête.

«Veuillez agréer mes salutations.

«Marquis de LANGEVIN,

«Colonel-général des gardes-françaises.»

Deux heures plus tard, dans la salle où avait eu lieu la fête de la veille, le conseil était réuni.

Le marquis de Langevin, en grand uniforme, la croix de Saint-Louis sur la poitrine, présidait. A sa droite et à sa gauche, deux officiers supérieurs, vieux compagnons d'armes, lui tenaient lieu d'assesseurs. Tony, assis à une petite table, à gauche, remplissait les fonctions de secrétaire.

Par ordre du colonel, MM. de Maurevailles, de Lavenay et de Lacy avaient été mandés.

Ils se présentèrent, la tête haute.

—Monsieur de Lavenay, dit le marquis de Langevin qui avait repris tout à fait son sang-froid et parlait avec le calme et la dignité qui conviennent aux fonctions impartiales de président... Monsieur de Lavenay, j'ai à vous interroger sur des faits graves et qui intéressent l'honneur du corps auquel vous appartenez.

—Interrogez, mon colonel, répondit Lavenay en s'inclinant. S'il est en mon pouvoir de répondre, je suis prêt à le faire.

—Un officier des gardes-françaises, devançant le régiment, s'est introduit de nuit dans ce château pour y enlever une femme?...

—Je l'ignore, mon colonel, répondit froidement Lavenay.

—Alors je vous l'apprends. Vous ne soupçonnez personne?

~ Absolument personne.

—Passons. N'avez-vous pas entendu parler de la bataille qui a eu lieu cette nuit dans les couloirs secrets du château?

Lavenay s'inclina.

—Cela, je ne puis le nier... J'étais parmi les gens qui ont pris part à la lutte.

—Je le sais, et c'est pour cela que je vous en demande la raison.

—Elle est facile à donner, dit Lavenay, en mettant le poing sur la garde de son épée qu'on ne lui avait point enlevée, puisque c'était une simple enquête que faisait le marquis de Langevin.

—Parlez alors.

—Si vous ne m'aviez fait mander, Messieurs, commença Gaston de Lavenay avec assurance, j'aurais de moi-même provoqué cette enquête, afin de savoir si la vie de trois officiers du roi est en sûreté dans les régiments où ils sont censés commander et dans les lieux d'étape où on les fait séjourner...

—Que voulez-vous dire?

—Que tandis que nous assistions à une fête où tout était prodigué pour nous inspirer la confiance, un piège nous était tendu; que tandis que nous nous réjouissions, confiants en la loyauté de notre hôte, celui-ci, armant ses spadassins, soudoyant en même temps des soldats de notre régiment, essayait de nous attirer dans un guet-apens, d'où, grâce à Dieu et à notre épée, nous avons pu sortir, non sans peine, il faut le reconnaître.

Tant d'assurance stupéfiait le colonel. Il reprit cependant:

—Expliquez-vous plus clairement, monsieur de Lavenay, et veuillez raconter les faits tels qu'ils se sont passés.

—Nous sortions de la fête, Maurevailles, Lacy et moi, émerveillés de la miraculeuse beauté des deux filles du grand seigneur hongrois qui s'était si amicalement institué notre hôte, quand un muet s'est approché de nous et, nous désignant les deux jeunes femmes, nous a fait signe de vouloir bien le suivre. Vous jugez de notre étonnement, mon colonel? Mais, chez les capitaines aux gardes, l'obéissance aux dames est de tradition. Nous suivîmes l'homme.

—Dans les couloirs secrets?

—Dans les couloirs secrets... Je dois avouer que la réflexion n'avait pas tardé à dissiper notre surprise. Le magnat qui nous loge est un de nos commensaux de Fraülen et, du temps que le marquis de Vilers était encore un des quatre Hommes Rouges, nous avons dansé avec la fille aînée du comte. Vous devez vous en souvenir, mon colonel?

—Vous parlez du marquis de Vilers, capitaine, savez-vous ce qu'il est devenu?

—Il nous avait quittés, vous vous le rappelez, pour un congé qui s'est terminé par une retraite. J'ai été bien douloureusement étonné quand a couru le bruit de sa mort, moi qui...

Un rugissement, de colère coupa la parole au capitaine. C'était Tony qui, poussé à bout par l'effronterie de cet homme, ne pouvait plus se contenir et se levait, l'oeil en feu, pour lui jeter à la face tout ce qu'il savait de lui et de ses complices...

Un regard sévère du marquis le contint.

—Qu'est-ce, caporal? demanda M. de Langevin.

—Pardonnez-moi, mon colonel, un mouvement d'impatience involontaire... Ma plume qui s'est écrasée... balbutia Tony, revenant à son rôle effacé de secrétaire et maîtrisant la fureur qui bouillonnait dans son cerveau.

—Ces jeunes gens ont une fougue! dit en souriant M. de Langevin, ils mettent en toutes choses la *furia francese* qu'ils devraient réserver pour les ennemis. Mais continuez, capitaine. Ainsi, vous pensiez que ces dames vous demandaient une entrevue?

—Oui, mon colonel. Donc, nous avions suivi le messager qui, par un point que je ne saurais retrouver, nous fit pénétrer dans les couloirs secrets où s'est passée l'affaire. Tout à coup notre guide s'arrête, fait jouer une porte secrète...

—Et alors?

—Alors, comme nous allions pénétrer dans l'appartement qu'il nous désignait, une nuée de muets s'élance sur nous, l'épée à la main. Devant cette avalanche, nous voulons nous replier, mais que voyons-nous? Derrière nous, des uniformes bleus, des soldats aux gardes-françaises qui nous barrent le passage. Ne pouvant croire à tant d'audace, nous fondons sur eux et nous les mettons en fuite... C'est dans la chasse que nous leur donnions que trois d'entre eux, emportés par la frayeur, se sont précipités dans un gouffre où ils ont probablement trouvé la punition de leur lâche trahison...

—Et vous ignorez les noms de ces hommes?

—J'ai cru voir sur la manche de l'un d'eux, dit Lavenay avec aplomb, les galons de sergent. Si je ne me trompe encore, continua-t-il en regardant Tony, un autre était caporal.

—Vous écrivez, secrétaire? demanda le marquis.

—Un—autre—était—caporal... répéta Tony sans broncher.

—L'appel de ce matin les aura fait connaître sans doute, fit observer Lavenay.

—C'est certain, dit le colonel qui mordillait sa moustache grise, et du moment que ces hommes sont gradés, leur faute n'en est que plus grave. Peste!... des bas-officiers aux gardes qui veulent tuer leurs supérieurs, c'est sérieux, cela! Vous n'avez aucun soupçon, capitaine?

Lavenay hésita une minute et lança un coup d'oeil vers Tony qui, la plume en arrêt, attendait tranquillement sa réponse sans avoir le moins du monde l'air de s'y intéresser.

—Il faisait trop noir, prononça-t-il enfin, je n'ai reconnu personne.

—Soit, dit Langevin, je vous remercie de vos explications, capitaine. A vous, monsieur de Lacy.

Marc de Lacy était fort pâle; il confirma d'une voix sourde ce qu'avait raconté Lavenay.

La moustache du colonel disparaissait tout entière dans sa lèvre inférieure. Les rides de son front se creusaient de plus en plus profondes. Il lui fallait tout l'empire qu'il avait sur lui-même pour pouvoir se contenir.

Quand vint le tour de Maurevailles, l'orage éclata.

—Ah! par la sambleu, c'est trop en écouter, s'écria le colonel en arrachant des mains de Tony les dépositions des officiers et en les déchirant avec colère. Vous ne signerez pas cela, Messieurs, car tout cela est faux et mensonger. Non, on ne vous a pas attirés dans un piège; non, vous n'avez pas été attaqués par vos soldats; non, vous n'ignorez pas les noms de vos adversaires. Vous êtes des menteurs et des lâches, vous vous êtes faits, sous prétexte d'un honneur de convention, les bourreaux d'une femme... Si nous n'étions à la veille d'une bataille, j'oublierais mon grade pour vous jeter mes gants à la face!...

—Colonel! s'écrièrent les Hommes Rouges menaçants.

Lavenay surtout ne se contenait plus.

—Colonel, dit-il avec hauteur, vous oubliez que, avant d'être officiers, nous sommes gentilshommes, et que, si les subordonnés doivent écouter vos mercuriales sans murmurer, le chevalier de Maurevailles, les comtes de Lacy et Lavenay ont le droit d'exiger plus d'égards.

—Eh! respectez vous-mêmes votre blason, si vous voulez que les autres le respectent, riposta le marquis. Ayez le droit de vous dire gens d'honneur, avant de faire sonner si haut votre qualité de gentilshommes!... Mais brisons-là, Messieurs, ces douloureux débats qui n'ont déjà que trop duré. De ma propre autorité, j'annule vos dépositions mensongères; ne me contraignez pas à en invoquer de plus véridiques... Encore une fois, restons-en là! Nous sommes en guerre. La France a besoin de vos épées. Je vous ordonne d'être d'autant plus braves que vous venez de l'être moins...

—Colonel, s'écria Maurevailles, nous n'avons pas besoin d'une telle exhortation pour faire notre devoir... Nous n'avions pas besoin surtout qu'elle nous fût faite devant cet enfant dont vous subissez en ce moment l'influence...

Nous serions criminels en vous demandant raison de cette injure. On doit compte à la patrie de la vie d'un homme comme vous... Mais il est au monde des gens dont l'existence est moins précieuse que la vôtre... et c'est votre secrétaire, notre accusateur réel, qui paiera tout ce qui vient d'être dit...

Comme le malheureux Pivoine, son premier adversaire au régiment, j'oublierai mes épaulettes pour croiser le fer avec lui, en bon et loyal combat. Sa bravoure et son premier succès m'autorisent à le faire. Je le tuerai!...

—Vous!... s'écria le colonel en s'élançant vers Maurevailles.

Mais Tony l'avait prévenu. Avec une dignité parfaite, il s'approcha des trois Hommes Rouges et répondit.

—Me battre aujourd'hui? Non, Messieurs. J'ai été fou déjà de risquer pour une futilité ma vie contre Pivoine. Ma vie ne m'appartient pas. En attendant que je l'offre à la France, elle est à la marquise, que j'ai promis de protéger. Comme vous, je vais à la guerre. Si je reviens des Flandres, je me mettrai à votre disposition, mais seulement le jour où la marquise jugera ma tâche terminée. Et j'espère que vous n'aurez pas besoin, ce jour-là, d'oublier la distance qui nous sépare. Cette distance, je l'aurai effacée.

—Bien, Tony! dit le marquis. Et maintenant, allez, Messieurs, j'ai lieu de croire que je puis compter sur votre silence en cette affaire.

Et les trois officiers se retirèrent, la rage dans le coeur...

FIN DU TOME PREMIER

[Note du transcripteur: La Table des matières du Tome Premier a été combinée avec celle du Tome deuxième, à la fin du document.]

LE SERMENT
DES HOMMES ROUGES

II
LE CHÂTEAU DU MAGNAT

(Suite)

XXIV

L'OUBLIÉ

Dès qu'ils eurent refermé la porte derrière eux, Maurevailles et Lacy donnèrent un libre cours à leur colère.

Lavenay, quoique sombre, semblait plus calme.

—Et maintenant, Messieurs, qu'allez-vous faire? demanda-t-il à ses amis.

—Je retourne au camp, dit Marc de Lacy, je ne veux pas rester une minute de plus dans ce château maudit.

—Moi non plus! s'écria Maurevailles. Lavenay eut un rire amer.

—Et vous ne voulez pas vous venger? demanda-t-il.

—Nous venger? Comment? De qui? De ce vieux marquis de Langevin qui nous a attirés dans un traquenard pour nous insulter à loisir! Sa mort causerait un scandale énorme dans l'armée. Et puis, comme il a dit, nous nous devons tous en ce moment à la France...

—C'est vrai... On nous a même singulièrement exhortés à faire notre devoir, riposta Lavenay avec amertume.

—Mais que faire? que faire? demanda avec rage Marc de Lacy.

—Venez avec moi, dit Lavenay.

Il les entraîna dans une salle éloignée.

—Nous avons fait trois tentatives, reprit-il, et nous avons subi trois échecs. La première fois, c'est le vieux magnat qui, pendant que nous nous livrions à une lutte insensée dans l'hôtel de Vilers, est entré paisiblement par la grande porte et a enlevé la marquise dans mon carrosse...

—Il est vrai qu'il te l'a payé... fit observer Lacy avec un sourire sardonique.

—La seconde tentative, reprit Lavenay, est la tienne, Maurevailles. Tu as découvert la retraite de la marquise; tu as réussi à pénétrer dans ce château si bien gardé; tu t'es emparé d'elle, tu l'as emportée... Un grain de sable t'a fait échouer. Ce grain de sable, c'est ce misérable gamin que, par un inexplicable caprice, le marquis, notre cher colonel, a attaché à sa personne...

—Oh! quelle terrible vengeance je tirerai de ce drôle, dit Maurevailles.

—En attendant, il t'a joué; il s'est introduit presque en maître dans le château, et il a capté la confiance de la marquise. La dernière entreprise, nous l'avons faite à nous trois. Elle devait réussir... Elle nous a couverts de honte!...

—C'est à croire que le diable protège cette femme contre nous!... dit Marc de Lacy.

—Que le diable la protège s'il le veut, ce n'est pas cela qui me fera reculer, dussé-je entamer la lutte corps à corps avec lui! s'écria Maurevailles.

—Ne perdons pas un temps précieux à nous lamenter, reprit Lavenay. Il faut absolument en finir. C'est mon avis, et je crois que c'est aussi le vôtre...

—Oui, oui!

—Voici donc le plan que je vous soumets:

Tout le monde nous suppose abattus par notre défaite... le magnat à qui notre bien-aimé colonel, le marquis de Langevin, a su donner une demi-satisfaction par son enquête; la marquise qui se croit protégée par ses nobles amis contre toute nouvelle tentative, et jusqu'à ce Tony qui, triomphant et beau parleur, a paraphrasé le discours patriotique du vieux marquis pour éviter nos épées qui, certes, nous en auraient débarrassés.

Ayons l'air d'accepter la situation. Tenons-nous tranquilles jusqu'au départ des régiments. D'un instant à l'autre peut arriver le maréchal de Saxe qui doit nous emmener. Quand battra le tambour, quand sonneront les fanfares du départ, quand le magnat se croira à tout jamais délivré des gardes-françaises, quand le colonel, faisant piaffer son cheval, se mettra à la tête de ses troupes, arrangeons-nous pour être là, nous, aux aguets, et comme adieux, de gré ou de force, devenons les maîtres de la marquise.

—Bravo, Lavenay! le projet est bon, dit Lacy. Mais les moyens de le mettre à exécution?

—Les moyens? Il y en a mille. Qu'aurons-nous à redouter? Le magnat?... Il sera occupé à enterrer ses muets. Écoutez, nous sommes... trois...

—Vous en oubliez un!!! dit une voix...

La portière se leva et livra passage à un homme enveloppé dans un manteau rouge.

C'était le marquis de Vilers.

Il était pâle encore de sa blessure et de ses fatigues, mais sur son visage était empreinte une mâle énergie.

—Lui! s'écrièrent les trois Hommes Rouges en portant la main à leur épée.

Vilers les arrêta du geste.

—Un instant, Messieurs, dit-il lentement, vous ne savez pas ce qui m'amène ici.

J'aurais pu, si j'avais contre vous des intentions hostiles, faire assister à ce complot le marquis de Langevin... Mais laissons-là les représailles, où l'honneur est toujours le conseiller qu'on écoute le moins.

Je viens au contraire à vous, le coeur franc, les mains ouvertes. J'ai beaucoup réfléchi à ma conduite passée. Il y a dans ma vie une ombre, une tache... J'ai failli à un serment librement prêté, j'ai trahi mes amis. Cette tache empêche mon bonheur. Je veux la faire disparaître.

—Des remords? murmura ironiquement Lavenay.

—Des remords, comme tu dis, chevalier. Si ton épée m'avait ôté la vie, ma punition eût été juste. Mais si Dieu m'a laissé en ce monde, c'est qu'il a voulu me donner le temps de réparer ma félonie.

Nous nous étions confiés au sort... Un des quatre billets avait été tiré. Sur ce billet, il y avait un nom... et, vous vous en doutez, ce nom n'était pas le mien.

—Quel était-il?

—Qu'importe? A quoi bon affliger celui que le sort avait favorisé?... J'ai mal agi, vous dis-je. Ma seule excuse, c'est l'amour... J'aime Haydée de toutes les forces de mon âme... Elle aussi m'aime.

La voix du marquis s'était altérée, mais il fit un effort et poursuivit:

—Écoutez... Ah! c'est horrible, le sacrifice que je fais... Sachez m'en gré... Je vous ai trahis, pardonnez-moi. J'expie en cet instant quatre années de bonheur; mais je reprends mon honneur de gentilhomme.

Voulez-vous, comme moi, rayer de votre mémoire ces quatre années? Nous allons de nouveau refaire les billets. Si le sort me désigne, vous n'aurez plus rien à me reprocher. S'il ne me désigne pas...

Il hésita de nouveau, et reprit d'une voix sourde:

—Si le sort me condamne... j'aurai toujours le droit de réclamer ma place dans l'armée... Je partirai sans revoir Haydée et je vous le jure... à la première bataille... je me ferai tuer...

Est-ce dit, Messieurs? Et écrivons-nous les billets?

XXV

LES NOUVEAUX BILLETS

La surprise des trois Hommes Rouges fut grande, à la singulière proposition de Vilers.

Ils se regardèrent, se demandant si leur ancien ami ne raillait point.

Mais il attendait leur décision, sombre et silencieux.

Le premier, Marc de Lacy s'avança vers lui et rompit le silence.

—Parles-tu sérieusement? fit-il d'une voix émue.

—Je vous l'ai dit, dans l'immense bonheur que me donnait la possession d'une femme ardemment aimée, une ombre faisait tache: la honte de ma déloyauté. J'avais sacrifié l'honneur à l'amour, j'immole l'amour à l'honneur!...

—Et tu veux reprendre nos conditions d'autrefois?

—Je le veux... en vous suppliant pourtant de m'exempter de cette clause qui voudrait que j'apportasse au gagnant aide et protection... Ne le favoriserai-je pas suffisamment en me faisant tuer pour la France à la tête de ma compagnie?...

—Ah! s'écria Marc de Lacy, ce sacrifice est noble et beau, Vilers. Il me réconcilie avec toi pour toujours... Ami, que tout soit oublié! Puisque nous nous retrouvons vraiment, tels que nous étions, embrassons-nous comme autrefois.

L'élan était donné. Maurevailles et Lavenay ouvrirent, eux aussi, leurs bras au revenant.

—J'avais juré ta mort, dit le premier. Ce serment, j'ai bonheur à le rétracter ainsi qu'à presser contre mon coeur l'ami fidèle que je croyais à jamais perdu.

—J'ai croisé mon épée contre la tienne, dit à son tour Lavenay. Pour la première fois de ma vie, je me félicite que le coup n'ait pas été mortel...

Les quatre amis de Fraülen, les quatre inséparables d'autrefois, les quatre Hommes Rouges enfin, étaient de nouveau réunis.

Après la réconciliation, il y eut un long silence. Comprenant quel immense sacrifice Vilers était venu accomplir, les trois autres n'osaient pas aborder le sujet terrible...

Ce fut lui qui y revint le premier.

—Eh bien! dit-il, vous avez entendu ma proposition. Êtes-vous prêts à y satisfaire?

Maurevailles et Lavenay hésitèrent à répondre. Marc de Lacy murmura:

—N'y aurait-il pas moyen d'annuler ce fatal serment?

—Non! s'écria Vilers, c'est une réhabilitation que je suis venu chercher... c'est ma réhabilitation que j'exige... Assez longtemps je vous ai laissé le droit de me donner le nom de traître, assez longtemps j'ai dû courber la tête sous mon parjure... Je veux porter le front haut, Messieurs, dussé-je payer de ma vie ce retour à la loyauté!... Écris les billets, Lavenay!... Je le veux; écris-les tout de suite. Il faut que le hasard, aujourd'hui comme autrefois, décide de mon sort. J'étais venu ici pour revoir Haydée. Si le destin m'est défavorable, je partirai sans l'avoir vue. Pour elle je suis mort... Mort je resterai. Lavenay, écris vite!

Maurevailles déchira quelques pages de ses tablettes, et passa le papier et le crayon à Lavenay.

Celui-ci se mit à faire les quatre billets et les plia minutieusement.

Mais, au moment de les jeter dans le chapeau, qui devait, comme à Fraülen, servir d'urne, Lavenay se ravisa:

—Un instant, dit-il, mes amis. Moi aussi, j'ai des scrupules...

Lorsque nous avons échangé notre fatal serment, nous avons bien légèrement disposé de la femme que tous quatre nous aimions. Il fallait que le bonheur de l'un causât le malheur des trois autres: donc, rien de plus juste que de laisser en cela le choix au hasard... Mais, avions-nous le droit de condamner du même coup celle dont nous avions fait l'enjeu de notre loterie?

—Certes, tu as raison, observa Maurevailles, il eût été plus rationnel de chercher chacun isolément à plaire à la comtesse Haydée, puis de nous unir en bons et loyaux amis pour aider celui qui aurait eu le bonheur d'être aimé d'elle. Malheureusement il n'en a pas été ainsi. A quoi bon revenir sur ce sujet? Ce qui est fait est fait...

—Soit, répliqua Lavenay, mais ce serment prêté par nous quatre, si nous ne le brisons, nous pouvons au moins le modifier. Si Vilers a été coupable, je confesse, moi, pour ma part, que je le suis aussi. J'ai manqué d'indulgence envers l'*amour partagé*, j'ai mis mon égoïsme à la place du *devoir*. Quand j'ai tiré l'épée pour tuer Vilers, faut-il le dire? c'était presque plutôt pour mon propre compte que pour celui de tous.

Et ce que j'ai fait, avouez-le, Messieurs, vous l'auriez fait aussi...

—Où veux-tu en venir? interrompit Maurevailles.

—A ceci, que si Vilers renonce à un bonheur que nous seuls avons le droit de ne pas appeler légitime, nous ne devons pas être en reste de sacrifice avec lui, Je voudrais donc qu'avec le bulletin portant son nom, chacun de nous mît un bulletin blanc... Si ce bulletin blanc sort, le *statu quo* subsiste... Vilers, lavé de sa faute, reprend sa femme. Nous, sans avoir le droit de l'accuser, comme autrefois, nous continuons la lutte, et loyalement, sans fraude ni tromperie, nous essayons de reconquérir la marquise, nous aidant mutuellement et gardant entre nous trois les conditions passées. Que dites-vous de mon compromis?

—C'est peut-être subtil, dit Marc de Lacy en souriant; mais qu'importe! Pour ma part, j'accepte.

—J'accepte aussi, dit Maurevailles.

—Et toi, Vilers?

—Je suis à votre disposition. Ce que vous déciderez sera loi pour moi.

—Va donc pour les huit billets! s'écria Lavenay. Et à la justice de Dieu!

Il arracha de nouvelles pages des tablettes de Maurevailles, les plia méticuleusement et mit quatre bulletins blancs dans le chapeau où se trouvaient déjà les quatre noms.

—Mais qui va tirer, cette fois? demanda Marc de Lacy.

—C'est vrai, nous ne pouvons pas aller demander à la marquise, que le magnat a sans doute placée sous bonne garde...

—Hé! il ne faudrait pas nous en défier. Sa garde et lui ne nous empêcheraient pas, si nous le voulions bien, d'arriver jusqu'à la prisonnière.

—Messieurs, dit le marquis de Vilers, vous avez oublié que *je ne dois* pas revoir la marquise avant que le sort ait décidé...

—C'est vrai, mais, encore une fois, comment faire?

—Attendez, dit Maurevailles.

Il alla ouvrir la porte et parcourut du regard les couloirs.

Au loin apparaissait un groupe qui semblait se diriger vers la pièce où se trouvaient réunis les quatre Hommes Bouges. Au centre de ce groupe était Réjane...

Réjane qui venait de se lever, ignorante de tous les événements de cette nuit si terrible et si remplie, et qui, à peine levée, se rendait entourée de muets et de muettes dans les appartements de sa soeur. Maurevailles s'avança jusqu'à elle.

En le voyant, elle tressaillit, mais avec une exquise politesse, il la supplia de vouloir bien se déranger un instant de sa route pour leur rendre un service.

—Lequel? demanda la jeune fille en souriant.

—Celui de plonger votre petite main dans le chapeau que tient mon ami M. de Lavenay, et d'en retirer un des billets qui s'y trouvent.

—Une loterie, alors? dit Réjane.

—Justement. C'est bien facile, vous le voyez.

Aux muets qui l'accompagnaient, Réjane fit signe de rester dans le couloir et, par la porte grande ouverte, pénétra dans la pièce.

En la voyant entrer, M. de Vilers s'était voilé le visage d'un pan de son manteau. Elle ne le reconnut pas.

Gaston de Lavenay lui présenta le chapeau qui contenait les billets. Elle en prit un qu'elle allait lui tendre quand, se ravisant:

—Et l'enjeu, quel est l'enjeu? demanda-t-elle.

L'impatience des quatre Hommes Rouges était indescriptible. Quel était ce billet que Réjane tenait entre ses doigts effilés? Portait-il un nom et lequel?

Ils durent se contenir pour ne pas l'arracher des mains de la jeune fille.

Et elle, jouant avec leur impatience, ne se pressait pas, insistant pour savoir ce qu'aurait le gagnant...

—Mademoiselle, dit Lavenay, prenant un parti, de ce billet dépendra peut-être la vie ou la mort de l'un de nous...

—Ah! mon Dieu! s'écria Réjane épouvantée Elle déplia le billet et lut tout haut: MAUREVAILLES!

XXVI

L'AVEU

Maurevailles jeta un cri de joie, auquel Vilers répondit par un gémissement sourd.

—Merci, Mademoiselle, dit Lavenay à Réjane, nous ne voulions vous demander que ce léger service. Nous n'oserions vous retenir plus longtemps.

Réjane comprit et sortit. Lavenay laissa retomber la tenture qui fermait la porte et s'approcha de Vilers qui semblait atterré.

—Du courage, ami! dit-il.

—Du courage, j'en ai. Mais tu admettras bien que mon coeur se brise... répondit le marquis en étouffant un sanglot. Cependant, sois tranquille, je tiendrai mon serment cette fois!...

J'ai promis de ne pas revoir Haydée. Elle me croit mort... Son erreur est devenue une vérité. Dès aujourd'hui, je suis mort pour elle.

Le maréchal de Saxe arrive demain. Le régiment se remettra bientôt en marche. Je partirai avec l'avant-garde... A la première escarmouche, il faudra bien qu'une balle impériale me délivre en même temps de mes tourments et de la vie... Allons, Messieurs, encore une fois, vos mains! La tienne aussi, la tienne surtout, Maurevailles!...

Maurevailles hésitait. Enfin il mit sa main dans celle du marquis.

Lavenay prit alors la parole.

—Moi, qui ai frappé Vilers de mon épée, dit-il, je crois avoir le droit de vous faire, avant qu'il nous quitte, une nouvelle proposition.

—Parle.

—Vilers se sacrifie et part, sans revoir Haydée qui, après tout, est sa femme...

—Eh bien!

—Ne serait-il pas juste que Maurevailles agît de même? Ne serait-il pas odieux à lui d'aller dire à la marquise: «Votre mari vient de mourir, en vous laissant à moi!»

—Partons tous sans la revoir, s'écria Maurevailles. Je m'engage à ne pas lui révéler avant un an la décision du sort?... Dans un an, ajouta-t-il en baissant la voix, pour ne pas attirer l'attention de Vilers qui, malgré lui, s'absorbait dans sa douleur, dans un an, madame de Vilers sera veuve depuis assez de temps pour que l'offre d'un mariage n'ait rien de repoussant ni même d'étrange, tandis que, avant ce délai, il serait indigne d'un gentilhomme de renouveler ses douleurs.

—Bien, Maurevailles, firent Lavenay et Lacy.

—Merci, ami, ajouta Vilers en lui serrant de nouveau la main.

Et les quatre hommes se séparèrent.

Maurevailles sortit le dernier.

Comme il venait de franchir le seuil, une ombre se glissa derrière lui.

Il se retourna. C'était Réjane...

La jeune fille, qui n'avait d'abord vu qu'un jeu dans la demande que lui avaient faite les quatre officiers, de tirer un billet dans un chapeau, avait été intriguée de la façon grave avec laquelle s'accomplissait ce prétendu jeu.

Puis la réponse de Lavenay: «De ce billet dépendra peut-être la vie ou la mort de l'un de nous...» l'avait épouvantée.

—De quoi s'agit-il donc? s'était-elle demandé.

Enfin le hasard avait voulu que le nom qui sortît du chapeau fût justement celui du seul des trois Hommes Rouges auquel elle s'intéressât.—Car nous avons déjà dit qu'elle n'avait pas reconnu son beau-frère, le marquis de Vilers, qui, le visage caché par son manteau, s'était tenu à l'écart, dans l'ombre.

Maurevailles! c'était Maurevailles que le sort désignait.

Maurevailles, celui que son amour naissant avait pris pour objet... A quelle oeuvre était donc réservé Maurevailles?

Quelle était la destinée de celui dont le nom était sorti? Était-ce pour le sauver ou pour le perdre, pour le justifier ou pour le condamner qu'on avait chargé le sort de choisir un des quatre gentilshommes? Palpitante, Réjane voulut savoir. Elle congédia sa suite, revint se blottir derrière la tenture qui fermait la pièce et écouta... Là, elle apprit le mystère. Vilers, le mari d'Haydée, vivait, mais renonçait à elle et parlait de mourir... et c'était Maurevailles qui, les délais accomplis, comptait lui succéder!... Oh! cela était horrible, impossible! cela ne pouvait pas s'accomplir!... Et voilà pourquoi, saisissant la main de Maurevailles, Réjane entraîna dans une autre salle le jeune officier ébahi:

—Vous n'obéirez pas à ce pacte infâme, lui dit-elle d'un ton suppliant.

—Mais, qui vous a dit?...

—Je sais tout. J'ai écouté!

—Vous!!!

—Il ne s'agit pas de moi. Il s'agit d'un gentilhomme, d'un officier, qui veut se faire assassin, car ce serait un assassinat véritable que de forcer le marquis à mourir!

—Mais, si vous avez tout entendu, vous devez savoir qu'un serment implacable nous lie...

—Il faut le rompre...

—Le puis-je? Vous voyez bien que Vilers lui-même, repentant de l'avoir violé, est venu nous demander pardon et nous faire renouveler ce serment.

—Vous ne le tiendrez pas, vous dis-je!...

—Vous espérez que, lorsqu'enfin...

—C'est impossible...

—Il le faut!...

—Voudriez-vous être la cause du malheur éternel de ma soeur?

—Je m'efforcerai au contraire de tout faire pour la rendre heureuse...

—Mais, elle ne vous aime pas!...

—Elle m'aimera.

—Elle vous hait...

Maurevailles s'interrompit en remarquant tout à coup l'effet que ses paroles produisaient sur la jeune fille. Pâle, le sein agité par une respiration précipitée, elle se tordait les bras à chaque mot qu'il disait.

—Mais qu'avez-vous? s'écria-t-il, inquiet.

—Ah! dit avec un cri de l'âme l'infortunée enfant... Vous voulez donc que je meure, moi?

—Vous?...

Les larmes, à grand'peine comprimées, s'échappaient enfin des yeux de la jeune fille, qui s'abaissèrent sous le regard du chevalier. Elle chancela. Maurevailles n'eut que le temps de s'élancer pour la soutenir.

Mais au contact de l'officier, sur l'épaule de qui sa tête était appuyée, Réjane frissonna comme si elle eût touché un fer rouge.

Par un effort nerveux, elle s'échappa de ses bras et vint tomber pantelante sur un fauteuil.

—Qu'avez-vous, Réjane, au nom du ciel, qu'avez-vous?

—Ah! murmura la pauvre enfant, vous n'avez donc pas compris..., vous n'avez donc pas deviné... que c'est moi... qui vous aime!

XXVII

LA CAGE

Toute rougissante de l'aveu qui venait de lui échapper, Réjane se retira à l'autre extrémité de la pièce, n'osant plus regarder Maurevailles dont un mot allait être son arrêt.

Celui-ci, cloué sur place par la stupéfaction, hésitait à répondre.

Il n'avait jamais pensé à aimer cette enfant. La seule raison qu'elle était la soeur d'Haydée eût suffi pour l'en empêcher...

Et maintenant que le sort venait de le désigner pour être l'époux de la marquise, maintenant plus que jamais, il n'était pas libre de disposer de son coeur.

Certes, de nos jours, plus d'un homme eût avec bonheur renoncé aux bénéfices des clauses du serment pour avoir le droit de partager l'amour de cet ange qui s'offrait si ingénument, si loyalement. Mais à cette époque de raffinements d'honneur, le même sentiment exagéré qui avait causé la démarche de Vilers, auprès de ses anciens amis, retenait Maurevailles.

—Je ne puis pas, se disait-il avec regret, me dégager de mon serment... Je dois être l'époux d'Haydée... Vilers meurt pour sa parole... Je ne puis aimer une autre femme sans déloyauté...

Tout à coup un bruit étrange se fit entendre autour d'eux. On eût dit le froissement du fer contre le fer... Réjane tourna la tête et poussa un cri.

Du plafond descendaient, le long des murailles, quatre énormes plaques de fer soudées aux angles...

—Qu'est cela? s'écria Maurevailles en courant à la porte...

Mais elle résista, fermée qu'elle était en dehors.

Les plaques continuaient à descendre lentement avec le même bruit sinistre...

Maurevailles essaya d'enfoncer la porte, mais elle était solide. Il eût fallu plus d'une heure pour en avoir raison.

Et la muraille de fer descendait...

Déjà avec son mouvement lent, mais implacable, elle dépassait le haut de la porte... Dans quelques minutes, celle-ci allait disparaître sous la cuirasse qui enserrait Réjane et son compagnon.

La jeune fille avait suivi Maurevailles dans ses infructueuses tentatives. Haletante, éperdue, elle essaya d'ouvrir la fenêtre... Le mur de fer, appliqué contre le haut des montants, l'en empêcha... Elle brisa un carreau, ensanglantant sa main aux fragments du verre... Il y avait de l'autre côté d'épais barreaux scellés dans le mur.

Ces barreaux, il est vrai, étaient vieux et rouillés; quelques efforts vigoureux eussent suffi pour tes desceller ou les mettre en morceaux.

Mais le temps?...

L'horrible muraille descendait, descendait toujours avec son grincement horrible; elle couvrait maintenant les deux tiers de la fenêtre... Quelques minutes encore et le carreau que Réjane avait cassé aurait disparu!...

Il n'y aurait plus de fenêtre.

Dans ce dernier effort, Maurevailles avait réussi à arracher une planche de la porte... mais l'inexorable mur, continuant son oeuvre, avait presque bouché le vide laissé par cette planche.

Ils étaient perdus, bien perdus!...

—Au moins, s'écria Réjane, nous mourrons ensemble... Ah! si je pouvais mourir en me sachant aimée!... O mon Dieu, faites que je l'entende dire qu'il m'aime!

Un ricanement lui répondit, affreux comme le grognement d'une bête fauve...

Elle leva les yeux vers le plafond, d'où venait ce bruit.

Par une trappe ouverte, elle vit la tête hideuse du magnat, contractée par un rictus satanique.

Épouvantée, la pauvre enfant jeta un dernier cri et s'affaissa sur le parquet.

Les quatre murs de fer touchaient maintenant le sol.

—Ah! ah! ah!... ricanait le vieillard, croyez-vous donc que l'on m'échappe? Croyez-vous donc que toujours l'on me joue? Non, non!... Ici, rien ne se fait, ne se dit, que je ne le sache. A peine étiez-vous entrés dans cette salle, qu'une de mes sonnettes m'en avertissait... Depuis une heure, j'assiste à votre duo d'amour!... Ah! ah! M. de Maurevailles, vous avez gagné à la loterie mon Haydée?... Vous ne profiterez pas de votre bonne fortune... Ah! ah! ah!

—Vous, ma belle tourterelle, reprit le vieillard en s'adressant à Réjane, vous serez heureuse, puisque vous resterez avec celui que vous aimez. Adieu, ma fille. Adieu, Maurevailles. Moi, je retourne auprès d'Haydée. Ce n'est pas vous maintenant qui me gênerez...

Maurevailles se tordait les mains de désespoir. Avec une rage folle, il s'élança contre le mur de fer qu'il essaya d'ébranler.

—Ah! ah! ricana de nouveau le comte, ah! monsieur le chevalier, n'usez donc pas vos forces; vous en aurez besoin pour l'épreuve qui vous reste à subir... Le blindage est solide; ce sont des ouvriers allemands qui l'ont fait, ils ont consciencieusement accompli leur besogne, vous arracheriez tous vos ongles sur ce fer poli. Inutile aussi de crier, je vous en avertis, votre voix ne parviendrait pas jusqu'aux oreilles de vos amis!... Voyons, ma pauvre petite Réjane, toi que j'aurais voulu épargner,—mais comment?—fais donc comprendre à ton amoureux qu'il ne réussira pas...

Réjane était assise à terre, immobile et ne semblant plus avoir conscience de ce qui se passait autour d'elle.

—Oh! le misérable! rugit Maurevailles.

—Ah! vous vous fâchez!... Pourquoi? N'avez-vous pas agi de ruse avec moi quand vous vous êtes introduit dans mon château pour m'enlever celle que j'aime... Vous avez voulu lutter contre moi, croyant que je ne pourrais soutenir la lutte... Le vieillard débile, comme vous disiez—car j'ai tout entendu, tout!—l'emporte sur l'homme fort... Il me reste encore de longs jours à vivre. Quant à vous, vos minutes sont comptées...

—Infâme, infâme! répéta le chevalier.

—Je vous frappe avec votre arme, la ruse, continua le magnat qui savourait sa vengeance, vous avez voulu pénétrer les mystères de ce château; vous les connaîtrez pour votre malheur, mais le secret en mourra avec vous.

—Oh! mes amis tireront de vous une terrible vengeance, fit Maurevailles menaçant.

—Vos amis? ils croiront que, tout entier à l'amour d'Haydée, vous renoncez à eux... à l'armée, à l'honneur... Ils ne penseront à vous que pour vous mépriser, vos amis. D'ailleurs, voilà enfin le moment où ces gardes-françaises maudits vont abandonner le pays. Demain matin, de votre cachot, vous pourrez entendre le tambour battre, les trompettes sonner le départ. Les chants joyeux des soldats en marche arriveront jusqu'à vous... jusqu'à vous, prisonnier, jusqu'à vous qui implorerez en vain et dont, à cette heure même, commencera l'agonie. Chevalier de Maurevailles, dites, n'est-ce pas que je sais me venger?

—Mais, elle, elle!... s'écria Maurevailles en désignant Réjane, qui, toujours assise sur le parquet, semblait assister, indifférente, à cette scène. Elle!... Que vous a-t-elle fait? Faites-moi mourir, mais sauvez-la!...

—Allons donc! tu profiterais de l'occasion pour t'enfuir avec elle!...

—Non, sur mon salut éternel, je vous le jure!...

—Ah! le joli serment! Non, non, je ne te crois pas. Adieu, Maurevailles, je te souhaite une heureuse nuit de noces...

A ce mot, la jeune fille sortit de sa torpeur.

—Une nuit de noces... répéta-t-elle, qui donc parle de noces ici?... Ah! oui... c'est moi qui me marie....Oh, quel bonheur!...

Et elle se leva, l'oeil enflammé.

—Mon Dieu! murmura Maurevailles, que dit-elle?

Réjane tendait les mains vers un objet invisible:

—Oh! la belle chapelle!... dit-elle avec extase, tout est prêt... les cierges brillent, éclairant la nef... Le prêtre est tout habillé... il va monter à l'autel... L'encens fume... la musique se fait entendre... Viens vite, mon bien-aimé, il ne faut pas être en retard... cela porte malheur.

—Ah! s'écria Maurevailles, terrifié, la malheureuse enfant est folle!...

Le Magnat eut un atroce ricanement.

—Eh! eh, dit-il, tu vois, elle ne souffrira pas de sa réclusion, elle... Cela sera un poids de moins sur ma conscience... Mais toi, chevalier, quelle jolie compagne tu vas avoir là?

—Ma soeur, disait encore Réjane, ma bonne soeur, que je te remercie... Malgré tes chagrins, tu es heureuse de mon bonheur...

—Tu vois, chevalier, elle est contente, elle... ricana le hideux vieillard.

—Oh! taisez-vous, misérable, n'insultez pas votre victime!...

—Pourquoi ne chantez-vous pas? demanda douloureusement l'enfant à celui qu'elle aimait. C'est pourtant jour de fête aujourd'hui. Vous voulez que je commence? Ah! bien volontiers!

Et elle fredonna sur un rythme bizarre:

Maman m'avait donné

Un gentil petit coeur,

Mais, moi, je l'ai donné

Vite à mon beau vainqueur!...

—Réjane, chère Réjane!.. s'écria Maurevailles.

—Dansons maintenant, fit la jeune fille en lui prenant la main, j'adore le bal... T'en souviens-tu? c'est au bal de l'Opéra que je t'ai vu pour la première fois...

—Oh! cet homme, ce démon, dit Maurevailles en levant le poing vers le magnat. Va-t-en au moins, infâme!

—C'est vrai, on ne regarde pas ainsi les jeunes mariés, fit l'épouvantable vieillard qui ricanait toujours. D'ailleurs, en voilà assez pour aujourd'hui... A demain, chevalier, je viendrai te revoir, sois-en certain, cria-t-il en se redressant.

Mais à ce moment, une ombre se montra derrière lui.

Le magnat poussa un cri terrible et vint s'abattre aux pieds de Maurevailles...

XXVIII

LE VAUTOUR EN CAGE

Le comte, rugissant de rage, essaya vainement de se relever.

Il avait la jambe droite cassée.

Instinctivement, Maurevailles regarda quel pouvait être le vengeur inattendu.

La tête ébouriffée et railleuse du nain ricanait maintenant dans l'embrasement de la trappe.

—Ah! ah! fit le petit homme en s'adressant au magnat, vous ne vous attendiez pas à celle-là, mon doux seigneur? Vous qui aimez tant à faire enfermer les autres, vous voilà pris à votre tour!

—Le nain! s'écria Maurevailles. Ah! nous sommes sauvés! Vite, vite, à nous: une corde!

—Qui est-ce qui est là? dit le nabot en se faisant de la main un abat-jour pour regarder. Ah! diantre! le gentilhomme au manteau rouge qui a de si beaux louis d'or!... Et la jeune demoiselle de Paris!... Tiens, tiens!... C'est donc vous que le vieux voulait garder en cage?

—Une corde, une échelle, un objet quelconque pour sortir d'ici! cria de nouveau Maurevailles, sans écouter le verbiage du petit nain, qui se dédommageait amplement de son mutisme forcé. Vite, et compte sur ma reconnaissance.

—Der Teufel! si j'y compte, je crois bien... Mais laissez-moi arranger l'affaire, vous allez voir... Je suis malin, moi, et si j'ai fait plonger le vieux là-dedans, c'est pour qu'il y soit seul et non pas en compagnie...

Tout en parlant, le nain travaillait en effet; il avait été chercher une corde assez solide pour porter un homme; puis, arrachant une colonne sculptée d'un lit qui s'étendait dans la pièce voisine, il avait placé cette colonne en travers de la trappe.

—C'est ciré, la corde glissera comme sur une poulie, disait-il en plaçant en effet sur le bois poli le milieu de la corde, dont les deux bouts pendaient jusqu'au sol. Allez, mon gentilhomme, vous n'avez qu'à attacher un bout à votre ceinturon, vous vous hisserez aussi facilement que je boirais un verre de vin du Rhin...

Maurevailles avait saisi la corde. Le magnat se souleva de nouveau et s'approcha de lui...

—Prenez garde! cria le nain en voyant le vieux comte se traîner jusqu'au capitaine. Montez, montez vite!

—A Réjane d'abord, dit le chevalier qui, d'un coup de pied, repoussa le magnat.

Réjane, la pauvre enfant!... regardait sans la comprendre toute cette scène... Sa raison égarée lui représentait des tableaux fantastiques. Quand Maurevailles s'approcha d'elle, elle se recula:

—Que fais-tu donc, mon bien-aimé? murmura-t-elle d'un ton de doux reproche. Est-ce ainsi qu'on agit, un jour de mariage?... Nos invités, nos amis nous attendent!...

—Réjane! chère Réjane! il faut fuir d'ici, fuir, entendez-vous?

—Fuir? Pourquoi? Ne sommes-nous pas chez nous, dans notre château?

—Il faut nous sauver, vous dis-je! répéta Maurevailles en essayant d'entourer la taille de la jeune fille avec la corde.

—Je ne veux pas... laissez...

Elle s'enfuit à l'autre extrémité de la pièce; Maurevailles la poursuivit.

—Ah! ah! ah! dit-elle triomphante, vous ne m'attraperez pas!...

Avec la mobilité d'esprit des fous, elle oubliait son idée de l'instant d'avant pour ne plus voir qu'un jeu dans cette poursuite.

—Vous ne m'attraperez pas, répéta-t-elle en échappant avec la légèreté d'un oiseau, chaque fois que Maurevailles croyait l'atteindre, je cours mieux que vous...

Et elle se mit à chanter:

Courez, courez, beau seigneur,

Qui voulez avoir mon coeur!...

Ni par vos richesses,

Ni par vos prouesses,

De moi vous ne serez vainqueur.

Courez, courez, beau seigneur

—Mon Dieu! que faire? s'écria Maurevailles frappé douloureusement au coeur par cette gaieté navrante en un pareil moment.

—Ah! disait le magnat en se roulant sur le sol, tu ne pourras la faire sortir d'ici... elle mourra avec moi... je serai vengé!... vengé!...

—Laissez-la, montez, montez donc!... disait de son côté le nain, voyant que Maurevailles s'épuisait en efforts inutiles pour saisir Réjane.

—Non, ce serait une lâcheté... je la sauverai ou je mourrai avec elle!...

Et la poursuite recommença.

Le chevalier réussit enfin à s'emparer de la jeune fille. Il l'attacha solidement sous les bras et essaya de l'enlever.

Mais, ivre de rage, le magnat, malgré l'atroce douleur que lui causait sa blessure, s'était traîné jusqu'auprès d'eux. Au moment où Réjane allait s'enlever de terre, il saisit les plis flottants de sa robe et s'y cramponna désespérément.

—Faites-le lâcher, faites-le lâcher! cria le nain qui, du haut de sa trappe, assistait à toute cette scène avec un intérêt marqué.

Le magnat crispait ses doigts sur l'étoffe avec une énergie sauvage, contre laquelle Maurevailles essaya en vain de réagir.

—Nous nous sauverons ensemble, et je vous ferai tous pendre! hurlait le vieux comte avec un horrible ricanement. Ou bien vous mourrez ici avec moi.

Il atteignit et saisit violemment le bras de Réjane à qui ce contact odieux arracha un cri de terreur.

—Misérable! rugit l'officier en essayant de lui faire lâcher prise!...

Et Maurevailles broya dans ses mains nerveuses le poignet du magnat.

Ce fut une lutte horrible, mêlée d'exclamations de rage et de douleur, lutte désespérée dans laquelle le capitaine, tout en cherchant à maîtriser son ennemi, était en même temps obligé de veiller sur Réjane, qui, de plus en plus terrifiée, faisait des efforts pour s'enfuir de nouveau.

Enfin, le chevalier réussit à se débarrasser du magnat qu'il rejeta violemment à terre.

Tirant sur la corde, il hissa Réjane jusqu'à l'ouverture de la trappe.

—Reçois-la et aide-la à monter, cria-t-il au nain.

Mais au lieu de répondre, celui-ci poussa un cri de terreur.

—Prenez garde! fit-il.

Le comte était debout!

Désespérant de se sauver, il avait tiré de sa ceinture un long poignard et allait eu frapper Maurevailles.

Celui-ci, les deux mains occupées par la corde qui soutenait Réjane, ne pouvait ni se sauver, ni se défendre.

—Je suis vengé, hurla le vieillard en baissant son arme pour frapper Maurevailles.

Il n'eut pas le temps de tuer le chevalier. Prompt comme l'éclair, le nain s'était emparé d'un lourd tabouret en bois de chêne sculpté et, visant bien, de façon à n'atteindre ni Maurevailles ni la jeune fille, l'avait jeté sur la tête de son ancien maître.

Le magnat s'abattit lourdement.

Sans perdre une seconde, le chevalier fit arriver Réjane jusqu'au plancher supérieur où elle fut reçue par le nain, qui la détacha et rendit la corde à Maurevailles.

Le magnat étourdi poussait des plaintes sourdes. Maurevailles fut pris de pitié.

—Malgré sa perfidie et ses crimes, se dit-il, je n'ai pas le courage de lui faire subir le sort qu'il me destinait!...

—Eh bien, qu'est-ce que vous faites? s'écria le nain stupéfait. Venez, venez donc! Nous ne pouvons rester plus longtemps ici, les autres vont nous surprendre.

—Qu'importe? dit Maurevailles en soulevant le magnat par les épaules pour l'attacher à son tour.

—Ne faites pas cela, dit le nain qui comprit la pensée du chevalier. Ne faites pas cela, pour Dieu, il nous ferait tous massacrer. Je vous le jure, si vous le montez ici, au moment où il arrivera, je coupe la corde.

Il avait tiré de sa poche un couteau et se disposait à exécuter sa menace.

—Allons, murmura Maurevailles, il le faut.

Et il s'enleva seul jusqu'à l'ouverture.

En le voyant partir, le vieillard sortit un instant de sa torpeur. Il fit un effort pour se relever.

Mais ses forces le trahirent.

Il retomba avec un gémissement.

Une fois dehors, Maurevailles prit Réjane dans ses bras et l'emporta vers le logement de la marquise.

Pendant ce temps, le nain regardait avec une sombre joie le magnat étendu au fond de la chambre bardée de fer.

—Il ne bouge plus, se dit-il avec regret, serait il mort?

Un soupir lui prouva que sa crainte était vaine.

—Ah! grommela le petit bonhomme, c'est solide, ces vieux-là. Il peut durer encore longtemps. On s'amusera. Le vautour est en cage, fermons la porte!...

Il fit glisser la trappe dans sa rainure et s'en alla en sifflotant.

XXIX

CHERCHEZ...

Par les ordres du magnat, le traban s'était occupé de la sépulture des muets, tués dans les souterrains.

Naturellement on ne tenait pas à ébruiter l'affaire, mais encore le comte de Mingréli ne pouvait-il refuser aux cadavres de ces malheureux les bénédictions d'un prêtre.

Après avoir fait creuser des fosses dans une partie reculée du parc, l'intendant avait prié le curé du village de venir dire un service.

Il se rendit avec ce prêtre à l'appartement du magnat pour prendre ses nouveaux ordres.

Le magnat n'était pas chez lui.

L'intendant se mit à sa recherche; chez la marquise de Vilers, on n'avait pas vu le comte. Où donc était-il?

Le traban alla ensuite auprès du marquis de Langevin, qui, connaissant les projets des Hommes Rouges et comprenant la fureur dans laquelle devait les plonger l'affront qu'ils avaient subi, fut saisi de la crainte qu'ils ne se fassent vengés sur le magnat.

Il donna ordre de les appeler immédiatement. Mais tandis qu'on les cherchait, Maurevailles lui fit demander un entretien.

Le chevalier était pâle. L'horrible scène, dans laquelle il venait de jouer un des principaux rôles, l'avait profondément ému. Tant qu'il lui avait fallu lutter contre le magnat et songer à sauver Réjane, son énergie ne lui avait pas fait défaut.

Le danger passé, elle l'abandonnait.

Et puis, quoique le magnat eût tout mis en oeuvre pour le faire mourir, il ne pouvait se résoudre à cette idée de laisser un homme enterré vivant. C'eût été le remords de sa vie.

Il venait tout raconter au marquis de Langevin, et le prier de donner des ordres pour aller retirer le comte de Mingréli de sa tombe anticipée.

Le récit de Maurevailles épouvanta le colonel.

Il appela des hommes et dit au chevalier:

—Capitaine, conduisez-moi à la chambre qui est située au-dessus de la cage de fer.

Mais quand on arriva à cette chambre, on chercha vainement la trappe... Le plancher, lisse et uniforme, ne présentait aucune solution de continuité.

—C'est étrange! s'écria Maurevailles. C'est cependant ici...

Il s'interrompit. Bien que, comme aspect et comme ameublement, la pièce fût exactement semblable à celle par laquelle il s'était sauvé, il venait de constater certaines différences fort légères... On sortit pour visiter l'appartement voisin... Il était fait sur le même modèle et meublé pareillement. Trois, quatre, cinq pièces semblables furent en vain examinées et sondées. Impossible de s'y reconnaître.

Malgré toute sa bonne volonté, Maurevailles ne pouvait désigner d'une façon précise le salon dans lequel s'ouvrait la trappe.

Ce château était un véritable dédale dans lequel on finissait par ne plus savoir se diriger.

—Je ne vois qu'une chose à faire, dit le marquis de Langevin, allons consulter mademoiselle Réjane...

Peut-être se souviendra-t-elle mieux que vous...

—La pauvre enfant, hélas! a perdu la raison.

—Que m'apprenez-vous! Mais consultons-la tout de même. Elle retrouvera instinctivement l'endroit où elle a reçu le coup terrible qui a troublé sa raison... Allons la chercher.

On se rendit à l'appartement de la marquise où Maurevailles avait conduit la jeune fille. Il fut impossible de rien lui faire dire. Au seul nom du magnat, elle se tordait dans d'horribles crises, dont elle ne sortait que pour divaguer ou se plonger dans une morne torpeur.

Restait le nain. Lui, qui connaissait tous les mystères du château, qui avait suivi le magnat et l'avait jeté dans la trappe, devait savoir où il l'avait laissé.

Mais l'avorton n'était pas disposé à parler. Comme il l'avait dit maintes fois, le magnat était homme à le faire pendre haut et court, aussitôt qu'il pourrait revenir sur terre. C'était une perspective peu rassurante.

En outre, il s'imaginait servir Maurevailles et Réjane en gardant le plus profond secret.

Aussi, quand on l'interrogea:

—Non, non, murmura-t-il en secouant sa grosse tête crépue, le vilain oiseau est en cage: il faut l'y laisser. Il est très bien!

—Songe qu'il est blessé, mourant peut-être, dit Maurevailles.

—Oh! il a la vie dure!...

—Si tu as peur de lui, ne crains rien, je te protégerai, dit à son tour le marquis de Langevin.

—Je n'ai peur de personne..., monsieur le colonel, mais je ne peux pas vous dire où il est... Je ne m'en souviens plus!...

Il n'y eut pas moyen de le faire sortir de là. Prières, menaces, représentations eurent le même résultat.

—Je ne sais pas, je ne me souviens plus, disait le nain à chaque nouvelle question qui lui était posée.

Et pendant ce temps, le misérable vieillard, privé de lumière et d'air, étendu sur le sol, la jambe cassée, mourait peut-être sans secours!

—Puisqu'il en est ainsi, dit le colonel, il nous reste un devoir à remplir.

—Lequel?

—Je ne puis m'occuper plus longtemps de ces recherches. Il faut que je veille au départ de mon régiment. Mais, en l'absence du magnat, la marquise est maîtresse absolue au château.

—C'est vrai.

—Dès le moment où elle sera informée de la disparition du comte, ce sera à elle de décider de ce qu'il y aura à faire.

—Et peut-être aura-t-elle sur ce nain enragé plus d'influence que nous.

Il ne pouvait plus leur rester, en effet, que cette seule espérance.

Ils allèrent chez la marquise.

S'ils s'étaient rendus une heure plus tôt auprès de madame de Vilers, ils l'auraient trouvée tout entière à sa douleur, d'autant plus vive qu'elle s'accusait d'être la cause de la mort de son mari.

N'avait-elle pas d'abord, se fiant aux paroles du magnat, consenti à le suivre dans ce fatal château où le marquis avait dû venir la chercher?

N'avait-elle pas ensuite, prise d'une folle terreur, lancé elle-même des bourreaux contre son mari qu'elle n'avait pas reconnu, et qui avait fait des prodiges pour arriver jusqu'à elle?

Une seule personne eût pu désabuser la marquise; c'était Réjane, qui venait de voir M. de Vilers. Mais Réjane était folle, et les muettes, attendries pour la première fois de leur vie, n'avaient pas osé la montrer à la marquise.

Madame de Vilers était donc assise auprès de la fenêtre, regardant, sans le voir, le panorama qui se déroulait sous ses yeux.

Maman Nicolo et Bavette respectaient sa douleur.

Tout à coup, Haydée se leva brusquement:

—Madame Nicolo, dit-elle d'une voix entrecoupée, vous êtes une véritable amie. Je puis compter sur vous, n'est-ce pas?

—Comme sur moi-même!... s'écria la brave femme en passant la main sur ses yeux humides.

—Et toi, ma petite Bavette?

Bavette se jeta à son cou en pleurant...

—Eh bien, poursuivit madame de Vilers, je vous en prie, restez ici quelques jours encore; prenez soin de Réjane; protégez-la contre la colère du magnat... je me fie à vous pour cela... considérez-la comme votre fille...

—Mais, vous!

—Moi, je pars... pour quelques jours... j'ai une mission à remplir... je profite de la liberté momentanée que me laissent ces événements...

—Vous partez?... s'écria maman Nicolo; mais où allez-vous?

—Vous le saurez plus tard.

Et après avoir fiévreusement embrassé maman Nicolo et Bavette, la marquise descendit, fit à la hâte seller un cheval dans l'écurie et partit au triple galop.

Le désarroi causé par l'enterrement des muets et par la disparition du magnat l'avait servie en ceci que personne n'avait fait attention à ses actions.

Maman Nicolo et Bavette étaient encore à la fenêtre, cherchant à l'apercevoir dans le lointain, quand le colonel et Maurevailles frappèrent à la porte.

Bavette leur raconta ce qui venait de se passer.

Maurevailles pâlit. Une idée terrible se fit jour dans son esprit:

—Si la marquise savait ce qui avait eu lieu entre Vilers et les Hommes Rouges?... Si elle était partie pour s'ensevelir dans un cloître ou pour aller mourir dans un endroit inconnu, afin qu'on ne pût jamais avoir de ses nouvelles?

Et il était impossible de courir à sa recherche. Le régiment allait se remettre en route pour ne plus s'arrêter cette fois; car la rencontre avec l'ennemi était proche!

Comment et par qui savoir où était allée Haydée?...

XXX

L'OISEAU DU NAIN

La diane sonnait. Un long frémissement parcourait le camp qui s'éveillait. D'un bout à l'autre du parc, les gardes-françaises, habillés à la hâte, empaquetaient au plus vite leurs effets, pliaient leurs tentes, rebouclaient leurs sacs... Il fallait partir...

Dans le château que venaient de quitter M. de Langevin et son état-major, le silence régnait. On se reposait des émotions et des fatigues des jours passés.

Seul, le nain ne dormait pas. Entr'ouvrant avec mille précautions la porte du réduit où il était relégué, il se glissa mystérieusement dans les couloirs. Il allait, assourdissant le bruit de ses pas, s'arrêtant à chaque minute pour écouter; un sourire narquois fendait sa large bouche.

Il marcha ainsi jusqu'à l'office où il s'empara d'un pain et d'une cruche qu'il remplit d'eau.

—Frugal repas, murmura-t-il avec un rire muet.

Il reprit sa route à travers les corridors déserts.

Arrivé à l'aile où la veille Maurevailles avait cherché en vain la salle bardée de fer, il posa son pain et sa cruche et s'orienta. Puis il se mit à examiner, avec un soin scrupuleux, les boiseries des portes.

A la troisième porte, il s'arrêta en ayant l'air satisfait de lui-même.

—Voilà mon affaire, murmura-t-il, je trouve tout, moi, tout. Si l'Homme Rouge avait, comme moi, pris la précaution de faire une entaille à la boiserie en sortant, il ne se serait pas donné tant de mal pour ne rien trouver...

Il ouvrit la porte et alla ensuite chercher le pain et la cruche d'eau.

—Je suis plus malin qu'eux tous, continua-t-il en entrant. C'est comme la trappe; qui est-ce qui trouverait ici une trappe?...

Effectivement, cette trappe, admirablement dissimulée, était impossible à distinguer du reste du parquet.

Il alla à la cheminée, une grande cheminée monumentale en bois aux larges sculptures.

—Si je n'avais pas suivi le magnat, se dit-il, je ne l'aurais pas vu pousser le bouton... Où donc est-il, ce bouton?... Ah! le voilà!... Ouf!... Que c'est dur!...

Il appuya avec effort sur un des ornements de la cheminée. La trappe commença à glisser dans ses rainures.

—C'est qu'ils voulaient le mettre en liberté!... poursuivit le petit homme avec indignation. Ah! non, il est à moi, bien à moi...

La trappe était tout à fait ouverte. Il se pencha sur l'orifice béant:

—Eh! monseigneur! cria-t-il.

Pas de réponse.

—Diable! serait-il mort?... C'est cela qui me chiffonnerait!... Je ne suis pas méchant, moi. Je voudrais lui laisser le temps de s'amuser un brin. Eh! monseigneur, monseigneur, dormez-vous?

La voix rauque du magnat s'éleva, furieuse:

—Qui m'appelle?... Ah! c'est toi, bandit, scélérat, misérable!...

—Bon, dit le nain, je vois que vous avez encore la force de crier. C'est bon signe!...

—Infâme, brigand, lâche, traître!...

—Allez, allez, déchargez votre colère, cela soulage. Tenez, moi, quand j'étais obligé de faire le muet, rien ne me remettait comme d'aller crier dans les coins.

—Je te ferai pendre!...

—Ça, vous l'avez déjà dit, c'est monotone. Il ne faudrait pas vous répéter... Et puis, voyez-vous, monseigneur, vous êtes injuste. Moi qui vous apportais la pâtée! Car enfin, depuis que vous êtes là, vous devez avoir faim?

Un sourd grognement lui répondit.

Quelle que fût la fureur du magnat, pris au piège comme un fauve et obligé de subir les insultes d'un valet, la tentation physique dominait le sentiment moral. La bête maîtrisait l'esprit... La faim domptait l'orgueil.

—Donne! dit-il au nain qui lui offrait de quoi ne pas mourir de faim.

—Un beau petit pain, une jolie cruche pleine d'eau fraîche, dit celui-ci en descendant les provisions à l'aide d'une longue ficelle qu'il avait tirée de sa poche. En voilà assez pour faire un bon repas, frugal et substantiel...

Le magnat ne répondit pas. Il avait sauté sur le pain et mangeait avidement.

—Si vous voulez être bien sage, poursuivit le nain, je vous apporterai de temps en temps de la viande et du vin... quand je pourrai en voler à l'office. Mais, il faudra être bien mignon. Sinon, plus rien, rien que de l'eau... L'eau, ça calme les sens, tandis que le vin, ça excite.

—Écoute, dit le magnat, cherchant à fléchir son geôlier improvisé. Si tu veux me sortir d'ici, je te jure que je ne te ferai aucun mal...

—Tarare!... Votre premier soin serait de me faire brancher. Je suis bien plus sûr de vous comme nous sommes...

—Au contraire, continua le magnat, je te promets de faire ta fortune. Tu aimes l'or, tu en auras; tu seras riche et puissant, tu deviendras un seigneur à ton tour; sauve-moi, et tous mes trésors sont à toi!

—Bien sûr?

—Sur mon âme, je te le jure!...

—Eh! Eh! dites donc, votre âme? Elle ne me paraît pas en sûreté... C'est que ce n'est pas tout que de promettre. Si je vous demandais la lune, bien sûr que vous me la promettriez. Mais après avoir promis, il faut tenir et... je n'ai pas confiance.

Puis prenant un ton confidentiel:

—Et puis, voulez-vous que je vous dise la vérité? Il y a longtemps que j'ai besoin de tourmenter quelqu'un. Les hommes sont comme ça. Depuis que je suis au monde, on m'a traité comme un chien, parce que je suis petit, parce que je suis laid, parce que je suis pauvre. Eh bien, je prends ma revanche... Je n'ai que vous pour cela. Tant pis, je vous garde!...

—Ah! misérable bandit! rugit le comte.

—Encore? Ah! ma foi, allez, ne vous gênez pas. Je n'ai rien à craindre de vous. Comme vous l'avez dit, la cage est solide, on s'userait les doigts avant d'attaquer ses murs de fer poli... Menacez à votre aise, je suis bon prince, je vous donnerai la réplique.

—Ne chante pas tant victoire. On s'apercevra de mon absence à la longue et on viendra me chercher!...

—Soyez tranquille, on s'en est déjà aperçu, et on vous a cherché partout. Mais c'est de bon ouvrage, votre mécanique; on n'a rien découvert. On s'est dit que vous étiez peut-être parti et on ne s'occupe plus de vous!...

—Mais le marquis de Langevin, mon hôte...

—Le marquis, il a cherché aussi, il n'a rien trouvé. Ce n'est pas comme moi, je trouve tout. Car, il faut que je vous raconte cela pour égayer votre captivité, c'est moi qui ai ouvert à M. de Maurevailles le passage secret pour aller enlever la marquise; c'est moi qui l'ai encore ouvert pour la seconde expédition, où vos vrais muets ont été si bien étrillés. C'est moi enfin qui ai levé l'écluse et provoqué le courant qui a sauvé le marquis de Vilers et le caporal Tony... Eh! eh! eh! n'est-ce pas que je travaille bien, quand je m'y mets?...

Le magnat écumait de rage.

—Là, là, ne vous mangez pas le sang comme cela!... conseilla paternellement le nain, vous allez vous faire du mal. J'en ai bien d'autres à vous apprendre. Vous allez voir. Et tenez, d'abord, entendez-vous?

Un bruit sourd et régulier résonnait dans le lointain.

—Ce sont les tambours des gardes-françaises qui partent, reprit le nain. S'ils étaient moins loin, vous entendriez leurs chants joyeux.. comme vous disiez à Maurevailles, vous rappelez-vous?... Ils partent gaiement, avec leurs officiers, avec M. de Maurevailles, M. de Lavenay, M. de Lacy et... M. de Vilers. Ça vous fait enrager, ce nom?... Ah! mon bon seigneur, je vais vous dire quelque chose qui vous fera encore plus bondir. La marquise... vous savez bien? celle que vous appeliez votre fille... Elle a pris la poudre d'escampette!

Ce ne fut pas un cri, ce fut un hurlement de jaguar qui sortit de la poitrine du magnat.

—Pour sur, vous allez vous casser quelque chose dans le gosier, dit le petit homme. Eh bien oui, la marquise s'est enfuie. Ah! c'est que, voyez-vous, depuis que vous vivez ici en reclus, il s'est passé bien des choses. On a signé la paix. Les Hommes Rouges ont arrangé leurs affaires. Le jour où le marquis de Vilers reprendra sa femme, où M. de Maurevailles épousera mademoiselle Réjane avec M. Marc de Lacy et M. de Lavenay pour témoins, je boirai et je mangerai joliment bien. Mais soyez tranquille, je vous apporterai, avant de me mettre à table, deux pains et deux cruches d'eau! Vous aussi, vous ferez bombance!...

Le nain savait bien qu'on était encore loin de la réalisation des beaux rêves qu'il faisait tout haut. Mais il s'amusait tant à torturer son ancien maître!

Malheureusement il dut reconnaître qu'il avait dépassé le but. Le magnat en effet ne l'écoutait plus. En proie à des accès de rage insensée, il se roulait sur le sol en poussant des cris inarticulés.

—Diantre, diantre, se dit le petit drôle, aurais-je été trop vite en besogne? Si le vieux devient fou, il n'y aura plus de plaisir à causer avec lui. Et puis, s'il crie comme cela, il va finir par se faire entendre de toute la maison. Or, si le traban arrivait, c'est moi qui passerais un mauvais quart d'heure!...

Comme il pensait ainsi, des pas précipités retentirent dans le couloir.

Les cris du magnat redoublaient.

—Ouf! dit le nain, fermons vite la trappe.

Il courut à la cheminée pour tirer le bouton, qui faisait jouer le ressort.

Mais il n'en eut pas le temps.

Au moment même où il mettait la main sur ce bouton, la porte s'ouvrit brusquement.

XXXI

LA DERNIÈRE HEURE A BLÉRANCOURT

Dans les explications qu'il donna au magnat, le nain n'avait raison qu'à moitié.

On allait partir, mais on ne partait pas encore.

Les tambours et les trompettes, dont le bruit, perçant les murs de la cage, parvenait jusqu'aux oreilles du comte de Mingréli, n'étaient point le signal du départ, mais annonçaient l'arrivée du maréchal de Saxe et de son escorte.

Car, on s'en souvient, c'était le maréchal de Saxe que les gardes-françaises attendaient à Blérancourt. Il devait prendre, en passant et sans s'arrêter, les deux régiments qu'en sa qualité de colonel-général, le marquis de Langevin avait sous ses ordres.

En arrivant au camp, le maréchal, du premier coup d'oeil, vit qu'on était prêt à partir. Les hommes avaient l'arme au pied; les tentes étaient pliées, les voitures de bagages et de cantine attelées.

Un sourire de satisfaction éclaira le visage du maréchal, qui, apercevant le marquis de Langevin debout sur le front de bandière, se fit traîner jusqu'à lui pour le féliciter.

Maurice de Saxe, celui qu'on appelait, depuis Fontenoy, le glorieux maréchal, souffrait alors cruellement d'une épouvantable hydropisie qui, l'empêchant de monter à cheval et même de marcher, l'avait contraint à se faire fabriquer une petite carriole d'osier, dans laquelle on le roulait à la suite de l'armée.

Le beau tableau d'Henri Motte nous le montre ainsi commandant à Fontenoy. Sait-on que, après cette bataille, Louis XV donna au vainqueur le château de Chambord et quarante mille livres de rente? On va voir si le maréchal était digne de cette récompense.

Quand l'illustre homme de guerre dut aller rejoindre à Blérancourt les régiments du marquis de Langevin, Voltaire, témoignant des inquiétudes sur sa précieuse santé, l'excita à rester à Chambord.

—Aller aux Pays-Bas, ce serait vous tuer, lui disait-il.

—Il ne s'agit pas de vivre, monsieur de Voltaire, lui répondit le maréchal; il s'agit de partir.

Et il se mit en route dans sa petite carriole.

Or, c'est pendant que le maréchal et le colonel-général causaient ensemble, que le nain, prenant plaisir à torturer le magnat, lui avait porté le dernier coup...

Le vieillard se tordait, hurlant, au fond de la cage de fer où il eût laissé mourir Maurevailles et Réjane.

Le nain s'amusait énormément.

Mais qui venait ainsi, tout à coup, l'interrompre et peut-être venger sa victime?

Le nain, voyant la porte s'ouvrir, s'était élancé dans la cheminée. L'imminence du danger lui avait suggéré une idée; celle de grimper dans le tuyau où, petit et malingre, il se fût facilement glissé.

Mais, au milieu du tuyau, deux grosses barres de fer défendaient le passage.

Impossible d'aller plus haut.

Or, le nouvel arrivant n'était autre que Maurevailles.

Le chevalier, nous l'avons déjà dit, n'avait pu, sans répugnance, abandonner le magnat à cette mort affreuse. Il l'eût, sans remords, cloué de son épée contre une porte. L'idée de le voir mourir de faim le faisait frissonner.

Quand il s'était sauvé avec Réjane, il avait tenté vainement d'arracher le vieillard à ce sépulcre anticipé. Nous l'avons vu ensuite chercher, avec le marquis de Langevin, la chambre où était pratiquée la trappe, chambre qu'il n'avait pas trouvée, n'ayant pas eu, comme le nain rusé, l'idée d'en marquer la porte.

Profitant de l'heure de répit laissée au régiment avant le départ, Maurevailles revenait seul, pour porter une troisième fois, secours à son ennemi vaincu.

Comme il cherchait à s'orienter, des cris affreux frappèrent son oreille. C'était la voix du magnat qui, passant par la trappe ouverte, arrivait jusqu'au dehors.

Maurevailles n'hésita pas. Il ouvrit la porte par laquelle lui semblaient venir les cris.

Il aperçut la trappe ouverte. Quant au nain, il était toujours au milieu de la cheminée.

—Monsieur le comte, dit Maurevailles en se penchant sur la trappe, je viens vous sauver!

Il se releva frappé d'horreur. Le magnat, dans d'horribles spasmes, se roulait sur le sol sans paraître tenir compte des souffrances que devait lui causer sa jambe cassée, d'où à chaque mouvement jaillissait un sang noir. Une écume sanguinolente frangeait ses lèvres. Ses yeux fixes sortaient de leurs orbites; sur son crâne dénudé, de rares cheveux blancs se dressaient... Il se traînait convulsivement, par saccades, hurlant plutôt qu'il ne criait, adressant d'une voix devenue inintelligible, à des êtres que lui seul voyait, des supplications, des insultes et des menaces; frappant du poing les murs de fer et retombant découragé, en proférant un blasphème, pour recommencer la minute d'après.

—Oh! c'est horrible! s'écria Maurevailles.

A la voix du chevalier, le nain dégringola de la cheminée et s'élança vers lui, espérant recevoir ses félicitations.

—Une échelle, vite, une échelle! lui commanda Maurevailles.

—Que voulez-vous faire?

—Que t'importe? Allons, vite, le temps presse!...

Dominé par l'accent impérieux de la voix du capitaine, le nain se hâta d'aller chercher une échelle mince et longue, que Maurevailles fit passer par la trappe.

Le nain n'avait pas été long à la trouver, mais les minutes étaient des siècles pour le magnat. En voyant l'extrémité de l'échelle, il poussa un cri de joie. Les bras tendus vers elle, dans l'attitude de l'extase, il la regardait descendre lentement...

Quand le premier échelon arriva à hauteur d'homme, le vieillard galvanisé fit un effort surhumain: il se releva sur sa seule jambe valide et saisit fiévreusement le pied de l'échelle. S'y cramponnant comme un noyé se cramponne à la corde qu'on lui jette, il appliqua inconsciemment un baiser furieux à l'instrument de son salut...

Mais tout à coup les nerfs se détendirent. Un son rauque s'exhala de son gosier. Il lâcha l'échelle, battit l'air de ses deux bras et tomba comme une masse.

Il était mort.

La rage, causée par l'insuccès de ses projets et par les insultes du nain, avait encore aigri son sang... Les efforts qu'il avait faits pour se sauver avaient aggravé sa blessure... Le mal physique et le mal moral ayant réuni leurs atteintes, une attaque de tétanos venait d'emporter le magnat.

—Allons, dit Maurevailles, il n'y a plus rien à faire. Au bout du compte, il vaut peut-être mieux qu'il en soit ainsi. J'ai tenté tout ce que j'ai pu pour lui porter secours. Sa mort ne pèsera pas sur ma conscience...

—Ni sur la mienne non plus, ma foi, dit en ricanant le nain.

—D'ailleurs, pensa le chevalier, il me semble inutile de faire savoir ce qui vient de se passer... L'armée va partir, je ne puis rester plus longtemps. Le magnat est mort et ne mérite guère qu'on se dérange pour lui faire des funérailles. Il est bien ici, ajouta-t-il tout haut, qu'il y reste.

—Amen, dit le nain en repoussant la trappe et en suivant Maurevailles qui avait gagné la porte. Si jamais on le trouve, je veux bien devenir cardinal!... s'écria-t-il, en sortant, avec un éclat de rire.

Le capitaine s'éloigna à grands pas pour rejoindre sa compagnie. Le nain resta seul.

—Voilà le maître enterré, se dit-il. Personne ne sait où il est. C'est le traban qui va s'occuper de diriger le château. Or, comme le traban commence à croire que le vieux est parti avec la marquise, il va bientôt se consoler de l'absence de son maître avec son système habituel, l'eau-de-vie de Dantzig... Chacun son goût; moi je préfère le vin de France... Mais, en attendant, nous allons être, à nous tous, les maîtres, les vrais maîtres du château. Nous allons bien nous amuser!

Les tambours battirent aux champs. Avant le départ, le maréchal et le marquis passaient devant les troupes.

—Ça m'émotionne, murmura le nain, d'entendre ces tambours. Pour un rien, si je n'étais si petit, je m'enrôlerais dans les gardes-françaises, avec les Hommes Rouges... Malheureusement, il faut cinq pieds six pouces et je n'ai guère plus que les deux tiers de la taille... Si cette brave maman Nicolo voulait de moi pour employé?

Il était arrivé aux cuisines et profitant de nouveau du désarroi général, il se versait coup sur coup de grands verres de vin de Bourgogne.

—Vrai Dieu! disait-il tout haut avec un enthousiasme croissant... C'est une belle femme, maman Nicolo, haute en couleur et bien plantée... Elle a des bras solides et ferait joliment respecter l'homme qui saurait lui plaire. Et pourquoi ne lui plairais-je pas? Sarpejeu, pour n'être pas aussi long que tous ces escogriffes, je n'en suis pas plus laid... et puis, je suis un malin, moi!... Eh! eh! j'ai envie d'aller demander maman Nicolo en mariage!

Il avala une nouvelle rasade. Sa figure blême prit des tons violacés.

—Positivement, continua-t-il, on s'ennuie au château. On n'a personne avec qui causer... Je ne suis pas bavard, mais je sais parler quand il le faut. Ici, il n'y a que des infirmes... pouah! vilaine société! A l'armée, au contraire, il y a de bons vivants, buvant sec et souvent... Je ne suis point ivrogne, mais j'aime à boire un verre de vin avec un ami... Quand j'aurai épousé la vivandière, je pourrai trinquer avec mes amis, avec les gardes françaises, tant que cela me fera plaisir!... Hourra! c'est dit, j'épouse maman Nicolo!...

Le bout d'homme, se levant tout titubant, sortit du château afin d'aller exposer sa demande. Sous l'influence du bourgogne, il voyait tout en rose et ne doutait pas un seul instant qu'on put le refuser.

Mais, en bas une singulière surprise l'attendait.

Tandis que d'un côté les gardes-françaises défilaient pour rejoindre la frontière, de l'autre, dans le carrosse du marquis de Langevin, le carrosse qui suivait l'armée et où, en temps ordinaire, selon l'usage de l'époque, le colonel passait la nuit, maman Nicolo, Bavette et Réjane se disposaient à partir du côté de Paris.

Ne sachant ce qu'était devenue madame de Vilers, le colonel n'avait pas voulu laisser la pauvre enfant, toujours folle, aux mains de l'intendant du comte. Ne pouvant pas non plus l'emmener avec lui, il avait offert son carrosse à maman Nicolo pour la reconduire à Paris, à l'hôtel de Vilers, où se trouvait toujours le bon Joseph dont la pauvre enfant parlait souvent. La même voiture, en rejoignant l'armée, y ramènerait la vivandière et sa fille.

Les projets matrimoniaux du nain étaient, sinon brisés, du moins indéfiniment ajournés.

—Peuh! se dit-il avec la philosophie de l'ébriété, je vais rester au château... Si je m'y ennuie, j'irai rejoindre les soldats au pays des têtes carrées!...

Il rentra à Blérancourt et, du haut des remparts, suivit longtemps des yeux le régiment qui s'éloignait.

En route, le marquis de Langevin, voyant marcher près de lui, triste et abattu, le pauvre Tony qui, de Paris, était parti avec tant d'enthousiasme, lui demandait malignement:

—Penserais-tu donc à Bavette, enfant?

Tony rougit. Mais il répondit:

—Non, pas en ce moment. Je cherche à deviner où peut être allée la marquise...

Pendant ce temps, Lavenay disait à Maurevailles:

—Tu es content, toi?...

—Content? Entre la marquise et moi, se place l'image de la pauvre petite Réjane, devenue folle...

Ah! je voudrais que la première balle fût pour moi...

Et Lacy ajouta:

—N'allons-nous pas apprendre, en arrivant dans les Pays-Bas, comment s'est fait tuer pour nous ce pauvre Vilers?

Et, pendant ce temps-là, les hommes chantaient joyeusement, se réjouissant de chaque pas qui les rapprochait de l'ennemi...

DEUXIÈME PARTIE

LE BARON DE C***

I

LES SECONDS GALONS DE TONY

On s'était battu tout le jour, malgré une pluie froide et pénétrante qui n'avait cessé de tomber depuis le matin.

C'était dans les Pays-Bas, et le fort des Cinq-Étoiles avait été emporté par l'armée française après une journée des plus meurtrières.

Le maréchal de Saxe avait fait occuper le fort, comme la nuit tombait, par le marquis de Langevin, en se contentant de lui adresser cette laconique recommandation:

—Il faut vous maintenir, quoi qu'il arrive.

—C'est bien, avait répondu le marquis, nature énergique et vaillante, en dépit de ses fréquents accès de goutte.

Le maréchal, en entrant en campagne, avait médité un plan hardi qu'il nous faut expliquer en quelques mots.

Ce plan consistait à couper en deux l'armée impériale qui occupait dans tous les Pays-Bas des positions formidables.

Le fort de Cinq-Étoiles, qui venait de tomber au pouvoir des Français, était, dans la pensée du maréchal, destiné à opérer une diversion puissante en occupant l'attention des Impériaux, tandis que le maréchal se transporterait à marches forcées vers les places les plus fortes.

Le marquis de Langevin prit donc possession de ce fort avec son régiment, une batterie d'artillerie commandée par M. de Richoufft, capitaine au régiment de La Fère, et le premier escadron du régiment de Bourgogne-cavalerie.

Après quoi il assembla ses officiers et tint conseil.

—Messieurs, dit-il, nous avons vingt-cinq mille hommes autour de nous et nous sommes environ cinq mille.

Si les Impériaux tentent de nous reprendre le fort, nous tiendrons cinq ou six jours au plus, attendu qu'il leur sera facile de couper toutes communications entre nous et la France. Or, au bout de cinq ou six jours, comme une garnison française ne se rend pas, il faudra nous faire sauter.

—Nous sauterons, dit M. de Richoufft.

—Un instant, reprit le marquis. Délibérons, s'il vous plaît.

M. de Langevin avait si souvent montré une habileté merveilleuse et une science stratégique des plus remarquables, qu'il n'était pas, dans l'armée française, un seul officier qui n'eût en lui une confiance sans bornes.

Aussi lui prêta-t-on sur-le-champ une vive attention.

—Messieurs, reprit le marquis, il y a à l'ouest, à une lieue d'ici, un fort autrement redoutable que la bicoque où nous sommes, c'est le burg du Margrave, situé en pleine forêt.

—C'est vrai, dirent plusieurs officiers qui avaient déjà fait la guerre contre les Impériaux et connaissaient les plus petits recoins des Pays-Bas.

—Le burg du Margrave, continua M. de Langevin, est une forteresse bâtie sur un rocher. Une garnison de mille hommes y tiendrait en échec, tant qu'elle aurait des vivres, toutes les armées du monde.

Un officier de l'état-major du marquis secoua la tête.

—Par conséquent, dit-il, on ne saurait songer à s'en emparer.

—Bah! fit le marquis.

Et comme l'officier le regardait avec un air d'étonnement:

—Tenez, dit-il, moi qui vous parle, j'ai mis dans ma tête que le burg du Margrave serait à nous.

—Ah! fit un vieil officier, c'est difficile, général.

—Et pas plus tard que la nuit prochaine...

Les officiers hochèrent la tête.

—Messieurs, dit le marquis, il nous le faut.

—Et vous l'aurez, s'écria un jeune homme.

C'était un cadet, un simple cornette du régiment de Bourgogne, un garçon imberbe et qui n'avait pas vingt ans.

Le marquis le regarda.

—Tiens, dit-il, c'est vous, du Clos.

Le cornette du Clos était un jeune gentilhomme fort riche, fort brave, qui n'avait que dix-huit ans quand il s'était déjà distingué dans trois batailles rangées.

—C'est moi, général, répondit-il avec assurance.

—Vous prendrez le fort du Margrave, mon jeune coq?

—Je le prendrai.

—Hé! hé! fit le marquis, il n'y a rien d'impossible à cela; car, vrai Dieu! la victoire est une catin qui a toujours eu un faible pour la jeunesse.

Les vieux officiers rongeaient leurs moustaches et souriaient d'un air plein d'incrédulité.

—Eh bien, dit le colonel, qui s'y connaissait en hommes et jugeait les braves d'un coup d'oeil, je veux bien compter sur vous, du Clos. Nous allons délibérer sur vos moyens d'action!

Mais le cornette fit la moue:

—Sauf le respect que je dois à mon général, dit-il, je lui ferai observer que je désire agir absolument à ma guise.

—Ah! ah!

—Et si on veut me donner dix hommes.., reprit le jeune du Clos.

—Pour quoi faire? demanda le colonel de Langevin.

—Mais, dit le cornette avec sang-froid, pour prendre le fort.

Cette fois, les vieux officiers qui entouraient le marquis se mirent à rire de tout leur coeur.

—Dix hommes que je choisirai, ajouta le cornette avec calme.

Et comme on riait toujours, il ajouta:

—Commandés par un sergent.

—Quel sergent?

—Ah! mon général, dit le cornette, mon sergent n'est encore que caporal; mais je vous supplie de le faire sergent pour la circonstance.

—Comment le nommez-vous?

—Il s'est battu tout le jour comme un lion et il a tué de sa main un officier impérial qui avait six pieds.

—Mais... son nom?

—Il a dix-sept ans, continua du Clos.

—Ce cornette est fou, murmura un capitaine qui tortillait sa moustache blanche.

—Et, poursuivit le cornette, je vais le présenter à Votre Seigneurie. Sur ce, le cornette souleva la portière de la tente et dit au soldat de planton:

—Allez me quérir le caporal Tony.

—Tony? fit M. de Langevin étonné.

—Oui, mon général.

—Vous voulez le faire sergent?

—S'il plaît à votre Seigneurie.

—Mais c'est un enfant...

Et, tout en faisant cette réflexion, le marquis de Langevin laissait percer sous sa moustache un sourire de satisfaction. Il était fier de son Tony.

—Bah! dit le cornette, je l'ai vu à l'oeuvre et je réponds, mon général, qu'il est dans le chemin par où passent les maréchaux de France!...

—Décidément, murmura le capitaine à la barbiche blanche, c'est le monde renversé! On fait des sergents de dix-sept ans et on charge les cornettes de prendre des forts!...

Tandis que le vieil officier maugréait, le caporal Tony entra.

—Tony, lui dit froidement le colonel-général, le cornette du Clos vous a vu au feu et me demande pour vous les galons de sergent. Je vous les donne.

—Mon colonel! s'écria le jeune homme avec effusion.

—Vous me remercierez en vous battant mieux encore.

Et se tournant vers le cornette du Clos, le marquis ajouta:

—Eh bien, soit, du Clos, prenez avec vous Tony, je veux vous laisser tout l'honneur et tout le soin de votre entreprise.

Du Clos s'inclina en signe de reconnaissance et se retira pour réunir les dix hommes qu'il avait demandés.

II

MM. LES POMMES DE TERRE

Si le cornette du Clos n'avait voulu faire connaître son plan ni au maréchal ni au marquis de Langevin, c'était par suite de deux sentiments bien opposés: la modestie et la vanité.

On en aura la preuve tout à l'heure.

A l'arrivée du régiment de Bourgogne auprès des Cinq-Étoiles, le jeune cornette s'était dit que, malgré son joli nom, le lieu manquait de charme.

Les promenades en forêt ou sur l'Escaut, outre qu'elles étaient dangereuses, lui semblaient fort monotones. Du Clos n'était pas grand buveur; il n'aimait ni les cartes ni les dés... En dehors de la bataille et des jours de grand'garde, il voyait peu de chances de passer gaiement la campagne.

Mais voilà qu'aux environs du camp, il avait un soir rencontré une fillette rose et blonde, au front pensif, aux cheveux cendrés tombant en longues nattes sur son corsage de velours brodé, la plus appétissante des Greetchen passées, présentes et à venir.

Était-ce l'occasion tant désirée?

—Parbleu, se dit le jeune homme, si les gardes-françaises, nos joyeux compagnons, prétendent que chez eux: *On fait l'amour, tout le jour*... je ne vois pas pourquoi le régiment de Bourgogne n'aurait pas les mêmes privilèges... Palsembleu, la jolie fille! Il serait dommage de la leur laisser... Du diable, si je ne lie pas tout suite connaissance avec elle.

Et, frisant sa petite moustache blonde, du Clos pressa le pas pour rejoindre la fillette.

—Elle doit s'appeler quelque chose comme Bettina, Roschen ou Gestraut, se dit le cornette, essayons un de ces noms.

—Eh, *mamsell* Bettina! cria-t-il.

La jeune fille se retourna en riant.

—*Nicht Bettina..., Lisbeth*! dit-elle en montrant ses dents blanches.

—Parbleu, je ne me trompais qu'à moitié, s'écria du Clos enchanté, et sans se déconcerter.

—*Wo gehen Sie* (où allez-vous), belle Lisbeth? reprit-il en allemand, ne voulez-vous pas me rendre mon coeur que vous m'avez ravi au passage?

Ce compliment à brûle-pourpoint flatta la jeune fille, qui s'arrêta pour causer avec du Clos. Le jeune officier ne parlait pas très couramment l'allemand, mais en savait suffisamment pour se faire comprendre. Du reste, Lisbeth semblait pleine de bonne volonté, et le patois du cornette provoquait à chaque minute des éclats de rire qui lui donnaient occasion de montrer ses dents, dont elle devait être très fière.

Au bout de cinq minutes, du Clos et elle étaient les meilleurs amis du monde. Mademoiselle Lisbeth avait avoué à son adorateur qu'elle n'était qu'une simple employée des cuisines au burg du Margrave Karl von Lichtberg, où l'on vivait fort gaiement, dans la certitude où l'on était que jamais les Français n'oseraient s'y frotter. Du Clos avait juré à la jolie allemande que la modestie des fonctions dont elle était chargée ne diminuerait en rien l'ardeur de son amour.

Bref, on s'était donné un rendez-vous, bientôt suivi d'un deuxième, puis d'un troisième. Tandis qu'une garnison très faible gardait le burg, Lisbeth et ses compagnes sortaient pour l'approvisionnement, n'ayant rien à craindre des Français, et prenant, pour rentrer au château, les précautions nécessaires afin d'éviter une surprise.

Peu à peu, le jeune cornette, à qui Lisbeth disait beaucoup de mal de son seigneur le Margrave, avait réussi à obtenir d'elle la permission d'aller la voir dans le burg. Là-dessus, il avait formé son plan, et c'était ce plan qu'il allait exposer à ses compagnons d'aventure.

Mais, ainsi que nous l'avons fait entendre, il lui répugnait, d'un côté, par modestie, de dire que c'était à l'amour d'une femme qu'il devait le moyen d'entrer dans le burg; de l'autre côté, un sentiment d'orgueil lui faisait taire qu'il était l'amant d'une servante.

Du Clos rassembla donc ses hommes.

—J'ai trouvé, leur expliqua-t-il, le moyen d'avoir des intelligences dans la place, et je puis y pénétrer quand je voudrai, à la condition, naturellement, de me déguiser.

Mais il ne me suffit pas d'y entrer seul. Il faut que je vous y amène avec moi.

Je parle assez bien l'allemand pour arriver, en étant sobre de paroles, à me faire passer pour un naturel du pays. Je vais donc m'habiller en paysan. Cinq d'entre vous, les plus grands, se costumeront de même.

Ces cinq-là auront chacun un sac sur les épaules. Dans chaque sac, il y aura un homme.

Ceci réglé, je me présente à la nuit tombante à la poterne de service.

—Qui êtes-vous et que voulez-vous? demandera-t-on probablement.

Vous ne broncherez pas. Je répondrai:

—J'apporte des pommes de terre, achetées par mademoiselle Lisbeth pour les cuisines.

Il est à croire qu'on répliquera:

—Où est votre voiture?

Je dirai que je n'en ai pas, et que mes serviteurs portent les sacs.

Là-dessus nous entrons, sans attendre qu'on nous y invite.

Une fois entrés...

—Parbleu! une fois entrés, s'écria joyeusement Tony, nous trouons les sacs et la danse commence. Par la mort-Dieu! monsieur du Clos, vous êtes un grand homme...

—Alors, mon plan vous va?...

—C'est-à-dire que si je n'avais été de l'expédition, je me serais pendu de rage...

—Eh bien, sergent Tony, car vous êtes sergent, maintenant...

—Grâce à vous, monsieur du Clos, qui, je l'espère, serez demain matin lieutenant ou capitaine...

—Ou tué! dit en riant le jeune cornette.

—Oh! ne parlez pas de cela.

—Peuh! mon ami, c'est le sort auquel doivent s'attendre tous ceux qui vont en guerre. Il faut qu'il en meure beaucoup pour faire de la place aux autres... Mais organisons notre expédition. Qui habillons-nous en paysans?

Il y avait là quatre soldats du régiment de Bourgogne et quatre gardes-françaises: on n'avait pas voulu qu'il y eût de la jalousie entre les deux régiments.

—Eh! là-bas, toi, tu m'as l'air d'un homme solide, dit du Clos à l'un, des gardes. Comment te nomme-t-on?

—C'est le Normand, dit Tony, un brave dont je réponds. En outre, taciturne en diable, il ne nous trahira point par ses paroles.

—En paysan, le Normand.

Le gascon La Rose était près de son ami et allait, comme lui, prendre un des costumes. Tony l'arrêta:

—Ah! non pas! s'écria-t-il, tu as la langue trop bien pendue, toi, mon ami La Rose. Dans le sac, mon camarade, dans le sac.

Tous les soldats se mirent à rire. En un clin d'oeil, les autres rôles furent distribués.

—Du reste, mes enfants, fit observer du Clos, il ne faut pas vous le dissimuler, le rôle de pomme de terre vaut aujourd'hui le poste d'honneur. En cas d'alerte, les autres peuvent se sauver; ceux qui seront enfermés sont perdus sans ressources.

—Sans compter, ajouta Tony, qu'il peut prendre fantaisie, à une de ces brutes allemandes, de piquer un des sacs pour voir si les pommes de terre sont de bonne qualité. Il ne faudrait pas qu'il en sortît un *cape de dious* ou un *sandis*. Entends-tu, Gascon?

—Mordi! s'écria La Rose, ils peuvent bien me faire bouillir ou cuire sous la cendre, je mets un cadenas à ma langue!...

III

A L'OEUVRE

Tout le monde était prêt. On partit doucement, chacun des faux paysans portant son sac dans lequel était un homme, muni des armes et de celles de sa monture... nous voulons dire: de son compagnon.

Arrivé à quelques pas de la poterne, du Clos commanda halte.

—Ainsi, c'est bien entendu, dit-il à demi-voix. Une fois entrés, vous posez les sacs. Au signal que je donnerai, chaque pomme de terre, d'un coup de sabre, fend la toile et se dresse, les porteurs ramassent leurs armes, et nous nous élançons tous sur la garnison, Ceux qui résistent, à mort; les autres, prisonniers!

Puis, s'avançant seul, du Clos alla frapper à la poterne.

—*Wer ist da*, (qui est là?) demanda une voix de femme.

—*Ich, liebe* (moi, ma chère), répondit du Clos.

C'était Lisbeth, qui, ayant reconnu de loin le faux paysan, avait accompagné l'intendant du burg jusqu'à la poterne.

Néanmoins, comme elle n'avait aucun intérêt à livrer son amant, ce qui l'eût perdue elle-même, tout se passa comme le jeune officier l'avait prévu.

Lisbeth s'étonna bien un peu de la présence de cinq témoins à une visite qu'elle prenait pour un rendez-vous d'amour; mais elle crut comprendre que c'était pour mieux jouer son rôle que du Clos les avait amenés.

—Entrez, dit l'intendant.

—*Kommen Sie hinein* (venez en dedans)! cria du Clos à ses hommes.

Les cinq paysans défilèrent avec leurs sacs devant la sentinelle qui riait d'un gros rire et se frottait les mains. Cet homme, assurément, aimait les pommes de terre.

La porte se referma. Les Français étaient, dans la place.

—Déposez-la vos sacs, mes braves gens, dit Lisbeth qui avait hâte d'être seule avec son ami. On va vous donner un bon moos aux cuisines; pendant ce temps, votre patron ira se faire payer.

Les cinq sacs furent posés avec précaution le long du mur.

L'intendant mettait déjà la main à son escarcelle...

—Allons! s'écria du Clos en bondissant sur l'Allemand sans défense.

—Wer da? voulut s'écrier le malheureux intendant; mais il n'en eut pas le temps. Le mouchoir de l'officier, plié à l'avance, venait de lui clore hermétiquement la bouche, pendant qu'un soldat, lui saisissant les deux bras, le ligottait rapidement.

Et, comme par enchantement, les cinq sacs éventrés mirent au jour les cinq soldats armés jusqu'aux dents.

Lisbeth n'en revenait pas...

—Place gagnée, dit joyeusement du Clos. Le plus fort est fait. Avec un peu d'adresse maintenant, le margrave est à nous.

—Sandiou! fit La Rose, ce n'est pas trop tôt; j'étouffais dans ce maudit sac... Je me figurais tout le temps que j'étais capucin ou qu'on me portait en terre.

—Silence et dépêchons-nous, dit Tony. Où est l'appartement du margrave?

—Lisbeth va nous le dire. Allons, Lisbeth.

Lisbeth était plus morte que vive. Cependant elle aimait trop du Clos pour lui résister; elle lui indiqua le chemin qu'il fallait suivre.

Le jeune officier s'élança le premier.

Mais à peine avait-il tourné le coin du premier couloir, qu'il tomba en poussant un cri.

Un homme posté dans l'ombre l'avait frappé d'un coup de poignard en pleine poitrine.

En même temps, des soldats débouchaient de tous les côtés en criant: Mort aux Français!

La garnison qu'on croyait surprendre était sur ses gardes.

On avait été trahi.

Mais par qui?

Hélas! l'amour de Lisbeth, qui avait servi du Clos dans son entreprise, lui avait créé, sans qu'il s'en doutât, un mortel ennemi.

Il y avait, dans le burg, un sergent de reîtres qui était épris fortement des charmes de la belle cuisinière.

Autrefois, elle avait semblé répondre à sa flamme, mais, un beau jour, elle lui avait nettement déclaré qu'il eût à renoncer à tout espoir.

Le sergent, désolé, s'était creusé la tête pour découvrir la raison de ce changement.

Il avait suivi Lisbeth et l'avait vue causer avec un officier français.

Sa rage s'était accrue d'autant. Cependant il n'avait rien dit, voulant accomplir lui-même sa vengeance.

Continuant à épier la jeune fille, il la vit guetter le faux paysan et se rendre à la poterne avec l'intendant. Il la suivit.

Il ne s'était pas trompé: le chef de ces paysans était bien son rival.

En fallait-il plus pour prévoir quelque piège!

Il courut rassembler la petite garnison du burg:

—Camarades, dit-il sans dénoncer la jeune fille, nous sommes trahis. On a ouvert aux Français la porte du château. Il est trop tard pour les empêcher d'entrer; mais il faut qu'aucun d'eux n'en sorte!

Se doutant bien que les assaillants iraient tout d'abord s'emparer du margrave, les Allemands s'étaient postés sur le seul passage à suivre. Quand le pauvre du Clos se présenta le premier, ce fut l'amoureux de Lisbeth qui, de sa propre main, le renversa sanglant à ses pieds.

Oublieux du danger qu'il courait lui-même, Tony s'était précipité sur le corps de du Clos, essayant de lui porter secours.

—Inutile, ami, murmura doucement celui-ci. Je t'avais bien dit que je serais tué... Laisse-moi et ramène tes soldats qui vont plier... Songe à la patrie...

Et, se soulevant sur le coude, il cria:

—Vive le Roi!...

Puis, épuisé par cet effort, il tomba pour ne plus se relever.

Surpris par la brusque attaque des Allemands, nos soldats avaient reculé. Au cri de du Clos expirant, La Rose répondit par un juron formidable:

—Cape de Dious! s'écria-t-il, que le tonnerre m'écrase si, avant de sauter le pas, je n'en tue pas une demi-douzaine! En avant!...

—En avant!... répéta le Normand.

Les soldats s'étaient ralliés. Tony ramassa l'épée échappée aux mains défaillantes du pauvre du Clos:

—Soldats, dit-il d'une voix ferme, notre chef est mort bravement. Comme sergent, je le remplace, et je ferai comme lui, s'il le faut. Mais, avant tout, il faut le venger. Il faut vaincre... En avant, pour le Roi et pour la vengeance!

—Vengeance! s'écrièrent les Français.

—Mort aux Français, répondirent les Allemands.

La lutte s'engagea, terrible, désespérée; la garnison du burg, massée, barrait complètement le passage. Les dix Français avaient un véritable siège à faire.

Mais ils se ruèrent sur leurs adversaires avec une telle furie que les premiers rangs furent culbutés et que trois des Allemands tombèrent mortellement frappés.

Un seul des Français, un soldat du régiment de Bourgogne, nommé Ladrange, avait été blessé dans ce premier choc. Un coup de feu lui avait cassé le poignet droit. Mais, empoignant son sabre de la main gauche, il était revenu à la charge avec une fureur croissante.

Une seconde fois, les Français s'élancèrent; les Allemands ne les attendirent pas et s'enfuirent dans toutes les directions.

On leur donna la chasse. Quelques-uns, acculés, se firent tuer, les autres se rendirent.

Tony, ivre de joie, planta le drapeau français sur la tour du burg, avertissant ainsi par ce signal le maréchal de Saxe et le colonel de Langevin qu'ils pouvaient entrer dans la forteresse.

Un quart d'heure après, elle était régulièrement occupée, et l'ancien commis à mame Toinon, dont les soldats chantaient les louanges, recevait de Maurice de Saxe les plus éclatantes félicitations.

Mais le jeune sergent, sans répondre, montra au maréchal le cadavre du pauvre du Clos, auprès duquel Lisbeth, agenouillée, priait en répandant d'abondantes larmes.

—Du Clos est mort en brave, au champ d'honneur, prononça solennellement le général en chef des armées sur l'Escaut. Il lui sera fait des obsèques dignes de sa bravoure.

Quant à vous, sergent Tony, qui l'avez si bien et si dignement remplacé au danger, vous pouvez le remplacer également bien dans son grade. Messieurs, il n'y a pas de vide dans les rangs de Bourgogne, le cornette Tony sera reconnu demain matin par son régiment.

—Qui? moi... déjà officier!...

—Pourquoi pas? Vous vous êtes montré digne de remplir le grade, il est juste que vous l'occupiez...

—Allons, Tony, dit au nouveau cornette le colonel de Langevin, tu rêvais d'être général... et voilà un grand pas de fait.

—Mais il va falloir vous quitter, mon colonel?

—C'est vrai et je le regrette; mais tu me reviendras; au train dont tu marches, je puis te promettre la première lieutenance libre chez nous, et, sois tranquille, les Impériaux se chargeront de te faire une vacance...

—Ah! si mame Toinon me voyait!...

A ce moment un grand bruit se fit à la porte de la salle. Les officiers qui entouraient Tony en le félicitant furent violemment écartés. Une femme entrant comme la foudre, en bousculant tout, alla se pendre au cou de Tony qu'elle embrassa bruyamment.

Cet ouragan en jupons, avons-nous besoin de le dire, c'était la pétulante mame Toinon.

Depuis le départ du régiment, la jolie costumière ne vivait plus... Elle pensait à Tony, son petit Tony qui allait se battre tous les jours et qu'elle avait peur de ne plus revoir.

Où était-il? Que disait-il? Que faisait-il? Pensait-il encore à elle? Hélas!...

Sa rue des Jeux-Neufs, qu'elle aimait tant, lui semblait triste à mourir: Tony ne l'habitait plus! Sa boutique si gaie, lui paraissait une prison. Tony n'y était plus.

—Bref, dit-elle en racontant cela, je n'ai fait ni une ni deux. Je suis allée prendre langue à l'hôtel de Vilers...

—A l'hôtel de Vilers?... interrompit Tony, qui, pendant le flux des paroles de sa mère adoptive, n'avait pas trouvé moyen de placer un mot. Et que se passe-t-il à l'hôtel de Vilers?

—J'y suis arrivée juste au moment où madame Nicolo et sa fille amenaient cette pauvre demoiselle, la soeur de la marquise, qui a perdu la raison... Pauvre enfant! En voilà un grand malheur!... Mais que veux-tu? ce qu'il me fallait, c'était de tes nouvelles. J'en ai eu... et des bonnes... Ces dames allaient repartir pour l'armée; il y avait une place dans le carrosse... Ah! ma foi, tant pis, j'ai dit adieu au quartier Montmartre et me voilà!...

Et l'excellente femme planta un baiser retentissant sur la joue du jeune homme.

Tony était rouge comme un coq... non qu'il eût honte de mame Toinon; mais il craignait que les officiers ne trouvassent étrange cette tendresse de la part d'une femme de trente-quatre ans envers un garde-française de dix-sept.

Mais mame Toinon était gentille à croquer, dans le désordre de sa toilette de voyage, et on pardonne beaucoup aux jolies femmes...

Derrière mame Toinon cependant arrivaient maman Nicolo et Bavette. Avec sa pétulance habituelle, la costumière avait pris les devants et était tombée comme une bombe dans le château.

Maman Nicolo savait mieux le respect que l'on doit à la consigne et elle attendait avec sa fille que le marquis de Langevin leur fît dire de venir.

A leur arrivée au camp, on leur avait raconté le coup de main dont Tony et ses hommes avaient été les héros.

Au récit des dangers que le jeune homme avait courus, Bavette, toute troublée, s'était mise à pleurer... Puis, en apprenant la promotion de celui qu'elle aimait au grade de cornette, elle était devenue toute songeuse.

Certes, elle était fière pour lui de cette fortune rapide. Mais, en songeant que si elle était fille du marquis de Vilers, elle avait pour mère la cantinière Nicolo, elle se demandait si Tony, devenu un brillant officier, ne se trouverait pas trop haut placé pour elle:

—Ne dédaignera-t-il point la bâtarde? se disait-elle avec un soupir...

IV

LA POURSUITE

Pendant la marche du corps d'armée, tout le long de la route, Lavenay, Lacy et Maurevailles s'étaient enquis de ce que pouvait être devenu Vilers.

Il était parti en disant qu'il allait sa faire tuer. Avait-il tenu sa sinistre promesse?

Dès les premières étapes, ils purent constater qu'il se dirigeait bien vers la frontière, car à chaque endroit ils retrouvaient les traces de son passage.

—Oui, leur disaient les paysans, les hôteliers, les gardes qu'ils consultaient tour à tour, oui, nous avons vu passer un officier des gardes-françaises. Il semblait même fort pressé, car il se renseignait sur toutes les distances et sur l'état des chemins, afin, disait-il, de pouvoir doubler les étapes.

Vilers marchait donc à la mort à toute vitesse.

Malgré eux, ses amis ne pouvaient s'empêcher de le plaindre. Si bon, si brave, renoncer à une femme adorée et chercher la mort dans les rangs ennemis...

Ah! n'eût été leur serment, ce serment affreux et solennel, prononcé devant Fraülen et renouvelé à Blérancourt après tant d'événements terribles!... Sans ce serment qu'ils ne voulaient pas violer, eux, ils eussent couru après Vilers pour lui dire:

—Ne te sacrifie pas. Reste avec nous, qui sommes tes amis, comme autrefois.

A la cinquième journée de marche, on perdit ses traces.

Mais, comme les trois Hommes Rouges se demandaient où il était passé, un paysan leur fit comprendre qu'il y avait une route beaucoup plus directe que celle qu'ils suivaient, mais aussi moins praticable.

Évidemment, Vilers, n'ayant entendu parler que de l'avantage de cette route, l'avait prise.

Les capitaines se dirent qu'en arrivant sur la rive de l'Escaut, ils apprendraient sa mort glorieuse.

Pourtant, au camp de Cinq-Étoiles, Lavenay, Maurevailles et Lacy, qui s'étaient séparés pour aller aux renseignements de divers côtés, n'en recueillirent aucun qui pût leur faire supposer que M. de Vilers eût été tué.

Il est vrai qu'il n'y avait encore eu que des combats d'avant-postes, des escarmouches sans gravité...

—Il n'a sans doute pas jugé digne de lui d'y mourir, dit Lacy.

—A moins qu'il ne se soit joué de nous? répliqua Maurevailles.

—Dans quel but? demanda Lavenay.

—C'est vrai. Au bout du compte rien ne le forçait de venir nous trouver pour faire amende honorable et renouveler son serment.

—Rien.

—Alors que peut-il être devenu?

—Je ne sais. Peut-être lui sera-t-il arrivé quelque accident en route.

—Ou bien, attendez donc, fit observer Marc de Lacy, il me vient une idée. Si Vilers s'était fait tuer, non comme capitaine, mais comme simple soldat?

—C'est facile à vérifier. Depuis l'ordonnance de M. de Vauban, on relève les noms de tous ceux qui sont tués,—simples soldats comme officiers.—Jusqu'à présent, Dieu merci, le nombre des hommes perdus par nous n'est pas trop considérable. Il nous est facile d'en faire le compte.

Ils retournèrent s'enquérir. On leur montra les listes mortuaires.

Aucune trace de Vilers.

Et, il n'y avait même pas lieu de supposer qu'il eût péri sous un faux nom. Les défunts étaient tous de vieux soldats, connus de leurs camarades, et de l'identité desquels ces derniers pouvaient répondre.

—Décidément, s'écria Lavenay en revenant, décidément, Vilers doit s'être arrêté en route, car personne ne l'a vu.

—En tout cas, il n'a pas été tué ici, ajouta Marc de Lacy.

—Ah! dit Maurevailles; avez-vous pensé, comme moi, à la coïncidence du départ de la marquise avec le sien?

—C'est vrai, s'écria Lavenay.

—Si elle l'avait rejoint en un point convenu à l'avance?...

—Ce n'est pas possible...

—Pourquoi?...

—Mais alors, je le répète, quel eût été le motif de cette comédie pathétique qu'il est venu jouer au milieu de nous?

—Le but? Il est bien simple: c'était de nous endormir d'abord; d'essayer encore une fois le sort, de façon à annuler la première décision; enfin, grâce à cette feinte résignation désespérée, d'amener Maurevailles, le gagnant, à accorder un délai d'un an, que lui, le traître Vilers, cru mort par nous, passerait joyeusement avec sa femme, en riant de notre crédulité!...

—Oh! non, c'est impossible. Ce serait trop de félonie!

—Sa première trahison ne l'accuse-t-elle pas? Il a été, cette fois encore, plus adroit que nous, voilà tout!...

—Oui, mais nous le retrouverons, et alors...

Et pourtant les Hommes Rouges n'avaient pas été joués. Vilers avait été loyal et de bonne foi en jurant d'aller demander la mort aux ennemis.

Il était bien parti dans ce but, et, à bride abattue, cherchant les voies les plus courtes et les plus rapides.

Mais, si, aux paysans qui les renseignaient, les Hommes Rouges eussent demandé de plus amples explications, on leur eût répondu qu'avant eux une femme était passée, s'enquérant, elle aussi, du passage d'un officier.

Cette femme, on l'a deviné, c'était la marquise.

De la fenêtre où elle était, elle avait aperçu Vilers qui s'enfuyait au quadruple galop.

Une idée lui était venue. Le magnat n'était pas là pour la surveiller... Si elle tentait de s'enfuir et d'aller retrouver son mari?

Ramassant son argent et ses bijoux, elle était descendue précipitamment, avait fait seller un cheval et était partie sur les traces de celui qu'elle aimait.

Mais le marquis avait de l'avance.

A chaque village, Haydée se renseignait, et, chaque fois, on lui disait qu'un officier, sous l'uniforme bleu et blanc duquel tombait un vaste manteau rouge, venait de passer, la précédant de quelques heures.

Trois jours et deux nuits, madame de Vilers alla ainsi presque sans discontinuer, ne s'arrêtant que pour faire manger son cheval et lui accorder les quelques heures de repos, sans lesquelles le pauvre animal, surmené, n'aurait pu continuer la route.

Le matin du troisième jour, on lui apprit que l'homme au manteau rouge n'était guère que d'une heure en avance sur elle.

—Je l'ai vu passer, dit un paysan qu'elle questionnait. Son cheval fatigué, presque fourbu, ne se traînait qu'avec peine. Vous n'aurez pas, je crois, de mal à le rattraper.

Haydée força sa monture...

C'était une grave imprudence, car si le cheval du marquis était fatigué, celui de la jeune femme ne l'était pas moins.

Au bout de deux lieues, il tomba d'épuisement.

Madame de Vilers échouait au moment de toucher le but.

Mais elle avait l'âme trop fortement trempée pour abandonner ainsi la partie. Elle alla à pied jusqu'au village le plus proche, avec l'intention d'acheter, à tout prix, un cheval de labour pour continuer sa route.

La première personne à laquelle elle s'adressa dans cette intention, poussa un cri d'étonnement:

—Tiens, encore! fit-elle.

—Comment encore? demanda Haydée surprise.

—Oui, vous êtes la seconde personne qui veniez me faire aujourd'hui pareille demande.

Le coeur de la jeune femme battit à se rompre.

—Et quelle est l'autre personne? demanda-t-elle.

—Un gentilhomme, un officier...

—Un officier, vêtu de bleu?...

—Avec un grand manteau rouge.

—C'est lui! se dit Haydée.

Et elle ajouta:

—Il n'avait donc pas son cheval?

—Son cheval s'est cassé la jambe en entrant dans le village. Et puis, c'était une bête rendue qui ne tenait plus sur ses jarrets.

—Et vous lui en avez vendu un autre?

—Non. Je n'ai pas pu, mais je l'ai adressé au grand Jacques, le maréchal-ferrant, qui pourra lui en procurer un.

—Et où demeure ce grand Jacques?

—Là-bas, à droite, la dernière maison. Vous verrez bien, la forge est allumée...

Madame de Vilers courut à la forge du grand Jacques. Là, elle apprit avec un grand bonheur que le cheval n'avait pas été fourni.

—Je ne l'aurai que demain, dit le maréchal. Et le gentilhomme doit venir le prendre dès le jour.

—Mais où est ce gentilhomme?

—Il attend.

—Où donc?

—A l'auberge.

—Quelle auberge?

—Eh! parbleu! au *Grand Vainqueur*... Il n'y en a pas d'autre dans le pays. Tenez, suivez la ruelle à droite, puis à gauche. La troisième maison après la fontaine. Vous verrez une branche de pin à la porte; c'est là le *Grand Vainqueur*, l'auberge à maître Gatinais.

Haydée courut à l'auberge indiquée et poussa la porte.

Dans la grande salle, un homme était assis au coin du feu, la tête dans ses mains.

Au bruit de la porte qui s'ouvrait, il regarda.

C'était le marquis de Vilers.

V

AU LIEU DE LA MORT, L'AMOUR

A la vue de celle qu'il avait tant aimée et qu'il adorait encore si ardemment, le marquis se dressa.

Deux cris retentirent: un cri de joie que ne put retenir Vilers, un cri de triomphe poussé par la marquise.

Une seconde après, le mari et l'épouse étaient dans les bras l'un de l'autre, pleurant et riant à la fois.

Il leur semblait qu'ils échangeaient le premier aveu, qu'ils se donnaient le premier baiser, que le passé n'avait jamais existé.

Quant à l'avenir, est-ce qu'ils pouvaient y songer à l'heure où après tant d'événements si terribles, le présent était si doux!

La voix de maître Gatinais, l'aubergiste, les ramena à la réalité.

Où étaient-ils? Dans un vulgaire cabaret de village, à mi-chemin de Paris et des Pays-Bas, de Paris que fuyait Vilers, des Pays-Bas où il s'était engagé à mourir.

—Vite, le dîner du capitaine! criait à sa servante maître Gatinais dont le vaste dos était encadré par la porte.

—Vous le servirez dans ma chambre, dit Vilers.

L'aubergiste se retourna et se confondit en salutations à la vue de la marquise.

—Comme vous voudrez, mon capitaine, fit-il. Et j'espère que madame la capitaine sera contente. La chambre bleue, où je vais vous mettre, est bien ce qu'il y a de mieux dans le pays. Tous les meubles proviennent de la vente de notre défunt bailli. Il n'y a pas plus beau dans la capitale.

—Nous verrons, dit le marquis, interrompant tout ce verbiage. Nous verrons, et merci. Conduisez-nous dans cette fameuse chambre bleue où vous nous servirez quand je sonnerai.

Maître Gatinais s'empressa d'obéir au capitaine et, le couvert mis sur la table, se retira au premier signe.

—Ainsi, dit la marquise, dès qu'elle fut seule auprès de son mari, tu savais que je te croyais mort, et au lieu de me rassurer, tu me fuyais? Oh! c'était mal.

—Haydée, répondit-il, ne me juge pas. Plains-moi.

—Parle au moins, excuse-toi.

Et le capitaine qui, jusqu'à ce jour, nous le savons, avait tu à la marquise, dans l'espoir de ne jamais l'attrister, le secret de Fraülen, lui raconta toute l'histoire du serment des Hommes Rouges, depuis la scène du bal, où quatre hommes étaient tombés épris d'elle jusqu'à la dramatique conférence de Blérancourt, où ce serment implacable avait été solennellement renouvelé.

La marquise pleurait.

Mais ce n'était plus seulement l'effroi qui lui faisait verser des larmes.

—Tu ne m'aimes pas... murmura-t-elle en interrompant ses sanglots. Tu ne m'as jamais aimée... Qu'à Fraülen, tu aies conclu avec tes amis ce pacte infâme, soit encore.

Tu ne me connaissais pas, ou, du moins, tu croyais ne pas me connaître.

Tu te prêtais alors à un jeu méprisable, mais naturel entre vous autres hommes, pour qui l'amour n'est si souvent qu'une partie de plaisir. Ce qu'il me serait impossible de te pardonner, c'est qu'après avoir vécu si longtemps auprès de moi, c'est qu'en sachant à quel point je t'aimais, tu aies trouvé le courage de le renouveler, ce serment honteux, et dans quelles conditions! Non seulement tu m'as mise en loterie, mais encore tu t'es engagé à me faire veuve.

Et veuve de toi?

Eh bien, oui, cependant, malgré cela, je te pardonnerai, mais reste! Mais vis! Mais aime-moi. Ah! je t'aime tant!... Tu ne me quitteras plus, n'est-ce pas?

—Ils ne me pardonneraient point, eux...

—Eux! Que nous importe! Est-ce que j'y songe à eux! Est-ce que tu y songeais toi-même, à Paris, dans ce petit coin de l'île Saint-Louis où nous avons été si heureux?

—Hélas! s'écria le marquis, pourrais-je m'empêcher d'y penser maintenant?... Ils ont réveillé dans mon âme l'honneur engourdi... Le mépris de moi-même me tuerait.

—Te tuerait? Dans mes bras! Allons donc!

—Je t'en supplie, tais-toi. Tes paroles me grisent. Adieu...

—Ainsi, tu ne m'aimes plus?

—Mais je t'adore! Mais, avant Fraülen, je n'avais pas vécu! Mais en me battant, mais en mourant, c'est ton nom, ton seul nom que je répéterai...

—Partons ensemble alors. Le monde est si grand! Nous nous cacherons. Cet horrible passé ne sera plus qu'un rêve...

—L'honneur est-il donc un rêve, lui?

Il y eut un silence, empli par ce seul mot, si retentissant, de l'honneur...

Tout à coup, la marquise se leva, croisa les bras sur sa poitrine, et, s'approchant du capitaine:

—Ah ça, dit-elle, ET MOI? Qu'est-ce que je deviens, moi, dans toute cette histoire? Ah oui! Je sais, vous venez de me le dire, vous me mariez à Maurevailles... Et vous osez parler d'honneur! Parlons-en donc. Employons les grands mots. Vous voulez être fidèle au serment qui vous lie à vos amis. Mais c'est très beau, cette fidélité, et elle me rassure grandement, car, à moi aussi, et non plus dans l'ombre et le mystère, mais au pied des autels, devant Dieu et les hommes, vous avez fait un serment, celui de m'aimer, de me protéger jusqu'à la dernière heure que le ciel vous donnerait, Alors vous ne parliez point de l'avancer, cette heure. Eh bien, serment contre serment. Arrangez-vous avec vos amis comme vous l'entendrez. Moi, j'exige l'accomplissement de la parole que vous m'avez donnée. J'ai un mari à qui je suis tout entière et qui est à moi tout entier. Je veux qu'il reste à moi.

Et, disant cela, la marquise, le sein gonflé, les yeux étincelants, les lèvres purpurines, penchée sur Vilers, ainsi qu'un avare sur son trésor, avança les bras comme pour le saisir, l'étreindre, empêcher qu'on le lui prenne.

Madame de Vilers était vraiment irrésistible...

Au contact de sa main de feu, le marquis, incendié, grisé, affolé, vaincu par cette éloquence conjugale et ce charme féminin, étendit les bras, lui aussi, et, pressant passionnément la marquise contre son coeur:

—Ah! s'écria-t-il, que me font les autres! Que m'importe tout le reste! Tu m'aimes et je t'adore. Je t'ai donné mon nom et tu es à moi. Oui, que peut-il y avoir de plus sacré que le lien qui nous enlace? Ah! tiens, je crois revivre...

Et, dans ces deux corps, il n'y eut qu'un seul et même incendie. Les lèvres se rencontrèrent...

Adieu, tout!

Est-ce que Maurevailles, Lavenay et Lacy existaient seulement?

Est-ce qu'il y avait sur terre une place forte qu'on appelait Fraülen, un château qu'on appelait Blérancourt?

Il n'y avait plus sous le ciel que deux êtres, Adam et Eve, dans le Paradis retrouvé!

Eh bien, nous oublions! A dix mètres de là, maugréait maître Gatinais, le cabaretier du *Grand Vainqueur*, qui se fatiguait à faire tourner à la broche un poulet archi-doré qu'on ne pensait guère à lui demander...

VI

LA REVANCHE DE L'HONNEUR

La campagne était commencée. Maurice de Saxe, qui, avant de passer par Blérancourt, avait reçu à Versailles l'accueil dû à un triomphateur, allait faire chèrement payer aux Impériaux les demi-représailles que, rendus téméraires, ils avaient essayé de prendre en son absence.

Si le duc Charles de Lorraine, qui commandait l'armée autrichienne, avait reçu des renforts, Maurice de Saxe en amenait aux Français. Sa présence seule, du reste, était un appoint qui avait son importance. Cet homme, terrassé par la fièvre, rendu impotent par l'hydropisie, pouvant à peine se remuer, était, sur le champ de bataille, d'une miraculeuse lucidité. La stratégie lui faisait oublier ses souffrances.

L'armée française était réunie en avant de Bruxelles. Un corps de quatre-vingts escadrons et de vingt bataillons sous les ordres du vicomte du Chayla, campait à Dendermonde. Le prince de Conti commandait l'armée du Rhin, dont Maurice de Saxe détacha vingt-quatre bataillons et trente-sept escadrons pour aller inquiéter Mons, Namur et Charleroi. La cavalerie et les dragons tenaient la droite du camp; les carabiniers la gauche; le parc de l'artillerie et les gardes-françaises le milieu.

La réunion des troupes ne s'était pas accomplie sans que les Impériaux fissent quelques efforts pour l'empêcher. A plusieurs reprises, au contraire, leurs hussards étaient venus jusqu'auprès du camp en formation pour l'inquiéter et essayer de le surprendre.

Ils avaient toujours été repoussés.

Or, à chacune des attaques, au moment où les troupes françaises sortaient pour charger l'ennemi, un homme, surgissant on ne savait d'où, apparaissait au premier rang, combattant avec une véritable furie...

L'ennemi en fuite, cet homme disparaissait comme il était apparu.

Qui était-il? D'où venait-il? On l'ignorait. A plusieurs reprises, les officiers aux côtés desquels il avait combattu, avaient essayé de le trouver pour le féliciter et le remercier de son aide...

—Personne!...

Cela tournait à la légende.

Dans le camp, diverses histoires couraient déjà. Les uns racontaient que ce héros mystérieux était un grand seigneur autrichien, ennemi mortel du duc Charles, qui, sortant avec les troupes impériales, tournait son épée contre elles, une fois la lutte engagée.

D'autres affirmaient que c'était un patriote belge, partisan de la France, qui, n'osant faire connaître tout haut son opinion, la manifestait tout bas, eu se battant comme un enragé.

Certains enfin disaient tout bonnement que c'était le diable.

—Voyez, disaient-ils à l'appui de leur opinion, voyez comme il apparaît et disparaît. Et puis n'est-il pas invulnérable? Les balles des mousquets fuient sa poitrine, les baïonnettes s'écartent de lui!...

N'était-il point extraordinaire, en effet, que cet homme n'eût pas été tué mille fois? Il semblait chercher la mort et ne la rencontrait pas!...

Maurevailles, Lavenay et Lacy avaient, comme tout le camp, entendu parler du combattant mystérieux.

Mais ils ne l'avaient jamais vu.

Par une curieuse particularité, cet homme n'avait pas encore eu l'occasion de combattre dans les rangs des gardes-françaises.

Quand le camp avait été attaqué par les fourrageurs du baron de Trenk, le 3 mai, «l'homme-diable» comme on disait, avait marché avec les régiments de Saintonge et du Nivernois.

Le 6, quand le comte de Lowendal en vint aux mains avec les hussards ennemis, ce fut dans les rangs des volontaires de Saxe qu'il tua de sa propre main le capitaine autrichien.

L'armée impériale, massée devant Louvain, avait passé le Démer, poussée par l'armée française. Lorsque Louvain fut occupé, le premier soldat qui en franchit les portes, mêlé aux hommes de Royal-Pologne, ce fut le héros de la légende, le guerrier inconnu.

La marche des Français en avant continua ainsi plusieurs jours. On passa la Dyle, on occupa Malines, la chaussée et la ville d'Anvers, on mit le siège devant la citadelle, où les alliés en se retirant avaient laissé quinze cents hommes.

Seize escadrons de cavalerie et vingt-neuf bataillons, dont faisaient partie les troupes du marquis de Langevin, furent chargés de former la circonvallation de la citadelle d'Anvers.

La tranchée fut ouverte dans la nuit du 25 au 26 mai, à gauche et en avant du village de Kiel, où Tony avait gagné son écharpe d'officier.

Pendant cinq jours on travailla.

Dans la nuit du 30, comme la tranchée était terminée, le comte de Clermont-Prince, qui dirigeait les opérations du siège, voulut faire une tentative.

Le rempart avait une brèche praticable. Il s'agissait de savoir si les ennemis, retirés à une certaine distance du rempart, pouvaient encore défendre le point vulnérable.

Le comte de Clermont demanda vingt hommes de bonne volonté et un officier pour les mener.

Les vingt hommes arrivèrent, conduits par un cornette.

Le général jeta sur ce cornette un regard de surprise.

—Il y a sans doute erreur, murmura-t-il avec embarras.

Tony souriait et feignait de friser sa moustache absente.

—C'est probablement mon air de demoiselle qui vous épouvante, mon général? demanda-t-il gaillardement.

Le comte se mit à rire.

—Il est certain, dit-il, que je ne m'attendais guère à voir ces vieilles moustaches grises triées sur le volet, conduites par un enfant. Car enfin vous me semblez bien jeune, monsieur l'officier? Quel âge avez-vous?

—J'aurai bientôt dix-huit ans, mon général.

—Dix-huit ans! Vraiment je n'ose vous dire...

—Osez, osez, mon général, fit, avec une fatuité adorable, le jeune homme. J'ai l'air d'un enfant, je le sais, mais si vous vouliez demander au marquis de Langevin, mon ancien colonel, et au maréchal de Saxe, qui m'a lui-même donné mon grade au burg du margrave...

—Quoi, c'est vous?... Ah! corbleu, mon jeune ami, laissez-moi vous féliciter et vous expliquer aussi ce que j'attends de vous et de vos hommes, car l'heure presse...

—Mon général, je suis venu pour cela.

—Il s'agit, reprit le général, d'arriver jusqu'à la brèche sans être vus...

—Nous y arriverons, mon général.

—D'entrer dans la place.

—Nous y entrerons.

—D'explorer les environs aussi loin que possible.

—Nous les explorerons.

—Et de ne pas se faire tuer.

—Ah! par ma foi, mon général, vous en demandez trop, s'écria Tony en riant. Au fait, tenez, eh bien, je vous le promets, on ne nous tuera pas.

Et il sortit, suivi de ses hommes.

La brèche était déserte. Les fascines furent jetées sans encombre dans les fossés. Les échelles s'appliquèrent sur la muraille... Pas un soldat ennemi ne parut.

Les vingt hommes, le mousquet en bandoulière, le sabre entre les dents, montèrent en silence. Tony marchait le premier. Un sergent de Bourgogne fermait la marche, prêt à planter son épée dans le dos de celui qui aurait reculé.

L'ascension se fit sans encombre. On arriva sur le rempart.

Les vingt Français, l'oeil plongeant dans les ténèbres, s'avançaient peu à peu, scrutant l'espace.

Tout à coup, l'échelle frémit sous le poids d'un nouvel arrivant. Un homme haletant se jeta dans la place.

—Fuyez! s'écria-t-il, fuyez!... Le sol sur lequel vous marchez est miné!...

Au son de sa voix, tous les soldats se retournèrent.

—Le combattant mystérieux!... murmura l'un d'eux...

—L'homme-diable! s'écria un autre.

—Le marquis de Vilers! dit Tony stupéfait. Vous! vous!...

C'était le marquis de Vilers, en effet!

S'il eût été un homme ordinaire, il eût, après sa rencontre avec la marquise, laissé s'accomplir les événements...

Il eût vu, dans la série d'aventures qui l'avaient remis en présence de sa femme, un ordre du destin.

Récapitulons ces événements:

Lors du serment fatal de Fraülen, Haydée, dont il était épris, l'avait, elle-même, prié de l'emmener loin du magnat. N'écoutant que son amour, il avait trahi sa parole.

Lavenay l'avait rejoint pour le punir. Frappé d'un coup d'épée que l'on croyait mortel, le marquis était revenu à la vie. La Providence avait conduit près de lui l'excellente femme qui l'avait sauvé.

Les Hommes Rouges, continuant leur oeuvre de vengeance, voulaient s'emparer de la marquise. Un étrange hasard avait donné, le même jour, la même idée au magnat qui leur arracha leur proie.

Malgré le soin qu'on avait pris de cacher sa retraite, Haydée avait été retrouvée. Après que Maurevailles l'eut sauvée des caresses odieuses du magnat, Tony l'enleva à Maurevailles. Une coïncidence nouvelle l'avait amené, lui, Vilers, au saut-de-loup, à l'heure juste où le nain y attendait le chevalier. Grâce à ce nain, il avait pu, tout en jouant le rôle de victime dans la plus sanglante des tragédies, renverser le projet de ses ennemis.

Miraculeusement sauvé d'une mort certaine, voyant le doigt de Dieu dans les événements qui l'avaient séparé de sa femme, il avait fait amende honorable; il s'était enfui pour mourir sous les coups de l'ennemi. Le hasard avait montré à la marquise le chemin qu'il venait de prendre; le hasard les avait fait s'arrêter tous deux dans le même village, où elle l'avait enlacé de ses bras malgré lui...

Vraiment il y avait de quoi se laisser aller au cours des événements. Pendant que Lacy, Maurevailles et Lavenay devaient combattre les Impériaux à la tête de leurs compagnies, il lui était si facile, à lui, de rester avec Haydée dans quelque endroit bien caché, bien ignoré...

La marquise l'en suppliait à deux genoux...

Nous le répétons, un homme ordinaire eût succombé à la tentation; mais Vilers n'était pas un homme ordinaire.

—Faillir de nouveau à ma parole! se dit-il. Ne suis-je donc bon qu'à être un lâche et un traître? J'avais promis de mourir sans revoir Haydée. Il n'a pas tenu à ma volonté qu'il en fût ainsi... Soit!... C'est une consolation et un secret que j'emporterai dans la tombe. Mais quant à ma destinée, elle doit s'accomplir, et elle s'accomplira. Le serment, fait à mes amis à Fraülen, a précédé celui que j'ai fait à Haydée...

Et malgré les supplications de la marquise qui voulait absolument le suivre, il la décida à reprendre la route de Paris, où le bon Joseph serait si content de lui ouvrir l'hôtel de Vilers.

Quant à lui, muni d'un nouveau cheval, il continuerait lentement et tristement sa course vers le champ de bataille, où la mort l'attendait!

Et il s'apprêta à partir...

—Oui, c'est moi, dit-il à Tony qui venait de le reconnaître, mais je vous le répète, sauvez-vous. D'en bas, j'ai aperçu la mine et la mèche qui brûle. Elle va arriver à la poudre d'ici quelques...

Il n'eut pas le temps d'achever. Une explosion formidable retentit.

Tony, ses vingt hommes et le marquis, lancés dans l'espace au milieu des débris de pierres, de terre, de bois et de fascines, tourbillonnèrent dans l'air avant de retomber sous les décombres... horriblement mutilés et mourants ou morts!

Les Impériaux, se voyant sur le point d'être obligés de capituler, avaient voulu finir par un coup d'éclat.

Le rempart démantelé avait été miné par eux.

Ils espéraient qu'un assaut général serait donné et comptaient faire sauter avec leur bastion, une partie de l'armée française et peut-être de l'état-major.

Leur projet avait été déjoué. Quelques hommes seulement avaient été tués.

Mais parmi ces hommes étaient, comme nous l'avons vu, le cornette Tony et le mystérieux combattant qui semblait depuis un mois le protecteur de l'armée...

Ce fut donc avec une véritable tristesse que les Français entrèrent le lendemain matin dans la citadelle d'Anvers.

Comme toute l'armée, Lavenay, Maurevailles et Lacy entendirent parler de l'explosion du bastion et des victimes que cette explosion avait faites.

Ils eurent en même temps la clef du mystère qu'ils n'avaient pu jusqu'alors pénétrer.

Le sergent du régiment de Bourgogne, qui marchait le dernier dans la petite troupe commandée par Tony, n'était pas mort.

Il avait eu la chance de retomber dans les fossés de la citadelle. L'eau avait amorti sa chute.

Interrogé, il raconta l'apparition de l'homme mystérieux et dit le nom dont Tony avait salué cet homme.

Le combattant inconnu était celui que, de nouveau, ils appelaient «le traître».

Ils comprenaient maintenant pourquoi le marquis n'avait été vu par eux, ni au milieu des vivants, ni au milieu des morts.

Ils comprenaient aussi pourquoi il n'avait jamais combattu au milieu des gardes-françaises.

—Il voulait, dit Maurevailles, non pas se suicider, mais mourir glorieusement, et, pour cela, garder toute son initiative. Son but était de vendre chèrement sa vie, et non de l'offrir.

—Et sa dernière action a été un acte de dévouement. Il est mort glorieusement. Honneur à sa mémoire, répondit Lacy.

—Je ne regrette qu'une chose, c'est de n'avoir pu, une dernière fois, lui serrer la main.

—Que veux-tu? Il nous fuyait. Il avait honte de n'être pas mort encore!...

Le marquis avait honte. C'est vrai.

Il rougissait d'avoir une seconde fois failli à son serment.

Ses amis ignoraient ce nouveau crime. Mais lui, il en avait conscience et c'était assez, c'était trop.

En se montrant, il eût fallu leur parler, mettre sa main dans la leur. Et chaque poignée de main eût été pour lui une douleur, un remords...

Il préférait éviter les Hommes Rouges.

Ce n'est qu'en voyant perdus les vingt soldats qui montaient à la brèche et à la tête desquels était Tony, son ami, son frère, qu'il se décida à paraître, cette fois, auprès du campement des gardes-françaises.

La première douleur passée, on s'occupa de rechercher les morts.

Le marquis de Langevin, désolé, voulait faire rendre au cadavre de Tony les honneurs funèbres. Lavenay, Lacy et Maurevailles voulaient faire inhumer Vilers.

Mais, malgré les plus minutieuses recherches, il fut impossible de les reconnaître au milieu de cet amas sanglant de pierres et de chairs.

VII

ANGE ET CORBEAU

Si le marquis de Langevin et les Hommes Rouges ne purent, malgré leurs minutieuses recherches, découvrir les corps du marquis de Vilers et de Tony, c'est qu'ils étaient arrivés trop tard.

Ce n'était que le lendemain matin, en effet, après l'évacuation de la citadelle, qu'ils avaient pu commencer leurs recherches...

Or, la nuit même de l'explosion, une femme, avertie par les rumeurs du camp, était accourue sur le lieu du désastre.

Cette femme, c'était mame Toinon.

Mame Toinon avait appris le départ de Tony avec un peloton de volontaires, pour une de ces aventures desquelles il ne sortait pas depuis deux mois.

Si cela n'eût dépendu que d'elle, la pauvre femme dont le coeur saignait à l'idée du danger qu'allait courir son fils adoptif, eût certainement retenu Tony.

—Fais ton devoir de soldat, lui eût-elle dit. Quand l'occasion s'en présente, ne boude pas devant l'ennemi. Cela suffit. Pourquoi courir au-devant des aventures et du danger?

Mais mame Toinon savait qu'avec Tony toute tentative eût été vaine. N'avait-il pas ses épaulettes de capitaine à gagner avant la fin de la guerre?

Elle s'était contentée de faire des voeux pour lui... et d'attendre, haletante, anxieuse...

Tout à coup une terrible détonation avait fait tressaillir la pauvre femme... Elle s'était précipitée hors de la maison où elle était logée et avait couru au camp.

Au camp, les soldats se disaient:

—La citadelle a sauté; ils sont tous morts!... Morts! Tous! Et c'était Tony qui les commandait..

Tony!... Tony, tué!

—Ah! s'écria-t-elle avec douleur, j'avais le pressentiment que cette entreprise lui serait fatale.

Les soldats se tenaient sur la défensive, se demandant si, après cette explosion, la garnison n'allait pas tenter une sortie désespérée.

Mais que pouvaient faire à mame Toinon la citadelle, les Impériaux, le siège et la bataille?...

C'était Tony, Tony seul qui la préoccupait...

—Il faut que je le revoie! s'était-elle dit.

Et elle était partie, bravant tout.

Elle arriva à la brèche.

Le spectacle était horrible, épouvantable, déchirant. Parmi les pierres énormes lancées au loin par la force de la poudre de mine, étaient des fragments de cadavres, des débris humains palpitant encore d'un reste de la vie qui venait de les abandonner; bras coupés, jambes détachées, poitrines écrasées, têtes noircies par la fumée et grimaçant la mort...

Au milieu de ce fouillis sinistre, mame Toinon errait, cherchant à retrouver Tony parmi ces morts méconnaissables, s'épuisant en efforts pour soulever les pierres, les poutres et les fascines, et, après chaque vaine tentative, s'arrêtant, détrompée, mais non découragée...

Pauvre femme! Quelle force d'âme il lui fallait puiser dans son amour!

Il n'était pourtant pas difficile à distinguer des autres, le pauvre Tony. C'était le plus jeune et c'était le seul officier.

Mais la poudre avait noirci les uniformes. Le sang et la boue les avaient souillés...

Mame Toinon cherchait toujours...

Tout à coup, auprès d'une casemate écroulée, elle crut entendre une faible plainte...

Elle appela:

—Tony, Tony, est-ce toi?

Un nouveau gémissement répondit à cet appel.

Dans la demi-obscurité, mame Toinon aperçut un soldat gisant, la poitrine prise sous un madrier...

Il faisait trop noir pour le reconnaître. Mais, quel qu'il fût, mame Toinon résolut de lui porter secours.

C'était une rude tâche pour une femme que de soulever le lourd morceau de bois qui pesait sur le moribond. Un moment de faiblesse, et elle l'écrasait!

Rassemblant toutes ses forces, Toinon parvint à déplacer la poutre...

—Ah! fit le soldat, avec un soupir de soulagement.

—Qui êtes-vous? où souffrez-vous? demanda la libératrice.

Le blessé ne répondit pas. Il était évanoui.

Mame Toinon n'en avait pas tant fait pour abandonner ainsi le pauvre garçon. Elle le prit dans ses bras pour l'emporter à la lumière.

Tout à coup, elle poussa un grand cri. Ses doigts venaient de rencontrer un cordon passé au cou du soldat, et auquel pendait une médaille.

Ce cordon d'or, cette médaille, elle les reconnaissait. C'était elle qui les avait donnés à Tony le jour où il s'était enrôlé dans les gardes-françaises.

—Tony! Tony! c'est toi!...

Il ne parla point; mais elle sentit les lèvres du jeune homme frôler sa main... Lui aussi l'avait reconnue.

Elle saisit son Tony dans ses bras et l'emporta comme s'il eût été un enfant...

Mais c'était là l'effort du premier instant. Bientôt, malgré elle, ses forces la trahirent; elle dut reposer à terre son fardeau, près duquel elle se laissa elle-même tomber en pleurant. Fallait-il donc perdre son plus précieux, son unique trésor au moment où elle venait de le reconquérir?

Marne Toinon, au désespoir, allait appeler au secours, au risque d'attirer l'attention des Impériaux et de faire prendre Tony comme prisonnier de guerre, quand un bruit léger attira son attention.

A quelques pas d'elle, un homme marchait avec mille précautions, se baissant de temps à autre comme pour examiner les cadavres, puis mettant la main à ses poches.

Mame Toinon vit immédiatement à qui elle avait affaire.

L'homme qui arrivait ainsi était un de ces *corbeaux*, comme on les appelait, qui suivaient les armées pour dévaliser les morts sur les champs de bataille. On avait beau les arrêter, les fustiger même, rien n'y faisait. L'âpreté du gain en ramenait toujours de véritables essaims.

Dans la situation terrible où elle se trouvait, mame Toinon n'avait rien à craindre. —Hé! l'ami!... cria-t-elle. L'homme eut un soubresaut et s'apprêta à prendre la fuite.

Mais, s'apercevant qu'il n'avait affaire qu'à une femme, il se rassura.

—Mon ami, dit mame Toinon, vous faites un vilain métier qui vous rapporte peu. Voulez-vous faire une bonne action qui vous vaudra trois louis?

—De quoi s'agit-il? demanda l'homme tout à fait remis de son effroi.

—Il n'y a ici, répondit mame Toinon, que des soldats qui n'ont pas de grands trésors dans leurs poches; laissez-les et aidez-moi à porter jusque dans la ville un jeune officier blessé.

—Volontiers!...

Le corbeau d'armée n'était pas un méchant homme au fond. Il s'empressa de ramasser deux mousquets, les lia en forme d'X, étendit dessus un épais manteau, et y déposa Tony avec précaution.

—Pourrez-vous porter un bout? demanda-t-il en se disposant à enlever le jeune homme sur ce brancard improvisé.

—Ah! je crois bien! s'écria la vaillante femme. Marchons, et soyez sûr que vous n'aurez pas perdu votre nuit.

Madame Toinon tint parole. Une demi-heure après, Tony était couché dans un bon lit, et le *corbeau* se retirait, les poches bien garnies.

Voilà pourquoi, quand le marquis de Langevin était arrivé, il n'avait pas pu retrouver le corps de son petit-fils.

Madame Toinon n'était pas femme à abandonner son oeuvre en si beau chemin. Elle se mit en quête d'un médecin.

Seulement, comme elle ne voulait pas qu'on lui ravît son cher Tony, elle ne s'adressa pas à un chirurgien de l'armée.

Elle en fit mander un dans la ville.

A la première inspection, l'homme de l'art fronça le sourcil.

—Vous êtes la soeur du blessé? demanda-t-il.

—Non.

—Sa femme?

—Il n'a pas dix-huit ans...

—Sa maîtresse alors?

Mame Toinon eut un mouvement d'indignation. Le docteur crut qu'il se trouvait devant une de ces généreuses créatures qui, de tout temps, se sont vouées au salut des blessés.

—On peut donc parler, dit-il. Eh bien, recueillez-un autre soldat à soigner. Celui-là n'a pas deux heures à vivre.

La pauvre femme poussa un cri et tomba évanouie sur le lit du mourant.

Et maintenant qu'était devenu M. de Vilers?

On se rappelle qu'il avait été surpris par l'explosion de la mine, au moment où il s'écriait:

—Fuyez!...

Il avait été lancé du même côté que Tony.

Si mame Toinon eût continué ses recherches, si elle se fût moins exclusivement occupée de son ancien commis, elle eût remarqué que sous la même poutre, un peu plus avant dans les décombres de la casemate, un autre homme était étendu. Cet homme était le marquis.

En soulevant la poutre qui étouffait Tony, elle le dégagea également. Le grand air et la fraîcheur du matin firent le reste.

Le marquis, contusionné, froissé par sa chute, n'avait en réalité aucune blessure sérieuse. Il se traîna péniblement jusqu'aux environs du camp. En y arrivant, il entendit des soldats qui disaient:

—Le combattant mystérieux, tu sais qui c'était?

—Oui, le marquis de Vilers. Le capitaine de Maurevailles en parlait tout à l'heure au capitaine de Lavenay.

—Et il a été tué.

—Il paraît.

—Quel dommage!

—Tu le connaissais?

—J'ai servi sous lui devant Fraülen.

—Et c'était un brave homme?

—Le meilleur des chefs!... Ah! sa mort sera un grand deuil pour ses anciens soldats!...

Les soldats s'éloignèrent. Vilers allait les rappeler; une inspiration subite lui vint.

—Mort! se dit-il... On me croit mort!... Eh bien, soit. Oui, je le suis et le serai longtemps! car, décidément, c'est Dieu lui-même qui veut que je le sois... pour les autres seulement...

VIII

ÉTRANGES NOUVELLES

La mort avait fauché; mais nous étions vainqueurs.

Le roi Louis XV avait fait son entrée triomphale dans Anvers, pris par ses soldats, et s'y était fait complimenter de sa victoire par ceux-là même qui l'avaient remportée. L'armée française poursuivant sa marche, arrêtée seulement par quelques escarmouches, s'était emparée de Mons, dont la garnison n'avait pas tardé à se rendre, et occupé Saint-Guislain, Sombreff, Enheven... Enfin, malgré les secours qui lui avaient été envoyés, la garnison de Charleroi avait été faite prisonnière, le 2 août. Le corps d'armée du prince de Conti avait terminé ses opérations et venait se fondre dans celui du maréchal de Saxe, qui allait bloquer Namur.

Réunis dans Charleroi, où leur régiment prenait quelques jours de repos, Maurevailles, Lavenay et Lacy examinaient la situation.

Elle était singulièrement améliorée.

—D'abord, faisait observer Lavenay, nous n'avons plus continuellement à nos trousses ce petit diable incarné que le marquis de Langevin avait pris sous sa protection, et qui, je ne sais pourquoi, avait la manie de se mettre constamment en travers de nos affaires...

—C'est vrai, dit Maurevailles, Tony s'est fait tuer...

—Pauvre garçon! C'était un brave, après tout, messieurs, s'écria Lacy.

—Je suis loin de le nier, et je ne vous cache pas, que j'aime mieux qu'il ait eu la mort glorieuse du soldat que celle qu'il a risquée tant de fois en face de nos épées...

—Il est mort victime de sa témérité. Nous n'y pouvons rien. Quant à Vilers...

—Vilers a tenu sa parole, il s'est fait tuer...

—La situation de Maurevailles est donc bien nette. Il ne lui reste plus qu'à se faire aimer de la marquise...

—Eh, messieurs, dit Maurevailles, ce ne sera peut-être pas si facile que cela vous semble...

—C'est ton affaire. Aussi, à ta place, j'aurais demandé au prince de Conti, qui nous quitte pour aller passer quelques jours à Paris, l'autorisation de l'accompagner...

—Non pas, dit Maurevailles.

—Pourquoi donc?

—Parce que j'ai envoyé d'Anvers, aussitôt la mort de Vilers, deux hommes à moi, chargés de prendre des renseignements, l'un à Blérancourt, l'autre à Paris...

—Eh bien?

—Celui qui est allé à Blérancourt est de retour. Il ne sait rien, sinon qu'on n'y a pas revu la marquise.

—Et celui de Paris?

—Je l'attends. Il me dira si, comme j'avais lieu de le supposer, madame de Vilers est allée rejoindre sa soeur Réjane.

—Ah! Réjane, dit Lacy, pauvre enfant!... Être frappée d'un si affreux malheur à son âge!...

—Tais-toi! s'écria Maurevailles. Tu éveilles en moi comme un remords. Oui, oui, cette pauvre enfant m'aimait!... Ah! messieurs, je me demande par instants si ce n'est pas une entreprise déloyale et fatale que la nôtre; si ce n'est pas une oeuvre condamnée d'avance que celle qui a désuni quatre amis fidèles, tué deux braves soldats, arraché l'intelligence à une enfant innocente et pure!...

—Il ne tient qu'à toi d'y renoncer.

—Non, j'ai juré!... je tiendrai mon serment.

—Écoute, dit Lacy. Aimes-tu Réjane? Alors, sur mon honneur, pour ma part, Vilers étant mort, je te rends ta parole. Si, au contraire, tu n'as pour cette enfant que la pitié qu'elle mérite si bien, si tu crois pouvoir sans jalousie la voir l'épouse d'un autre, eh bien, moi, Marc de Lacy, je te dis: «Sois en paix, je ferai tout ce qui sera en mon pouvoir pour la consoler et la rendre heureuse...»

A ce moment, on frappa violemment à la porte de la maison où ils étaient réunis.

Un coursier, couvert de poussière, arrivait de Paris. C'était celui qu'avait envoyé Maurevailles.

Les trois Hommes Rouges l'entourèrent.

—Eh bien, Luc, demanda Maurevailles, quelles nouvelles?

Luc hésita et jeta un regard rapide sur Lavenay et Lacy.

—Tu peux parler devant ces messieurs, dit Maurevailles, ils sont au courant des choses et ont autant d'intérêt que moi à connaître le résultat de ton voyage.

—S'il en est ainsi, commença le courrier, que monsieur le chevalier veuille bien prendre la peine de m'écouter. Selon les ordres qui m'avaient été donnés, je me suis rendu à Paris, où je suis descendu, non pas à l'hôtel de M. le chevalier, mais dans une auberge. Ayant le choix, j'ai jeté mon dévolu sur les *Armes de Bretagne*, dont l'hôte est mon compatriote.

—Sois plus bref, dit Maurevailles.

—A l'avantage d'avoir d'excellent vin, les *Armes de Bretagne* ajoutent celui d'être situées sur le quai de Béthune, à deux pas de l'hôtel de Vilers...

—Peut-être était-ce trop près, fit observer Maurevailles. Ta présence aurait pu soulever des soupçons.

Luc se mit à rire.

—J'espérais que monsieur le chevalier me connaissait mieux, fit-il. Avant de me présenter à l'auberge des *Armes de Bretagne*, j'avais fait peau neuve. Vêtu d'un sarrau de toile, débarrassé de ma perruque et coiffé à la malcontent, j'avais tout l'air d'un provincial fraîchement débarqué à Paris et venant y chercher une place. C'est à ce titre que je me présentai, en priant maître Le Roux, l'aubergiste, de me mettre en rapport avec quelques-uns de messieurs les laquais du voisinage.

—Excellente idée!

—Je m'en vante. Elle réussit d'autant mieux que plusieurs des serviteurs de l'hôtel de Vilers venaient le soir, avant de se coucher, vider un pot de vin chez maître Le Roux, en cancanant sur leurs maîtres avec les autres laquais du voisinage.

—Et tu lias connaissance avec ces laquais? demanda Maurevailles.

—C'est-à-dire, répondit Luc, que je fus bientôt leur compagnon indispensable. C'était moi qui régalais la plupart du temps, sous prétexte de me faire indiquer la place que je désirais.

«—Quel dommage, me dit un soir Comtois, le piqueur de l'hôtel de Vilers, que M. le marquis ne soit plus ici! Bien découplé comme vous êtes, vous lui eussiez certainement convenu...

»—Où donc est-il? demandai-je.

»—Ah! c'est une curieuse histoire. Il a longtemps passé pour mort, et Madame la marquise a disparu. Puis, un beau jour, elle est revenue et le vieux Joseph, le valet de chambre, qui est l'homme de confiance de la maison, nous a dit que son maître n'était pas si mort qu'on le croyait.

»—Alors, il va revenir aussi? demandai-je d'un air naïf.

»—Oh! pas tout de suite. Après la guerre seulement, s'il n'est pas tué. En ce moment il se bat comme un lion à l'armée de Maurice de Saxe...»

—Morbleu! comment savent-ils cela? s'écria Maurevailles stupéfait. Vilers, malgré sa promesse, aurait donc revu la marquise?...

—Attendez pour vous étonner, monsieur le chevalier, dit Luc. Je vous garde le singulier pour la fin.

—Parle vite!...

—La marquise, qui ne semble pas, en effet, croire à la mort de son mari, puisqu'elle ne porte pas le deuil, vit cependant fort retirée dans son hôtel. C'est même pour cela que les domestiques peuvent aller, le soir, boire et bavarder à leur gré. Elle n'admet auprès d'elle que le vieux Joseph, avec qui elle a de longues causeries...

—Et tu n'as pu savoir sur quoi portent ces entretiens?...

—Impossible, monsieur le chevalier. Joseph, vous le savez, est tout dévoué au marquis. Aussi reste-t-il absolument impénétrable. Et puis, je n'ai pas osé me frotter trop à lui...

—Pourquoi donc?

—J'étais déjà auprès de M. le chevalier, il y a quatre ans, et le vieux Joseph aurait pu me reconnaître.

—Alors, c'est tout ce que tu sais?...

—Non pas. J'apporte une nouvelle que je crois intéressante.

—Laquelle?

—Quand elle n'est pas avec Joseph, la marquise réunit ses femmes de chambre dans son boudoir et les fait choisir des étoffes, tailler et coudre...

—Coudre!... s'écria Maurevailles abasourdi. Que nous racontes-tu là?

—L'exacte vérité, monsieur le chevalier. Madame de Vilers prépare une layette.

—Une layette!... Et pour qui?

—Pour l'enfant qu'elle va mettre au monde dans quelques mois...

—Haydée enceinte!... s'écrièrent d'une seule voix les trois officiers. C'est impossible!...

—Cela est pourtant.

—Et elle attend le retour de son mari?... Mais alors Vilers nous a trompés. Avant de partir pour la frontière, il a revu la marquise. Voilà le secret de cette disparition. Le lâche mentait à sa parole!

—Et le prétendu remords qui l'a ramené à nous n'était que le désir de nous jouer. Certain qu'à la fin nous le punirions de sa déloyauté, il a agi de ruse pour endormir notre vengeance, et, tandis que nous nous attristions sur sa résignation au rôle de victime, il était dans les bras de la marquise, se riant avec elle de notre sotte crédulité!

—C'est ignoble, fit Lacy et maintenant, au contraire de ce que je disais pour Tony, j'ai regret qu'une mort de soldat l'ait ravi à mon épée. Je maudis ce traître...

—Que sa mémoire soit à jamais flétrie!

—Quoi qu'il en soit, messieurs, dit Lavenay, il ne nous reste plus qu'à terminer au plus vite la guerre, pour rentrer à Paris et en finir.

IX

LE RÉVEIL

Le courrier avait raconté l'exacte vérité: la marquise de Vilers allait devenir mère.

Ce bonheur qui lui avait été refusé pendant les quatre premières années de son mariage, ces quatre années passées dans l'amour heureux et paisible, elle allait le devoir aux quelques heures d'amour furtif dérobées aux péripéties de la lutte.

Mais de quelles craintes terribles cette joie n'était-elle pas mélangée! Cet enfant qui allait venir au monde connaîtrait-il son père? La fatalité ne l'avait-elle pas déjà fait orphelin?

La marquise ignorait encore les suites de l'explosion d'Anvers. Elle croyait que son mari, suivant l'armée en volontaire, continuait la guerre jusqu'à la fin.

Elle ne s'effrayait pas de ne pas recevoir de ses nouvelles. Elle savait qu'il se cachait des Hommes Rouges et surtout qu'il ne voulait point, par une lettre envoyée à Paris, leur faire savoir qu'il l'avait revue.

—S'il lui arrivait malheur, pensait-elle, le marquis de Langevin m'en avertirait certainement...

Et elle priait Dieu de presser la fin de la campagne et le retour de son époux.

La prière lui donnait du courage et de l'espoir.

La marquise, du reste, avait à s'occuper de sa soeur, la pauvre Réjane, toujours folle.

Réjane s'amusait beaucoup des préparatifs qu'Haydée faisait pour son enfant. Selon elle, ces étoffes blanches qu'on façonnait, ces tulles qu'on plissait, ces dentelles qu'on ajustait, c'était pour son trousseau de noces...

De noces avec Maurevailles qui n'était pas sorti de sa pensée.

Elle restait de longues heures dans le boudoir de la marquise, essayant ces petits vêtements d'enfant, les examinant dans tous les sens, jouant avec eux.

Le temps s'écoulait ainsi.

Un jour que la marquise était sortie, sous l'escorte du vieux Joseph, pour se rendre à l'église de Saint-Louis, une personne, vêtue en femme du peuple, se présenta à l'hôtel de Vilers, demandant à parler à la marquise.

Obéissant à la consigne qu'il avait reçue, le suisse lui barra le passage.

La femme insista. Elle avait, disait-elle, un dépôt à rendre à madame de Vilers.

Mais les événements, qui s'étaient passés lors de l'enlèvement de la marquise par le magnat, avaient rendu le suisse prudent.

—Quelle que soit votre mission, dit-il à la femme, j'ai ordre formel de ne laisser entrer personne sans l'autorisation de M. Joseph.

—Et où est-il, ce M. Joseph? demanda la femme.

—Il est sorti avec madame la marquise. Revenez dans une heure.

—Revenir, revenir! grommela la femme, qui ne paraissait pas d'humeur bien douce. Est-ce que vous croyez que je n'ai que cela à faire, moi?... Si je viens ici, c'est pour rendre service, et voilà comme on me reçoit. Non, je ne reviendrai pas!... Vous direz à votre M. Joseph qu'il prenne la peine de passer d'ici à ce soir rue des Jeux-Neufs, que Babet, la servante de mame Toinon, a quelque chose de sérieux à communiquer à la marquise!...

C'était en effet Babet, la vieille bonne de mame Toinon, celle qui gardait la boutique pendant que sa maîtresse allait avec Tony au bal de l'Opéra.

Lors de son départ pour les Pays-Bas, c'était encore à Babet que mame Toinon, qui avait fermé sa boutique, avait confié la garde de la maison.

Or, si nos lecteurs s'en souviennent, quoique bonne femme au fond, Babet, dans la forme, n'était pas la douceur même. Aussi comme le suisse lui déclara que M. Joseph aurait probablement autre chose à faire que d'aller lui parler rue des Jeux-Neufs, se mit-elle dans une atroce colère.

Ses éclats de voix attirèrent l'attention de Réjane qui, guidée par le bruit, descendit jusqu'au milieu de la grande cour.

Dès qu'elle l'aperçut, Babet, malgré les efforts du suisse, courut à elle.

—N'est-ce pas, s'écria-t-elle, n'est-ce pas, ma jeune demoiselle, que ce gros ventru a tort, et que madame la marquise de Vilers me recevra?

Réjane la regarda avec étonnement, puis, comme frappée d'une idée subite:

—Chut! fit-elle en mettant un doigt sur ses lèvres, venez. C'est *lui* qui vous envoie?

Et la pauvre enfant, qui ne cessait de penser à Maurevailles, entraîna la vieille Babet ébaubie.

Le suisse, ayant ordre de ne pas contrarier la jeune fille, haussa les épaules et rentra dans sa loge. Babet suivit ainsi Réjane jusque dans le boudoir.

—Ici vous pouvez parler, dit la pauvre enfant. Que me voulez-vous?

—C'est un paquet que j'apporte.

—Un paquet?

—Oui, pour madame de Vilers.

—Ah! fit Réjane désappointée. Et qu'y a-t-il dans ce paquet?

—Un coffret. Voici l'histoire. Je vous ai dit que j'étais la servante de mame Toinon, la costumière, qui est partie en me laissant la garde de la maison. Ce départ a naturellement été connu dans le quartier. Cette nuit, des voleurs sont entrés, ont tout brisé, tout fracturé, tout emporté. Ils n'ont laissé que ce qui leur a paru ne rien valoir pour eux.

—Eh bien, dit Réjane, pour qui tout ce qui ne concernait pas Maurevailles était indifférent, en quoi, ma bonne femme, puis-je vous être utile?

—Oh! en rien, mademoiselle. Dieu merci, les quelques valeurs de ma patronne, que j'ai cachées moi-même en lieu sûr, n'y ont point passé... Mais voici pourquoi je viens:

Parmi les objets laissés par les voleurs, se trouve un coffret dont ils ont brisé la serrure. Ce coffret, que je ne connaissais pas à mame Toinon, ne contient qu'un manuscrit signé: «Marquis de Vilers».

Naturellement je ne me suis pas amusée à le lire... ça ne me regardait pas... mais comme j'ai entendu souvent parler du marquis par mame Toinon, comme je sais que M. Tony était l'ami de M. de Vilers, j'apporte le coffret et les papiers. Si les bandits reviennent, ils ne les voleront pas!...

Et Babet tendit le manuscrit à Réjane, qui l'ouvrit machinalement.

Tout à coup la jeune fille tressaillit.

—Ah! s'écria-t-elle, merci, merci. Tenez, madame, prenez, voici pour votre peine!...

Elle détacha son bracelet et le tendit à Babet étonnée.

—Merci, mademoiselle, dit celle-ci en faisant un geste de refus, ce n'est point pour avoir une récompense que je suis venue. Chez mame Toinon, on n'a besoin de rien...

—Je vous en prie, prenez ce bracelet, gardez-le en souvenir de moi... Je vous en saurai gré.

Cette fois Babet accepta un présent, si gracieusement offert, et s'en alla avec force révérences.

En passant devant la loge du suisse, elle eut une velléité d'y entrer pour humilier un peu de sa victoire le fonctionnaire trop zélé qui avait failli l'empêcher d'accomplir la mission qu'elle s'était tracée. Elle se contenta de lui lancer un regard de triomphant mépris.

Restée seule, Réjane s'était hâtée de parcourir avec avidité le manuscrit.

Ce qui l'avait frappée, lorsqu'elle y avait jeté les yeux, c'était un nom plusieurs fois répété: le nom de Maurevailles.

Ce nom avait, pour elle, prêté immédiatement au manuscrit une valeur inexprimable.

Si elle avait eu de l'argent sur elle, elle eût tout donné à Babet pour avoir ce manuscrit.

Mais, ayant la poche vide, elle avait offert son bracelet.

Maintenant elle lisait, ardemment, fiévreusement, concentrant toute son attention sur ce récit auquel était mêlé celui qu'elle aimait.

D'abord, ce ne fut pour elle qu'un amas de mots confus, desquels sortaient seuls les noms propres.

Puis, peu à peu, le jour commença à se faire dans son esprit. Le manuscrit—que nos lecteurs connaissent—racontait le serment fait devant Fraülen, et expliquait les causes de la froideur de Maurevailles pour toute autre qu'Haydée, qu'il était condamné à aimer de par la parole donnée.

A mesure qu'elle lisait, une réaction se faisait dans son esprit bouleversé. Quand elle eut fini, la raison lui était revenue...

Haydée n'aimait point et ne pouvait aimer Maurevailles.

C'était donc à la jeune fille de se faire aimer de lui...

Elle le comprenait. Donc, elle était sauvée!

Après le manuscrit, Réjane lut la lettre qui était restée au fond du coffret.

Cette lettre, on s'en souvient, n'avait pour adresse qu'une initiale.

La suscription disait:

«*Au baron de C.... ou à celui qui trouvera, ce coffret.*»

Ce qui avait autorisé Tony à rompre le cachet et l'avait, par la suite, lancé dans toutes les aventures que nous avons racontées.

Mais Réjane paraissait, en cela, mieux renseignée que Tony.

—Le baron de C...? s'écria-t-elle. Mais c'est évidemment ce vieux baron de Chartille, qui, après avoir été l'ami intime du père de M. de Vilers, se fit presque le camarade du marquis. A quel autre mieux qu'à lui, en effet, pouvait-il songer à confier ses secrets intimes? M. de Chartille était à la fois son père et son frère. Oh! oui, c'est bien à lui qu'est adressé ce manuscrit. Il faut donc qu'il l'ait! Lui, si bon, si brave; lui, le modèle de l'honneur... Il nous protégera tous!...

Haydée rentrait à ce moment. Sa surprise fut extrême, quand elle entendit Réjane lui dire avec tranquillité:

—Soeur, ne te déshabille pas; ne fais pas dételer ton carrosse. Conduis-moi, je te prie, chez le baron de Chartille. Lui seul peut nous sauver, toi et moi, et faire cesser nos douleurs.

X

A SAINT-GERMAIN

Le baron de Chartille était un de ces hommes dont notre vie moderne à toute vapeur a rendu les spécimens bien rares.

Haut de six pieds, la poitrine large et développée, bien campé, bien proportionné, le baron figurait à merveille l'Hercule antique dont il avait la stature et la vigueur.

On ne savait pas au juste son âge réel. Lui-même prétendait l'avoir oublié. Mais on s'accordait pour dire qu'il devait être presque centenaire.

Cela ne l'empêchait pas d'être solide, droit et ferme, comme les vieux chênes de la forêt de Saint-Germain, ses contemporains et ses amis.

Nous parlons de la forêt de Saint-Germain, car c'était là que le baron passait la plus grande partie de son existence.

Il habitait près du parc un vieil hôtel aux vastes salles où sa taille colossale était à l'aise. Par une faveur spéciale, due à ses services et à ses relations à la cour, il avait l'autorisation, bien rarement accordée, de chasser dans la forêt royale.

Cette autorisation, il en usait largement. Dès la pointe du jour, on pouvait le voir, le mousquet sur l'épaule, courir les allées, à la recherche des chevreuils et des daims, suivi d'un seul chien, choisi entre mille par le vieux baron qui avait été un des veneurs les plus expérimentés de son temps et qui se faisait fort, avec son unique limier, de faire plus de besogne que tous les gentilshommes de la cour, avec leurs meutes réunies.

Les habitants de Saint-Germain, qui le voyaient rentrer presque chaque jour, portant sur son épaule le gibier qu'il venait d'abattre, ne pouvaient songer à le démentir.

La chasse était le seul passe-temps du vieux baron, qui se retrempait ainsi dans l'exercice violent. Le soir, pourtant, il lisait dans son fauteuil quelques chapitres des *Traités militaires de Vauban*, ou quelques poésies de Malherbe. Il est vrai qu'après cette lecture, il gagnait vite son lit pour y dormir jusqu'au matin.

Avec une vie ainsi réglée, le baron venait fort rarement à Paris, où aucune affaire ne l'appelait. Il avait coutume de dire qu'il était trop vieux pour se déranger et que ceux qui voulaient le voir savaient le chemin de sa demeure, où un bon accueil les attendait.

Tel était l'homme auquel le marquis de Vilers avait adressé son testament. Supposant que la cassette tomberait entre les mains de quelqu'un de sa famille qui saurait l'amitié toute particulière qui le liait au vieux baron, M. de Vilers n'avait pas pris la précaution de le désigner autrement que par son initiale. On a vu le résultat de cette négligence.

Quant au baron de Chartille, il avait continué à chasser dans sa forêt, sans s'étonner de l'absence de Vilers.

Dans les commencements, il s'était contenté de dire:

—Vilers me néglige. Les plaisirs de la cour lui font oublier son vieil ami. Je lui ferai des reproches.

Puis, apprenant la reprise de la campagne, il avait pensé:

—Vilers est parti. Il a repris du service. J'aurai de bonnes histoires de guerre à son retour. Cela me ragaillardira!...

Quand Réjane, montrant à sa soeur le manuscrit, lui dit qu'il fallait aller voir le baron de Chartille, ce nom fut pour la marquise un trait de lumière.

Elle se demanda comment elle n'y avait pas plus tôt pensé.

Réjane n'était donc plus folle? Bien au contraire, elle causait fort sagement. La foi en le baron de Chartille, l'espérance d'être mariée par lui à Maurevailles, l'avaient comme ressuscitée.

Quelques minutes d'entretien convainquirent la marquise de cette réalité si heureuse!

Elle donna l'ordre de partir immédiatement pour Saint-Germain.

La route parut longue aux deux femmes qui avaient hâte de voir le vieux baron et de savoir ce qu'il déciderait en cette affaire.

Cependant, le postillon, pressant un peu les chevaux, on arriva enfin à l'hôtel de Chartille.

Le baron, selon sa coutume, était dans son grand fauteuil. Il tenait ouvert sur ses genoux le célèbre *Traité de Vénerie*, de Jacques du Fouilloux, livre spécial, dédié à Charles IX, et qui était alors comme un oracle dans cette science aujourd'hui tombée en désuétude.

En apercevant les deux jeunes femmes, le baron ferma vivement son livre et se leva militairement.

—Bénis soient les dieux! s'écria-t-il avec un fin sourire, puisqu'ils m'amènent en ce jour si charmante compagnie! C'est bien à vous, marquise, de n'avoir pas oublié le vieux solitaire et de venir le voir dans son ermitage...

Mais remarquant tout à coup le voile de tristesse qui s'obstinait à altérer le sourire de la marquise:

—Mon Dieu, fit-il, que se passe-t-il donc? Cette visite m'annoncerait-elle un malheur? Est-ce que Vilers?...

Ce fut Réjane qui lui répondit en lui tendant le manuscrit.

Il le parcourut fiévreusement.

—Oui, je savais déjà une partie de cette histoire, murmura-t-il en lisant l'histoire de Fraülen... Mais j'étais loin de soupçonner toute la vérité...

Il arrivait à la fin.

—Ah! dit-il encore. Pauvre Vilers, toujours le même!... mais il n'y a rien à dire. J'étais ainsi, pis que cela peut-être, à son âge... Corbleu!... j'espère bien que Lavenay ne l'a pas tué?...

La marquise le mit alors rapidement au courant des événements qui s'étaient passés après le duel de Vilers et de Lavenay. Le vieillard, assis dans son fauteuil, la tête appuyée sur la main droite, écoutait ardemment.

Quand elle eut fini, il étendit la main vers le cordon qui pendait près de son fauteuil et sonna.

Un domestique apparut.

—Lapierre, dit M. de Chartille, va dire à mon cocher d'atteler tout de suite ma chaise de poste. Pendant ce temps, tu prépareras ma grande valise de voyage et tu feras tes bagages pour m'accompagner...

Habitué de longue date à l'obéissance passive, le domestique salua et sortit pour exécuter les ordres du baron.

—Où allez-vous donc ainsi? demanda madame de Vilers étonnée.

—Aux Pays-Bas, parbleu!

—Comment, vous voulez?...

—Vous me dites que Vilers a besoin de moi. Je me rends à son appel. Il est là-bas. J'y vais. Et s'il vit encore, je vous garantis qu'il vivra longtemps...

—Mais que comptez-vous donc faire?

—Le débarrasser de ces gens qui le gênent. Quand ils ne seront plus là, il sera dégagé de son serment envers eux...

Le vieux baron disait cela avec une simplicité, une assurance stupéfiantes. C'était à croire qu'il s'agissait de la chose la plus simple du monde.

—Mais vous ne connaissez pas les autres Hommes Rouges? dit madame de Vilers.

—J'en connais un, je les connaîtrai tous. J'avais, du reste, une vieille rancune de famille contre ce jeune Lavenay. J'ai eu, dans le temps, avec son grand père, une affaire dans laquelle celui-ci s'est assez mal conduit... Il a refusé de se battre avec moi, sous prétexte que j'étais trop jeune... Plus tard, j'ai eu aussi une querelle avec le père, Gaëtan de Lavenay, qui était alors lieutenant à Navarre-Infanterie... c'était un duelliste de profession, celui-là. Mais on a arrêté l'affaire, sous le prétexte que j'étais trop vieux... Je serai enchanté de régler une bonne fois mes comptes avec quelqu'un de la famille!...

—On le dit terrible à l'épée, objecta Réjane.

—Oh! de notre temps, cela ne comptait pas... Tenez, il y a de cela une cinquantaine d'années... plus même, soixante ans au moins... nous étions dix gentilshommes qui avions fait un pari contre les meilleurs maîtres d'armes du régiment..... Il y avait là Chaverny, de Pons, Bressac et un Maurevailles qui devait être, à propos, le grand-père ou le grand-oncle de celui d'aujourd'hui. La rencontre eut lieu en plein jour, sur la place Royale... Eh bien, nous blessâmes les dix prévôts. De notre côté, il n'y eut que Bressac qui eut la cuisse traversée par l'épée d'un sergent de Saintonge... Ce fut une belle partie... On en parla pendant un mois à la cour...

Tout en bavardant, le vieux baron avait pris son épée, ses pistolets et son manteau de voyage. La berline était attelée et le postillon faisait claquer son fouet dans la cour. Lapierre plaçait sur le haut de la voiture la valise de son maître et la sacoche qui contenait ses effets personnels.

—Adieu, mesdames, dit le baron en baisant la main de la marquise et celle de Réjane. Retournez à Paris. Dans quelques jours, vous aurez des nouvelles...

Mais comme la marquise s'apprêtait à prendre congé de lui, Réjane, toute confuse, toute rouge, restait immobile et clouée sur son siège.

—Voyons, mon enfant, reprit le baron, on dirait que votre petit coeur n'est pas encore complètement déchargé... Parlez donc!

Elle balbutia quelques mots, inintelligibles pour le baron, puis se tut soudain.

—Ah! je comprends, fit la marquise. C'est que, parmi nos ennemis, il y en a un... qu'elle aime...

—Parbleu! s'écria le baron. Toujours l'histoire de *Roméo et Juliette*! Et comment s'appelle-t-il, votre Roméo?

—Le chevalier de Maurevailles... murmura Réjane.

—Eh bien, mon enfant, reprit-il en saisissant les mains de la jeune fille et en la conduisant auprès de sa soeur, soyez sans crainte. On le ménagera, votre Roméo. Et, si vous le désirez même, on vous le ramènera.

Réjane ne put se défendre de se jeter dans les bras de l'excellent baron qui n'avait point trompé son attente, puis se retira avec sa soeur...

XI

UN DE MOINS

Tandis que madame de Vilers et Réjane retournaient à Paris, le baron de Chartille brûlait la route.

Avec une vigueur incroyable à son âge et que lui eussent enviée bien des jeunes gens, il ne quitta, ni jour ni nuit, sa chaise de poste, ne s'arrêtant que pour relayer et se faisant apporter ses repas dans la voiture.

Enfin le baron arriva au camp, et après s'être fait reconnaître, demanda une entrevue immédiate à Maurice de Saxe.

Son nom était bien connu. Le maréchal s'empressa de recevoir le brave centenaire en s'enquérant avec déférence du motif évidemment grave qui pouvait l'amener à l'armée.

M. de Chartille le pria de vouloir bien faire mander les trois officiers avec lesquels il désirait avoir en sa présence un entretien sérieux.

Quelques minutes plus tard, Lavenay, Lacy et Maurevailles se présentaient.

Le baron voulut alors expliquer le motif du voyage; mais, dès les premiers mots, Maurevailles l'interrompit par cet aveu terrible:

—Vilers est mort!...

—Vilers est mort!... s'écria le centenaire avec douleur. Mort... Assassiné, sans doute?...

Respectant l'âge et la douleur du baron, Maurevailles ne releva pas cette expression. Mais Maurice de Saxe, intervenant au débat, s'empressa de répondre:

—Le marquis de Vilers a eu la mort d'un brave; celle que nous devons tous désirer: il a été tué à la prise de la citadelle d'Anvers...

—C'est une atténuation, dit le baron de Chartille en passant son gant sur sa paupière humide. On pourra du moins dire à sa veuve: Votre mari était un brave et loyal officier!...

Mais Lavenay, encore sous le coup de la nouvelle que lui avait apportée son courrier, s'écria:

—C'était un traître!

—C'était un traître!... répétèrent comme un double écho Maurevailles et Lacy.

—Que dites-vous, messieurs? s'écria avec indignation le baron. Lui reprocherez-vous jusqu'au delà du tombeau une faute de jeunesse qu'il a expiée d'une si sublime façon?

—C'était un traître!... répéta de nouveau Lavenay.

—Ah! je vous remercie de me donner un démenti, monsieur de Lavenay!... s'écria le vieillard emporté par la colère. Je vais savoir enfin si, dans votre famille, il y a quelqu'un qui veuille croiser son épée contre la mienne. En garde, monsieur, en garde, ou, par Dieu, je vous marque au visage, pour que toute l'armée vous reconnaisse comme un lâche calomniateur!...

Le vieux baron avait redressé sa haute taille. Sa main impatiente faisait tournoyer son épée, qu'il avait tirée du fourreau. Maurice de Saxe crut devoir s'interposer.

—Mon cher baron, dit-il, je vous en prie, calmez-vous. M. de Lavenay regrette sincèrement de vous avoir offensé par des paroles que...

—Non, non, dit l'obstiné vieillard. Maréchal, vous, l'honneur en personne, je vous en supplie, laissez-moi châtier ce tourmenteur de femmes.

—Mais il nous faudrait des témoins, objecta Lavenay.

—En aviez-vous contre Vilers, sur la place Royale? Cependant, prenons des témoins, je ne m'y oppose pas. Chevalier de Maurevailles, j'aurai à vous parler ensuite d'une malheureuse jeune fille, passez de mon côté. Vous, Lacy, secondez votre ami! Mais, pour Dieu! en garde, en garde!

Il n'y avait rien à répliquer. Lavenay tira son épée.

Mais l'assurance semblait l'avoir abandonné. Aux attaques, à la fois furieuses et savantes du baron, il ripostait lourdement, mollement, arrivant à peine à la parade.

Deux fois déjà l'épée du vieillard avait effleuré sa poitrine, enlevant des lambeaux de drap... C'était vraiment un rude adversaire que le baron de Chartille!

Les témoins de cette scène en suivaient anxieusement les péripéties.

Tout à coup, l'épée du baron décrivit un cercle, prit celle de Lavenay en tierce pour l'écarter par un froissement rapide. Le fer suivit le fer, et la lame vint s'enfoncer jusqu'à la garde dans la poitrine du jeune homme qui tomba lourdement.

Il était mort.

—Je vous demande pardon, maréchal, de vous avoir fait assister à cette scène, dit froidement M. de Chartille en remettant son épée au fourreau. Vous, messieurs de Lacy et de Maurevailles, occupez-vous de votre ami. Je ne vous dis pas adieu, mais au revoir, car je reste ici jusqu'à nouvel ordre. Mon oeuvre n'est pas faite...

XII

MA MÈRE!...

Dans la meilleure chambre de la maisonnette qu'elle avait louée au fond de l'un des faubourgs d'Anvers, mame Toinon veillait au chevet de Tony. Terrifiée par l'arrêt brutal du médecin qui, à première vue, avait déclaré le jeune homme perdu sans ressources, mame Toinon n'avait pas voulu accepter cet arrêt comme définitif.

C'est une particularité, souvent fort heureuse, de la nature humaine, d'accepter sans examen les bonnes nouvelles et de ne croire aux mauvaises qu'après un contrôle indiscutable.. Le second chirurgien que la mercière alla chercher fut beaucoup plus consolant que le premier.

—Votre soldat est fortement avarié, dit-il avec une grimace non équivoque, mais le coffre est solide et à cet âge-là il y a toujours de la ressource...

—Alors, monsieur, vous espérez...? demanda mame Toinon palpitante d'émotion.

—Je n'espère rien, sacrebleu! dit le médecin qui appartenait à la classe des bourrus bienfaisants, je vous dis que nous verrons et rien de plus. Il y a pas mal de déchirures dans la peau de ce garçon. Mais jusqu'à présent rien de cassé. Si l'intérieur n'est pas plus détérioré que l'extérieur... Enfin dans quelques jours je vous rendrai réponse... En attendant, soignons-le...

Ce fut tout ce qu'elle put savoir, mais c'était déjà beaucoup. Elle s'installa près du lit de Tony, se promettant de ne plus le quitter qu'il ne fût hors de danger.

Quelques jours se passèrent. Chaque matin le médecin venait et hochait la tête d'un air satisfait. Se méprenant, comme l'autre, sur la nature de l'affection qui liait mame Toinon à Tony, il murmurait:

—On vous le tirera d'affaire, votre chéri. Allons! du temps et de la patience, voilà les grands remèdes qui valent mieux que tout.

De la patience, elle n'en manquait pas, la bonne et charmante femme. Certes, elle ne s'impatientait pas au chevet de Tony. N'était-ce pas pour lui, pour le revoir, pour être auprès de lui qu'elle avait quitté Paris, ses affaires, son magasin, tout?

Auprès du malade, dans les longues heures, elle songeait; et, malgré elle, les paroles des deux médecins lui revenaient à l'idée.

—Est-ce votre mari, votre amant? avait demandé l'un.

—On vous le sauvera, votre chéri!.. s'était écrié l'autre.

C'était donc possible!... Malgré la différence d'âge qui les séparait, Tony pouvait donc, sans trop étonner le monde, devenir son amant, son mari?...

Malgré elle, elle s'avouait que le sentiment maternel qui l'avait portée à recueillir, à élever Tony, s'était modifié avec le temps, sans qu'elle s'en rendît compte. Elle avait vu l'enfant grandir devenir homme et peu à peu, son affection pour lui avait pris une autre forme... Que de fois elle avait remarqué avec orgueil combien Tony se faisait beau garçon... Que de fois, lorsqu'elle l'avait vu plaisanter avec quelqu'une des fillettes du quartier, elle avait senti en elle un inconscient malaise, une contrariété jalouse!... A cette heure où elle était là, prête à donner sa vie pour le sauver, elle ne pouvait plus se le dissimuler; ce qui dominait en elle, ce n'était pas le dévouement de la mère pour son fils, c'était la passion folle de l'amante pour l'amant.

Mais, lui, lui, Tony... l'aimait-il?

Hélas! il était là, gisant encore sans connaissance, enveloppé de bandelettes, en proie à une horrible fièvre, incapable de parler, de comprendre même... Était-elle sûre seulement de le sauver? Devait-elle demander à Dieu l'amour de Tony, alors qu'elle en était encore à implorer sa vie?

Mais, tout à coup, elle se rappelait l'incident de la citadelle, quand la bouche de Tony à demi évanoui s'était collée sur sa main... O souvenir cruel et doux à la fois! Ce baiser la brûlait... Elle eût voulu l'effacer de sa mémoire, et ses lèvres fiévreuses le cherchaient à tout instant sur sa main.

Ah! ce baiser!... Pour recevoir seulement le pareil, elle donnerait le paradis!

Il était onze heures du soir. Vaincue par la fatigue, la vaillante femme s'était assoupie sur son fauteuil.

Un mouvement du malade la tira de sa torpeur.

Tony s'agitait faiblement. La fièvre avait augmenté, le délire était venu. Le jeune officier murmurait à demi-voix des paroles inintelligibles.

—Qu'as-tu, Tony, mon trésor? Parle, parle, demanda la jeune femme.

—Ma mère!... dit le blessé, dont le visage s'illumina d'une expression de béatitude.

Ainsi, il l'appelait sa mère! Lui-même ne voulait être que l'enfant de mame Toinon...

Et la pauvre exaltée, ramenée par cet unique mot au sentiment réel des choses, eut le courage de refouler dans son coeur toutes ses pensées de *femme* pour n'être plus que *mère*.

—Que veux-tu, cher enfant? demanda-t-elle avec empressement en ne pensant déjà plus aux rêves fous qu'elle venait de faire, pour ne plus songer qu'au rôle maternel dont elle s'était chargée.

—Ma mère! répéta Tony.

Mais la fièvre du malade augmentait. Faisant, pour se soulever, des efforts qui lui arrachaient de sourds gémissements, il semblait se débattre contre un ennemi inconnu. Dans son délire, il poussait des cris terribles, appelant ses amis à son aide, repoussant mame Toinon qui s'efforçait en vain de le contenir et de le calmer.

La pauvre femme, effrayée, envoya au plus vite chercher le médecin. En apercevant le malade, celui-ci hocha la tête:

—Voilà la crise que j'appréhendais, dit-il. Elle peut le sauver, elle peut l'emporter.

—Mais ne sauriez-vous calmer cette horrible fièvre?

—Eh! je n'ose l'essayer... Écoutez: vous m'avez dit, je crois, que vous aviez de l'argent?...

—Oui, docteur; et s'il en faut encore, j'enverrai à Paris. Je vendrai tout ce que j'ai... Si cela ne suffisait pas, j'ai des amis, je les verrais... Quelle que soit la somme nécessaire, je l'aurai, Dites, dites vite... Que faut-il?

—Oh! pas autant que vous pourriez le croire... Je veux simplement vous proposer de faire venir mon éminent collègue le docteur Van Hülfen. Il a spécialement étudié ces maladies du cerveau et pourra nous être d'un grand secours. Seulement, comme c'est un vieux savant qui n'aime pas à se déranger, surtout la nuit, sans être grassement payé...

—Ah! qu'importe! courez, courez, docteur; amenez-le. Tout ce qu'il voudra, mais qu'il le sauve!...

Le chirurgien sortit et revint bientôt avec le docteur Van Hülfen.

Le délire de Tony était à son plus haut période.

Le docteur Van Hülfen considéra avec attention le malade, et, non sans quelque difficulté, parvint à lui saisir le poignet.

—Hum! hum! dit-il, en regardant sa grosse montre d'argent historié et découpé, cent vingt-deux pulsations à la minute... C'est beaucoup, beaucoup... Il faut réduire cela...

Puis se tournant vers mame Toinon:

—Donnez-moi un grand drap, dit-il.

—Un drap?

—Oui, un drap de lit.

La mercière s'empressa de le satisfaire.

—Maintenant, de l'eau!...

—De l'eau tiède? dit mame Toinon.

—Non pas. De l'eau froide, glacée même, si c'est possible.

Il y avait dans la maison un puits très profond. On courut y puiser un seau d'eau fraîche.

Le docteur y trempa le drap, et, aidé de son collègue, le glissa sous Tony...

—Mais vous allez le tuer... il est tout en sueur! s'écria mame Toinon stupéfaite.

Sans s'inquiéter des craintes de la mercière, le vieux savant qui, devançant les idées modernes, avait découvert un traitement dont ne se servent pas encore nos docteurs—peut-être parce qu'il abrégerait le nombre des visites,—enveloppa Tony dans le drap mouillé et le maintint, malgré sa résistance, dans cette enveloppe glacée.

—Quatre-vingts!... dit-il en consultant après quatre minutes le pouls du malade. Le délire n'existe plus...

En effet Tony semblait beaucoup plus calme.

—Laissez-le dans ce drap, continua le vieux praticien. Seulement, comme l'eau s'échauffe, vous le rafraîchirez toutes les trois heures. Vous ferez bien d'avoir deux draps pour alterner. Adieu, madame. Mon cher collègue, au revoir, vous n'avez plus besoin de moi!...

Mame Toinon voulut insister pour le payer.

—Allez, dit-il, soignez votre malade, vous me paierez quand il sera debout. Vous avez bien entendu?... De l'eau fraîche... toutes les trois heures... jusqu'à demain. Au revoir!...

Il sortit. Le chirurgien le suivit.

Mame Toinon resta seule pour soigner son Tony.

Vingt-quatre heures se passèrent, au bout desquelles la fièvre disparut complètement.

Mais Tony continuait à répéter:

—Ma mère!...

—Oh! oui, dit mame Toinon, tu as raison, je suis ta vraie mère...

Le malade sourit:

—Vous?... dit-il. Oh! non. Vous m'aimez, je le sais bien et je ne vous le rendrai jamais assez. Mais vous n'êtes pas ma mère... Ma vraie mère, je l'ai vue... ou du moins j'ai vu son portrait, car elle, ma mère, est morte! Ce n'est plus qu'en rêve que je puis la revoir!... Ah! j'étais bien heureux tout à l'heure.

—Mon Dieu! s'écria mame Toinon, voilà le délire qui le reprend...

—Non, dit Tony, je n'ai pas le délire. Je vous dis que j'ai vu le portrait de ma mère...

Et il lui raconta comment avait été découverte sa parenté avec le marquis de Langevin, comment celui-ci lui avait montré le médaillon où se trouvait le portrait de sa mère, mais en lui disant qu'elle n'existait plus...

Mame Toinon était aussi émue que lui.

—Oui, elle est morte, répondit Tony, et je ne tarderai pas à la rejoindre. Je ne donnerais pas mon bonheur pour cent années d'existence!

—Toi, mourir! s'écria la jeune femme; oh! non, tu ne mourras pas. Tu es sauvé, au contraire. Il t'a admirablement soigné, le bon docteur, et je continuerai son oeuvre, je te le jure!

La chère femme était dans l'ivresse.

Non seulement son Tony allait de mieux en mieux, mais encore ce n'était pas elle qu'il appelait sa mère!

Et il l'aimait pourtant!

L'aimerait-il donc comme elle voudrait si ardemment qu'il l'aimât?...

XIII

L'OFFICE FUNÈBRE

En présentant à nos lecteurs le baron de Chartille, nous avons dit que son existence était très méthodiquement réglée.

Or, dans l'emploi de son temps, la religion avait sa part.

De même que, chaque matin, on était sûr de le voir, quelque temps qu'il fît, partir le fusil sur l'épaule, de même, tous les dimanches, on le voyait dans l'église de Saint-Germain, où sa place était réservée, écoutant la grand'messe et dominant de sa haute taille les fidèles qui l'entouraient.

Aussi, après avoir vengé son ami Vilers, son premier soin fut-il de faire dire une messe pour le repos de son âme.

Il s'adressa au maréchal de Saxe et lui demanda la permission de disposer de ses soldats pour rendre la cérémonie plus digne.

Maurice de Saxe la lui accorda avec empressement.

Quant aux soldats, ce fut à qui serait admis à prendre part à ce travail destiné à honorer le souvenir d'un brave.

En quelques jours, un autel colossal fut élevé au milicu du camp, autel fait de bois et de terre, orné de branches de feuillage, décoré de faisceaux d'armes et de trophées de drapeaux. Avec un goût parfait, les soldats disposèrent de chaque côté de l'autel improvisé des pièces de canons détachées de leurs affûts et mises en croix, autour desquelles des lames de sabres formaient une étincelante auréole, tandis qu'une haie de hallebardes et de mousquets, savamment entremêlés, formait comme un berceau au-dessus de l'officiant.

Il fut décidé que chaque régiment enverrait un détachement à la cérémonie, et que les tambours, trompettes et musiques, viendraient en relever l'éclat.

La cérémonie allait commencer, lorsque trois soldats des gardes-françaises vinrent solliciter l'honneur d'être reçus par le baron.

Il les fit entrer.

—Monsieur le baron, dit l'un d'eux avec un fort accent méridional, nous n'avons pas l'honneur d'être connus de vous. Mais nous pensons que vous ne nous en voudrez pas de vous déranger quand vous saurez que nous servions tous trois dans la compagnie du capitaine de Vilers que nous aimions...

—Que nous aimions beaucoup... appuya comme un écho le second garde-française, en lequel on a déjà reconnu le Normand, inséparable compagnon du Gascon.

—Et pour qui nous aurions donné notre vie, murmura d'une voix à peine intelligible le troisième, qui semblait avoir une extrême difficulté à émettre des sons et dont le nez rouge prenait, grâce à l'émotion, des teintes violacées.

Celui-là, c'était Pivoine.

—Vous avez eu raison, mes amis, dit le baron. Parlez. De quoi s'agit-il?

—Eh bien, donc, reprit la Rose, nous avons une prière à vous adresser. Vous avez probablement entendu parler d'un jeune officier qui conduisait les vingt hommes sur la brèche, le jour de l'explosion...

—Le cornette Tony?...

—Oui, monsieur le baron, un brave et digne jeune homme, engagé depuis six mois à peine et qui pouvait aspirer au plus bel avenir...

—Au plus bel avenir..., répéta le Normand.

—Nous l'aimions tous...

—C'est lui qui m'a crevé la gorge, chuchota Pivoine en passant sa grosse main sur ses yeux humides de larmes; mais je ne lui en voulais pas; au contraire, c'est pour cela que je l'aimais... quel joli tireur cela eût fait!... Ah! je voudrais qu'il fût là, quand même ce serait pour me flanquer encore un coup de pointe!...

—Tony a été l'ami du marquis de Vilers, reprit La Rose. Je puis même dire qu'il lui a rendu de grands services. Enfin ils sont morts ensemble.

—Je vous entends, mes enfants, dit le baron d'une voix émue, vous venez me demander de comprendre Tony dans les prières qu'on va dire pour le marquis de Vilers... Non seulement j'y consens de grand coeur, mais encore je vous remercie de m'y avoir fait penser, car c'est justice. Oui, allez dire à vos camarades que les noms du capitaine de Vilers et du cornette Tony seront unis, dans la cérémonie qui se prépare, comme eux-mêmes ont été unis dans la vie et dans la mort. Bien plus, on pensera dans les prières à tous ceux qui ont péri avec eux et qui n'ont ici ni ami, ni frère pour les représenter...

—Ah! merci, merci, monsieur le baron, s'écria La Rose; toute l'armée vous bénira!... Je ne suis qu'un pauvre soldat, mais si vous avez besoin de la vie d'un homme...

—De deux hommes... dit le Normand.

—De trois hommes, sacrebleu! essaya de s'écrier Pivoine; je ne peux plus faire de discours, mais j'ai encore le poignet solide...

—Allons, c'est bien, mes enfants, dit le baron que l'émotion commençait à gagner; le temps se passe. Il faut penser à la cérémonie.

Les trois soldats prirent congé du baron pour avertir leurs camarades du succès de leur démarche.

Une heure après, un coup de canon annonçait le commencement du service funèbre.

Comme nous l'avons dit, de nombreux détachements y assistaient.

En outre, presque toutes nos connaissances s'y revoyaient côte à côte.

Le maréchal de Saxe, toujours traîné dans sa petite carriole d'osier et en grand uniforme, s'était fait placer au milieu du carré des troupes. A sa droite se tenait debout le marquis de Langevin, également en tenue; à sa gauche, le marquis de Chartille.

Derrière eux se trouvait le comte de Clermont-Prince, qui avait dirigé les opérations du siège d'Anvers, et qui avait chargé Tony de la terrible mission où il avait perdu la vie.

Puis, les officiers du régiment de Bourgogne, où Tony était cornette; ceux des gardes-françaises, anciens compagnons du marquis de Vilers.

Enfin, tout honteux de la place d'honneur qu'il occupait, Ladrange, le soldat qui avait eu le poignet cassé à la prise du château du margrave, et qui avait gagné les galons de brigadier en même temps que Tony conquérait l'écharpe; Briançon, le sergent qui, seul, avait survécu à l'explosion d'Anvers; Pivoine, La Rose et le Normand.

Sur le côté, deux femmes pleuraient, inclinées; c'étaient maman Nicolo et Bavette.

Mais (chose étrange!) seule, mame Toinon manquait. Son absence ne tarda pas à être remarquée. Maman Nicolo surtout, malgré sa douleur réelle, ne pouvait s'empêcher de regarder de temps en temps autour d'elle.

Bavette profitait naturellement de l'occasion pour faire de même.

—C'est bien singulier... murmuraient-elles après chaque vaine recherche.

Le baron de Chartille ne tarda pas à remarquer cette attitude, qui finit par l'intriguer au plus haut point. Une idée lui vint.

Il avait fait une enquête auprès du maréchal de Saxe, du marquis de Langevin, des Hommes Rouges. Cette enquête ne lui avait appris que la mort de Vilers, qui restait sans preuve matérielle. Il se dit que, peut-être, en interrogeant les petits, il obtiendrait de meilleurs résultats qu'en continuant à s'adresser aux grands.

—Après la cérémonie, pensa-t-il, je causerai avec ces femmes.

Le prêtre avait dit l'absoute. Les troupes se retiraient. Prenant congé de Maurice de Saxe et du colonel de Langevin, le baron se dirigea vers maman Nicolo.

Mais, en chemin, la conversation de deux hommes l'arrêta.

—Et pourtant, mon vieux, si ça allait être comme la dernière fois!... disait le Gascon La Rose.

—Ma foi, répliqua le Normand, cet homme-là a pour spécialité de ressusciter. Tant qu'on n'aura pas retrouvé son cadavre...

—De qui parlez-vous donc? s'écria M. de Chartille en s'approchant.

—Dame, monsieur le baron, du capitaine de Vilers. C'est une idée qui vient de me surgir, dit La Rose.

—Laquelle?

—Qu'il n'est peut-être pas mort.

Le baron eut un mouvement de joie.

—Et qui vous fait penser cela? demanda-t-il.

—Le passé. Voyons, écoutez. La première fois, M. de Vilers est blessé à mort. On le porte aux caveaux du Châtelet. On le couche sur les dalles. On le met en bière. On fait son enterrement... Crac, il reparaît à Blérancourt juste à temps pour nous donner un rude coup de main, à ce pauvre Tony, au Normand et à moi.

—C'est juste. On m'a parlé de cela. Après?

—Après?... Il trouve un gouffre, une espèce de puits sans fonds, percé dans un labyrinthe; il tombe dedans... On le croit perdu... Ah! bien oui. Il en sort par une écluse dont nous profitons du même coup, Tony et moi.

—C'est prodigieux, en effet. Ensuite?

—Ensuite, il part pour se faire tuer. Tout le monde le dit mort. Ah! ouiche. Tony va sur le rempart de la citadelle d'Anvers... Juste en face de lui se dresse le prétendu mort qui l'avertit de prendre garde...

—Eh bien?

—Eh bien, monsieur le baron, en réfléchissant à tout cela, pendant la messe, je me demandais si vraiment le marquis de Vilers était mort, et si, comme les autres fois, nous n'allions pas, dans un moment critique, le voir tout à coup reparaître plus vigoureux que jamais!...

Ce que disait le brave La Rose était certainement bien invraisemblable; pourtant cela concordait tellement avec les désirs du baron qu'il ne put s'empêcher d'y songer aussi.

Et ce fut dans cette pensée qu'après un adieu amical aux deux soldats, il se dirigea vers la cantine de maman Nicolo, qu'on lui avait précisément fait remarquer la veille.

Là il fut question d'un bien autre sujet.

La petite Bavette, très loquace de sa nature, parla au baron de l'amour que Toinon portait à son fils adoptif, Tony. Bavette, dont le coeur avait, dès le premier jour, battu pour le jeune garde-française; Bavette, qui avait tremblé pour son bonheur en voyant Tony devenir sergent, puis officier, Bavette n'avait pas constaté sans un violent sentiment de jalousie, la façon dont mame Toinon traitait Tony. Son coeur de femme ne s'était pas trompé sur la nature de l'affection de la costumière pour son fils adoptif. Mame Toinon pouvait s'y méprendre. Bavette, non.

Aussi avait-elle été fort étonnée de ne pas voir mame Toinon au service funèbre. Cela l'avait amenée à songer que, depuis le jour fatal, on ne l'avait pas revue. Que lui était-il arrivé? Qu'avait-elle fait? Était-elle repartie pour Paris? Ce n'était pas probable...

—Mais elle n'a pas même paru aux recherches qui ont été faites, fit observer maman Nicolo.

—Une pareille indifférence est inadmissible. Mame Toinon n'est pas femme à agir ainsi... Il y a une raison.

—Oui, il y a un motif; mais lequel?

Lequel? Voilà où l'on s'arrêtait. Ni maman Nicolo ni Bavette ne pouvaient découvrir la cause de l'inexplicable disparition de la mère adoptive de Tony. Mais toutes ces indécisions étaient de nature à intriguer davantage encore le baron. Les soupçons grandissaient de plus en plus dans son esprit.

—N'y a-t-il point connexité entre ces diverses disparitions? se demandait-il.

Et il se promit de rechercher mame Toinon.

Mais pour cela, comme il ne la connaissait pas, il lui fallait des aides. Il se demanda s'il ne ferait pas bien d'être accompagné par l'un des soldats qui étaient venus chez lui le matin. Il se promit de leur parler et de demander pour eux à Maurice de Saxe les quelques jours de congé nécessaires pour un voyage à Anvers.

Comme il rentrait chez lui dans cette intention, il aperçut justement les trois hommes attablés avec un singulier personnage, dont la stature minuscule faisait un singulier contraste avec la haute taille des soldats.

Ce personnage, ne le devine-t-on point? c'était le nain de Blérancourt, qui, selon l'intention qu'il en avait manifestée, venait de rejoindre ses amis les gardes-françaises.

—Ainsi, disait sérieusement le nain, il n'y a pas moyen de s'engager parmi vous?

—Tu veux rire, mon ami Goliath, répliqua Pivoine en frappant du poing sur la table, si tu m'avais proposé cela quand je faisais les enrôlements à la porte du *Sergent recruteur*, à Paris, je t'aurais pris par la peau du cou et collé dans une niche... Ici, c'est différent, tu es un ami... trinquons!

Le nain versa à boire et huma une large lampée. Les gardes-françaises le regardèrent avec admiration.

—Pour bien boire, dit La Rose, je dois te rendre cette justice que tu bois royalement... Si tu avais seulement deux pieds de plus...

—C'est ennuyeux, cela! s'écria le nain. J'étais né pour être soldat, moi. La vie de château ne me plaît plus du tout, depuis que je vous ai connus là-bas.

—Ah! ah! voyez-vous le gaillard!

—Et puis, ce n'était plus tenable. Figurez-vous que, depuis que le vieux bonhomme n'est plus là, le traban est devenu insupportable. Il économise sur tout; il surveille tout; il a les clefs de toutes les armoires. Croiriez-vous que cet animal joue au maître et est plus dur que ne le serait n'importe quel seigneur?... Ma foi, je n'ai plus hésité, j'ai pris mes petites économies... et je me suis mis en route... je voulais vous retrouver, ça n'a pas été long...

—C'est vrai. Vous êtes un malin, vous! dit le Normand.

—N'est-ce pas? Ah! si on voulait, je serais joliment utile, moi... Je trouve tout. Et puis, je comptais sur le capitaine de Vilers!... Enfin!... Heureusement j'ai d'autres amis ici!

Et il leur tendit les mains.

—A ta santé, Goliath! fit La Rose.

—A ta santé!..

—A la vôtre, mes braves!...

Mais, à ce moment, le nain se retourna. M. de Chartille venait de lui frapper sur l'épaule.

Le baron s'était dit tout à coup que ce nabot était peut-être l'homme qu'il lui fallait. Le nain avait été à Blérancourt, il paraissait savoir bien des choses. En sa qualité de bossu, il était intelligent et intrigant comme tous les gens marqués au B. Ce pouvait être une acquisition précieuse.

Le baron lui fit signe de venir avec lui. Sur un geste de La Rose, le nain se leva et suivit le dernier protecteur de la marquise:

—Tu parlais du capitaine de Vilers, dit M. de Chartille, tu le connais donc?

—Je crois bien, je lui ai sauvé la vie!... C'est moi qui avais ouvert l'écluse...

—Et le caporal Tony, tu le connaissais aussi?

—Parbleu!... je lui ai sauvé la vie aussi. Ils barbotaient ensemble.

—Eh bien, découvre-les-moi, morts ou vivants, et ta fortune est faite...

—Ma fortune! mais alors c'est une inspiration du ciel qui m'a amené ici. Comptez sur moi, mon gentilhomme, et préparez votre argent. Vous verrez, je trouve tout, moi!... je trouve tout.

XIV

LE COUP DU MOUSQUET

Comme les autres officiers des gardes-françaises, Maurevailles et Lacy avaient assisté au service funèbre de M. de Vilers.

Mais, après cette cérémonie, ils s'étaient occupés d'une autre non moins triste. Ils avaient, sans apparat et sans pompe, procédé aux obsèques de leur ami Lavenay.

Au retour ils causaient, et, naturellement, ne parlaient que du baron.

Ce personnage, quasi fantastique, sorti tout à coup de l'ombre, leur semblait le mystérieux vengeur qui, dans les légendes, apparaît tout à coup.

Que devaient-ils faire? Quel parti prendre?

Fallait-il venger la mort de Lavenay? Fallait-il provoquer ce vieillard?

Il y avait vraiment là une question de délicatesse et d'honneur très difficile à résoudre. Certes, le baron, malgré son âge, était encore un rude jouteur;

Lavenay en avait fait la dure expérience. Cependant, c'était presque se mettre au ban des honnêtes gens que de tuer cet homme, que sa vieillesse mettait déjà si près de la tombe et dont tout le monde, depuis quarante ans, honorait et respectait les cheveux blancs.

—A mon avis, dit Maurevailles, le meilleur est de l'éviter, de le dérouter, de le fuir. Une fois que nous lui aurons fait perdre nos traces, nous pourrons terminer notre tâche.

—Ton idée alors serait?...

—De voir le maréchal et de lui demander la permission de nous absenter quelques jours pour aller à Paris. Voilà les opérations suspendues. On ne nous refusera pas cette faveur...

—Et après?

—Après, le baron se mettra à notre recherche; mais ce sera bien le diable si nous ne réussissons pas à lui faire perdre notre trace jusqu'au moment où nous n'aurons plus rien à redouter de lui.

—Quel moyen emploieras-tu pour cela?

—Le meilleur, car il faut à la fin que j'arrive à mon but. Décidément je ne dois pas songer à Réjane. Cette enfant a pour moi un caprice de pensionnaire qui passera. Celle que je veux et qui m'est due, c'est Haydée. La nouvelle preuve d'amour qu'elle a donnée à son mari, loin de me rebuter, m'irrite et m'attire.

—Mais, maintenant, elle ne voudra plus jamais t'épouser, objecta Lacy.

—Pourquoi donc?

—Une fois mère, elle se donnera tout entière à son enfant.

—Eh bien, raison de plus!...

—Je ne comprends pas.

—C'est cet amour maternel qui va me fournir mon moyen. Un enfant ne se défend pas. Que nous soyons là au moment opportun; que cet enfant qu'elle va mettre au monde soit à nous et, pour le ravoir, pour lui éviter toute souffrance, la mère fera ce que nous voudrons.

—C'est vrai, dit Marc de Lacy. Tu as raison, nous n'avons pas le choix des moyens. Il faut, comme tu le disais, en finir une bonne fois.

Ils se rendirent chez le maréchal qui leur accorda un congé, se chargeant d'avertir de ce congé leur chef immédiat, le marquis de Langevin.

Les deux officiers pressèrent leurs préparatifs de départ.

Ils les terminaient quand un soldat vint leur annoncer que le baron de Chartille demandait à leur parler.

Ils échangèrent un regard.

—Encore cet homme! s'écria Maurevailles.

—Il apparaît juste au moment où nous espérions l'éviter.

—Nous ne devons pas avoir l'air de trembler devant lui, pourtant!

—Qu'il entre. Autant vaut que nous sachions à quoi nous en tenir.

Le baron entra, droit et grave, et, après avoir salué les deux gentilshommes, jeta un regard rapide autour de lui; les préparatifs de départ ne pouvaient le tromper sur leurs intentions.

—Si je ne m'abuse, messieurs, dit-il avec une nuance d'ironie, vous songez à quitter le camp?

Maurevailles fit un signe affirmatif.

—C'est fâcheux, reprit le baron, car, moi-même m'absentant pour quelques jours, j'aurais été heureux de savoir où vous retrouver. Faudrait-il donc que je vous tuasse tous les deux pour vous empêcher de fuir en mon absence?

A ces paroles provocatrices, Lacy et Maurevailles, oubliant malgré eux leur résolution de ne passe battre, s'élancèrent, l'oeil en feu, vers le baron.

—Là, là, tout beau, messieurs, dit le vieillard, souvenez-vous de votre ami.

—Et c'est précisément parce que je m'en souviens, s'écria Maurevailles, pâle de colère, que je veux le venger ou mourir comme lui!...

—Vous, monsieur de Maurevailles, vous êtes malheureusement le seul homme que je ne puisse pas toucher de mon épée. Je crois même que si je vous voyais en péril, je vous sauverais. Votre vie m'est sacrée... J'en ai besoin.

—Mais moi? demanda Lacy.

—Oh! vous, répondit à Lacy le baron de Chartille, je suis prêt à vous tuer quand cela vous fera plaisir, quoique vraiment j'aie déjà versé assez de sang. En ce moment, je vous le jure, je serais enchanté de rester en paix avec vous, à la condition toutefois que vous me donniez votre parole de ne pas vous éloigner.

—Et cette promesse, à quel titre l'exigez-vous?

—Au seul titre d'un honnête homme qui veut le dénouement d'une intrigue sans nom, d'une infamie où l'honneur véritable, tous les intérêts, tous les sentiments d'une femme sont engagés. Vous ne partirez pas! Je ne sais quelle infamie vous préparez. J'ai besoin de vous savoir toujours au camp. Messieurs, dites-moi que vous ne partez pas!...

—Pierre! appela Maurevailles.

Le soldat qui avait introduit le baron parut.

—Place ces valises derrière nos chevaux. Nous nous mettons en route sur-le-champ.

A cette réponse, le baron, à son tour, était devenu blême:

—Je vous ai dit, messieurs, que vous deviez rester ici, prononça-t-il d'un ton sec.

—Et nous vous répondons, baron, que nous voulons partir.

—Je saurai bien vous en empêcher!...

—Comment?

—Avec ceci, rugit le baron en mettant la main sur la poignée de son épée.

—J'avais cru comprendre, fit observer Maurevailles, qu'un motif inconnu de nous, mais très impérieux, vous défendait de vous battre avec moi.

—Avec vous, oui, monsieur de Maurevailles, mais non avec votre ami Marc de Lacy.

—Eh bien, moi, monsieur le baron, je vous répondrai que, tant que vous n'aurez point croisé le fer avec moi, mon ami M. Marc de Lacy me fera la grâce de ne pas se battre. Le tuerez-vous, s'il ne se défend pas?

—Ah! c'est trop fort! s'écria le baron, en mettant l'épée à la main.

Mais, prompt comme l'éclair, Maurevailles avait saisi un mousquet qui se trouvait accoté dans l'angle de la pièce. D'un coup de crosse, il brisa en deux l'épée du vieillard.

Celui-ci poussa un cri de fureur.

—Lâche! lâche! cria-t-il.

—Viens, Lacy, dit Maurevailles en ouvrant la porte. Monsieur le baron, vous êtes chez vous. Soyez tranquille, nous reviendrons!

XV

SOUS LA TONNELLE

Le baron de Chartille resta tout décontenancé par la fuite de Lacy et de Maurevailles. Certainement il s'attendait à tout autre chose qu'à ce dénouement.

Il se demanda un instant s'il ne devait pas monter à cheval et courir après les fugitifs. Mais le soin de rechercher le marquis de Vilers et Tony le retenait aux Pays-Bas.

Il prit donc le parti de retourner chez lui où le nain l'attendait. Il avait hâte de causer avec cet étrange personnage et de savoir quel parti il en pourrait tirer.

Le trajet suffit à calmer le vieillard qui se creusa la tête pour combiner un plan de campagne. Il tenait plus que jamais à arriver promptement à son but.

On était alors en plein été et le beau soleil, qui faisait reluire au loin les casques et les armes, rendait au centenaire ses forces de vingt ans. Il lui semblait encore être à l'époque où à peine sorti de page, il faisait ses premières armes.

—Qu'ils courent vers Paris, se disait-il, tout gaillard. Vrai Dieu, ils auront affaire à forte partie. La marquise sera bien gardée. Je lui donnerai un défenseur dont il me coûte d'invoquer l'aide, mais je n'ai pas le choix des moyens. Pendant que j'éclaircirai le mystère qui plane sur la mort de Vilers, je leur montrerai que fuir ne sert de rien avec moi!

Et il fouetta son cheval. Il avait hâte de voir le nain, qui, seul, pouvait l'aider dans ses recherches!

De ce beau soleil de juillet, de cet air embaumé qui réjouissaient tant le baron, une autre personne profitait aussi; une personne qui, pour protéger la marquise, lui eût été, si le nain l'avait déjà trouvée, un auxiliaire bien plus utile que celui dont il se proposait de demander le secours, quelque important que fût ce secours.

Nous voulons parler de notre ami Tony.

Grâce à la cure miraculeuse du docteur Van-Hülfen, le jeune officier avait triomphé de la crise qui devait l'emporter ou le sauver. Depuis, il reprenait des forces à vue d'oeil.

Le lendemain du jour où avait eu lieu le service en son honneur, Tony dit à mame Toinon.

—Qu'il fait beau, ce matin!... Il me semble que l'air de la campagne me ferait du bien!...

—Mais es-tu assez fort?... Ne crains-tu pas que la marche te fatigue? répondit l'excellente femme.

—Oh! rien qu'une petite promenade...

—Eh bien, soit! Habille-toi...

Donc le blessé et sa garde-malade sortirent, marchant tout doucement d'abord, Tony s'appuyant sur le bras de sa compagne, qui tressaillait à chaque pression involontaire. Puis, peu à peu, enivré de grand air et de lumière, humant à pleins poumons les senteurs des prés, notre héros se mit à courir, se prétendant plus fort que jamais, défiant mame Toinon de le suivre.

—Tony! Tony! tu vas te fatiguer! criait la jeune femme, moitié riant, moitié fâchée. Je vais te gronder, Tony... Tony, pas si vite!

Et elle courait derrière lui, prenant sa part du jeu, oubliant ses chagrins dans la joie de revoir si agile et si dispos celui qu'elle avait tant craint de perdre.

—Tony, je t'en supplie, repose-toi.

Et elle le prenait par le bras, le retenant, pour le laisser s'échapper de nouveau et courir après lui.

A ce jeu, sans s'en apercevoir, ils s'étaient éloignés de la ville. Le temps passait vite. Il était près de midi.

—Oh! que j'ai faim! dit Tony en s'arrêtant.

A quelques pas d'eux était un cabaret, avec ses tonnelles verdoyantes. Sur la porte, l'hôtesse, une grosse Brabançonne, les regardait en illuminant d'un joyeux sourire sa face large et rubiconde. Imaginez-vous un de ces jolis tableaux que le peintre Charles Jacque vend aujourd'hui huit mille francs pièce et qui vaudront le double dans dix ans.

—Tu as faim? s'écria Toinon. C'est vrai, ta tasse de lait est loin. Je n'y pensais plus. Mais où aller déjeuner?

—Là, parbleu! sous la tonnelle. Nous nous imaginerons que nous sommes aux Porcherons!...

Et il fit signe à l'hôtesse, qui, flairant une bonne aubaine, s'empressa de dresser le couvert.

Avec une joie d'enfant, Tony examinait la nappe éblouissante de blancheur, les assiettes de grosse faïence à dessins naïfs, les brocs d'étain brillants comme de l'argent, qu'on posait devant lui.

—Quel charmant déjeuner nous allons faire ici! s'écria-t-il enchanté.

Et la joie de voir son Tony heureux doublait celle que mame Toinon prenait aussi en cette belle matinée sous cette gaie tonnelle, où tout repas devait sembler si bon!

Rouge de plaisir et d'émotion, elle n'avait plus trente-cinq ans, elle en avait dix-huit.

Le déjeuner commença.

Tony babillait comme une pie, mais cela ne l'empêchait pas de dévorer. Avec l'appétit des convalescents, il lui semblait ne pouvoir jamais se rassasier ni de manger ni de boire.

D'abord mame Toinon s'en épouvanta.

—Ne mange pas trop, Tony, disait-elle. Surtout ne bois pas tant. Tu sais que le docteur t'a dit de te ménager...

Mais bast!... Le jeune homme avait de si belles raisons à donner que la bonne femme se laissait convaincre. Ne fallait-il pas qu'il prît des forces? Et puis, il y avait là un petit vin blanc, pétillant et doux, qui réjouissait le coeur.

—J'ai été si longtemps condamné aux potions et aux tisanes!... disait Tony en tendant son verre.

Vraiment c'était plaisir au contraire que de voir le convalescent si bien en train. Peu à peu, entraînée par l'exemple, mame Toinon se mit aussi à faire fête au rustique festin.

Tout en déjeunant, on formait les projets les plus beaux, les plus fous, les plus irréalisables.

—Je vendrai ma boutique, disait Toinon. Je ne veux plus retourner rue des Jeux-Neufs... Nous irons trouver le marquis de Langevin pour qu'il te fasse connaître ton père; nous chercherons ta nouvelle famille, et, puisque je ne te suffis plus...

—Oh! pouvez-vous dire cela! se récria Tony en lui prenant la main.

—Soit. Mais enfin, il faut que tu retrouves tes parents, ne fût-ce que dans l'intérêt de ton avenir. Une fois tes parents connus...

—J'épouserai Bavette!... s'écria inconsidérément Tony.

Ce mot tomba comme une bombe sur les châteaux en Espagne que bâtissait la pauvre mame Toinon. Le réveil fut terrible. Elle pâlit, chancela et, malgré ses efforts pour rester maîtresse d'elle-même, s'évanouit...

Tony, tout inquiet, se précipita vers elle et la prit dans ses bras. Il lui frappa dans les mains, lui baigna les tempes d'eau fraîche. Les rôles étaient changés; c'était elle maintenant qui était malade et lui qui lui prodiguait des soins.

Enfin, il réussit à lui faire reprendre connaissance, mais pour la voir aussitôt éclater en sanglots.

—Toinon, qu'avez-vous donc, qu'avez-vous? demanda-t-il tout ému et ne comprenant rien à cette douleur inattendue.

Ce que Toinon avait, hélas, elle ne pouvait le dire à Tony. Comment aurait-elle osé avouer les espérances déçues, les désillusions de son coeur brisé? Cependant, notre héros, de plus en plus inquiet, devenait pressant et insistait. A la fin elle n'y tint plus! En versant des flots de larmes, elle lui fit connaître tout ce qui s'était passé en elle depuis le jour où elle avait compris la nature véritable de son affection pour lui. Elle ne lui cacha rien, ni ses luttes, ni ses espoirs...

Elle lui disait cela tout bas, de peur d'être entendue... Son visage frôlait le visage du jeune homme; ses beaux yeux baignés de pleurs brillaient comme des escarboucles... Tony, soudain initié à la passion, Tony, enfiévré, enivré, perdit la tête. Se penchant sur la jeune femme, il l'entoura de ses bras:

—Ah! tiens! s'écria-t-il, la tutoyant pour la première fois de la vie, j'ai été aveugle, ingrat... je ne t'ai pas comprise... je n'ai rien vu... Ta bonté m'a caché ta beauté! Pardonne-moi, pardonne-moi!....

—Quoi! tu pourrais m'aimer?... murmura Toinon palpitante.

—Moi?... Ah, tu verras! mais il ne faut pas m'en vouloir!... Je n'étais qu'un enfant. Tu m'as fait homme! Ta m'as ouvert les yeux et le coeur. Ah! maintenant je puis te le dire, je t'aime!... je t'aime!...

Et, sous le soleil de juillet qui, par les interstices du feuillage, lançait ses flèches d'or dans la tonnelle ombreuse, pendant que Tony se sentait naître, Toinon se sentait mourir. Son sang bouillonnait, son coeur éclatait, ses yeux se voilaient.

—Ah! j'étouffe!... dit-elle.

Elle saisit à poignée un bouquet de cerises et se le mit tout entier entre les lèvres aussi rouges que ce fruit de pourpre...

Mais Tony en mangea la moitié.....

Une heure après, les deux amants reprenaient le chemin d'Anvers, et sans courir cette fois.

Toinon, s'abandonnant à son bonheur, auquel elle n'osait croire, s'appuyait, rêveuse, sur l'épaule de son cavalier. Tony, tout surpris d'être né à des sensations nouvelles, s'arrêtait par instants comme pour signer par un long baiser les mots d'amour venus malgré lui sur ses lèvres.

En cheminant ainsi, on ne s'occupe guère de la route qu'on suit. Dans un bosquet, nos amoureux s'égarèrent, si bien qu'en sortant, comme il commençait à se faire tard, ils durent demander leur chemin à une vieille bûcheronne qui, son fagot sur l'épaule, revenait en chantant de sa chasse au bois mort.

Elle les regarda en clignant de l'oeil.

—Votre chemin? dit-elle. Ah! laissez donc, les tourtereaux. Vous voulez vous gausser de moi. Votre chemin, vous ne demandez qu'à le perdre...

Toinon, qui trouvait peut-être cette réflexion très judicieuse, ne put se défendre de sourire pendant que le naïf Tony baissait honteusement la tête.

Soudain, une voix sortit d'un buisson:

—Voulez-vous que je vous l'indique, moi, votre chemin?

Le jeune homme tressaillit. Il lui semblait reconnaître le grêle organe qui avait proféré ces mots. Il courut au buisson et l'écarta.

Il se trouva en face de la tête crépue de maître Goliath, le nain de Blérancourt.

Arrivé à Anvers depuis quelques jours, le nain avait fouillé la ville dans tous les sens. Par fantaisie et pour varier un peu ses démarches, il avait fait ce jour-là une tournée dans les faubourgs et les villages.

Or, le soleil l'étouffait; il était entré par hasard dans le cabaret où Tony et mame Toinon avaient déjeuné. Naturellement l'hôtesse jasa. En apprenant que les convives qui venaient de partir étaient un garde-française qui semblait sortir de maladie et une femme d'une trentaine d'années, il fit d'abord une cabriole de joie, puis se mit à leur recherche.

Il n'eut pas beaucoup de peine à les rejoindre.

—Eh oui, parbleu! c'est moi, dit-il joyeusement à Tony, qui le considérait d'un air effaré... c'est moi qui vous cherchais et qui vous ai trouvé... je trouve tout, moi!...

—Qu'est-ce que c'est que cet homme? demanda à Tony mame Toinon un peu effrayée.

—Un des gens qui nous servaient au château du magnat.

—Ah! si vous saviez tout! fit le nain. Mais vous me devez la vie! Je vous raconterai cela. Donc, ma jolie dame, il n'y a pas à s'épouvanter; je suis un ami, et si je vous cherchais, c'était pour vous rendre service...

Et le nain sortit tout à fait de son buisson en se dandinant d'un air aimable.

—Mais, au fait, pourquoi nous espionnais-tu ainsi? demanda Tony en fronçant le sourcil.

—Oh! ne vous fâchez pas, mon officier, car je sais que vous êtes officier, maintenant... J'ai appris cela au camp ces jours-ci, en trinquant avec mes camarades La Rose et Normand.

—Au camp? s'écria Tony... Tes camarades!... Est-ce que, par hasard, tu serais soldat, maintenant?

—Hélas! non; quoique, si l'on savait m'apprécier... Mais il ne s'agit pas de cela. Reprenons le chemin de la ville, si ça ne vous contrarie pas trop de m'admettre en tiers dans votre entretien, ajouta le nabot avec une nuance de raillerie.

—Soit, dit Tony, tandis que le visage de Toinon se teintait de pourpre à l'allusion du nain; mais c'est à la condition que tu m'expliqueras...

—Tout ce que vous voudrez. Je ne suis venu que pour cela.

—Marchons, alors.

Ils se dirigèrent vers Anvers. Chemin faisant, ainsi qu'il l'avait promis, le petit homme leur raconta d'abord sa propre odyssée, puis ce qu'il savait de l'intervention du baron de Chartille dans les affaires de la marquise, la mort de Lavenay, le service funèbre, et enfin comment l'absence de mame Toinon à ce service avait fait naître des espérances déjà en partie réalisées.

—Il a eu la main heureuse, le vieux, dit le nain en terminant, il a fait en me rencontrant une bonne affaire. Je suis quatre fois plus petit que lui, mais j'ai de l'imagination à en revendre. Je lui ai dit que je vous trouverais, et ma foi ça n'a pas été long. Si j'avais autant de veine avec le capitaine...

—Eh! qui sait! s'écria Tony, saisi d'un subit pressentiment. Le baron a raison. Car si, moi, je suis vivant, le marquis de Vilers peut l'être de même... Eh bien, nous voici deux de plus pour le chercher, car maintenant je suis guéri de mes blessures. Mon aide et celle de mame Toinon pourront rendre des services. Petit, conduis-nous auprès du baron de Chartille. J'ai hâte de le voir.

XVI

UN EXPLOIT DE M. LA RIVIÈRE

Laissons à Anvers le baron de Chartille, Tony, mame Toinon et leur excellent limier, le nain, chercher le marquis de Vilers, et suivons, sur la route de Paris, Maurevailles et Lacy.

Les deux Hommes Rouges allaient à franc étrier, ne s'arrêtant que pour donner à leurs montures le repos indispensable et prendre eux-mêmes leur nourriture.

Ils supposaient bien que ce vieillard indomptable qu'ils avaient laissé en arrière, le baron de Chartille, n'accepterait pas ainsi sa défaite.

Aussi ne perdaient-ils pas une seconde.

—En admettant qu'il coure après nous, disait Lacy à Maurevailles en déjeunant à la hâte au premier relai, il a bien dû perdre une demi-heure...

—Et, eût-il un cheval aussi endiablé que lui, je le défie de la regagner.

—Il y a une chose surtout qui va l'arrêter.

—Quoi donc?

—Les vivres. Nous allons passer, tu le sais, dans un pays ruiné, où les fourrageurs n'ont rien laissé, ni une botte de foin, ni une mesure d'avoine.

—C'est juste. A prix d'or, nous aurons peut-être de quoi nourrir nos deux chevaux. Mais le sien, arrivant une heure après, ne trouvera plus rien.

—Ou, du moins, il lui faudra attendre; car le baron a de l'or et ne le ménagera pas, et les paysans arriveront bien à lui donner ce qu'il lui faudra. Mais ils y mettront le temps...

—Et de ce temps nous saurons profiter.

Sur cette espérance Lacy et Maurevailles repartirent.

Leur calcul était aussi mauvais qu'il semblait bon.

Derrière eux, en effet, marchait un homme; non point le baron de Chartille, mais son fidèle Lapierre, son homme de confiance.

Lapierre était de la même trempe que son maître. Si les Hommes Rouges s'arrêtaient peu, lui, ne s'arrêtait pas du tout.

C'était un vieux soldat qui avait fait la guerre avec son maître sous le règne précédent et qui jugeait inutile de descendre de cheval pour manger. Avec sa gourde pleine et un pain de seigle sur son porte-manteau, il aurait galopé douze heures.

Quant à fatiguer le cheval, peu lui importait: il ne manquait pas de bidets à acheter chez les paysans.

Lapierre ne voulait pas rejoindre les deux gentilshommes, mais les dépasser. Aussi, tandis qu'ils suivaient la route ordinaire, prit-il les sentiers à travers champs et bois.

En hiver, homme et cheval fussent restés dans les fondrières. En été, ils gagnèrent de cinq à six lieues.

Donc, pendant que Lacy et Maurevailles se préoccupaient de ne pas être rejoints par le baron, Lapierre les précédait sur la route de Paris.

Le voyage des deux Hommes Rouges s'effectua sans encombre. Ils entrèrent dans la capitale, se croyant certains d'être libres de leurs actions.

A peine descendus de cheval, ils se rendirent à l'hôtel de Vilers.

La porte était fermée. Maurevailles frappa violemment.

—Que désirez-vous? demanda le suisse en se présentant.

—Nous avons une importante communication à faire à la marquise de Vilers, dit Lacy.

—Est-ce une lettre pour lui remettre? Donnez-la-moi.

—Il faut que nous lui parlions.

—Impossible. On n'entre pas, s'écria le suisse.

—Mais c'est de la part du marquis.

—On n'entre pas!

—Drôle, s'écria Maurevailles, sais-tu que, par ton obstination, tu peux causer de grands malheurs?

—Que monsieur me pardonne, balbutia le malheureux portier abasourdi, mais je ne puis enfreindre la consigne formelle qui m'a été donnée, surtout quand...

Il n'eut pas le temps d'achever. Pendant que Maurevailles parlementait, Lacy avait tiré son mouchoir, l'avait roulé et en avait confectionné un solide bâillon. Au moment où le suisse, tout en causant, passait la tête par la porte entre-bâillée, Maurevailles le saisit par le cou et Lacy le bâillonna de façon qu'il ne pût jeter un cri.

Enlevant le pauvre Helvétien ainsi réduit au silence, ils le portèrent dans sa loge et passèrent.

Le péristyle de l'hôtel était ouvert; mais les différentes portes qui donnaient sur l'antichambre étaient toutes fermées à clef.

Ils en enfoncèrent une et entrèrent.

Au bruit de la porte forcée, une chambrière accourut tout effarée, puis, les voyant, prit la fuite en criant. En deux enjambées, Maurevailles la rejoignit.

—Tais-toi, dit-il rapidement en lui saisissant rudement les mains.

—Grâce, murmura la jeune fille.

—Ne craignez rien, mon enfant, dit à son tour Lacy, nous sommes des amis.

—Des amis qui entrent en brisant les portes? fit observer la chambrière.

—Qu'importe la façon dont nous nous présentons, si notre intention est d'être utile à la marquise? Nous n'avions pas le choix des moyens! s'écria Maurevailles. Vite, mon enfant, parlez, où est votre maîtresse?

—Ma maîtresse n'est pas visible...

—Il faut que nous la voyions sur-le-champ. Elle court un grand danger. Où est-elle? reprit avec impatience le chevalier. Voyons, conduisez-nous auprès d'elle...

—Pour que vous la torturiez de nouveau, n'est-ce pas? Eh bien, non, non, mille fois non!... s'écria la courageuse jeune fille.

—Ah! c'est ainsi, dit Lacy, en ouvrant la porte du placard qu'il venait de découvrir dans la boiserie. Veux-tu, oui ou non, nous obéir?

—Non.

—Alors...

Ils la saisirent et la jetèrent au fond du placard qui fut fermé à double tour, puis ils firent irruption dans le couloir.

Au bout était une nouvelle porte. Celle-là n'était fermée qu'au verrou. Ils l'ouvrirent et se trouvèrent dans une vaste pièce pleine de meubles, mais où ils ne virent personne.

—Enfin, nous voilà maîtres de la maison! s'écria Lacy.

Comme si ce mot eût été un signal, tous les meubles remuèrent soudain.

Les armoires, les bahuts s'ouvrirent, les tapis des tables furent violemment arrachés, les tapisseries se soulevèrent....

Et des armoires, des bahuts, de dessous les tables, de derrière les tentures, des hommes sortirent comme autant de fantômes...

Ils étaient quatre, huit, douze, tous armés...

—Trahison! hurla Maurevailles en essayant de tirer son épée.

Mais un des hommes le saisit par les deux coudes, un autre le prit à bras le corps, un troisième lui passa prestement une corde autour des jambes et se mit à le ficeler des pieds à la tête, pendant que l'on traitait de la même façon Lacy.

—Misérables bandits, criait Maurevailles exaspéré, vous paierez cher votre audace!...

—Tout beau, tout beau, monsieur le chevalier, pas tant de tapage, s'il vous plaît, dit l'un des assistants qui s'avança vers les deux gentilshommes, en tenant à la main une tabatière, dans laquelle il puisa une énorme pincée...

—Qui êtes-vous? et de quel droit agissez-vous ainsi? demanda à son tour Marc de Lacy.

—De quel droit? Ordre de M. le lieutenant-général de police. Qui je suis? un pauvre diable que ces messieurs ne se rappellent sans doute pas, mais qui n'oubliera jamais le plaisir et l'honneur qu'il a eus de les rencontrer un soir place des Capucines...

Et il fit une cérémonieuse révérence aux deux prisonniers.

—Ah! s'écria Maurevailles, je vous reconnais, en effet. C'est vous qui êtes...

—La Rivière (Sébastien-Dieudonné), exempt de la police royale, pour vous servir, messieurs, à l'occasion; mais dans l'instant, chargé de vous faire comparaître, par n'importe quel moyen, devant M. Feydeau de Marville... Or, comme vous ne me paraissez pas du tout disposés à y venir de plein gré, vous m'excuserez d'employer des moyens de coercition que je réprouve, mais qui me sont imposés par mon devoir...

Il fit une troisième révérence, puis se tournant vers ses hommes: «Enlevez!» dit-il.

Saisis, chacun, par quatre agents, Maurevailles et Lacy furent emportés de vive force et jetés dans un carrosse qui attendait à l'écart.

Un quart d'heure après, ils étaient chez le lieutenant de police.

Maintenant, si l'on veut savoir comment La Rivière et ses camarades s'étaient trouvés là si à propos, nous rappellerons que le baron de Chartille avait expédié derrière les Hommes Rouges son valet Lapierre.

Lapierre était muni d'un message pour le lieutenant de police le prévenant du danger couru par la marquise et du départ des deux officiers.

Certain que leur première visite serait pour l'hôtel de Vilers, M. de Marville y avait envoyé tout de suite une troupe d'exempts.

On voit qu'il avait eu raison.

XVII

RETOUR AU CAMP

A Anvers, le baron de Chartille se promenait impatiemment, attendant le retour du nain, parti en chasse depuis le matin et qui, de la journée, n'avait donné de ses nouvelles.

—Le maroufle se sera attardé dans quelque cabaret borgne, disait avec colère le baron, il va rentrer encore comme hier, affreusement gris et me raconter quelque bourde. Qu'il prenne garde à ses oreilles...

A ce moment la porte s'ouvrit et le nain entra.

Il avait l'air si joyeux, si satisfait de lui-même, que toute la colère du baron se fondit en un clin d'oeil.

—Eh bien, maître Goliath, s'écria M. de Chartille, quelles nouvelles?

Le petit homme était trop content pour ne pas bavarder un peu.

—Il n'appartient point aux jeunes gens de valeur de se vanter eux-mêmes, commença-t-il emphatiquement; cependant si, pour une fois, j'osais déroger à cet usage, je me permettrais de dire que ce fut pour M. le baron un jour heureux que celui où il m'honora de sa confiance...

—Abrège, abrège, sarpejeu, interrompit le baron qui n'avait que faire d'un discours et qui voulait des faits. As-tu enfin découvert quelque chose?

—Quelque chose, oui, et je m'en vante. Sans exagérer, je pourrais dire beaucoup.

—Tu es sur la trace?

—Sur la trace!... c'est-à-dire que j'ai trouvé l'oiseau...

—Vilers!... s'écria le baron en chancelant d'émotion.

Mais, d'un bond, le nain s'était précipité dehors. Il rentra, tenant d'une main Tony, de l'autre mame Toinon toute honteuse.

—Ah! vous êtes trop gourmand, monsieur le baron, dit le bout d'homme en revenant. Il me semble que c'est déjà beaucoup de vous présenter M. Tony, cornette au régiment de Bourgogne et mame Toinon, costumière à Paris, son amie...

—Certes, dit M. de Chartille, je rends justice à ton habileté, mais un instant j'avais espéré...

—Espérez, monsieur le baron. Eh! eh! j'ai trouvé ces deux-là, le plus fort est fait. Il y a commencement à tout. Maintenant nous n'en avons plus, qu'un à chercher et nous sommes toute une bande!...

—Certes oui, s'écria Tony avec feu, ce que vous dit ce brave garçon est la vérité. Je vous le jure, monsieur, mort ou vivant, mais vivant comme moi, je l'espère, nous retrouverons le marquis!...

Et Tony, sur la demande du baron, se mit à lui raconter la miraculeuse façon dont il avait échappé à la mort. Il lui dit que M. de Vilers pouvait parfaitement avoir été sauvé de même. Son discours plein de feu changea en une véritable confiance l'espérance si douteuse du baron.

—Par ma foi, s'écria celui-ci, après que Tony eut parlé, je vous crois, jeune homme, et je vous crois tellement que je n'hésite pas à vous laisser ici continuer vos recherches avec l'aide intelligent que j'avais amené. Moi, je ne vaux rien pour ces sortes de choses et j'ai hâte de retourner à Paris, où je dois surveiller les deux ennemis de la marquise. Car, malgré mes précautions, je crains pour elle et pour sa sœur. Là-bas je serai plus utile qu'ici. Mais je ne vous abandonne pas pour cela. Cherchez, ne ménagez ni l'argent ni la peine. De loin ou de près, je suis à vous.

Le baron tendit la main à Tony, salua mame Toinon avec autant de politesse que s'il eût eu affaire à une duchesse, et jeta une bourse pleine de louis au nain.

Puis, appelant l'hôte, il lui commanda d'atteler son carrosse.

Insister pour faire changer d'avis un tel homme eût été perdre ses mots. Tony le laissa partir et ne s'occupa plus que de la mission dont il était chargé.

Aidé du nain, il commença les recherches; mais il s'aperçut bientôt qu'elles seraient longues et difficiles et il réfléchit à ce que sa propre situation, à lui Tony, avait d'anormal. Il était officier, il appartenait à l'armée, et il restait là inactif, loin de son régiment.

Tant qu'il avait été malade, mourant, on n'aurait eu rien à lui dire. Mais maintenant il était guéri, fort et bien portant. Il se devait à la France.

Il résolut donc de quitter Anvers et de rejoindre l'armée, laissant au nain tout le travail des recherches. Celui-ci avait juré d'ailleurs de ne pas quitter Anvers avant d'avoir retrouvé soit Vilers, soit sa tombe.

—Écoute, dit Tony, continue à chercher. Fouille toutes les maisons. Explore tous les villages. Mais si, dans quinze jours, tu n'as rien appris, viens quand même me rejoindre au camp. Là nous aviserons. Moi, de mon côté, peut-être saurai-je quelque chose. Il est possible que le marquis, se cachant comme autrefois, ait suivi l'armée. Peut-être à la première bataille, le verrons-nous apparaître et combattre à nos côtés... Peut-être même surveillait-il Maurevailles et Lacy et se montrera-t-il en apprenant leur départ...

—Ce n'est pas impossible, cela, dit le nain

—Enfin, nous verrons. Seulement, je te recommande une chose: ne bois pas trop...

—Oh! par exemple!...

—Tu avais, ce me semble, cette réputation à Blérancourt.

—Eh bien, faut-il être franc? Je ne l'avais pas tout à fait volée. Mais convenez que tout sert en ce monde. Si je n'avais pas eu soif, vous aurais-je retrouvé?

—C'est juste, dit Tony en souriant; mais enfin, le même moyen ne peut pas toujours être bon.

Le lendemain, Tony, suivi de son inséparable mame Toinon, se présentait au camp français, où il se faisait reconnaître par le marquis de Langevin d'abord, puis par le maréchal de Saxe.

Maurice de Saxe félicita vivement le jeune homme:

—Vous avez gagné votre lieutenance, monsieur, lui dit-il. Elle vous sera acquise aussitôt que votre état civil sera régularisé et que Sa Majesté, à qui j'en vais référer sur-le-champ, aura donné son bon plaisir.

Tony s'inclina et sortit, plein de joie.

La nouvelle de la résurrection du jeune et brave cornette s'était promptement répandue dans tout le camp, où elle avait causé une joie universelle.

Quand Tony sortit de chez le maréchal, il fut entouré d'amis qui venaient l'embrasser et lui serrer la main.

En tête étaient Pivoine, La Rose et le Normand.

—Tous les bonheurs viennent à la fois, dit le brave Gascon en montrant les galons de laine tout neufs qui ornaient ses manches. Hier on me nomme caporal, aujourd'hui je vous retrouve. Quoique vous soyez mon supérieur maintenant, monsieur Tony, voulez-vous me serrer la main?

—Comment donc, s'écria le jeune cornette en lui sautant au cou. Dans mes bras, mon vieux camarade, et toi aussi, Normand. N'êtes-vous pas mes deux parrains d'armes?

—Et moi, votre premier adversaire... et votre première victoire, dit Pivoine de sa voix enrouée.

—Ah! mon bon Pivoine, j'espère que tu ne m'en veux pas?

—Vous en vouloir, tonnerre de Dieu! Mais, depuis ce jour-là, je vous adore... quoique, vraiment, là, le coeur sur la main, c'était un coup de hasard...

—Parbleu, dit Tony joyeusement, qui en doute?

—Et, maintenant, si, quoique officier, vous me faisiez l'honneur de croiser le fer avec moi... avec des fleurets boutonnés, s'entend...

—Tu me toucherais à tout coup?... C'est bien possible. Aussi te demanderai-je des leçons...

—Pas avant d'avoir bu un moos de bière, toujours, se récria La Rose. Allons, mon cornette, venez trinquer encore une fois comme à votre entrée au régiment. Nous buvions alors pour fêter votre arrivée; nous boirons, cette fois, à votre heureux retour.

—A votre heureux retour, répéta le Normand.

—Je veux bien, et certes ce sera de bon coeur, dit le jeune officier.

Tony ne connaissait pas le camp; il ne savait pas où La Rose allait le conduire.

Et où l'aurait-il mené, le brave Gascon, sinon au cabaret de maman Nicolo, là où s'était cimentée leur amitié, là où elle devait être renouvelée?

Mais Tony n'y pensait pas. Les événements, l'émotion lui avaient pour un instant fait oublier Bavette et sa mère.

Quand le souvenir lui revint, il était sur le seuil de la cantine.

En l'apercevant, la vivandière, folle de joie, leva les bras au ciel, en faisant une pantomime, désordonnée, tandis que, Bavette rougissante, se jetait au cou du jeune officier....

Et mame Toinon que Pivoine était allé chercher et qui les rejoignait justement à cet instant!...

Pauvre mame Toinon, elle observait Tony; Tony, en qui le souvenir de son premier amour, si frais, si naïf, venait de renaître, et qui, tout honteux maintenant en revoyant Bavette, tremblait et baissait les yeux pour cacher les larmes qui les mouillaient.

Pauvre mame Toinon! Tony n'était plus le convive si gai, si rieur, de la tonnelle près d'Anvers. Tony n'osait point parler; Tony buvait à peine; Tony, le coeur gros, songeait!...

Mame Toinon voyait cela et elle comprenait tout ce qui se passait dans l'esprit et dans le coeur du jeune homme, et la tristesse de Tony la gagnait.

En vain, elle essaya de rire; en vain, par une feinte gaieté, elle tenta une lutte impossible; ses trente-cinq ans ne pouvaient soutenir le parallèle avec les dix-sept ans de la vierge à qui Tony devait le charme du premier battement de son coeur.

Le jeune officier avait hâte de quitter les soldats. Il lui tardait d'être seul pour s'abandonner à ses pensées. Aussi, abrégea-t-il la causerie en se prétendant fatigué.

Il reprit avec Toinon le chemin de l'hôtellerie où ils étaient descendus. Tony marchait en silence. A deux ou trois reprises, sa compagne essaya de nouer l'entretien. Il lui répondit à peine. Et comme, donnant pour prétexte la fatigue qu'il avait objectée à la cantine, elle voulait lui prendre le bras, il refusa d'un geste brusque, en disant:

—Merci. Il faut que je m'habitue à marcher sans aide, si je veux reprendre mon service au régiment.

—Ah! soupira la pauvre femme, en rentrant à l'hôtellerie, j'étais folle de croire à la durée d'un caprice.... Mes beaux jours sont finis... bien finis.... Adieu, mes rêves!...

Elle rentra dans sa chambre d'auberge, séparée seulement de celle de Tony par un couloir sur lequel donnaient les deux portes. Et là jusqu'au matin, elle resta abîmée dans ses réflexions, attendant toujours un mot qui lui rendît l'espoir, regardant à travers sa porte toute grande ouverte la porte de la chambre de celui qu'elle aimait...

Hélas! le mot ne vint pas. La porte resta close....

XVIII

LE POIGNARD

Le baron de Chartille avait eu une heureuse inspiration en envoyant Lapierre prévenir M. de Marville du départ de Maurevailles et de Lacy pour Paris.

Leur tentative à l'hôtel de Vilers eût pu, en effet, être fatale à la marquise dans la position où elle se trouvait.

Aussi M. de Marville, instruit par le baron, jugea-t-il à propos de ne rien dire, ni à madame de Vilers, ni à Réjane.

Il chargea du soin de mener l'expédition son exempt, La Rivière, dont il connaissait le tact et l'habileté. Ce fut au vieux Joseph que La Rivière exposa son plan, et nul autre que lui n'en fut averti dans la maison.

On a vu comment le coup de main avait réussi.

Si cela n'eût dépendu que de Joseph, le secret le plus complet eût été gardé sur cette affaire, et, durant un certain temps du moins la marquise eût été assurée de sa tranquillité.

Malheureusement, l'entrée des Hommes Rouges ne s'était pas effectuée sans quelque bruit. Le suisse avait été bâillonné, la suivante Suzette jetée dans une armoire. Quoi qu'on pût faire, il était impossible de compter qu'ils ne parleraient pas.

Joseph prit donc les devants et alla, lui-même, tout révéler à la marquise.

Au fond, nous devons l'avouer, il n'était pas fâché de se poser un peu et de faire savoir qu'il avait, lui aussi, joué son petit rôle dans la lutte contre les implacables ennemis de la marquise. C'était lui qui avait désigné à La Rivière la chambre où il y avait le plus de meubles!

La marquise le félicita vivement de son intelligence et de sa fidélité. Joseph partit tout triomphant.

Mais il y avait une personne qui avait écouté le récit de Joseph avec un intérêt marqué.

Cette personne, c'était Réjane....

Réjane, malgré ce qui s'était passé, malgré tout ce qu'elle connaissait du caractère de Maurevailles, n'avait pas cessé de l'aimer.

En apprenant qu'il venait d'être arrêté, elle pâlit.

Mais elle maîtrisa son émotion pour ne pas que sa soeur la remarquât. Quant à Joseph, emporté par le feu du récit, il ne voyait rien.

À peine eut-il quitté la salle, que Réjane, le coeur serré, s'excusa auprès de sa soeur pour se retirer à son tour dans sa chambre.

Son plan était fait.

Elle attendit que la nuit fût tout à fait venue. Elle se laissa déshabiller par ses femmes de chambre. Puis, quand elle fut certaine que personne ne pouvait plus la voir, elle se rhabilla à la hâte et descendit sur la pointe du pied.

La grande porte de l'hôtel était fermée, mais Réjane connaissait le secret au moyen duquel la petite porte pratiquée dans le grand portail glissait sur ses gonds.

Elle appuya sur le bouton.... La porte s'ouvrit et se referma.

Réjane était dans la rue.

Toute tremblante, elle hésitait à s'aventurer à travers les quartiers déserts et mal éclairés, redoutant les mauvaises rencontres, craintive, timorée. Mais elle puisa des forces dans son amour. Peu à peu elle s'enhardit. À la fin, elle se dirigea rapidement vers la place Vendôme.

Elle allait à l'hôtel du lieutenant général de police.

Il fallait toute l'inexpérience de la jeune fille pour entreprendre pareille folie. Réjane avait mille chances d'être arrêtée soit par des voleurs, soit par des galants de rencontre, soit par le guet....

Mais il est des grâces d'état. La jeune fille arriva sans encombre jusqu'à la rue des Capucines.

Là encore, il y avait gros à parier qu'elle échouerait. Les gardes de la porte de l'hôtel, les exempts groupés dans l'antichambre pouvaient prendre Réjane pour une coureuse de nuit ou pour une folle, et de leur propre autorité, la conduire au Fort-l'Évêque ou aux Madelonnettes.

Non. Il était écrit qu'elle arriverait jusqu'au lieutenant de police. Elle y arriva.

Par un heureux hasard, le garde de planton à la porte de l'hôtel de Marville était un garçon intelligent qui vit du premier coup d'oeil à qui il avait affaire.

Il comprit que quelque raison de la plus haute gravité pouvait seule amener cette jeune fille à pareille heure auprès du lieutenant de police. Il appela le chef de poste; et, sans être autrement interrogée, Réjane parvint jusqu'à l'antichambre de M. de Marville.

Là elle écrivit son nom, sur un papier qu'elle plia et qu'elle fit passer par un huissier.

En lisant ce nom, le lieutenant de police, stupéfait, donna ordre d'introduire immédiatement celle qui le portait.

Réjane entra.

—Que puis-je pour vous être agréable, mademoiselle? demanda M. de Marville en s'inclinant.

—Monsieur, dit Réjane avec assurance, je viens vous demander une immense faveur.

—Laquelle? Pariez sans crainte.

—M. de Maurevailles a été arrêté tantôt par vos gens à l'hôtel de Vilers.

—En flagrant délit d'effraction, oui, mademoiselle.

—Et bien, je viens vous supplier de le mettre en liberté.

—En liberté!... s'écria le lieutenant de police qui n'en croyait point ses oreilles, y pensez-vous? Mais je le voudrais que cela me serait impossible. Songez donc que le chevalier de Maurevailles, qui m'était signalé comme ayant l'intention de commettre un rapt, a été surpris par une brigade d'exempts, juste au moment où il venait de bâillonner un homme, d'enfermer une jeune fille, de briser une porte, comme eussent pu le faire Dominique Cartouche ou Jacques Poulailler.... En liberté? Non, non. À quelque rang qu'appartiennent les coupables, il faut que la justice ait son cours....

—Ainsi, dit Réjane en joignant les mains avec désespoir, vous allez le faire passer devant des juges?

—C'est lui qui m'y a contraint.

—Mais au moins me permettrez-vous de le voir?

—Pour le faire échapper sans doute? demanda le lieutenant de police eu souriant.

—Oui, monsieur, si je le puis!...

Ceci fut répondu d'un ton ferme et décidé, avec une audacieuse franchise qui conquit tout à fait M. de Marville.

—Écoutez, mon enfant, dit-il paternellement, vous vous méprenez sur la personne à laquelle vous vous intéressez si vivement, laissez-moi vous éclairer....

—C'est inutile, fit froidement Réjane, je vous remercie beaucoup de votre bienveillance. Mais je sais tout ce que vous allez me dire.

—Comment, aimeriez-vous encore M. de Maurevailles si vous saviez tout ce que je pourrais vous dire.

—Oui, répliqua Réjane, le chevalier n'en est pas à sa première tentative contre nous, n'est-ce pas? Il a voulu enlever ma soeur, il a essayé de tuer mon frère, le marquis de Vilers.... Oui, je sais tout cela et bien des choses encore que peut-être vous ignorez. Mais je viens vous dire: Qu'importe! je veux le voir!... Et, ajouta-t-elle en se jetant à ses pieds, je ne m'en irai pas que vous ne m'ayez accordé cette grâce!...

—Le voir?... Oh! mon Dieu! cela, je puis vous le permettre, dit M. de Marville vivement ému, en relevant la jeune fille. Venez, mon enfant. Bien que, si j'eusse rempli mon devoir, ces messieurs devraient être déjà au Châtelet, j'ai pris sur moi de les conserver ici quelques heures. Cela me met à même d'exaucer votre demande et j'en suis très heureux.

Il prit Réjane par la main et la conduisit lui-même auprès du prisonnier.

Maurevailles, assis, réfléchissait, très inquiet sur l'issue de cette affaire. Il se disait que c'était la seconde fois que M. de Marville avait à lui demander compte de ses tentatives contre la marquise de Vilers, et il craignait fort qu'en cette circonstance, la chose ne se passât pas aussi facilement que la première fois.

En voyant entrer M. de Marville et Réjane, il se leva tout étonné.

—Je vous laisse un instant, dit le lieutenant à la jeune fille. M. de Maurevailles, je crois inutile de vous avertir que la surveillance la plus rigoureuse vous entoure, que toute tentative d'évasion échouerait et ne ferait qu'aggraver votre situation.

Et M. de Marville s'inclina et se retira.

Restée seule avec celui qu'elle aimait, Réjane demeura d'abord confuse, puis se rappelant que le temps lui était mesuré elle raconta naïvement à Maurevailles ce qu'elle venait d'accomplir pour arriver jusqu'à lui.

Maurevailles était confondu de tant d'amour. Un moment il fut sur le point de se jeter aux genoux de Réjane et de lui demander pardon en rompant avec tout le passé....

Mais un mauvais sentiment lui vint et effaça cette bonne pensée. Il se dit que, dans l'amour de Réjane, il pouvait trouver le moyen de se venger et d'accomplir l'oeuvre fatale qu'il poursuivait.

En un clin d'oeil son plan infernal fut conçu. Ce plan, nous le verrons se développer plus tard.

Pour achever de le mettre en oeuvre, le chevalier se fit intéressant, parla de son repentir, de son changement d'idées, murmura à l'oreille de la jeune fille de trompeuses paroles d'amour.

—Depuis la mort de Lavenay, affirma-t-il, délié de mon serment, je n'aspire plus qu'à réparer le mal que j'ai pu faire, et c'est même dans le but d'être utile à la marquise que je me rendais hier soir à l'hôtel de Vilers.

Réjane ne demandait qu'à croire à l'innocence de celui qu'elle aimait. Maurevailles vint facilement à bout de la convaincre.

Quand elle se retira, elle croyait tellement à l'injustice de ceux qui avaient arrêté le chevalier que, s'approchant de M. de Marville, elle lui dit:

—Vous savez que j'ai été folle, monsieur.

—On me l'a dit, en effet, répondit le lieutenant de police, se demandant où elle voulait en venir.

—Voulez-vous que je le redevienne?

Et, s'emparant d'un poignard qui se trouvait sur le bureau du lieutenant de police au milieu d'une foule d'autres pièces à conviction, comme on en voit sur les bureaux de tous les magistrats, elle fit un pas en arrière et s'écria:

—Si vous retenez M. de Maurevailles prisonnier, si vous voulez le flétrir par un jugement, je me tue sous vos yeux!...

Le feu qui brillait dans les yeux de Réjane prouvait que ce n'était pas là une vaine menace. Certes, après ce qu'elle avait déjà fait, elle était femme à l'exécuter. M. de Marville se trouva fort embarrassé.

Réjane tenait toujours le poignard levé sur sa poitrine.

Enfin, le lieutenant de police eut une inspiration.

—Écoutez, dit-il en pesant ses paroles, peut-être y a-t-il un moyen terme qui nous satisfera tous deux.

Réjane respira plus librement. Elle avait une lueur d'espoir.

—Je ne puis, je vous l'ai dit, relâcher ainsi mes prisonniers. Mais il m'est possible de trouver un prétexte pour les garder ici jusqu'à nouvel ordre, au lieu de les transférer au Châtelet....

—Eh bien? demanda Réjane.

—C'est le baron de Chartille qui m'a dénoncé le complot; il m'a prié de protéger la marquise votre soeur. Mes exempts sont arrivés à temps. Mais auraient-ils de nouveau cette chance, si MM. de Maurevailles et de Lacy, mis en liberté, recommençaient une nouvelle tentative, surtout ayant dans la place un auxiliaire tel que vous?

—Mais le moyen dont vous parliez? dit Réjane.

—Ce moyen, le voici. Attendons le retour du baron. Il ne peut tarder à arriver. Je causerai avec lui de cette affaire. S'il consent à l'étouffer une fois encore, si MM. de Maurevailles et de Lacy, qui sont officiers, me promettent de rejoindre leur régiment sans plus tarder,—ce à quoi, du reste, je veillerai,—il n'y aura plus aucune difficulté. Voyons, mon enfant, cela vous satisfait-il?

—Soit, dit Réjane. J'essaierai de fléchir le baron. J'y réussirai, j'en suis sûre. Mais vous me promettez qu'avant son retour, M. de Maurevailles n'a rien à redouter de vous?

—Je vous le garantis. Et maintenant, mademoiselle, laissez-moi vous reconduire jusqu'à l'hôtel de Vilers, où je ne voudrais pas, à pareille heure, vous laisser retourner seule.

Et M. de Marville, faisant atteler son carrosse, y monta à côté de Réjane, enchantée de son succès.

Elle ne pouvait prévoir les terribles événements qu'allait engendrer cette combinaison....

Quelques jours après, le baron de Chartille arrivait à Paris.

Au débotté, l'infatigable centenaire courut à l'hôtel de Vilers, afin de s'informer de ce qui s'était passé pendant son absence.

Si la marquise lui apprit la nouvelle tentative de Maurevailles et de Lacy, Réjane, l'attirant à part, ne manqua point de le supplier de leur faire rendre la liberté.

—C'était donc pour cela qu'ils étaient si pressés de partir, ne cessa de répéter à l'une ou à l'autre le baron. Sarpejeu! la belle expédition pour des gentilshommes!... Décidément la noblesse se perd!...

Malgré cela, Réjane triompha, et il se rendit chez le lieutenant de police.

Depuis qu'ils étaient sous les verrous, Maurevailles et Lacy avaient eu le temps de faire de tristes réflexions. Ce fut donc avec une joie immense qu'ils apprirent la fin de leur captivité.

—J'espère, messieurs, leur dit sévèrement le baron, que cette leçon vous servira. Je vous ai montré que, de près ou de loin, je sais protéger mes amis.... Pour le moment, je ne veux pas donner à cette escapade les funestes conséquences qu'elle pourrait avoir. J'arrive de l'armée des Pays-Bas, où les hostilités sont reprises et où la présence de deux braves officiers ne sera pas inutile.... Or, si vous agissez en insensés dans la vie privée, je me plais à reconnaître votre bravoure en face de l'ennemi. Allez donc, mais donnez-moi votre parole que vous vous rendrez immédiatement à votre régiment, où l'on vous attend du reste.... Pour vos entreprises ultérieures, je ne vous demande rien; je serai là et je veillerai.

Humiliés et confus, les deux jeunes gens firent toutes les promesses du monde, et M. de Marville les autorisa à s'en aller.

M. de Chartille resta quelques instants encore avec ce dernier qui lui affirma, d'ailleurs, qu'en aucun cas son concours ne lui ferait défaut.

Mais quand le baron, fier de la façon dont il avait arrangé les choses, rentra à l'hôtel de Vilers, la marquise fut seule à le remercier.

Réjane ne lui répondit que par des larmes.

Celui qu'elle aimait était retourné au combat, et sans lui envoyer un mot d'adieu ou de reconnaissance.

Était-elle donc seule à aimer, et le chevalier reviendrait-il?

À l'hôtel de la police, elle avait voulu se frapper d'un poignard. L'inquiétude et l'amour venaient de lui en enfoncer deux dans le coeur....

XIX

LIEUTENANT!

Revenons à Anvers où le nain s'acharne à la poursuite du marquis de Vilers.

Il y mettait de la conscience, le pauvre petit homme, plus de conscience qu'il n'en avait jamais mis à servir, en qualité de faux muet, le comte de Mingréli.

Levé dès le jour, il courait les rues, allant des quartiers riches aux quartiers pauvres, ne négligeant aucun indice, ne perdant aucun instant.

Malheureusement ses recherches étaient vaines. Lui qui se vantait de tout trouver, cette fois il ne découvrait rien.

Quand venait le soir, après une journée de courses infructueuses, le pauvre nain entrait dans d'épouvantables fureurs.

S'il eût été assez fort, il eût cherché querelle aux passants dans la rue. Ne se sentant pas assez robuste, il s'en vengeait en allant mettre à sec les brocs dans les tavernes.

Chaque soir, Goliath rentrait chez lui absolument gris, se promettant, dans son ivresse, de réussir le lendemain.

Et le lendemain était comme la veille.

Pendant ce temps, Tony, revenu au camp ainsi que nous l'avons raconté, s'informait à tout le monde du marquis de Vilers.

Mais il ne réussissait pas mieux que son auxiliaire le nain. Aussi était-il triste, bien triste.

Il y avait encore une autre cause à son chagrin: sa fausse position d'amoureux entre Bavette et mame Toinon.

Il n'osait supporter les regards de la jolie costumière dont la pensée lui pesait comme un remords. Il se l'avouait bien maintenant, ce n'était que dans l'explosion de ses dix-huit ans, qu'il avait eu pour elle une folie passagère. Tout son amour, son véritable amour était pour Bavette qu'il avait pu oublier, dans la fougue de la passion, mais qu'il n'avait jamais cessé d'aimer.

Il supportait bien moins encore les regards de Bavette dont les grands yeux bleus semblaient lui dire qu'elle avait tout deviné et dont la présence seule lui reprochait sa défaillance.

Une grande joie vint heureusement faire diversion. On annonça à Tony que le maréchal de Saxe le faisait demander.

Il courut au quartier général.

Les Autrichiens, presque bloqués dans Namur, où ils manquaient de vivres, avaient à plusieurs reprises essayé des tentatives de ravitaillement qui avaient échoué, grâce à l'activité de Maurice de Saxe. Les déserteurs, de plus en plus nombreux, que la famine chassait du camp ennemi, tenaient du reste le maréchal au courant de tous les mouvements des alliés.

Namur, abandonné à ses propres forces, avait fini par capituler et il y avait tout lieu de croire qu'on allait prendre là les quartiers d'hiver.

On s'y préparait même lorsque le maréchal de Saxe reçut avis que le camp choisi par les alliés était dans les conditions les plus défavorables, peu profond et coupé par deux ravins, dont l'un allait au Jaar, l'autre à la Meuse, lesquels ravins, ne laissaient pour seule communication, d'une partie de l'armée à l'autre, qu'une trouée très étroite, près de Melmont.

Le maréchal ne put croire à pareille imprudence et résolut de faire vérifier le fait.

Il lui fallait pour cela un homme de confiance, brave et adroit. Il songea à Tony, qui avait fourni ses preuves en deux cas analogues.

Tony trouva Maurice de Saxe, présidant le conseil de guerre.

—Ah! vous voilà, mon jeune ressuscité, dit familièrement le maréchal, j'ai une bonne nouvelle à vous apprendre.... Ne vous réjouissez pas trop tôt, ce n'est pas encore ce que vous désirez. Mais enfin, vous voulez aller vite, en voici le moyen.

Je n'ai pu jusqu'à ce jour obtenir de Sa Majesté l'arrêt qui vous remet au nombre des vivants. Mais nous avons besoin de bras solides et surtout d'âmes fortement trempées. Ma compagnie de Croates a été décimée, le capitaine de l'Estang qui la commandait a été tué. Heureusement les déserteurs que la famine chasse de l'armée alliée nous donnent de quoi la reformer. Ce sont de précieuses recrues, mais qu'il faut roidement tenir et rudement mener... j'ai songé à vous pour une lieutenance. Cela vous va-t-il?

—Ah! monseigneur!... s'écria Tony avec reconnaissance.

Le poste est périlleux, car j'ai l'intention de ne pas ménager vos hommes, et du côté de l'ennemi, on n'a, en cas de défaite, aucun quartier à attendre. Mais, tenez-vous-y bien, c'est un excellent stage pour rentrer aux gardes-françaises, où mon excellent ami, le marquis de Langevin, désire vous avoir. Allez, on va vous faire reconnaître. Vous entrerez en expédition tout de suite.

Tony était au comble de la joie. Lieutenant!... il était lieutenant!... Et le maréchal de Saxe lui-même lui faisait espérer qu'il rentrerait bientôt aux gardes! Et il n'avait qu'à réussir dans la nouvelle entreprise qui lui était confiée, et à se montrer, dans la bataille qui se préparait, digne de lui-même, pour devenir enfin le collègue, l'égal de ses ennemis, les Hommes Rouges!

Les troupes se rangeaient en bataille pour se diriger vers les ponts. Le maréchal sortit, suivi de son état-major:

—Cornette Tony, prononça Maurice de Saxe, je tiens à vous féliciter publiquement de votre rétablissement et de votre retour parmi nous. J'ai aussi et surtout à vous féliciter de la noble conduite que vous avez tenue à Anvers. Une première fois, au burg du margrave, vous avez mérité par votre bravoure hors ligne une faveur exceptionnelle. Aujourd'hui encore vous m'avez forcé de passer par-dessus les considérations d'âge et de naissance.... Lieutenant Tony, venez m'embrasser.

Ému jusqu'aux larmes, Tony s'inclina sans mot dire vers le héros de Fontenoy, qui lui donna l'accolade. Son émotion redoubla encore quand, derrière le maréchal de Saxe, il aperçut le marquis de Langevin qui lui tendait les bras.

—Je vous admire, mon fils, lui dit tout bas à l'oreille le colonel, qui ajouta plus bas encore:

—Tu rentreras demain aux gardes....

Les officiers félicitaient Tony, les soldats l'acclamaient.

—Ah! s'écria-t-il, je n'ai pas assez d'une vie à donner à mon pays en échange d'un tel bonheur.

—Ménage ta bravoure, au contraire, dit le marquis de Langevin. La patrie a besoin qu'ils vivent, les enfants tels que toi!

Le temps pressait. Tony partit avec sa demi-compagnie. Il eut la chance d'accomplir sa mission sans perdre un homme....

Les renseignements qu'il rapportait confirmaient de point en point ceux qu'on avait donnés au maréchal de Saxe. Celui-ci résolut de livrer immédiatement une bataille décisive.

L'armée reçut l'ordre de se porter sur Varoux et Rocoux.

XX

ROCOUX

Il n'entre pas dans notre cadre de raconter cette bataille célèbre dans l'histoire sous le nom de victoire de Rocoux et qui mit fin à la campagne.

Contentons-nous de dire que les alliés y perdirent sept mille hommes et mille prisonniers; dix drapeaux et cinquante pièces de canon, tandis que, du côté des Français, il n'y eut que trois mille hommes hors de combat.

Les épisodes y abondèrent.

Au moment où la brigade de Beauvoisis et la brigade d'Orléans attaquaient le village de Varoux, défendu par une formidable artillerie, un grenadier du régiment d'Orléans vint tomber aux pieds du maréchal de Saxe, la jambe emportée par un boulet de canon.

Le maréchal voulut le faire conduire à l'ambulance.

—Que vous importe ma vie? dit brusquement le grenadier; laissez donc ce soin à ceux qu'il regarde, et occupez-vous de gagner la bataille!

A l'entrée du village était un escarpement très élevé que les soldats de Beauvoisis et les gardes-françaises avaient escaladé sous une grêle de mitraille.

Le jeune marquis de Boufflers, colonel du régiment de Beauvoisis, était trop petit pour franchir l'escarpement. Tony, rentré dans les gardes après le succès de son entreprise, arrivait avec une escouade de sa compagnie.

—Attendez, colonel, dit-il en riant.

Et, grimpant sur le talus, en vrai gamin de Paris, il se mit à plat ventre et tendit les mains au petit marquis, qu'il hissa à côté de lui.

Malgré les balles qui pleuvaient, celui-ci l'embrassa avant de descendre.

—Nous nous reverrons, s'écria-t-il, en sautant à terre, l'épée à la main.

—Oui, dit Tony, si nous ne sommes pas tués.

Ni l'un ni l'autre ne le furent. Mais notre jeune héros n'en devait pas moins être cruellement éprouvé....

Au plus fort de la bataille, le marquis de Langevin, grisé par la poudre, par la fureur des ennemis, par l'ardeur de ses gardes, s'était fait, pour ainsi dire, de colonel-général qu'il était, simple soldat.

Si Tony se battait comme un lion, Langevin ne craignait pas plus que lui de s'avancer au milieu des alliés jusqu'à ce que tous ses gardes l'eussent rejoint, puis de s'avancer encore.

La bravoure coûte cher. L'un des Autrichiens eut honte de fuir, et, se retournant soudain, l'épée haute, s'élança sur le marquis qui, occupé à en tuer un autre, ne voyait point celui-ci.

Mais Tony l'avait vu, lui! Bondissant au-dessus des morts et des blessés, il accourut, trop tard, hélas! Quand il entra son épée dans la poitrine de l'Autrichien, ce dernier s'était vengé d'avance en frappant au défaut de l'épaule le marquis de Langevin...

—Ah, je suis perdu! fit le colonel en tombant dans les bras de Tony.

Si ardent qu'il fût pour la bataille, l'ancien protégé du marquis avait un nouveau devoir à remplir. M. de Langevin était en si grand danger de mort qu'il appartenait à Tony de le faire ramener au camp.

Il le prit d'abord dans ses bras jusqu'à la plus prochaine ambulance où les chirurgiens lui appliquèrent, en hochant la tête, un pansement qu'ils savaient inutile, puis, le plaçant sur une litière qu'il voulut soutenir lui-même du côté de la tête, aida ainsi à le transporter au camp.

Là on coucha le marquis de Langevin sur un lit improvisé avec des planches et des couvertures, les coussins de son carrosse de guerre lui servant de matelas. Mais le marquis, qui se sentait mourir, voulut que l'on mît à côté de lui son épée, ses épaulettes et son grand cordon rouge de Saint-Louis, afin d'avoir sous les yeux, au moment de rendre le dernier soupir, l'instrument et la récompense de sa vie de soldat.

Bien que la bataille continuât, un groupe d'officiers l'entourait, morne, désespéré.

—Je vous en prie, messieurs, fit le colonel en leur serrant les mains, allez à votre devoir.

Et, comme ces valeureux officiers obéissaient au dernier ordre de leur chef:

—Je vais mourir, dit le marquis à Tony d'une voix affaiblie. Reste, toi, mon fils. Moi aussi, j'ai un devoir suprême à remplir.... J'ai ma confession à te faire.

—Mais, mon colonel, mon bon colonel, mon second père, non, non, vous ne mourrez pas! s'écria Tony sanglotant.

—Si tu le crois vraiment, va donc te battre.... Ah! tu vois bien, tu restes. Je vais mourir, te dis-je, je le sais! j'ai à peine une heure à vivre... en admettant que je ne me fatigue pas... que je ne parle pas surtout.... Or, je te répète qu'il faut que je parle....

Tony s'agenouilla auprès du lit.

—Écoute, reprit le marquis à demi-voix, écoute bien ce que je vais te dire.... Jamais on n'a eu confession plus cruelle à faire avant de paraître devant Dieu!

Je ne méritais pas, vois-tu, de mourir ainsi sur le champ de bataille, au milieu du triomphe de la victoire... car un jour, dans ma vie, j'ai été misérable et lâche.

—Oh! c'est impossible! s'écria Tony emporté par son affection pour le vieillard.

—Tais-toi et ne m'interromps plus. J'ai à peine le temps de tout te raconter, et cet aveu doit être complet...

Ah! mon pauvre enfant, rappelle-toi bien ces paroles: L'honneur est une grande et noble chose... C'est la première loi à laquelle l'homme doive obéir... Mais il ne faut pas l'exagérer... Il ne faut pas prendre pour la voix de l'honneur ce qui n'est que le cri de l'orgueil révolté... Je suis tombé dans cette erreur, elle m'a conduit au crime...

Je t'ai dit un jour mon amour pour ma fille... pour ta mère... Eh bien..., sous la fatale pression de l'orgueil... je... je l'ai tuée!... râla le marquis d'une voix étouffée en cachant sa tête dans ses deux mains.

—Vous!... s'écria Tony en bondissant malgré lui.

—Hélas! insulte-moi, tue-moi! Broie sous tes pieds ce coeur qui n'a plus que quelques minutes à battre... Mais auparavant entends-moi jusqu'au bout, il le faut pour que je puisse implorer ton pardon.

J'ai été élevé en soldat, selon les principes du soldat. Je voulais que mon honneur fût sans tache, si petite qu'elle fût...

Je me mariai avec la plus noble des femmes. Elle mourut en donnant le jour à une fille. Sur cette enfant, je reportai tout mon amour... tout mon orgueil.

L'enfant grandit, grandit et devint belle comme sa mère... Je l'admirais et j'en étais fier... Et je la voulais pure... pure comme ma conscience de soldat... Pour arriver jusqu'à ma fille, il eût fallu me tuer, moi!

Hélas! je le croyais... quand un soir... un soir... une conversation de gens de cour, qui ne se savaient pas écoutés, m'apprit un terrible secret... Ma fille en qui j'avais la plus entière confiance... Ma fille que j'aurais rougi de soupçonner... Ma fille... s'était donnée volontairement... Elle allait devenir mère!...

Je tombai comme un fou au milieu des causeurs atterrés par ma présence; je saisis à la gorge celui qui parlait et je l'envoyai se briser le crâne à l'angle d'une muraille... Puis, éperdu, je courus à mon hôtel et je montai à la chambre de ma fille...

Terrible souvenir! s'écria le marquis en se soulevant sur sa couche malgré son atroce blessure. Ah! que de remords cet instant d'aveuglement m'a causés depuis... Ma fille, souffrante, disait-elle, avait fait défendre sa porte...

Inquiet de cette résistance qui confirmait les dires des calomniateurs, je bousculai les chambrières effarées, et, d'un coup d'épaule, j'ouvris cette porte...

Le moribond s'arrêta et prit dans un flacon placé à côté de lui un cordial dont il avala quelques gouttes.

—Elle était pâle, sur son lit, continua-t-il... Çà et là des vêtements épars, des linges, des langes d'enfant... Tout confirmait la fatale nouvelle... Ma fille, ma fille, que je croyais pure... venait de mettre au monde un enfant...

Je cherchai des yeux l'odieuse preuve de notre honte pour l'écraser sous mon talon... Mais par bonheur, mon pauvre Tony, on venait de t'emporter...

—Moi, moi? C'était moi! s'écria le jeune homme haletant.

—C'était toi, cher enfant. Ah! pardon!... Mais laisse-moi achever. Tu n'étais plus là..! Sur qui donc alors me venger? Je saisis ta mère dans un accès de rage, l'insultant, la menaçant, lui reprochant de m'avoir ravi l'honneur... Épuisée par les souffrances, épouvantée de ma colère, elle... oui, hélas! elle expira entre mes mains!...

Le marquis s'affaiblissait de plus en plus. Il dut avoir de nouveau recours à son cordial, afin de pouvoir reprendre son récit.

—Ma fille morte, continua-t-il, je restai un instant anéanti. Puis la voix de l'orgueil reprit le dessus. Elle me cria que mon oeuvre n'était pas achevée, que mon honneur voulait que l'enfant pérît comme celle qui l'avait mis au monde...

Un médecin, chèrement acheté, donna à la mort de ma fille une explication, et tout le monde me plaignit... Mais, moi, je me disais que ma tâche n'était pas accomplie. Il me fallait savoir où l'on avait caché le rejeton du crime...

Je te cherchai longtemps. Sept années se passèrent, pendant lesquelles je n'osai marcher la tête haute, sentant qu'il y avait encore une tache sur mon blason.

Enfin je découvris ta retraite... Tu te souviens des hommes masqués qui te poursuivirent, qui voulurent te tuer... C'était moi qui les commandais...

La voix du marquis était devenue de plus en plus sifflante et entrecoupée. Il se tut tout à coup et murmura:

—Oh! je me meurs... Tony, mon fils, je t'ai avoué mon crime... Je n'ai pu... te dire mes remords... Pardonne-moi...

Tony resta silencieux.

—Ah! s'écria le moribond, rassemblant dans ce cri tout ce qui lui restait de forces, je t'implore, mon fils... Me laisseras-tu mourir sans m'absoudre?

D'un geste saccadé, il arracha de sa poitrine le médaillon qu'une fois, au château de Blérancourt, il avait montré à Tony. Il le posa sur ses lèvres, et, le tendant au jeune homme:

—Tiens, murmura-t-il d'une voix si faible qu'elle était à peine perceptible. Tiens... prends... ce souvenir... Mais... par pitié... en mémoire d'Elle... Ce crime... je l'ai bien expié, va... par dix-huit années de remords et d'insomnie... Tony, pardonne-moi, pour qu'Elle et Dieu me pardonnent...

Tony regardait le portrait. On eût dit qu'il le consultait... Enfin, comme pour obéir à un ordre que semblait lui donner cette précieuse image, il se jeta dans les bras du vieillard, puis, se redressant:

—Au nom de ma mère, dit-il, que Dieu vous tienne compte de vos souffrances et vous pardonne comme moi!

—Oh! merci, dit le marquis, dont une pâle lueur de joie éclaira le visage... maintenant... je puis mourir en paix.

—Ah! par grâce, un effort encore. Ma mère est morte, mais j'ai un père! Mon père, du moins, faites-le-moi connaître!

—Ton père?... Ah! d'autres que moi eussent été heureux et fiers de lui donner leur fille en pâture... Ton père... c'est...

Un râle lui coupa la parole, l'agonie qu'il avait conjurée, à force de volonté, venait de commencer, terrible.

Tony, épouvanté, appela les officiers, les médecins. Mais tout secours était inutile.

Le marquis était mort.

XXI

EN BUVANT...

Le 12 octobre au matin, l'armée française allait reprendre ses tentes au camp d'Houté.

Tony, que son service retenait dans les gardes, avait dû, les larmes aux yeux, laisser partir pour Paris le corps embaumé du marquis de Langevin.

Heureusement un incident allait le distraire de sa douleur. À peine venait-il au camp, maman Nicolo l'avertissait que le nain, arrivé depuis la veille, l'attendait à sa cantine.

Quelque remords que pût lui causer la vue de Bavette, il s'y rendit.

Il n'avait point le droit de laisser le nain travailler tout seul.

Goliath était attablé en face d'une série de bouteilles aux cachets variés. Il paraissait épouvantablement gris.

En voyant Tony, il se leva avec joie, et se mit à battre un entrechat. Le jeune lieutenant eut mille peines à le calmer.

—Peuh! peuh! dit le nain, ne vous fâchez pas, vous vous en repentiriez tout à l'heure...

—Pourquoi cela, s'il vous plaît?

—Parce que j'ai du nouveau... J'ai toujours du nouveau, moi...

—Voyons, reprit Tony impatienté, raconte et raconte vite, surtout.

—Aussi vite que vous voudrez. Dieu en soit loué, si j'ai d'autres défauts, je n'ai pas celui d'être bavard...

—C'est bon; mais au fait, au fait!

—J'y arrive, au fait. Ne vous impatientez pas. C'est par la patience et la ténacité que je parviens, moi qui vous parle, à réussir dans mes entreprises...

Tony, voyant qu'il n'y avait rien à faire contre la loquacité du nain, que le vin rendait plus prolixe encore, se contenta de hausser les épaules et attendit.

—Donc, poursuivit le petit homme, prenons les choses au début. Vous savez que c'est l'envie de boire qui m'a fait vous retrouver... Me basant sur l'expérience, je me suis dit qu'en buvant un petit coup, je découvrirais peut-être M. de Vilers... J'ai donc bu....

—Cela se voit. Mais poursuis.

—Le vin m'a toujours porté bonheur, voyez-vous. Si je n'étais pas sorti du château de Blérancourt pour tutoyer le vin de France, je n'aurais sauvé personne. Mais je reviens à mes moutons, c'est-à-dire au marquis...

—Hâte-toi, je t'en prie; tu dois voir que je ne suis pas d'humeur...

—Tiens, c'est vrai! J'abrégerai donc. D'ailleurs, cela me fatigue de parler et ça me donne une soif! Il y a qu'après avoir fouillé pour rien une fois, deux fois, trois fois, la ville d'Anvers et ses environs, je commençais à désespérer, quand voilà qu'un soir, éreinté d'avoir couru, j'entre me reposer dans une auberge...

—Et c'est là que...

—C'est là qu'il y avait d'excellent faro, auquel je commençais à m'accoutumer, pour varier avec le vin. Or, je venais de vider le premier moos, quand une querelle de tous les diables s'élève...

Une querelle?

—Oui... je pourrais même dire sans exagération une bataille. Au plus fort, comme j'essayais de comprendre de quoi il s'agissait, les hallebardiers arrivent et nous mènent tous au violon... un instrument que j'aimerai dorénavant, moi qui ne pouvais pas le sentir...

—Mais qu'a de commun cette arrestation avec le marquis? demanda Tony impatienté.

—Vous allez voir... Au violon, on m'interroge... je dis que je ne savais rien.

—Naturellement.

—Oui. Mais les autres, ceux qui se battaient, racontent leur histoire. Il s'agissait d'un cheval que l'un des deux était accusé d'avoir volé... Il s'explique, et savez-vous ce qu'il raconte?

«—Je peux pas le rendre, qu'il dit dans son baragouin. Je l'ai vendu.

»—À qui?

»—Je sais pas!»

On s'étonne, on demande la preuve, et patati et patata... Il désigne celui à qui il a vendu le cheval... Un officier français, avec un habit blanc et un manteau rouge...

—Vilers! s'écria Tony.

—Vilers qui partait.

—Mais pour où?...

—Dame, probablement pour Paris. S'il fût venu par ici, vous auriez entendu parler de lui pendant la bataille... Je suis sûr qu'il est à Paris.

—À Paris? Et justement on disait tout à l'heure que nous allions y rentrer. Dieu soit loué! Goliath, je t'emmène avec moi.

—À Paris, moi?... quelle chance! maman Nicolo, ma digne amie, une autre bouteille pour fêter cette heureuse nouvelle!

—Bois à ton aise, mon pauvre Goliath. Moi, je cours m'informer au quartier général de ce qu'il peut y avoir de vrai dans ces propos de départ.

Et Tony sortit, laissant le nain compléter son ivresse.

XXII

LE BILLET DE L'AMANT

On n'avait point trompé Tony. Rocoux avait été une bataille décisive. Le maréchal de Saxe jugea à propos d'arrêter là momentanément la campagne.

Il fit occuper les villes prises, détacha de son armée treize bataillons et neuf escadrons, qu'il envoya en Bretagne, sous les ordres de MM. de Contades, de Saint-Pern et de Coëtlogon, défendre les côtes attaquées par les Anglais, puis il prépara ses quartiers d'hiver en pays conquis.

La maison du roi, la gendarmerie et la brigade composée de deux régiments de gardes-françaises, partirent le 17 octobre pour Paris. Tous ces mouvements de troupes sont rigoureusement authentiques.

Dans les premiers jours de novembre 1746, semblaient donc s'être donné rendez-vous à Paris tous les survivants de ces tragiques aventures.

Mame Toinon était revenue à sa maison de la rue des Jeux-Neufs, qu'elle avait si bien espéré ne plus revoir.

Elle y avait retrouvé, gardant toujours la boutique, la fidèle Babet dont la figure maussade était devenue presque gracieuse de joie à l'arrivée de sa patronne.

On juge si les voisins étaient accourus, attirés un peu par sympathie et beaucoup par curiosité, s'enquérir des événements curieux qui avaient dû se passer dans le lointain voyage de la costumière.

Mais leur attente avait été déçue.

Toinon, en effet, n'était plus la joyeuse et gaillarde et bavarde personne que nous avons présentée au début de notre récit.

Depuis son départ, un grand changement s'était opéré en elle.

Elle était sérieuse, triste, presque timide...

Toinon, en arrivant à Paris, avait eu tout d'abord un cruel désappointement.

Elle avait espéré que Tony reviendrait comme autrefois loger rue des Jeux-Neufs. Elle s'était empressée de nettoyer, de parer elle-même la meilleure chambre de la maison.

Vaine prévenance. Tony avait refusé.

—Vous comprenez, avait-il dit, que je ne puis aller habiter aussi loin de la caserne où je suis appelé par mon service à chaque instant. J'irai rue des Jeux-Neufs souvent, bien souvent, autant que me le permettront mes heures de liberté, mais je prendrai un logement tout près du quartier.

La pauvre maman Toinon n'avait pas osé répliquer. Tony venait en effet presque tous les jours rue des Jeux-Neufs, où ses bottes, son épée et ses épaulettes d'or mettaient en rumeur tout le quartier, qui n'en pouvait croire ses yeux, mais ses visites étaient de plus en plus froides et courtes.

Quand il partait, les voisins malicieux et envieux remarquaient que mame Toinon avait les yeux gros comme quelqu'un qui a envie de pleurer. Puis, le nuage qui couvrait son front s'éclaircissait et elle semblait joyeuse pour quelques heures. Où eût dit qu'elle avait un secret qui lui causait à la fois plaisir et douleur.

Les habitants de la rue des Jeux-Neufs auraient bien voulu le connaître, ce secret! Mais Toinon, chose incroyable, ne voisinait plus!

Un personnage, qui avait également le don de préoccuper beaucoup les bons bourgeois du quartier Montmartre, c'était maître Goliath, le nain.

Tony l'avait amené avec lui et en avait fait son factotum. Vêtu d'un costume demi-civil, demi-militaire, le bout d'homme venait fièrement, soit de la part de Tony, soit pour l'accompagner. Il vivait en partie à la caserne où il engageait des luttes bachiques avec ses amis La Rose, Pivoine et Normand, à la cantine de maman Nicolo.

Mais cela ne l'empêchait pas de fouiller tous les coins de la capitale pour y trouver le marquis de Vilers...

C'était, hélas, peine perdue!

À l'hôtel de Vilers, la situation était toujours la même.

Le temps s'était écoulé. La marquise était sur le point de mettre au monde l'enfant qu'elle portait dans son sein, et Vilers ne reparaissait pas.

La campagne était finie pourtant. Qu'était-il devenu? Était-il mort? Se cachait-il seulement?

Parfois Haydée, tout entière au bonheur d'être mère oubliait ses épouvantables tourments pour ne plus songer qu'à ce petit être qu'elle chérissait déjà.

La mère absorbait l'épouse.

Puis elle se demandait quel serait le sort de ce pauvre enfant qui viendrait au monde sans connaître son père; qu'il faudrait élever, privé de son protecteur naturel... Et cet enchaînement d'idées la ramenait au souvenir de celui qu'elle n'osait plus espérer revoir...

Alors, la marquise pleurait, les douleurs de l'épouse absorbant à leur tour les joies de la mère.

En vain, Tony, qui de temps à autre était admis auprès de madame de Vilers,—en vain, le baron de Chartille qui, trois fois par semaine, renonçait à la chasse pour venir à Paris, réunissaient-ils tous leurs efforts pour consoler Haydée et lui faire croire que Vilers reviendrait. Tous les raisonnements échouaient devant son absence prolongée et inexplicable.

Voyons maintenant ce que devenaient Maurevailles et Lacy.

Nous avons fait suffisamment connaître le caractère des deux Hommes Rouges, pour qu'on soit certain qu'ils ne se tenaient point pour battus et comptaient toujours sur la revanche.

Ils attendaient seulement une occasion propice et sûre.

Leurs apparitions au quartier étaient rares; ils n'y venaient même que lorsque leurs fonctions l'exigeaient absolument. Le reste du temps, ils complotaient.

Au soir où nous sommes, ils avaient devant eux leur courrier Luc, celui qui leur avait annoncé aux Pays-Bas la grossesse de la marquise.

—Et tu dis alors, demanda Maurevailles à son espion ordinaire, que la marquise sort souvent?

—Monsieur le chevalier le sait comme moi. Il a pu la rencontrer en promenade.

—Parle toujours.

—Eh bien, j'ai repris mes relations à l'hôtel de Vilers, et l'on m'a raconté que les médecins ont ordonné à la marquise, non seulement de l'exercice, mais encore et surtout du grand air. Elle a commencé par des promenades dans les jardins, conduite ou par le vieux Joseph, ou par le baron de Chartille—auquel il ne faut pas se frotter. Maintenant, elle sort deux ou trois fois par semaine pour aller, soit au Cours-la-Reine, soit à la porte Saint-Antoine...

—Et peux-tu savoir de quel côté se dirigera sa promenade aujourd'hui?

—Bien facilement. Je suis intime avec le valet de pied, qui n'a pas de secrets pour moi.

—Eh bien, pars vite et reviens nous informer!

Luc sortit. Les deux Hommes Rouges restèrent seuls.

—Alors, demanda après un silence Lacy à Maurevailles, tu ne renonces pas à la marquise?

—Jamais. J'ai été joué, bafoué, vilipendé, mis en prison... Ce n'est plus par amour maintenant que je la veux, c'est pour me venger d'elle et de son mari.

—Son mari est mort...

—Bah! Qui sait? Et puis qu'importe?

—Tu as raison. Compte sur moi alors. J'ai juré! Mais quel est ton but?

—Je veux l'avoir, elle et son enfant, à ma discrétion et pouvoir ainsi tenir tête à Chartille, au jeune coq de Tony et à toute leur bande.

—Et ton service aux gardes?

—J'enverrai ma démission que j'ai toute prête dans ma poche... D'ailleurs le colonel, duc de Biron, qui succède au marquis de Langevin comme colonel, sera peut-être un peu moins prévenu contre nous.

Maurevailles fut interrompu par l'arrivée de Luc qui accourait.

—Monsieur, Monsieur, dit-il, la marquise vient de sortir en carrosse, avec sa sœur, mademoiselle Réjane.

—De quel côté vont-elles?

—Elles vont sortir par la porte Saint-Antoine et aller jusqu'au donjon de Vincennes. La marquise compte se promener dans les allées du bois.

—Parfaitement, s'écria Maurevailles avec une sinistre joie. Elle ne pouvait choisir un endroit plus propice à mes desseins! Allons, Lacy, en route et bon courage! Nous touchons au but, cette fois!

Les chevaux étaient prêts. Les deux officiers, qui avaient quitté leurs uniformes pour revêtir de riches costumes de ville, sautèrent en selle, non sans s'assurer que les fontes étaient solidement garnies.

—Défiez-vous, monsieur le chevalier, fit observer Luc. Je vous avertis que le carrosse est accompagné et surveillé...

—L'avis est bon, dit Maurevailles, en haussant les épaules, mais, nous aussi, nous avons pris nos précautions.

Ils piquèrent des deux et partirent dans la direction de la Bastille où ils comptaient joindre le carrosse qui allait fort lentement.

La promenade choisie par la marquise était fort belle. Le long de la route, les *folies*—c'est ainsi qu'on nommait alors les petites maisons où les courtisans allaient loin des regards curieux se livrer à leurs ébats—les *folies*, disons-nous, étalaient leurs parcs et leurs jardins aux senteurs parfumées.

Les derniers rayons du soleil d'automne illuminaient la route, au bout de laquelle le bois ombreux offrait un refuge tranquille au promeneur ennemi de la foule.

Le comte et le chevalier rejoignirent le carrosse.

En apercevant la marquise, toujours adorablement belle, dans sa pâleur de malade, Maurevailles sentit son coeur bondir. Son amour renaissait plus ardent que jamais.

Quant à Lacy, il avait vu la tête mutine et triste de Réjane qui, par la portière, regardait la route, et il se disait en lui-même:

—Comment Maurevailles ne répond-il pas à l'amour de cette adorable enfant qui, elle, est folle de lui!... Ah! que je serais heureux, si, au lieu de se donner au chevalier, son coeur eût voulu me choisir!

Les deux cavaliers retinrent leurs montures; il s'agissait de ne pas être vu. L'endroit n'était pas propice à un enlèvement. D'abord il y avait trop de monde; ensuite, comme l'avait dit Luc, le carrosse était gardé.

À côté du cocher, sur le siège, le vieux Joseph interrogeait la route. Derrière, deux solides laquais, se pendant aux étrivières, empêchaient toute surprise...

Enfin, à droite et à gauche, cinq ou six promeneurs, ouvriers ou paysans, marchaient en chantant ou en causant de leurs affaires, et pour leur plaisir personnel, sans doute, ne perdaient pas de vue le carrosse et les deux dames qui étaient dedans.

—Attendons d'être dans le bois, dit Lacy à Maurevailles, qui grinçait des dents d'impatience.

—Par les mille diables d'enfer, le carrosse ne marchera donc pas plus vite, afin de laisser ces manants derrière lui?...

—Ils ont l'air de s'y attacher... On dirait qu'ils l'escortent...

—Allons donc!

—Vois plutôt. En voici un qui se rapproche et parle au vieux Joseph. Ah! si je pouvais voir son visage...

Le paysan avait, en effet, échangé quelques paroles avec le fidèle serviteur du marquis de Vilers. Sur un signe de Joseph, il ralentit le pas, ainsi que son compagnon, qui semblait être non moins paysan que lui, et laissa le carrosse poursuivre sa route au milieu des autres promeneurs.

—Que signifie ce manège? demanda Lacy intrigué.

Les capitaines continuèrent d'avancer. Bientôt, ils ne furent plus qu'à quelques pas des deux paysans, qui cheminèrent à côté d'eux, de même que les autres marchaient auprès du carrosse.

—Morbleu! j'y suis maintenant, murmura Lacy en se penchant à l'oreille de Maurevailles. Pendant que leurs amis surveillent la voiture, ces deux-là nous espionnent.

—Que veux-tu dire?

—Ne t'émeus pas et, sans en avoir l'air, examine celui qui est à côté de toi...

—Eh bien!

—Tu ne connais pas cette figure?

—Non.

—Tu as la mémoire courte... Te souviens-tu de notre arrestation à l'hôtel de Vilers?...

—Si je m'en souviens? s'écria Maurevailles avec colère.

—Et tu as oublié l'homme qui t'a passé une corde autour du corps...

—Ah! morbleu! je le reconnais en effet... il faut que je casse la tête à ce drôle?

—Garde-t-en bien!... Du calme au contraire... Je vois de quoi il s'agit... Joseph a fait part au lieutenant de police de la sortie de la marquise... Nous avons devant nous La Rivière et ses estafiers...

—Et tu crois que nous ne ferions pas bien de charger cette canaille?...

—Pas du tout. À la ruse opposons la ruse, et attendons une occasion.

—Soit, dit Maurevailles, en rongeant sa colère; au fait, tu as raison. Ce n'est pas le moment de nous attirer une querelle avec M. de Marville.

—Seulement, le coup est manqué pour aujourd'hui et nous ferons bien de rentrer dans Paris.

—Allons donc! Tu l'as dit toi-même, il faut agir de ruse... j'ai trouvé mon moyen.

—Quel est-il?

—Tu verras. Mais prenons le trot. Nous n'avons plus besoin de suivre le carrosse, et je ne suis pas fâché de faire courir un peu messieurs de la police.

Les deux cavaliers éperonnèrent leurs montures et partirent au grand trot par une route transversale, à la grande stupéfaction des deux exempts qui les surveillaient.

Car c'étaient bien, en effet, des exempts que, sur la demande du baron de Chartille, le lieutenant de police avait mis à la disposition de madame Vilers, pour la suivre et la protéger dans sa promenade à Vincennes.

Les deux pauvres policiers se demandèrent un instant s'ils devaient courir après les cavaliers. Mais, songeant qu'avant tout ils avaient mission de veiller sur la voiture, ils rejoignirent leurs camarades.

Maurevailles et Lacy avaient fait un détour et étaient arrivés les premiers dans le bois.

Ils attachèrent leurs chevaux à un poteau et se cachèrent dans un massif. Là, Maurevailles tira ses tablettes et se mit à écrire.

—Que diable fais-tu? demanda Marc de Lacy intrigué.

—Tu vas voir tout à l'heure.

La voiture arriva à son tour. Haydée et Réjane en descendirent.

Après un rapide coup d'oeil aux environs, Joseph s'écarta pour laisser les deux femmes se promener. Les exempts l'imitèrent.

Quelques instants se passèrent ainsi; Marc et Maurevailles ne bougeaient pas.

Peu à peu Haydée et Réjane, ne voyant rien de suspect, avaient pris confiance. Joseph lui-même, croyant les Hommes Rouges repartis pour Paris, avait cessé d'être sur ses gardes.

C'était là ce que Maurevailles attendait.

Il suivit pas à pas, derrière les buissons, la marquise et sa soeur. Saisissant un moment où celle-ci tournait la tête vers lui, il se montra tout à coup.

Réjane étouffa un cri de surprise.

—Qu'as-tu? demanda Haydée subitement inquiète.

—Rien, je me suis heurté le pied contre une racine.

Le plus difficile était fait. Le chevalier avait la certitude d'avoir été vu. Il était évident que Réjane tournerait à la dérobée les regards de son côté.

Maurevailles déplia le billet qu'il avait écrit et le montra à Réjane.

Elle devint toute rouge. Elle avait donc compris.

Il enroula le billet autour d'un caillou et, jetant le tout aux pieds de la jeune fille, se cacha de nouveau.

—Tiens, s'écria-t-elle, il y a encore des fleurs dans l'herbe.

Et elle se pencha, ramassa vivement le billet et le cacha furtivement dans son sein.

—Non, je me suis trompée, fit-elle froidement.

Pendant ce temps-là, Maurevailles disait à son ami:

—Allons-nous-en. Nous avons maintenant une intelligence dans la place.

Réjane était impatiente de connaître le contenu du billet qui lui brûlait la poitrine. Elle prit un nouveau prétexte pour s'écarter un instant de sa soeur et lut avidement ce qui suit:

«Vous pouvez aider celui qui vous aime à conjurer un grand danger qui menace votre soeur. Je serai ce soir, à dix heures, à la petite porte du jardin. Silence!»

XXIII

LE PREMIER RENDEZ-VOUS DE RÉJANE

Le soir était venu.

Soigneusement enveloppé dans un grand manteau de couleur sombre, Maurevailles s'achemina vers l'hôtel de Vilers.

Il évita de passer par la grande porte, qui devait être surveillée par les hommes de M. de Marville, et alla directement sur le quai de Béthune, à l'endroit où nous avons déjà vu, au commencement de ce récit, Tony escalader le mur des jardins de l'hôtel.

Maurevailles savait qu'il n'aurait pas besoin d'escalade. Il connaissait assez le fol amour de Réjane et sa confiance de jeune fille, ignorante du mal, pour être certain qu'elle viendrait au rendez-vous qu'il lui avait fixé.

Il avait raison.

Le billet de Maurevailles avait, en effet, soulevé une profonde émotion dans l'âme de la jeune fille.

C'était donc vrai!... Son rêve se réalisait!... Elle était aimée de celui à qui s'était adressé le premier battement de son coeur!

Renonçant aux projets infâmes qu'elle lui avait entendu former au château de Blérancourt, Maurevailles se consacrait à elle tout entier et, loin de chercher, comme autrefois, à perdre Haydée, il s'exposait pour la sauver...

Réjane était heureuse et fière d'être la cause de ce retour vers le bien.

Cependant, malgré elle, des doutes venaient l'assaillir. Cette conversion était-elle sincère? N'était-ce pas un piège qu'on lui tendait?

Mais elle repoussait ces doutes indignes... Elle se les reprochait comme autant de blasphèmes.

—Maurevailles est généreux et bon, se disait-elle; il a été abusé dans un moment de folie, il a voulu tenir un serment prononcé à la légère... Ce serment, Vilers ne l'avait-il pas prononcé, lui aussi? Et quel homme est plus noble et loyal que Vilers? Maintenant Maurevailles, noble et loyal aussi, reconnaît ses erreurs et veut les réparer?...

Elle se rappelait les efforts qu'il avait faits pour la sauver, lors de l'horrible scène qui l'avait rendue folle. Elle se souvenait qu'il n'avait pas voulu se sauver sans elle...

—Mon Dieu, disait-elle encore, il ne peut songer à me tromper. Il m'aime bien véritablement; je le sens, j'en suis sûre.

Cependant, elle hésitait à aller à ce rendezvous... le premier. Elle, si résolue le jour où elle était allée réclamer Maurevailles au lieutenant de police, elle avait peur maintenant de se trouver seule avec lui.

À mesure que l'heure approchait, son hésitation redoublait.

Elle regardait avec anxiété la pendule de Boule dont l'aiguille, si lente à son gré tout à l'heure, semblait dévorer l'espace maintenant...

—Non, dit-elle tout à coup, je ne puis aller à ce rendez-vous. Ce serait mal, puisque, pour m'y rendre, je dois me cacher, puisque je n'ose en parler même à ma sœur, puisque je rougis, puisque je tremble qu'on ne me voie!

Elle avait déjà pris une mante pour sortir. Elle la jeta loin d'elle, comme pour chasser au loin la tentation.

Et la pendule marchait toujours, l'aiguille allait atteindre l'heure...

Réjane ouvrit un livre, espérant chasser, grâce à lui, les idées qui l'assaillaient, mais elle ne lut que des yeux, sans comprendre: sa pensée était ailleurs.

Tout à coup le timbre argentin de la pendule retentit.

La pauvre enfant jeta brusquement son livre, ramassa sa mante et posa le doigt sur le bouton de la porte...

Elle s'arrêta.

Mais le plus fort était fait. La porte s'ouvrit et la jeune fille se hasarda, émue, palpitante, rouge à la fois de honte et de plaisir, dans les allées du jardin.

Légère comme un sylphe, retenant son haleine, s'effrayant de tout, du bruit du sable qui craquait sous ses pas, du choc d'une branche morte ou d'une feuille qui tombait, elle arriva à la petite porte, derrière laquelle Maurevailles attendait.

Elle écouta.

Rien d'abord que le silence... puis un pas assourdi...

La peur la prit. Si un voleur, cherchant à s'introduire dans l'hôtel, la surprenait là, seule?

Mais derrière la porte, on toussa légèrement.

C'était Maurevailles.

Ses hésitations la reprirent. Fallait-il répondre ou s'enfuir?

Peut-être malgré elle, peut-être avec intention, Réjane soupira, et ce soupir fut entendu de l'autre côté de la porte.

—Réjane?... est-ce vous? demanda une voix.

La jeune fille demeura muette.

—C'est moi, reprit la voix, moi qui vous ai écrit...

Réjane n'osait ouvrir.

—Je vous l'ai dit, continua la voix que l'amoureuse pourtant reconnaissait bien, votre soeur court le plus grand danger.

Ma foi, la pauvre enfant n'y tint plus... La porte s'ouvrit toute grande.

Maurevailles était sur le seuil.

—Nous ne pouvons rester ici, dit-il en voyant que la jeune fille était là en face de lui, semblant attendre. Nous sommes mal pour causer... Le premier passant nous remarquerait.

Réjane recula d'un pas. Le chevalier entra, referma la porte et, sans ostentation, retira la clef qu'il garda.

Il faisait une belle nuit d'automne, une de ces nuits où l'hiver s'annonce et qui, claires encore comme en été, sont déjà glaciales comme en décembre.

Mais Réjane n'avait pas froid. Son coeur battait à se rompre, et le sang affluait à ses tempes. Son front était brûlant quand Maurevailles, se penchant vers elle, l'effleura de ses lèvres.

Elle frémit sous ce baiser... le premier qu'elle eût jamais reçu d'un homme...

Mais, de même qu'il n'avait pas voulu rester sur la porte, Maurevailles ne voulut pas demeurer dans le jardin.

—Il fait froid, Réjane, dit-il doucement d'une voix qui retentit à l'oreille de la jeune fille comme une musique céleste, il fait froid, vous êtes brûlante, vous ne pouvez rester ici...

Il jeta les yeux autour de lui et aperçut un petit pavillon champêtre tout vermoulu.

—Qu'est-ce que cela? demanda-t-il.

—Le vieux kiosque...

—Il n'y a personne?

—On n'y vient jamais.

—Allons-y, nous y serons à l'abri de la température et surtout des indiscrets... Je ne me pardonnerais pas de vous avoir compromise avant le jour où je pourrai solliciter votre main de Vilers redevenu mon ami...

Ces paroles eurent un effet magique sur la jeune fille, qui d'ailleurs ne demandait pas mieux que de se laisser convaincre.

Maurevailles l'entraîna vers le kiosque.

Réjane était naïve et croyante; Maurevailles avait l'expérience et la langue dorée des roués de cette époque. Il entassa protestations sur protestations et n'eut pas de peine à capter entièrement la confiance de la jeune fille qui écoutait avec ravissement le langage d'amour tout nouveau pour elle.

—Mais, demanda-t-elle, s'arrachant à regret à la fascination qu'exerçait sur elle l'entretien du chevalier, comment ma soeur court-elle un danger?

—Vous connaissez Marc de Lacy. C'est lui, lui et Lavenay, qui m'ont poussé à ce fatal serment que je n'eusse jamais prononcé si je vous avais plus tôt connue... Lacy aime votre soeur, comme je croyais l'aimer autrefois. Il est jaloux d'elle, plus que ne le fut jamais le magnat...

Ne pouvant avoir l'amour de la marquise, Lacy a juré de la perdre. Il comptait sur moi pour cela. Mais, grâce à vous, ma Réjane bien-aimée, j'échappe à sa néfaste influence. Vous êtes le bon ange qui me protège contre ce démon.

N'ayant plus à compter sur moi pour le seconder dans ses ténébreuses menées, Lacy a cherché le moyen d'arriver seul à son but, et ce moyen, il l'a trouvé.

—Quel est-il? Oh! parlez! parlez!... s'écria Réjane frissonnante.

—C'est peut-être déloyal, ce que je fais là! Je trahis mon plus vieil ami, reprit hypocritement Maurevailles, mais je vous aime, Réjane, et pour votre amour, je brise tout. Pourtant, au moment de révéler ce qu'il n'a confié qu'à moi seul, j'hésite...

—Je vous en supplie.

—Eh bien!... mais que ceci ne sorte pas de votre bouche... Lacy veut s'emparer de l'enfant que votre soeur va mettre au monde dans quelques jours...

—Oh! c'est affreux!

—Oui, c'est épouvantable, car la douleur peut tuer madame de Vilers. Mais Lacy ne s'arrête pas à cela, il sait qu'ayant l'enfant en son pouvoir, il aura la mère à sa discrétion. Et le plus terrible, c'est qu'il est certain de réussir. Comment fera-t-il? Je n'en sais rien. Mais il arrivera à son but.

—Que faire?

—Je ne sais pas encore. Avant tout, j'ai voulu vous avertir, afin que nous avisions à l'en empêcher... Mais surtout, chère Réjane, ne dites pas un mot à votre soeur... Dans sa position, le coup pourrait lui être fatal.

—Et vous n'avez aucun projet?

—J'en avais un: mais sa mise en oeuvre ferait du scandale et c'est là surtout ce qu'il faut éviter. Cependant, ne craignez rien; je surveille le traître et je vous avertirai en temps utile... Nous avons, je le pense, quelques jours encore, n'est-ce pas?

—Oui, au moins une semaine, a dit le médecin.

—D'ici là, songez... Je chercherai de mon côté. Demain, à pareille heure, si vous le voulez bien, nous échangerons nos idées... Je me retire, car il est tard, et je ne voudrais pas qu'on pût s'apercevoir de votre absence...

Ils étaient sortis du kiosque et arrivaient à la petite porte. Maurevailles l'ouvrit avec la clef qu'il avait prise.

—Ah! dit-il, il faut que je vous rende cette clef... Mais, non... permettez-moi de la garder un ou deux jours... Je pourrai vous éviter ainsi la peine et le danger de venir m'ouvrir... Vous n'aurez qu'à m'attendre dans le kiosque.

Réjane était trop émue pour réfléchir. Elle ne refusa point.

Maurevailles garda la clef.

Après un nouveau baiser, aussi chaste que le premier, il s'enfuit, refermant sur lui la petite porte.

Si Maurevailles eût été moins certain de son triomphe et s'il eût regardé derrière lui, il eût pu voir deux ombres collées au mur.

Car le chevalier n'était pas venu seul au rendez-vous. Derrière lui deux hommes avaient attendu que la porte s'ouvrît, l'avaient vu entrer et avaient guetté sa sortie.

Au moment où il se retirait, ces deux hommes s'avançaient même pour lui mettre la main au collet, mais une parole qu'il prononça les arrêta.

Cette parole est ce mensonge qu'il osa dire dans le dernier baiser:

—Sois tranquille, chère Réjane, je sauverai ta soeur!...

En entendant ces mots, les deux inconnus, rassurés sur les projets du visiteur nocturne, le laissèrent aller et se remirent à se promener autour de l'hôtel de Vilers.

C'étaient deux des exempts de M. La Rivière.

XXIV

LE PETIT POLICIER

Si les exempts veillaient sur la marquise, il y avait quelqu'un qui veillait sur les exempts.

C'était notre ami Goliath.

Dans ses promenades à travers Paris, Goliath avait longuement réfléchi. Or, de ses réflexions était sorti cet axiome:

—Si le marquis de Vilers est à Paris, il doit s'occuper de ce qui se passe à l'hôtel où est sa femme...

Ceci posé, le nain s'était dit:

—Comme le marquis se cache, c'est la nuit qu'il doit rôder autour de l'hôtel.

D'où cette conclusion logique qu'en surveillant tous les soirs les abords de l'hôtel de Vilers, on ne pouvait manquer, une nuit ou l'autre, de rencontrer le marquis.

Sans en prévenir personne, afin de rendre son triomphe plus certain, Goliath s'était mis en embuscade sur le quai de Béthume.

C'est ainsi que du coin de la porte où il était tapi dans l'obscurité, il avait vu deux hommes passer mystérieusement, comme s'ils craignaient d'être aperçus.

—Hum! cela est louche, avait-il pensé.

Goliath, tout à fait étranger aux choses de Paris, n'avait aucune idée de ce que pouvait être la police. Elle se résumait pour lui en la maréchaussée et les exempts en tenue.

Ces hommes mystérieux l'intriguèrent donc au plus haut point.

—Ce sont évidemment des gens qui en veulent à la marquise, des sbires des Hommes Rouges, se dit-il avec inquiétude.

Et, pendant la première nuit, il suivit avec anxiété leur manège. Ce fut avec un véritable soulagement qu'au petit jour il les vit partir.

—Ils n'ont pas trouvé d'occasion favorable pensa-t-il, c'est heureux, car je n'étais pas de taille à lutter contre eux.

En homme de ressources, Goliath résolut d'avoir du renfort. Dès que le jour fut complètement levé, il alla faire part de ses soupçons à ses amis les gardes-françaises.

—Moi, je suis petit, leur dit-il après avoir raconté les incidents de la nuit, je puis me faufiler partout. Laissez-moi donc flairer le gibier. Vous, qui êtes forts et solides au poste, vous vous tiendrez à ma portée. À la première alerte, pssst!... j'appelle et vous arrivez!...

—Bravo! dit le sergent Pivoine de sa voix enrouée, bravo, petit, voilà qui est crânement combiné! Tu mériterais d'être général!... Seulement où diable nous cacheras-tu? Trois gaillards comme nous, ça tient de la place.

—Moi, je serais d'avis, dit le Gascon, d'aborder carrément les gars et de les enlever...

—Carrément, appuya le Normand.

—Ah! mes enfants! que vous êtes peu malins. Croyez-vous qu'ils se laisseront pincer?

—Que feront-ils?

—Ils se sauveront, donc!... Et puis, quand même, de quel droit les arrêteriez-vous? Tout le monde n'a-t-il pas l'autorisation de se promener la nuit au bord de l'eau?

—Le petit a raison, dit Pivoine. Laissez-le donc causer. Voyons, où nous logeras-tu, mon fils?

—Et où seriez-vous plus commodément que dans un bon cabaret, avec un cruchon de vin pour prendre patience?

—Bravo! de mieux en mieux. Je vous le disais bien. Il parle comme un ange! Goliath, il faut que je t'embrasse! s'écria Pivoine enthousiasmé.

—Laissez-moi donc tranquille, grande bête que vous êtes, dit le nain, en repoussant le sergent qui l'enlevait de force pour l'embrasser réellement... Est-ce que tout le monde ne sait pas que je suis un malin, moi?

—Un vrai malin, dit La Rose.

—Le malin des malins, compléta le Normand.

—Il est bien entendu que c'est moi qui paye... Le baron de Chartille m'a graissé le gousset, il faut que vous en profitiez...

—Ah! Goliath, dit La Rose, tu as beau être petit, tu es un grand homme. Commande, nous t'obéissons aveuglément.

—Aveuglément, répéta le Normand.

Et voilà comment, le soir venu, les trois soldats, munis d'une permission de nuit, étaient installés aux *Armes de Bretagne*, tandis que le nain veillait dans sa cachette.

L'aubergiste, bien payé, avait congédié ses autres pratiques et, malgré les ordonnances, conservait chez lui ces trois buveurs d'élite.

C'était justement le soir où Maurevailles avait donné rendez-vous à Réjane.

En voyant ce personnage, enveloppé d'un grand manteau, entrer dans l'hôtel, le nain se dit que ce ne pouvait être que le marquis de Vilers. À quel autre eût-on ainsi ouvert la petite porte?

Aussi surveilla-t-il avec soin ceux qu'il ne savait pas être des exempts, persuadé qu'ils attendaient le marquis pour l'attaquer à sa sortie.

Quand il les vit, plaqués contre le mur, il s'éclipsa tout doucement et courut avertir les soldats qui bondirent en écoutant son récit.

—Tonnerre! hurla le Gascon en agrafant précipitamment son épée. Ils vont avoir beau jeu, les brigands!

—J'ai justement une nouvelle botte à essayer, dit Pivoine, je ne l'ai encore expérimentée qu'en salle d'armes.

Mais, pendant ce colloque, l'homme que le nain avait pris pour le marquis était sorti, puis s'était éloigné; les policiers, trompés par sa dernière parole, avaient continué leur promenade autour de l'hôtel.

Les gardes, conduits par Goliath, ne se sentirent pas le courage de pourfendre des gens qui ne semblaient avoir nulle envie de tuer. Ils s'apprêtaient même à retourner à l'auberge quand Goliath les arrêta.

—Attendez donc, dit-il; il y a autre chose à faire. Ces gens-là doivent avoir un but qu'il sera peut-être intéressant de connaître. Attendons qu'ils s'en aillent, et alors filons-les, nous saurons, au moins, qui ils sont.

Se rendant à cette raison, ils observèrent, puis suivirent les exempts.

Ils les virent entrer à l'hôtel de la police.

—Ah! cette fois, mon ami Goliath, dit La Rose désappointé, tu t'es joliment mis dedans. Tes hommes ne sont autre chose que des agents de police.

—Allons donc!

—Parbleu! oui, et nous allions nous attirer avec eux une nouvelle affaire qui nous aurait peut-être menés loin.

—Comment cela?

—Évidemment. Les gens de M. le lieutenant général ont le bras long, fichtre!

Et La Rose expliqua au nain étonné la puissance dont disposaient ces hommes qui avaient toujours, lui dit-il, un ordre du roi en blanc dans la poche pour arrêter un personnage quel qu'il fût et le conduire à la Bastille d'où, innocent ou coupable, on ne sortait plus jamais...

Goliath ouvrait de grands yeux et songeait. Un horizon tout nouveau s'ouvrait devant lui...

—Puisqu'on ne veut pas de moi comme soldat, disait-il, pourquoi ne me ferais-je pas exempt de police? Voilà un métier qui me conviendrait! Moi, si chétif, mais intelligent, que diable! faire plier les autres devant moi...

Les gardes regagnèrent leur caserne. Goliath alla se coucher; il ne dormit pas de la nuit.

L'idée de faire partie de la police lui trottait dans la cervelle.

Le lendemain, de bonne heure, il arrivait rue des Capucines et se présentait à l'hôtel de M. de Marville.

—Que demandez-vous? lui dit un huissier en le regardant d'un air goguenard.

—Je veux parler au chef de la police.

—Avez-vous une lettre d'introduction?

—Non.

—Vous ne pouvez alors être reçu. Monseigneur est occupé pour toute la journée.

Goliath était bien désappointé. Cependant une inspiration lui vint tout à coup.

—Dites à M. le lieutenant de police qu'il s'agit de l'affaire de Vilers, dit-il à l'huissier avec importance.

Celui-ci, surpris du ton sur lequel cet ordre lui était donné, entra dans les bureaux et revint au bout de quelques minutes.

Il avait l'air beaucoup plus poli.

—Monseigneur le lieutenant général ne peut se déranger en ce moment, dit-il, mais si monsieur veut causer avec M. La Rivière?...

—Qu'est-ce que c'est que M. La Rivière?

—L'homme de confiance de monseigneur.

—Soit. Conduisez-moi auprès de lui.

L'huissier s'inclina et mena Goliath au personnage singulier dont nous avons plusieurs fois parlé.

La Rivière connaissait déjà le nain de réputation. Le baron de Chartille en avait parlé au lieutenant général et avait vanté son intelligence.

—Que désirez-vous, mon jeune ami? demanda l'exempt en baissant la tête vers son bureau, mais en ayant soin de bien examiner Goliath par-dessus ses lunettes.

—Je désire que vous m'expliquiez ce qu'il faut faire pour entrer chez vous, dit catégoriquement le nain.

—Ah! ah! vous sentiriez-vous des dispositions pour le métier?

—Vous avez besoin de chercheurs... Moi, je trouve tout.

—À merveille. Mais, puisque vous trouvez tout, dites-moi donc un peu ce que vous avez découvert jusqu'à ce jour?

—C'est facile.

Et Goliath raconta ses prouesses, en ayant soin, naturellement, de changer quelques-unes des circonstances et de se donner le beau rôle, en attribuant à son habileté tout ce que lui avait livré le hasard.

La Rivière l'écoutait en tournant ses pouces.

—Parfait, parfait, murmura-t-il, lorsque le nain eut terminé. Vous êtes habile, mon ami, fort habile; et quelles seraient vos prétentions?

—Mes prétentions?

—Oui, quels appointements demanderiez vous?

—Moi? rien; pour le moment du moins. Le baron de Chartille et le lieutenant Tony ne me laissent manquer de rien. Employez-moi à l'essai. Plus tard, nous verrons.

—Soit, c'est une affaire entendue.

—Vous m'acceptez?

—Comme auxiliaire et pour cette affaire seulement. Si, comme je l'espère, vous vous en tirez bien, nous nous arrangerons pour continuer à titre définitif.

Le nain nageait dans la joie.

—Et me donnera-t-on un papier, quelque chose pour prouver ma qualité? demanda-t-il.

—Je vais vous faire expédier une carte de service.

La Rivière entra dans les bureaux et revint au bout de quelques minutes.

—Votre nom? dit-il.

—Au pays, on m'appelait Johann; à Paris, les gardes-françaises m'ont baptisé Goliath.

—Goliath, soit, dit La Rivière en écrivant. Voici, ajouta-t-il en lui tendant une carte. Avec ça vous avez des pouvoirs suffisants. Vous viendrez au rapport à deux heures.

Une fois en possession de cette carte, le nain sortit plein d'enthousiasme.

Certain, d'après ce qu'on lui avait dit de la police, qu'on l'avait chargé de hautes et magnifiques fonctions, Goliath allait, se gonflant et s'imaginant que tous les passants devaient le considérer avec respect.

—S'ils savaient que j'ai dans ma poche une carte avec laquelle je pourrais les envoyer à la Bastille! se disait-il avec orgueil.

À deux heures, La Rivière, confiant en l'intelligence et le dévouement de Goliath, le chargea de surveiller les jardins de l'hôtel.

Mauvaise et fatale idée.

Le nain, en effet, n'avait pas tout dit à l'employé de M. de Marville. Il lui avait caché sa prétendue découverte de l'identité de Vilers.

De plus, ne voulant pas contrarier le marquis, il ne chercha pas à le regarder de trop près, et naturellement il ne reconnut pas Maurevailles.

Celui-ci eut donc toute liberté de rentrer et de sortir par la petite porte. Le nain, au contraire, le protégea, ne se doutant pas qu'il facilitait dans ses entreprises le plus mortel ennemi de Mme de Vilers.

Cela dura huit jours.

Tous les soirs, Réjane revenait au rendez-vous dans le vieux kiosque.

Le huitième jour, elle dit à Maurevailles:

—Je crois que j'ai trouvé un moyen d'échapper à votre faux ami, M. de Lacy.

—Lequel? demanda curieusement le chevalier.

—Il veut, n'est-ce pas, prendre l'enfant?

—Oui, pour être maître de la mère.

—Eh bien, si je vous le donnais, à vous?

—À moi! s'écria Maurevailles, maîtrisant mal un mouvement de joie.

—À vous, notre meilleur ami, que je chargerai de le porter en lieu de sûreté.

—Mais comment parviendrez-vous à faire consentir à cela votre soeur, dont vous connaissez les préventions contre moi?

—Je ne lui dirai rien. Je prendrai l'enfant et je vous l'apporterai. Voulez-vous?

—J'accepte avec bonheur, pour vous être utile. Maurevailles touchait enfin à son but. L'enfant allait lui être livré.

Il ne s'agissait plus que d'attendre.

Quelques jours s'écoulèrent encore. La délivrance tardait.

Enfin, un soir, Réjane dit à Maurevailles:

—Je n'ai que quelques instants à vous accorder. Ma soeur commence à être fort souffrante.

—Alors, je ferai peut-être bien de rester ici?

—Non, le médecin n'attend pas la naissance avant demain.

—Qu'importe? Pour vous être agréable, chère Réjane, et pour être utile à la marquise, je puis veiller...

—Ce serait peine inutile.

—Comment cela?

—La nourrice n'arrivera que demain soir. Elle sera logée dans une des chambres attenantes à l'appartement de ma soeur, qui tient à ne pas perdre de vue son enfant...

—Parfaitement.

—Joseph, notre vieux et dévoué serviteur, sera chargé tout spécialement de veiller sur lui. Il n'y a donc rien à craindre d'ici demain soir.

—Parfaitement. Mais alors comment ferez-vous pour m'amener le cher petit être?

—Soyez sans inquiétude. J'ai vingt-quatre heures pour choisir un moyen. Revenez demain à pareille heure. Je vous promets que le traître Lacy sera trompé dans son espoir... Mais, vous me répondez au moins de la sûreté de l'enfant? Cher petit trésor!... Ce serait la mort de ma soeur, si elle le perdait.

—Doutez-vous de ma sollicitude, ma bien-aimée? Ah! soyez tranquille; je le jure par tout l'amour que j'ai pour vous! Ce cher mignon sera entouré de tous les soins qu'il aurait eus chez sa mère... O ma Réjane, ayez confiance en celui qui vous aime...

—C'est que c'est peut-être mal, ce que je fais-là?

—Mal!... Ne suis-je pas votre époux devant Dieu? Ne vous ai-je pas juré éternelle fidélité. Ah! Réjane, douteriez-vous de mon amour?...

L'entretien continuait, bien que Réjane eût déclaré qu'elle ne pouvait rester longtemps sans que son absence fût remarquée.

Goliath qui, depuis tantôt deux semaines, veillait à la porte du jardin, commençait à trouver la chose ennuyeuse et, malgré de grands efforts d'imagination, n'arrivait pas à deviner la raison de ces visites quotidiennes et nocturnes.

Il avait résolu d'en avoir le coeur net.

Malin comme un singe, il introduisit au pied de la petite porte, entre celle-ci et son cadre, une cheville de bois qui devait s'abattre quand on ouvrirait.

Le soir où nous sommes, Maurevailles, pressé, ouvrit la porte avec la clef dont il était resté muni, repoussa la porte qui vint buter contre la cheville et tourna la clef dans la serrure.

Le pêne joua, mais, grâce à l'interstice qui existait entre la serrure et la gâche, la porte ne fut pas fermée.

Le nain put donc ainsi entrer dans le jardin.

Il s'orienta, chercha des yeux l'endroit où celui qu'il prenait pour le marquis de Vilers avait pu entrer, et aperçut à dix pas le vieux kiosque.

Il alla coller son oreille à la serrure.

D'abord il n'entendit qu'un bourdonnement confus, puis, peu à peu, les paroles devinrent plus nettes. Il entendit une voix d'homme qui disait:

—Comptez sur mon amour, Réjane. Réjane!... le marquis de Vilers parlait d'amour à Réjane, sa belle-soeur!

—Je me trompe, bien sûr! se dit Goliath.

Non, il ne se trompait pas. La suite de l'entretien ne lui laissa aucun doute. C'était bien Réjane qui était là, causant tendrement avec l'homme qui était entré.

Toutes les idées du nain se brouillaient. Il commençait à douter de son bon sens.

—Que résoudre? se demanda-t-il. Si j'allais faire part de ma découverte à ce bon M. La Rivière? Peut-être trouverait-il la clef de ce mystère?... Mais non. Cela peut devenir très grave... Mon chef avant tout, celui qui me paye, c'est le baron de Chartille... C'est lui que je dois avertir.

Et, malgré la nuit, malgré la peur, la distance et la fatigue, Goliath, emporté par son enthousiasme, partit pour Saint-Germain.

XXV

OÙ TOUS NOS PERSONNAGES S'APPRÊTENT À VEILLER

Il y avait une autre personne que les allées et les venues de Maurevailles intriguaient vivement.

C'était Marc de Lacy.

Dans la scène du bois, il avait bien vu son ami donner un billet à Réjane; mais, depuis, Maurevailles ne l'avait plus tenu au courant de ses menées.

Lacy avait essayé de l'interroger. Le chevalier lui avait répondu:

—Laisse-moi faire. Nous touchons au but.

Et il n'avait pas voulu en dire davantage.

Si roué qu'il fût, Maurevailles était fort embarrassé vis-à-vis de Lacy. Il n'osait lui dire ce qu'il avait fait et surtout lui avouer toutes les calomnies qu'il avait racontées sur lui à Réjane.

En diverses circonstances dont nos lecteurs doivent se souvenir, il avait pu remarquer que son ami était fort épris de la soeur de la marquise.

—L'ami Marc, se disait-il, serait médiocrement flatté de connaître le portrait que j'ai fait de lui à l'objet de son culte...

Certes, Lacy aurait mal pris la chose. Depuis qu'il avait revu Réjane à Vincennes, il nageait positivement dans l'enthousiasme.

Aussi, ne sachant ce qui se tramait, excitait-il son ami à renoncer à ses projets.

—Vilers n'a pas reparu, disait-il; tout fait présumer qu'il a été tué. Lavenay a payé de sa vie son obéissance à notre pacte. Des quatre Hommes Rouges, nous ne sommes plus que deux. Tu ne dois donc compte qu'à moi de ton serment...

—Et à moi aussi, murmura Maurevailles.

—Eh bien, je t'en délie de grand coeur. Laissons les choses telles qu'elles sont et ne luttons plus contre la destinée qui veut s'accomplir... Évidemment la marquise restera fidèle à la mémoire de son mari. Fais donc la paix avec elle; aide-la même, si elle espère encore, à rechercher son mari...

—Allons donc! et ma vengeance!... Non, non, laisse-moi faire. Nous touchons au but, te dis-je.

—Mais comment? J'ai alors le droit de le savoir.

—Tu le sauras quand le moment sera venu.

Et Maurevailles ne faisait point d'autre réponse, au grand désespoir de son ami.

Celui-ci résolut de percer à jour le mystère.

Le soir même où le nain partait pour Saint-Germain, Marc de Lacy avait remarqué que Maurevailles était de plus en plus préoccupé. Il fit une dernière tentative.

—Patience, dit le chevalier. Peut-être demain soir pourrai-je te dire tout.

—Peut-être! se dit Marc; eh bien, oui, je saurai tout, mais par moi-même. Puisque Maurevailles se cache de moi, je n'ai pas de ménagements à garder... Demain soir, je le suivrai et bon gré mal gré, je sonderai le mystère...

Pendant ce temps, notre ami Goliath arrivait à Saint-Germain, poudreux, boueux, harassé de fatigue, mais enchanté. Il alla frapper à coups redoublés à la porte de l'hôtel du baron de Chartille.

Ce n'était pas chose facile que de pénétrer à pareille heure auprès du baron, et Goliath dut longuement parlementer. Mais nous savons qu'il était tenace!

À force de paroles, il réussit à se faire introduire auprès du vieillard.

Celui-ci le reçut couché et lui demanda, tout ému, ce qui pouvait nécessiter une visite si pressée.

Goliath le mit promptement au courant de la situation.

—Je viens à vous tout d'abord, dit-il en terminant, parce que c'est vous qui m'emplissez la poche et que vous êtes le premier à qui je doive compte de mes actions. Mais n'êtes-vous pas d'avis que je devrais aussi aller tout dire à mon brave ami, mon lieutenant, M. Tony? Y consentez-vous?

—Si j'y consens, morbleu! s'écria le baron en sautant à bas de son lit, mais c'est-à-dire que je le veux absolument. Nous allons même y aller ensemble... Comtois, Lapierre! qu'on m'habille au plus vite et qu'on fasse atteler!

Les valets s'empressèrent d'obéir. Le baron se vêtit à la hâte.

—Tony ne sera de trop dans aucune expédition, dit-il en ceignant son épée et en se préparant à partir. Allons, petit, y es-tu? Va voir si ces fainéants ont attelé.

Le carrosse était dans la cour. Goliath essaya de se hisser à côté du cocher. Le baron le retint par le bras.

—Non pas, non pas, mon brave, dit-il, monte avec moi. Je n'ai peut-être pas bien saisi tout ce que tu m'as raconté tout à l'heure, j'étais à demi endormi encore. Reprends de nouveau ton récit et n'épargne pas les détails.

Le nain, tout confus, se blottit dans un coin du carrosse, n'osant bouger.

Cependant, au bout de quelques minutes, il se remit de son émotion en se disant que l'honneur qui lui était fait, était, au bout du compte, bien dû à son intelligence. Puis, profitant de l'autorisation qui lui était octroyée de donner des détails, il raconta minutieusement l'affaire, sans en oublier un seul incident.

—C'est inouï, disait le baron. Pourquoi Vilers se cacherait-il ainsi de sa femme?... Et ces paroles à Réjane?... Il faut éclaircir tout cela!...

On arriva chez Tony, qu'il fallut aussi éveiller. Il ne fut pas moins stupéfait que le baron.

—Si c'est le marquis, se disait-il lui aussi, pourquoi se cache-t-il? Ah! nous le forcerons bien à se montrer... Est-ce sa faute si jamais la mort n'a voulu de lui? Personne ne l'a plus bravement affrontée, personne ne s'est mieux battu... Mais peut-être cet homme n'est-il point Vilers?... Si c'était Maurevailles ou Lacy que Goliath aurait pris pour le marquis!... Morbleu! mon épée déjà s'ennuie!...

Ils discutèrent longuement sur le parti à prendre, il fut convenu qu'on attendrait la tombée de la nuit pour éclaircir le mystère.

En attendant, comme le baron ne voulait pas se montrer dans Paris, Goliath alla commander un déjeuner qu'il servit dans la chambre même de Tony.

La journée se passa en hypothèses et en projets. Le soir venu, on allait partir, quand le baron demanda tout à coup:

—Dites donc, Tony, et ces braves gens qui, au camp, vous croyant mort, étaient venus me demander de faire prier pour vous?

—La Rose, le Normand et Pivoine? dit en souriant l'ancien commis à mame Toinon.

—Justement. Que sont-ils devenus? Sont-ils à Paris?

—Oui. Nous pourrions les trouver à leur caserne, à deux pas d'ici.

—Si nous les prenions en passant. On ne sait pas ce qui peut advenir. Si l'homme qu'a vu Goliath avait avec lui des amis ou des spadassins!... Nous avons besoin d'être en force, ne fût-ce que pour placer des sentinelles à toutes les issues, afin qu'il ne nous échappe pas.

—Je ne demande pas mieux, dit Tony. Attendez-moi un instant, je vais les prévenir.

Quelques minutes après, les trois gardes-françaises arrivaient.

—En route! dit le baron.

—Pardon, fit observer le nain. Je ne vais pas avec vous, moi.

—Comment cela, tu nous abandonnes?

—Non, mais je vais opérer de mon côté... J'ai aussi mes hommes à diriger, moi.

Il disait cela avec orgueil. On sentait l'importance qu'il avait dans l'affaire.

—Soit, dit le baron. À tout à l'heure.

—À tout à l'heure, sur le quai, derrière les jardins!...

La nuit était tout à fait venue.

Le baron, Tony et les trois gardes-françaises, tous armés, étaient échelonnés dans l'ombre, le long du mur des jardins de Vilers.

Sur la berge, se dissimulant de leur mieux, les exempts de La Rivière attendaient pour marcher le signal de Goliath, qui, lui, veillait près de la petite porte.

Enfin, Maurevailles enveloppé dans son manteau s'avançait avec précaution, tandis qu'à vingt pas derrière lui, Marc de Lacy, l'épiant, réglait sa marche sur la sienne.

On allait se trouver en présence.

La nuit était venue; une nuit d'hiver, froide et noire.

Maurevailles, impatient d'en finir, avait devancé l'heure accoutumée. Il attendit dans le vieux kiosque la visite de Réjane.

Comme il l'avait dit à Marc de Lacy, il touchait au but, et, cette fois, il espérait bien qu'aucun obstacle ne viendrait se dresser devant lui pour l'arrêter.

Aussi était-il dans un état d'agitation fébrile.

—Si elle n'allait pas venir... se disait-il; si nos rendez-vous avaient été surpris!... si on la surveillait!...

Un bruit de pas légers se fit entendre, la jeune fille apparut.

—Enfin! ne put s'empêcher de s'écrier le chevalier.

—Ah! mon ami, ne me grondez pas, dit Réjane avec émotion. Ce n'est qu'avec beaucoup de peine que j'ai pu parvenir à m'échapper. Ma soeur souffre horriblement et les médecins sont là autour d'elle. Ils disent que l'enfant peut venir au monde d'un instant à l'autre... Toute la maison est sur pied; je ne pouvais m'éloigner sans risquer d'être aperçue...

La figure de Maurevailles se rasséréna.

—Qui songe à vous accuser, mon doux ange? dit-il en mettant dans sa voix toute la séduction possible. Ne sais-je pas combien est difficile notre situation à tous deux? Et cela par ma faute, par suite de ma folie passée!... Ah! si quelqu'un mérite un blâme, ce n'est pas vous, Réjane, c'est moi!...

—Ne parlez pas ainsi, Albert. Ne vous ai-je pas accordé sans restriction votre pardon?

—Mon pardon dont j'étais indigne, mais que je tiens à mériter en vous rendant à vous et à votre soeur un important service... Car il ne faut pas oublier, Réjane, que nous avons un devoir à remplir...

—Je ne l'oublie pas, mon ami. La nourrice est là, prête à recevoir l'enfant. Mais elle nous est acquise. Aussitôt qu'elle aura l'enfant, elle m'avertira; elle sait qu'elle doit m'accompagner jusqu'ici pour le remettre entre les mains d'un cavalier...

—Êtes-vous sûre de la discrétion de cette femme? s'écria Maurevailles effrayé.

—Absolument sûre. Je l'ai achetée par des présents, et elle a la promesse d'une bonne récompense, si nous réussissons.

—Fort bien. Que Dieu nous protège dans cette entreprise. Le bonheur de tous en dépend...

—Mais vous, Albert, vous me répondez en retour que toutes vos précautions sont prises pour que l'enfant ne coure aucun danger?

—Y pensez-vous, Réjane?... Compromettrais-je par une imprudence tout un avenir d'amour et de bonheur?...

Pendant que Maurevailles causait avec Réjane, les exempts, postés aux alentours du jardin, se demandaient quelles pouvaient bien être les ombres qu'ils voyaient rôder aux environs.

Cependant, comme aucune de ces ombres ne paraissait avoir l'intention d'entrer et que leur mission à eux consistait surtout à surveiller la porte, ils se dirent que, la marquise étant sur le point d'accoucher, ils avaient peut-être affaire à des curieux ou à des amis attendant l'événement.

Goliath, qui savait à quoi s'en tenir et qui avait reçu de La Rivière la haute main sur cette expédition, les rassura sur ce sujet et les confirma dans cette idée.

Les ombres, du reste, ne tardèrent pas à diminuer et à s'éclipser tout à fait.

Le baron de Chartille et ses amis s'étaient en effet concertés. Ils avaient eu d'abord l'idée d'agir ensemble. Mais ils avaient promptement reconnu que c'était là une chose impraticable.

Ne sachant en aucune façon ce qui se passait et à qui ils avaient affaire, songeant que l'imprévu peut à tout instant modifier le plan le mieux conçu, ils décidèrent d'agir isolément.

Pivoine, le Normand et La Rose furent renvoyés aux *Armes de Bretagne*, avec consigne d'avoir l'oreille au guet et de se tenir prêts au premier signal.

Le baron qui pouvait officiellement pénétrer dans l'hôtel, se chargea de veiller dans une des pièces voisines de la chambre de la marquise.

Le nain retourna avec les exempts, afin de pouvoir, au besoin, les mettre au service du baron et de ses amis, et les empêcher, au contraire, d'intervenir au cas où on aurait intérêt à ce que la police ne se mêlât pas de ce qui se passerait.

Quant à Tony, il demanda à être partout à la fois, et pour commencer, entrant avec le baron par la grande porte, il se rendit dans le jardin afin de faire une ronde intérieure, tandis que les exempts, restés seuls sur le quai avec Goliath, faisaient la surveillance à l'extérieur.

Se rappelant ce que lui avait dit le nain, au sujet du vieux kiosque, ce fut là qu'il porta d'abord ses pas.

Maurevailles et Réjane qui causaient à demi-voix l'entendirent:

—On vient, s'écria jeune fille, je suis perdue!

Maurevailles tira son épée.

—Pour arriver jusqu'à vous, il faudra passer sur mon corps! dit-il résolument.

—Chut!... attendez... on s'arrête...

Tony s'arrêtait, en effet, à la porte du kiosque. Il la poussa doucement et sentit qu'elle résistait. Ignorant si elle était fermée d'habitude, il s'approcha et prêta l'oreille.

Il n'entendit rien.

—Allons! se dit-il, il n'y a encore personne là. Peut-être ne sera-ce que pour plus tard.

Réjane et Maurevailles l'entendirent s'éloigner.

—On me cherche! murmura Réjane avec désespoir. Mon Dieu, on se sera aperçu de mon absence!

—Non, dit le chevalier, rassurez-vous, c'est quelque jardinier qui fait sa ronde. Profitons de son départ pour nous séparer avant qu'il revienne.

—Oui, car je suis inquiète de ma soeur!...

—C'est juste, courez vite... mais n'oubliez pas nos conventions...

—Non, certes; où vous trouverai-je?... ici?

—Non... à la petite porte. Je la tiendrai entrebâillée. Aussitôt que vous m'aurez remis l'enfant, je courrai le porter en lieu sûr.

—C'est convenu... au revoir.

Réjane s'élança à travers le jardin, mais pas assez vite pour que Tony, du bout de l'allée, ne l'aperçût.

Il courut après elle et la rejoignit.

—Vous, Réjane, ici? s'écria-t-il en la reconnaissant.

—Silence, je vous en supplie!... murmura la jeune fille en tombant à genoux.

—Malheureuse enfant, d'où venez-vous? ou plutôt avec qui étiez-vous dans ce kiosque? car c'est de là que je viens de vous voir sortir, de ce kiosque où chaque soir un homme se rend pour vous trouver!...

—Grâce, au nom du ciel, ne me trahissez pas, ne me perdez pas, dit Réjane.

—Vous trahir, vous perdre, Réjane! Je viens au contraire pour vous sauver... de vous-même peut-être, pauvre enfant.

—Alors, laissez-moi rejoindre au plus vite ma soeur qui souffre et qui m'appelle.

—Votre soeur? C'est sur elle que je venais veiller: mais, Réjane, vous ne m'avez pas dit avec qui vous étiez dans ce kiosque tout à l'heure...

—Dans ce kiosque, j'étais... seule...

—Ne cherchez pas à me tromper... ce serait inutile... Votre voix dément ce que dit votre bouche... Je le sais, un homme vient ici chaque soir... un homme avec qui vous étiez enfermée... Réjane, quel est cet homme?

—Je ne puis le dire...

—Vous ne pouvez me le dire, à moi, dont vous connaissez le dévouement à votre famille, à moi qui donnerais mon sang pour vous et pour votre soeur... Réjane, ce secret est donc bien coupable, puisque vous ne pouvez le faire connaître?

La jeune fille baissa la tête sans répondre.

—Écoutez, reprit Tony, sur mon salut éternel, je ne révélerai pas ce nom que vous allez me confier; mais il faut absolument, il faut que je le connaisse.

Nouveau silence.

—Si vous ne voulez pas, si vous ne pouvez pas me le dire, venez le faire connaître au moins à un homme à qui vous devez n'avoir rien à cacher. Le baron de Chartille est là; je vais vous conduire auprès de lui...

—Ah! à lui moins qu'à tout autre, s'écria Réjane défaillante. Monsieur, je vous en supplie, ne lui dites rien, au nom de Dieu!...

—Eh bien, le nom de cet homme?

—Je ne puis le dire...

—Je vais donc aller le lui demander à lui, s'écria Tony; car il est resté là à vous attendre sans doute. Il aura, comme tout à l'heure, fermé la porte; mais je saurai bien la lui faire ouvrir!...

Et sans écouter les supplications de Réjane, demi folle de douleur et de frayeur, Tony s'élança vers le kiosque et en repoussa violemment la porte.

Le kiosque était vide.

Presque en même temps que Réjane, Maurevailles était sorti et, pendant que Tony courait après la jeune fille, le chevalier avait gagné la petite porte du jardin. Il l'ouvrit rapidement, la referma sur lui... et se trouva en face de... Marc de Lacy.

—Ah! tu ne m'attendais pas, lui dit Marc en jouissant de son effarement.

—Que viens-tu faire ici? demanda Maurevailles.

—Savoir quelles menées tu me caches avec tant de soin depuis quelque temps, et que je vais enfin connaître.

—De quel droit? Notre pacte ne te lie-t-il pas à moi et n'ai-je pas de par le sort toute liberté d'employer pour arriver à la marquise les moyens qui me semblent bons?

—C'est vrai, mais ces moyens, moi, je veux les connaître.

—Et moi, je me refuse à te les apprendre. J'ai le droit de requérir ton aide, j'ai celui de m'en passer.

—Tu médites quelque infamie...

—Que t'importe?

—Il m'importe si bien, que je veux t'en empêcher.

—Ah! tu veux, toi aussi, te parjurer?...

—Je ne veux pas m'associer à une lâcheté!...

—C'est un mot qui, sans notre amitié et notre serment, t'aurait déjà coûté cher, dit Maurevailles avec ironie.

—Notre amitié, je la brise; quant à notre serment, il ne m'ôte pas le droit de te passer mon épée au travers du corps!... s'écria Lacy furieux.

—Ah! nous en sommes là?

—Oui, parle ou mets-toi en garde. Il faut en finir.

Mais Maurevailles, tout en parlant, était resté appuyé contre la petite porte, et passant la main derrière le dos, il avait mis la clef dans la serrure. Il la tourna tout doucement; la porte s'ouvrit et il s'engouffra tout à coup dans le jardin.

Lacy voulut le suivre; il se buta contre la porte refermée violemment sur lui.

Un instant il eut l'idée d'enfoncer cette porte, mais elle semblait solide, et il réfléchit que le bruit qu'il ferait pourrait attirer les gens de l'hôtel, qui, infailliblement, lui supposeraient de mauvaises intentions.

Furieux néanmoins, et ne voulant pas se laisser jouer par Maurevailles, il chercha, comme autrefois Tony, un point de la muraille qu'on pût facilement escalader.

Le vieil arbre était toujours là, offrant sa branche; Lacy la saisit et sauta dans le jardin. Puis, il s'élança à la poursuite de son ancien ami.

Celui-ci, stupéfait de le voir reparaître, voulut lever l'épée contre lui. Mais Lacy, qui avait détaché son manteau, le jeta comme un filet sur le chevalier et l'en enveloppa.

Maurevailles, abasourdi, essaya vainement de se débattre; les plis du manteau l'enserraient et paralysaient ses mouvements.

Profitant du moment, Lacy l'enleva comme un paquet et, malgré ses efforts, l'emporta jusqu'au vieux kiosque.

Là, il lâcha les deux bouts du manteau. Maurevailles roula à terre tout meurtri.

Refermant alors la porte du kiosque sur le chevalier réduit à l'impuissance, Lacy se dirigea vers la petite porte du jardin, afin de l'entre-bâiller pour se ménager une issue en cas de surprise...

Mais au moment où il y arrivait, deux hommes apparurent sur la crête du mur.

Lacy n'eut que le temps de se jeter de côté pour se cacher derrière un arbre.

Les deux hommes sautèrent dans le jardin, et derrière eux, sur le mur, en surgirent deux autres.

En même temps, du côté de l'hôtel, Lacy vit briller des torches et aperçut un groupe de gens armés, au milieu desquels dominait la haute stature du baron de Chartille...

C'était le nain, toujours le nain, qui, de son poste d'observation, avait vu la querelle de Lacy et de Maurevailles.

Il s'était empressé d'avertir les exempts et l'un d'eux avait couru chercher les gardes françaises aux *Armes de Bretagne*, tandis que l'autre allait prévenir le baron de Chartille à l'hôtel.

Bref, Tony et La Rose venaient de sauter dans le jardin.

Le Normand et Pivoine gardaient la muraille, prêts à leur prêter main-forte au besoin.

A l'extérieur, Goliath et les exempts surveillaient la petite porte et tout le quai.

Enfin, le baron de Chartille arrivait à la tête des gens de l'hôtel pour organiser une battue.

Lacy ne pouvait échapper.

Et à l'instant même où la poursuite allait commencer, la marquise de Vilers mettait au monde un fils...

XXVI

RÉUNIS DANS LA MORT

Réjane, s'enfuyant tout émue, était arrivée à l'hôtel juste au moment où l'enfant de Vilers naissait à la vie.

Effrayée de la poursuite dont elle venait d'être l'objet, terrifiée de la rencontre de Lacy qu'elle croyait son mortel ennemi et dont la présence dans le jardin, à pareille heure, justifiait les accusations de Maurevailles, elle ne songeait qu'à s'emparer de cet enfant pour le mettre en sûreté.

N'attendant pas la nourrice qui devait l'accompagner, elle profita du moment où tout le monde s'empressait autour d'Haydée; elle saisit le nouveau-né et s'enfuit avec lui.

Dans le jardin, le baron de Chartille, Tony et les gardes-françaises marchaient, l'épée nue d'une main, une torche flamboyante de l'autre. Réjane s'occupa surtout de les éviter, et, chargée de son précieux fardeau, elle put, en suivant les murs tout autour du parc, arriver sans encombre à la petite porte.

Ah, le coeur lui battait bien fort. Si Maurevailles n'avait pas eu le temps de se sauver? Si l'enfant au salut duquel elle se dévouait allait tomber entre les mains de son mortel ennemi?

Cependant il fallait se presser; les lueurs des torches se rapprochaient. Dans quelques minutes, le baron et ses amis allaient arriver près d'elle.

Elle se hasarda à frapper doucement à la petite porte.

Cette porte s'ouvrit à demi.

—Êtes-vous là? murmura faiblement Réjane.

—J'y suis, répondit une voix.

En même temps, sur le seuil, un homme apparût, enveloppé d'un manteau rouge.

Réjane ne douta pas que ce ne fût Maurevailles; lui seul avait la clef de cette porte.

Elle donna l'enfant et voulut s'enfuir, en rasant les maisons, comme elle était venue.

Mais, à peine la porte fut-elle refermée, qu'un bruit la fit tressaillir.

De l'autre côté de la petite porte, elle entendit le bruit des pas de plusieurs hommes, un cri étouffé, puis un cliquetis d'épées.

Haletante, Réjane se colla contre la porte. Un homme était là, acculé dans l'embrasure, se défendant contre plusieurs autres.

Maurevailles avait donc été attaqué au dehors!

Mais la lutte ne dura pas longtemps. Bientôt elle entendit plusieurs voix s'écrier:

—Nous le tenons.

—Ce n'a pas été sans peine... —Ne lui faites pas de mal, mais ne le laissez pas échapper cette fois! dit une voix grêle.

Il n'y avait pas à en douter. Maurevailles ne pouvant se défendre à son aise, paralysé par l'enfant qu'il tenait dans ses bras et qu'il était obligé de protéger de son corps, avait été arrêté par les gens du dehors, probablement par des sbires de Lacy...

L'enfant était tombé entre les mains d'un traître!

Éperdue à cette pensée, Réjane s'enfuit comme une folle à travers le jardin et courut se réfugier dans sa chambre au second étage de l'hôtel.

Mais, comme elle venait d'y arriver pantelante, folle de désespoir, dans tout l'hôtel de Vilers un cri de désolation retentit:

—L'enfant a disparu, l'enfant a été enlevé!...

—Mort de ma vie! dit le vieux baron, ce bandit a accompli son crime! Il est dans le jardin. Il nous le faut mort où vif!

Et la battue recommença plus ardente encore, sous les yeux de Réjane à demi tuée.

Cependant elle se disait que si la malédiction de Dieu avait voulu que l'enfant fût pris par les hommes de Lacy, au moins Maurevailles était sauf. Elle avait entendu quelqu'un, qui devait être un chef, donner l'ordre de l'épargner, de ne pas lui faire de mal...

—Maurevailles vivant, disait-elle, Maurevailles, connaissant les projets de Lacy, déjouera ses menées et protégera ma soeur...

Mais tout à coup, dans le jardin, des cris de triomphe la terrifièrent.

—Par ici! par ici! criait Tony, nous le tenons.

—Ne le laissez pas échapper cette fois, répondait le baron. Il faut en finir avec le tourmenteur de femmes.

A la lueur des torches flamboyantes, Réjane vit au loin l'homme au manteau rouge serré de près par les gardes-françaises, tandis que Tony et le baron se préparaient à lui couper la retraite.

—Ah! se dit la pauvre Réjane. C'est Maurevailles qui a pu échapper à ses ennemis, et qui accourait nous prévenir de la perte de l'enfant! Il va être victime de son dévouement.

Elle eut un mouvement pour courir se jeter entre lui et ses bourreaux. Elle voulait embrasser les genoux du baron, lui avouer tout, justifier son faux amant, proclamer qu'il était le plus noble des hommes...

Mais l'homme au manteau rouge avait fait un effort désespéré. Passant entre Tony et le baron, non sans laisser à leurs épées des lambeaux de sa chair, il s'enfuit du côté de l'hôtel.

—Ah! Dieu est juste, il s'échappe. Il va se réfugier ici! dit Réjane.

—Mort Dieu! je ne suis plus bon à rien! hurla le vieux baron avec colère. Allons, Tony, vous qui êtes jeune, des jambes, morbleu! des jambes!

La poursuite recommença de plus belle.

Ce n'était pas Maurevailles que le baron et les gardes-françaises traquaient ainsi.

C'était Marc de Lacy.

On se rappelle que Marc, après avoir porté Maurevailles dans le kiosque, avait cherché à se sauver et avait été obligé, par l'arrivée des exempts, à se cacher. Les gardes l'avaient débusqué près du kiosque.

Il avait pu leur échapper au premier moment. Mais ils le serraient de près et, la nouvelle de l'enlèvement de l'enfant les rendant plus furieux encore, ils étaient décidés à l'avoir à tout prix.

Lacy s'enfuyant au hasard, à travers les allées, arriva bientôt jusqu'auprès de l'hôtel, presque sous la fenêtre où se tenait Réjane.

Là, sa retraite lui était coupée une seconde fois.

—Misérable! s'écria Tony en arrivant le premier sur lui. Où est l'enfant?

—L'enfant? dit Lacy surpris, car il était certain que Maurevailles, enfermé par lui dans le vieux kiosque, n'avait pu accomplir le rapt.

—Oui, l'enfant de Vilers, que tu viens d'enlever. Rends-le, si tu tiens à la vie.

—Sur mon salut éternel, je vous jure que je ne l'ai pas!

—Allons-donc! dit le baron de Chartille qui arrivait à son tour. Pas de subterfuges, monsieur, vous vous êtes déjà joué de moi au camp devant Namur; mais je vous ai montré qu'on ne se moquait pas de moi impunément. Répondez catégoriquement: Qu'avez-vous fait de cet enfant?

Lacy était entouré complètement. La Rose, le Normand et Pivoine se tenaient devant lui, menaçants. Le baron et Tony continuaient leurs questions.

—Encore une fois, reprit M. de Chartille avec un calme glacial, qui contrastait avec sa fougue de l'instant précédent, je vous somme de répondre. Songez que vous vous êtes introduit ici la nuit, en escaladant les murs, comme un assassin ou un voleur, et que nous pouvons, comme tel, vous tuer sans crainte et sans pitié....

—Mais je ne sais rien! s'écria Lacy avec désespoir, je vous le jure. J'étais venu, au contraire, pour empêcher ce rapt abominable....

—Toi! s'écria Tony emporté par la colère. Toi, tu serais venu pour nous protéger. Mais, imposteur, infâme, tu oublies donc tout ton passé? Tu ne te souviens donc ni du serment que tu avais fait de tuer M. de Vilers, ni de ton odieuse tentative dans ce même jardin, où, pour la première fois, nous nous trouvâmes face à face! Tu ne te rappelles pas qu'à Blérancourt, dans les souterrains, nous nous sommes rencontrés de nouveau, toi pour enlever la marquise, moi pour la défendre!... Tu ne songes pas que si la marquise n'a pas auprès d'elle un époux pour la protéger, c'est à toi qu'elle le doit. Tu as tout oublié, tout! jusqu'à ta dernière attaque dans l'hôtel où les exempts du lieutenant de police t'ont surpris comme un vulgaire bandit! Et quand aujourd'hui encore nous te surprenons presque en flagrant délit, à deux pas de cette chambre où une mère pleure son fils volé, quoi! tu aurais l'audace de nier, assassin, bourreau d'enfants et de femmes sans défense?

—Taisez-vous, Tony, dit le baron, toujours avec le même calme solennel; ne vous laissez pas emporter par la colère.... Des juges, car nous sommes ici des juges, ne doivent pas insulter l'accusé, quelque coupable qu'il puisse être.

—Sur la mémoire de ma mère, sur mon salut éternel, prononça Lacy d'une voix ferme, je suis innocent du crime que vous m'imputez.

—Tu mens encore, dit Tony, on t'a vu venir ici chaque soir depuis huit jours.

—Moi?

—Vous, monsieur, dit le baron, en faisant signe à Tony de le laisser parler. Et voulez-vous que nous vous disions ce que vous êtes venu faire? Parler d'amour à une pauvre enfant qui en aimait un autre... la tromper, la séduire pour arriver à votre but: le rapt de ce soir!

Lacy ouvrait la bouche pour répondre. Sa justification était facile. Maurevailles était encore là, dans le kiosque....

Mais livrer Maurevailles, c'était tuer Réjane, Réjane que lui, Marc de Lacy, aimait de plus en plus, d'un amour sans espoir, d'un amour fatal. Il se dit que sa vie était désormais sans but et que mieux valait mourir tout de suite.... Il allait parler, il se tut.

—D'ailleurs, reprit M. de Chartille, apprenez ceci: quelle que soit la personne à qui vous ayez remis l'enfant que vous avez volé, elle n'en pourra faire un otage dont la vie réponde de la vôtre.... Les abords de l'hôtel sont gardés et depuis longtemps cet enfant doit être repris par les exempts....

Lacy continua à garder le silence.

—Et maintenant, s'écria Tony en se mettant en garde, c'est assez de discours. Marc de Lacy, défends-toi, si tu as encore le coeur de tenir une épée!...

—Encore une fois, vous avez tort, dit le baron qui écarta Tony de la main. Cet homme, qui n'a même pas le triste courage d'avouer son crime, ne mérite pas de recevoir la mort d'une loyale épée. Je vous ai dit que nous étions ici un tribunal. Ce n'est pas pour rien que j'ai amené avec moi ces braves soldats dont l'honneur doit couvrir le nom. Sergent Pivoine, caporal La Rose, et vous, le Normand, je vous fais les juges de cet homme. J'ai présenté l'accusation; j'ai donné à l'accusé la possibilité de se défendre... A vous de prononcer l'arrêt!

Les trois soldats se regardèrent indécis. C'était une lourde responsabilité qu'ils allaient assumer là sur leurs têtes.

Lacy, à tout prendre, était un officier. Il est vrai qu'en ce moment on était sur un terrain neutre où il n'y avait plus ni officiers ni soldats.

—Allons, assassinez-moi donc tout de suite et sans phrases, dit Lacy avec une colère mal dissimulée. Aussi bien j'en ai assez de la vie. Cette parodie de jugement est inutile.

—Ce n'est point une parodie, mais un jugement véritable. Préféreriez-vous donc être livré au lieutenant de police, qui vous ferait arracher vos épaulettes par le bourreau et vous enverrait ramer sur les galères royales? Non, vous êtes soldat, je veux vous donner cette dernière faveur d'être jugé par des soldats. Juges, à quoi condamnez-vous cet homme?

—A mort, dit Pivoine dont le front s'était rembruni.

—A mort, dit également La Rose.

—A mort, répéta le Normand.

—La sentence est prononcée, monsieur, articula lentement le baron de Chartille. Il ne nous reste plus qu'à vous dire de recommander votre âme à Dieu. Avez-vous quelque dernière démarche, quelque commission suprême à faire remplir? Je vous jure qu'elle sera loyalement et fidèlement accomplie.

Lacy ne répondit pas.

—Allons, il faut en finir, le temps presse. A genoux, et faites votre prière.

—Eh bien, non, s'écria Lacy en redressant la tête. Non, je ne m'agenouillerai pas. Non, je ne mourrai pas ainsi, la honte au front... Si, dans le passé, j'ai eu bien des reproches à me faire, aujourd'hui la punition serait injuste, car je venais pour sauver la marquise. Tuez-moi si vous voulez; je ne puis plus être heureux! Mais que mon sang retombe sur vous, car je n'ai pas mérité cette mort!

Réjane, de sa fenêtre, examinait depuis le commencement cette scène, cherchant à entendre ce qui se disait. Pour la première fois la voix de Lacy monta jusqu'à elle.

Lacy parlait comme eût parlé Maurevailles à sa place: «Je venais pour sauver la marquise,» disait-il. C'était ce que Maurevailles lui avait dit quelques instants auparavant.

Ce dernier mot la convainquit davantage encore.

—Infâme! dit Tony, et Réjane?

—Réjane, ah! ne me parlez pas d'elle, s'écria Lacy avec une sombre douleur. Vous m'accusez de l'avoir séduite, je l'aime de toutes les forces de mon âme, mais jamais je ne lui ai même avoué cet amour....

—Ah! c'est trop de mensonges! fit Tony en faisant un signe aux gardes.

Les gardes abaissèrent rapidement leurs armes.

Trois coups de feu partirent. Lacy étendit les bras, tournoya sur lui-même et vint rouler sur les cailloux.

Mais aux détonations répondit un cri terrible, et une femme tomba du second étage, broyée aux pieds du baron.

Il se pencha et s'écria avec terreur:

—Réjane!

C'était Réjane, en effet, qui redevenue folle, folle de désespoir en voyant tuer celui qu'elle prenait pour Maurevailles, s'était précipitée par la fenêtre pour mourir avec lui, et était tombée près de lui, mêlant son sang au sien.

Ainsi la mort réunissait à Lacy celle que vainement il avait tant aimée dans la vie...

XXVII

L'HÉRITAGE

Tony, le baron, et les autres témoins de cette catastrophe étaient d'abord restés atterrés, puis s'étaient hâtés de porter secours à Réjane, mais tous leurs soins furent inutiles. La pauvre jeune fille était morte et bien morte.

—Quel épouvantable accident! dit Tony.

Le vieux baron, tout ému, réfléchissait.

—Un accident?... non, répondit-il. Dites plutôt une mort volontaire, de laquelle nous avons notre part de responsabilité. Nous n'avons pas songé à la présence de cette enfant, quand nous avons choisi cet endroit si rapproché de l'hôtel pour juger et condamner cet homme qu'à son costume elle a dû prendre pour Maurevailles qu'elle aime... Eh! mais, j'y songe! mon Dieu! quelle idée terrible!... Si nous nous étions trompés?... Si Lacy avait dit vrai!...

—Que voulez-vous dire? demanda Tony inquiet de ces exclamations.

—Que c'est Maurevailles qui venait ici depuis huit jours; que c'est lui que vous avez entendu parler d'amour à cette pauvre enfant dont le cadavre est là devant nous, et que, tandis que nous poursuivions Lacy, qui, peut-être, était réellement venu dans une bonne intention, le véritable séducteur nous échappait encore!...

—Oh! c'est impossible!

—C'est la vérité, je le sens maintenant. Mon Dieu! qu'avons-nous fait, ou plutôt qu'ai-je fait? Car c'est moi qui seul ai tout conduit! Que la responsabilité de ce malheur retombe sur ma tête! Fatale promptitude! Pourvu que, pour combler la mesure, le bruit des coups de feu n'ait pas épouvanté la marquise, déjà si éprouvée! Tony, courez. Que Joseph arrange au plus vite une fable et cache soigneusement, surtout à la malade, la mort de sa jeune sœur. Puis, enlevez le cadavre de la pauvre Réjane... Quant à celui-ci, les valets s'en occuperont.

Et, pour nous, continuons notre chasse. C'est le plus coupable de tous que nous allions laisser échapper. Et maintenant surtout, ajouta le vieillard avec un éclair dans les yeux, j'ai un terrible compte à régler avec lui.

Les recherches recommencèrent minutieuses à travers les buissons. Le baron avait deviné juste. Pendant qu'on poursuivait Lacy, Maurevailles, certain qu'on ne s'occupait pas de lui, avait brisé la porte du kiosque et était sorti dans le jardin.

En arrivant au vieux kiosque, on retrouva ses traces; la porte était arrachée et un lambeau de drap écarlate resté accroché à la rampe de l'escalier rustique.

C'était bien un Homme Rouge qui avait passé par là.

Or, Lavenay reposait dans sa tombe en Hollande, Lacy gisait à l'autre bout du jardin. C'était donc Maurevailles.

On l'aperçut d'ailleurs tout à coup sortant de la pénombre à deux cents pas plus loin.

Tout le monde courut vers lui; mais il avait disparu. Ah! Maurevailles connaissait bien les détours du parc. Il glissait comme une couleuvre entre les massifs sombres, n'apparaissant qu'à de rares intervalles, lorsqu'il lui fallait traverser des clairières ou des allées.

Vingt fois le baron et ses hommes le serrèrent de près et crurent le tenir; vingt fois, il disparut comme un démon au moment où ils étendaient les mains pour le prendre.

Si l'on eût osé tirer, le fugitif n'eût pas pu aller bien loin. Ne fût-ce qu'au jugé, les gardes l'auraient eu vite atteint. Mais la catastrophe récente avait rendu le baron prudent. Il ne voulait pas que de nouvelles détonations vinssent porter à la marquise de Vilers un coup peut-être mortel.

Aussi, vigoureux chasseur, devançait-il tout le monde, sondant les buissons un à un, jurant de ne pas laisser un pouce de terrain sans le fouiller afin de retrouver le Maurevailles.

Il venait de l'entrevoir, glissant le long d'une allée. Il y courut. En arrivant, il interrogeait l'espace du regard, quand tout à coup les gardes qui arrivaient le virent chanceler en poussant un cri de douleur.

Une épée lui avait troué le corps de part en part.

—Vous n'avez pas voulu vous battre avec moi, baron, dit une voix railleuse que les gardes reconnurent pour celle de Maurevailles, eh bien, je vous donne la mort des lâches... la mort par derrière.

Fous de colère, les braves gens oublièrent l'ordre qui leur avait été donné, et tirèrent vers l'endroit d'où était partie la voix.

Mais les balles allèrent s'aplatir sur un gros arbre qui faisait le centre du massif, et un ricanement sardonique répondit à la décharge.

Cette fois, le bandit s'échappait.

Aux coups de feu, pressentant un nouveau malheur, Tony accourait, après avoir confié le corps de Réjane aux femmes de la marquise.

Il revenait prendre part à la lutte, venger Réjane, s'il en était encore temps.

Hélas! il arriva juste pour recevoir les dernières volontés du baron.

En le voyant, M. de Chartille se souleva péniblement.

—Tony, dit-il, je vais mourir... Puisse ma mort suffire à expier celle que j'ai causée sans le vouloir tout à l'heure! Je ne regrette point la vie... j'ai assez vécu... Mais je regrette de ne pouvoir venger Réjane et punir le véritable auteur de sa mort... Cette mission, Tony, je te la confie, et pour cela... donne-moi mes tablettes, qui sont là... dans ma poche... Merci... Apportez une torche, je n'y vois plus... Soutenez-moi un peu...

Et, avec le stoïcisme dont il avait presque toujours fait preuve, le baron se mit à lire tout haut, en écrivant:

—«Je lègue à Tony, lieutenant aux gardes-françaises, toute ma fortune, pour en faire l'usage qu'il sait, ayant reçu mes volontés à ce sujet.

»Paris, ce 15 décembre 1746.

»ANTOINE, BARON DE CHARTILLE.»

—Et maintenant, dit-il, en tendant le papier à Tony, tu penseras aux braves amis... qui nous ont servis... là-bas; à tous... n'est-ce pas?... Tu n'oublieras pas le petit Goliath... Je lui ai promis... sa fortune...

En disant cela, le baron essaya de sourire, mais l'effort était au-dessus de ses forces, et ce fut avec une contraction nerveuse de la face qu'il râla:

—À boire... j'étouffe...

On s'empressa d'aller lui chercher un cordial. Un des laquais avait couru avertir un médecin. Mais avant son arrivée, le baron s'affaiblit de plus en plus, le docteur arriva, il secoua tristement la tête.

Le moribond surprit ce geste.

—C'est fini?... murmura-t-il... oui... adieu! La Rose, Pivoine, le Normand, n'oubliez pas!... ni toi, Tony... la vengeance... la vengeance...

Un flot de sang lui vint à la bouche.

Le baron de Chartille était mort...

XXVIII

RÊVE OU RÉALITÉ?

Voyons maintenant ce qui se passait au dehors.

Quel était donc l'homme au manteau rouge, à qui la pauvre Réjane avait remis l'enfant, et qui, aussitôt après, avait été arrêté par Goliath et sa troupe?

En voyant tomber entre ses mains l'inconnu qu'il surveillait depuis si longtemps, le nain s'était trouvé pris d'une joie immodérée.

La capture de l'enfant, sauvé, croyait-il, d'un grand danger, avait encore augmenté son contentement.

—Il n'y a que moi, il n'y a que moi, répétait-il en se frottant les mains. Je trouve tout, je sauve tout! Les autres ne me viennent pas à la cheville!

Pendant ce temps, l'Homme Rouge, solidement tenu par deux exempts, était conduit aux *Armes de Bretagne*, qui étaient devenues le quartier général.

Pour être plus libre, on avait (*de par le roi*, s'il vous plaît!) prié l'hôte d'aller se reposer et on avait laissé le soin du service à un jeune garçon à mine niaise et à cheveux rouges, qui répondait au nom harmonieux de Barrabas.

Barrabas, déjà fort ébahi du spectacle, tout nouveau pour lui, auquel il assistait, laissa tomber à terre le broc de vin qu'il tenait à la main, en voyant arriver un homme à manteau rouge ayant toute la mine d'un seigneur et conduit par deux exempts, derrière lesquels un troisième estafier portait avec toute la délicatesse possible un enfant nouveau-né.

—Seigneur Dieu! murmura le pauvre garçon, qu'est-ce que cela veut dire?

—Barrabas, tiens ta langue et ne gaspille pas le vin de ton patron! s'écria le nain avec arrogance. Allons, mon garçon, ouvre-nous la grande salle et tourne les talons!

Barrabas obéit; on entra dans la grande salle.

L'homme au manteau rouge regarda autour de lui d'un air méfiant.

—Pourquoi me conduisez-vous ici? demanda-t-il aux exempts qui le tenaient.

—Ce sont nos ordres.

—Eh bien, moi, dit l'homme avec hauteur, je vous donne celui de me conduire tout de suite à votre chef.

Ils haussèrent les épaules en gens habitués à pareilles choses et ne répondirent pas.

L'homme au manteau rouge frappa du pied avec impatience.

À ce bruit, l'enfant poussa un vagissement plaintif. Le prisonnier tressaillit et jeta un regard plein d'amour vers la faible créature que l'homme de police berçait dans ses bras avec une tendre gaucherie.

—Vous êtes père, monsieur? demanda-t-il avec douleur.

—Oui, dit l'exempt avec un sourire.

—Alors, au nom de vos enfants, je vous conjure d'avoir bien soin de celui-ci. Voulez-vous me permettre de l'embrasser?

Il avait la voix tremblante en demandant cela. Le policier, ému, interrogea Goliath du regard. Celui-ci secoua la tête.

—Il veut l'étrangler, peut-être, se dit-il.

L'homme au manteau rouge n'insista pas, mais son regard, plein d'une tendresse inquiète, se porta de nouveau vers l'enfant.

Goliath surprit ce regard.

—Il n'a pourtant pas la figure d'un mangeur d'enfants, celui-là!... se dit-il en se grattant la tête. Qui diable peut-il être? Je connaissais Lavenay, je connais Lacy, je connais Maurevailles... Auraient-ils fait une nouvelle recrue?...

L'enfant pleura de nouveau. L'Homme Rouge eut un mouvement instinctif pour s'élancer vers lui. Les deux exempts qui le gardaient laissèrent retomber leurs mains sur ses épaules.

—Oh! il est inutile de me si bien garder, dit-il avec un sourire triste, je ne songe pas à m'enfuir. Seulement, je regrette le temps qu'on perd en ce moment.

—Chacun a ses petites affaires, dit Goliath avec un sérieux qui contrastait avec son visage, et je crois qu'il s'en fait de grosses ce soir...

L'Homme Rouge le regarda avec surprise et retomba dans son impassibilité.

Le nain se remit à songer.

—En tout cas, se disait-il, celui-là n'a pas été recruté dans les gardes-françaises. J'y connais tout le monde et je n'ai jamais vu sa figure.

Mais pourquoi a-t-il un manteau rouge? Il n'y avait en dehors des trois que je connais que....

—Barrabas! s'interrompit-il en frappant tout à coup du poing sur la table, Barrabas, larron, suppôt d'enfer! un broc de ton meilleur vin!

Barrabas, de plus en plus étourdi, s'empressa d'obéir.

—Il faut boire, marmottait le nain en vidant son verre. C'est comme cela que je trouve tout, moi, et il faut que je trouve qui est cet homme!... Ah! der Teufel! c'est cela qui serait drôle si, cette fois, j'avais mis la main sur la trouvaille des trouvailles! Eh! parbleu oui! L'air mystérieux... cette tendresse... le manteau... Barrabas! deux brocs, trois brocs, dix brocs, mon fils!... et dépêchons-nous, nous sommes ici en noble compagnie!... Me ferez-vous l'honneur de boire avec moi, monsieur le marquis?

En disant cela, Goliath regardait fixement l'homme au manteau rouge. Celui-ci tressaillit.

—Est-ce à moi, dit-il, que?... Tu me connais donc?

—Eh! eh! cela dépend... Il y a marquis et marquis. Je vais vous dire, moi, je suis franc. Il y a des marquis que je déteste; il y en a que j'aime bien, comme par exemple celui dont l'hôtel est là, tout près de nous, et où il y a même une pauvre marquise qui s'ennuie bien sur son lit d'accouchée...

—Que tu dises vrai ou que tu mentes, peu m'importe! je n'ai plus rien à cacher à l'heure qu'il est. Je suis le marquis de Vilers!

Comment cela se fit, nous ne saurions le dire: mais au-dessus des brocs passa, comme s'il eût été lancé par un invisible tremplin, l'irrespectueux Goliath, qui vint tomber, les jambes et bras ouverts, contre la poitrine du marquis, qu'il embrassa dix fois avant que celui-ci eût pu s'en défendre.

À la fin, Goliath tomba à terre aussi vite qu'il avait sauté au cou du marquis.

—Vive la joie! s'écria-t-il, j'ai trouvé, j'ai trouvé... Décidément j'ai tout trouvé...

Et s'adressant aux exempts:

—Allons, camarades, la besogne est faite. Venez avec moi. Vous, monsieur le marquis, excusez ma joie impertinente; mais quand vous saurez qui je suis... On vous parlera de moi, allez!... Monsieur le marquis, reprenez votre cher enfant, que ce grand dadais-là porte cependant comme une mère nourrice. Venez à l'hôtel. On nous attend... À l'hôtel!

Il gambadait en disant cela. Le marquis étonné, mais voyant bien, à la joie du petit homme, qu'il avait affaire à un ami, prit l'enfant dans ses bras, l'abrita sous son manteau et se mit en marche avec les exempts.

Mais, à l'hôtel, un triste spectacle les attendait.

La mort de Réjane venait d'y causer une douloureuse stupéfaction. Les domestiques étaient terrifiés par tout ce qui venait de se passer. Ce fut à peine si, malgré la présence de Goliath, on fit attention aux nouveaux arrivants. Mais le nain avait la conscience de l'importance de sa découverte.

—Où est en ce moment le baron de Chartille? demanda-t-il en élevant la voix.

Les valets se regardèrent avec embarras.

—Ah ça! est-ce que vous ne m'entendez pas, ou bien êtes-vous muets? s'écria Goliath.

—Le baron?... dit avec hésitation un des valets... le baron?... Il est mort!...

—Mort, mon maître! s'écria le nain.

—Mort, Chartille! répéta Vilers.

—Miséricorde! monsieur le marquis qui reparaît!... dit une des suivantes en reconnaissant Vilers.

—Mais, comment est-il mort?... Voyons, parlez! parlez! dit le marquis avec impatience.

—Assassiné, dans les jardins!...

—Oh! courons, courons!

L'arrivée du marquis avait porté le comble au désarroi de l'hôtel. L'enfant enlevé, le prétendu ravisseur exécuté dans le jardin, après une chasse folle, Réjane mourant près de lui, le baron de Chartille assassiné, enfin le marquis de Vilers reparaissant avec l'enfant: tout cela faisait perdre la tête aux braves gens, qui se croyaient le jouet d'un cauchemar.

La nouvelle du retour du marquis se répandit rapidement. Le vieux Joseph arriva, pâle d'émotion.

—Ah! mon bon maître, quelle joie après tant de chagrins!... Cette pauvre mademoiselle, ce pauvre monsieur le baron!... Mon Dieu! mon Dieu!... Il faut bien que vous reveniez pour nous empêcher de mourir de désespoir... Venez, venez vite... Ah! que madame va être heureuse!...

Mais, avant d'être époux, Vilers se montra ami fidèle.

—Conduis-moi d'abord, dit-il, auprès du cadavre du baron.

Joseph obéit et le marquis se rendit auprès du corps inanimé de celui qui, en son absence, avait été le vaillant défenseur de sa famille.

Il plia le genou et déposa un baiser sur le front pâle du mort. Puis il se releva.

Si pénible qu'eût été la mort du baron et celle de Réjane, le retour du marquis bien portant et ramenant l'enfant, dont on avait voulu se faire une arme contre sa femme, avait amoindri cette double douleur. La figure grimaçante de notre ami Goliath pouvait seule se prêter à la reproduction des pensées qui se partageaient son cerveau. Il pleurait d'un oeil et riait de l'autre en disant:

—Ce pauvre baron, qui avait la main si largement ouverte... C'est égal, j'ai trouvé le marquis, moi! Et cette malheureuse jeune fille, quelle triste fin!... Ah! si j'avais été là! Mais je ne pouvais pas être en double, hélas!... Moi, je sauvais l'enfant....

La difficulté, avec tout cela, était de prévenir la marquise du retour de son mari... Si on eût écouté le nain et Joseph, on eût fait entrer carrément le baron; ils prétendaient que le bonheur ne pouvait pas faire de mal. Mais Vilers et

Tony ne l'entendaient pas ainsi. Ils savaient combien la marquise était impressionnable. Il fallait éviter une émotion qui aurait pu la tuer.

Tony se chargea de la tentative.

Recommandant à tout le monde de bien se garder de parler du marquis, il entra—son dévouement, qui avait presque fait de lui le frère d'Haydée, lui en donnait le droit—dans la chambre de l'accouchée.

La marquise fut heureuse de le voir.

—Je venais, madame, lui dit-il, savoir si le bruit qui s'est fait cette nuit autour de l'hôtel ne vous a pas épouvantée.

—Oh! monsieur Tony, vous ne me croiriez pas si je vous disais que je n'ai rien entendu tant j'ai dormi!...

—Dormi!... est-ce possible?

—Oui, et j'ai fait un bien beau rêve. Imaginez-vous, mon bon ami, que je rêvais qu'IL était là et pour toujours, cette fois...

Tony tressaillit. Haydée avait-elle donc eu un pressentiment?

Il saisit l'occasion au vol.

—Oh! madame, dit-il gaiement, ce n'est pas bien: vous voulez rire de moi...

—Rire de vous? et comment?

—En me contant comme un rêve une réalité. Je sais bien que vous avez vu le marquis; après une si longue absence, il était bien naturel que sa première visite fût pour vous...

—Comment, sa visite? Serait-il donc vrai?... Il serait ici?...

—Puisque vous l'avez vu!...

—En rêve seulement, hélas!

—Ne vous moquez donc pas de moi!

—Tony, je vous jure que c'était un rêve.

—Et moi, je vous jure, madame, que c'était une réalité.

—Oh! mais, ne dites pas cela! Ne me donnez pas une fausse joie... Tony, la désillusion, après, serait trop douloureuse...

—Eh! trompe-t-on une accouchée? Non, madame, je ne vous mens pas. Peut-être, par une étrange erreur de l'imagination, avez-vous pris pour une illusion la plus douce des vérités? Ce serait à donner envie à M. le marquis de retourner où il était...

—Oh! ne dites pas cela.

—Alors, ne niez plus!... Vous deviez pourtant être heureuse?

—Pensez donc! Le revoir, juste au moment où je puis lui montrer mon fils!...

—Qu'il aime bien déjà...

—Il le connaît donc?

—S'il le connaît? Chaque fois que l'enfant pleure, c'est le marquis qui se lève et qui le berce... Comment pouviez-vous dire que c'était en rêve que vous aviez revu votre époux? Il m'a dit lui-même que votre conversation avait duré plus de trois heures...

—C'est vrai... Mon Dieu!... comment me suis-je trompée ainsi, dit la jeune femme tout à fait convaincue. Mais lui, où est-il en ce moment? Dort-il?

—Non, je crois l'entendre dans la chambre voisine... Il promène sans doute son fils...

—Ah! dites, dites-lui vite de venir m'embrasser encore une fois.

Tony, tout à fait rassuré sur les conséquences de l'entrevue, s'élança pour appeler le marquis. Mais celui-ci,—qui, ayant suivi toute la conversation, de la pièce voisine, avait rapidement enlevé son manteau, ses grosses bottes et son épée, et jeté son chapeau au loin,—arrivait, vêtu comme on l'est chez soi. Surmontant l'émotion qui lui serrait la gorge, il dit avec une gaieté factice:

—Vous embrasser? Une fois et dix fois, si vous le désirez, madame!

La marquise poussa un cri de joie et lui entoura le cou de ses deux bras.

—Crois-tu, dit-elle en riant, que tout à l'heure encore, j'avais cru que ton retour n'était qu'un rêve? Mais je ne m'abuserai plus maintenant! Je suis heureuse, bien heureuse....

—Chère Haydée! disait Vilers, dont les yeux étaient humides d'émotion et de bonheur.

—Repose-toi, mon ami. Il est tard. Va auprès de notre enfant... de ton fils... car il est à toi. Tu en feras un beau et loyal soldat comme toi... Il aura Tony pour modèle...

—Je ne saurais en effet lui en offrir un meilleur, dit le marquis en tendant la main au jeune homme, tout rouge et tout confus de cet éloge.

—Maintenant, ami, je t'en prie, va te reposer... Moi, je vais reprendre mes beaux rêves.

Vilers et Tony prirent congé de la marquise. Il n'y avait plus, de ce côté-là, aucune imprudence à redouter.

Mais, au lieu de se reposer, le marquis voulut aller veiller auprès du corps du baron de Chartille, et cela au grand désappointement des gardes-françaises qui avaient espéré savoir comment le marquis, échappé à la mort, était arrivé si justement à temps pour sauver son fils.

XXIX

CHEZ M. DE MARVILLE

Cependant on n'en avait pas fini avec les événements de cette terrible nuit. Il fallait maintenant trouver moyen de raconter d'une façon plausible la mort des trois victimes.

Pour le baron de Chartille et pour Réjane, la fable était toute faite: Profitant de l'embarras que causait dans l'hôtel l'accouchement de la marquise, des voleurs s'y étaient introduits. Le baron avait imprudemment couru seul après eux et avait été assassiné. Réjane, attirée par le bruit, s'était penchée à sa fenêtre, puis, épouvantée, avait perdu l'équilibre et était tombée dans le jardin.

Cela allait donc très bien. Mais Lacy?

Vilers et Tony se concertèrent et, d'un avis commun, se rendirent de grand matin chez M. de Marville, le lieutenant de police.

Celui-ci savait déjà par ses exempts une grande partie des événements de la nuit. Il s'attendait donc à cette visite. Après les premiers compliments, Vilers dut lui expliquer sa réapparition.

C'était, du reste, bien facile.

Prévoyant de nouvelles trahisons de la part des Hommes Rouges, Vilers, profitant de ce qu'on le croyait mort, s'était caché pour mieux les surveiller. Il s'était mis à les suivre pas à pas, revêtant cent déguisements pour pouvoir chaque jour les voir sans être reconnu. Tantôt paysan, tantôt soldat, quittant la casaque de mousquetaire pour revêtir la pelisse du hussard, laissant l'habit galonné pour le sarreau de toile, il ne les avait pas abandonnés un seul jour. Il était là quand le baron de Chartille avait tué Lavenay; il était à deux pas des exempts, sur la route de Vincennes, prêt à intervenir, dans le cas d'une attaque de vive force. Il était là quand Maurevailles et Lacy s'étaient querellés, et c'était grâce à des lambeaux de leur conversation saisis de distance en distance, qu'il avait pu arriver à temps pour jouer ce rôle si providentiel.

—Et maintenant, dit-il à M. de Marville, nous avons de nouveau recours à votre aide qui ne nous a jamais fait défaut pour couvrir d'un éternel secret tous les événements de cette affreuse nuit.

—Ma foi, dit le lieutenant de police en réfléchissant, votre histoire, quant au baron et à mademoiselle Réjane, me semble admirablement trouvée et je ne vois pas pourquoi, au nombre des victimes assassinées par les bandits inconnus, vous ne joindriez pas M. de Lacy, *venu au secours de son ami, le vieux baron.*

—Ce serait à merveille, objecta le marquis, mais Maurevailles?...

—Croyez-vous donc que ce misérable osera reparaître?

—Qui sait? Avec son audace habituelle, il est capable d'avoir été déjà trouver le colonel duc de Biron, qui ne sait rien des événements passés, et de lui avoir raconté à sa façon tout ce qui est arrivé...

—Songez que ce sont des gardes-françaises qui ont tué Lacy, leur officier, et que, quoi que nous puissions faire en leur faveur, il y va pour eux du conseil de guerre...

—S'il osait les accuser, s'écria impétueusement Tony, je lui passerais mon épée au travers du corps!...

—Et vous subiriez également le conseil de guerre, car Maurevailles est capitaine et vous n'êtes que lieutenant. Non, mon cher Tony, ne songeons point aux moyens violents. Nous n'avons plus là pour nous comprendre et nous protéger le bon marquis de Langevin. M. de Biron est féroce en ce qui concerne la hiérarchie et ne vous pardonnerait pas ce duel avec votre supérieur.

—Que faire alors? dit Tony avec découragement.

—Attendez donc, fit le lieutenant de police qui frappa sur son timbre.

La bonne figure de M. de La Rivière se montra.

—La Rivière, dit M. de Marville, vous savez de quoi nous nous occupons?...

L'exempt sourit avec satisfaction et fit un signe affirmatif.

—Eh bien, il faudrait tâcher de savoir où est en ce moment et ce que fait M. de Maurevailles.

La Rivière se mit à rire en se frottant les mains.

—Si monseigneur y tient absolument, dit-il, on fera son possible pour le satisfaire; mais ce sera dur, car, au train dont il va, M. de Maurevailles ne sera pas facile à rejoindre...

—Que voulez-vous dire? s'écrièrent à la fois le lieutenant de police, Vilers et Tony.

—Que, vers quatre heures du matin, le chevalier a été vu, à cheval, galopant sur la route d'Allemagne, et qu'il y a tout lieu de croire qu'il quitte la France et qu'on ne le reverra plus car, chez lui, il a fait maison nette avant de s'en aller.

—Tout va parfaitement alors, dit M. de Marville, et j'ai, ma foi, bien envie de charger le fugitif de tous les crimes dont il est, en réalité, la cause... En tout cas, vos soldats n'ont rien à craindre; Maurevailles ne les accusera pas...

Vilers et Tony remercièrent avec effusion le lieutenant général et se retirèrent pour aller à l'hôtel, où un triste et pieux devoir les réclamait.

Le brave et bon baron de Chartille, en effet, avait fait à Vilers et à Tony, alors qu'il les croyait morts, un trop beau service, pour qu'ils ne lui rendissent pas le même honneur.

Le corps du baron, placé sur un char funèbre, fut traîné par quatre chevaux jusqu'à Saint-Germain où ses ancêtres étaient enterrés.

Le même jour, on enleva de l'hôtel le corps de Réjane, qui fut porté à l'église Saint-Louis.

On s'arrangea de façon à ce qu'aucun bruit des cérémonies ne vint troubler la marquise dans sa chambre d'accouchée. Aux questions qu'elle fit au sujet de sa soeur, on répondit que Réjane était fort souffrante et ne pouvait descendre de sa chambre. Vilers, d'ailleurs, était là et son absence avait été assez longue et assez douloureuse pour que le bonheur de le revoir fît un peu oublier tout le reste à sa femme.

Ce ne fut que lorsqu'il y eut impossibilité absolue d'empêcher la marquise de monter qu'on dut lui avouer la vérité; Ce fut pour elle une révélation bien douloureuse; mais toute douleur ne s'éteint-elle pas entre un enfant qui grandit et un mari retrouvé?...

Tony, qui venait chaque jour à l'hôtel de Vilers, trouva un moyen excellent d'y remplir en partie le vide fait par la mort de Réjane. Il amena à Mme de Vilers celle qui déjà lui avait prodigué ses consolations en une bien grave circonstance, Bavette, la fille de maman Nicolo.

Pendant ce temps-là, Pivoine, le Normand et La Rose, qui d'abord, malgré la protection du marquis de Vilers et de M. de Marville, avaient eu grand'peur que la vérité ne fût connue du duc de Biron et qu'on ne leur fît payer cher, à eux pauvres diables, leur expédition nocturne contre Lacy, complètement rassurés maintenant, passaient gaiement leurs journées, grâce aux libéralités de Tony, qui ne leur ménageait pas l'or que lui avait laissé le pauvre baron.

C'est que Tony était riche, en effet. La Providence, qui n'avait pas donné au marquis de Langevin le temps de laisser sa fortune à son petit-fils, avait réparé cet oubli en inspirant cette pensée au baron de Chartille.

Notre ami Tony possédait bel et bien quatorze beaux millions au soleil, sans compter le château de Saint-Germain. Il ne tenait qu'à lui de devenir un personnage; il eût pu vivre en grand seigneur, quitter le service, s'anoblir en achetant «une savonnette à vilain» comme on disait alors. Mais il se souciait bien de tout cela! Non! Le régiment, c'était sa famille; il ne voulait d'autre nom, d'autres titres que ceux qu'il avait conquis; il n'était ni marquis, ni comte, il était «le lieutenant Tony» et cela lui suffisait. Deux choses seulement troublaient sa tranquillité.

D'abord le souvenir de Maurevailles, auquel il avait voué une haine sans borne. Quand ce nom, par hasard, était prononcé à l'hôtel de Vilers, le marquis et Tony mettaient tous deux à la fois la main sur la garde de leur épée.

—Ce misérable, s'écriait Vilers, nous a volé sa mort. Ah! qu'il revienne, je n'ai plus que lui pour adversaire, et le ciel est de mon côté.

—Non pas, disait Tony, vous n'avez pas le droit de le tuer. Il m'appartient. J'ai à venger la mort du baron de Chartille...

Un autre souvenir aussi tenait au coeur de Tony, mais celui-là, il le gardait pour lui: c'était celui de Bavette.

Il revoyait souvent la jeune fille à l'hôtel de Vilers et son amour se ravivait de plus en plus.

Seulement, depuis la façon dont Tony avait baissé les yeux devant elle en entrant chez maman Nicolo, le jour de sa réapparition, la jeune fille avait un serpent dans le coeur, et de son côté Tony, honteux de ce qu'il avait fait, n'osait plus reprendre les douces causeries d'autrefois.

Il lui fallait cependant ou renoncer à elle—et il n'en avait pas le courage—ou en finir avec cette situation en la demandant en mariage à maman Nicolo. C'est ce qu'il n'hésita pas à faire.

Maman Nicolo bondit de joie, mais l'envoya à l'hôtel de Vilers vers Bavette qui, digne et fière:

—Monsieur Tony, dit-elle, vous savez bien que vous n'avez plus le droit de m'aimer!

Pour tous, ces paroles se rapportaient à la différence de position qu'il y avait entre Tony, officier et riche, et la fille d'une vivandière. Mais notre héros seul en comprit le véritable sens, car il mit la main sur son coeur en murmurant:

—C'est vrai... elle a raison!...

Il venait de penser à la pauvre Toinon, chez qui s'achèvera cette histoire, de même qu'elle y a commencé.

Si depuis longtemps nous ne parlions plus de mame Toinon, c'est qu'on ne la voyait plus guère. La pauvre délaissée se cachait en effet, et elle avait pour cela de bonnes raisons.

Tony, repoussé si dignement par Bavette, se souvint qu'il avait une consolatrice toute naturelle et toute trouvée, une amie qui saurait mettre le meilleur baume sur son coeur.

Il courut rue des Jeux-Neufs.

Nous devons avouer que sa vie ayant été fort remplie dans ces dernières semaines, il y avait longtemps qu'il n'avait fait de visite à son ancienne protectrice. Mais il la savait si bonne qu'il ne doutait pas d'obtenir son pardon, surtout en lui racontant tout.

Il accourut donc vite à la maison où il avait passé son enfance.

Il fut bien surpris, en tournant le coin de la rue, de voir toutes les fenêtres fermées.

Il entra cependant.

XXX

CHEZ MAME TOINON

La première personne qu'aperçut Tony fut la grincheuse Babet, qui le regarda de travers.

—Ah! vous voilà enfin, vous, le beau seigneur grommela-t-elle. Peste! depuis que vous êtes dans les grandeurs, vous devenez rare. Morguenne, vous n'étiez pas si fier autrefois...

—C'est bon, c'est bon, ma brave Babet,—dit le jeune homme, habitué aux humeurs farouches de la digne femme,—où est mame Toinon?

—Mame Toinon, elle vous attend, la pauvre chère âme... Elle vous attend même depuis bien des jours...

Il entra. Quelle ne fut pas sa surprise en voyant mame Toinon assise, brodant de ses mains les rideaux d'un berceau!

Elle se leva à son approche. Il la regarda et comprit.

—Toinon, dit-il timidement, c'est moi; me pardonnerez-vous?

—Vous pardonner? dit la pauvre femme, avec un triste sourire. Qu'ai-je à vous pardonner, Tony?

—J'ai été longtemps sans venir... mais, lorsque je vous aurai expliqué...

—N'expliquez rien, mon ami. Je ne vous attendais plus... Je vous remercie de venir me prouver que vous ne m'avez pas oubliée...

—Oh! non, jamais!...

—Toute ma vie je vous bénirai de ce bon mouvement...

—Écoutez... s'écria le jeune officier, écoute, Toinon!... car nous ne nous disions pas *vous*, il y a quelques mois, et je ne sais pourquoi ce ton de froideur s'est mis entre nous. Toinon, ma bonne Toinon, tu vas être mère... mère d'un fils qui m'appartient... Eh bien, je suis riche, immensément riche... Le pauvre baron de Chartille, en mourant, m'a fait son héritier... Marions-nous!...

Mais la jeune femme secoua la tête.

—Jamais, dit-elle doucement, jamais, Tony. Est-ce qu'une pauvre femme comme moi épouse un gentil fils de seigneur comme toi? Vois comme tout te sourit... Je ne voudrais point enrayer ta carrière... Va, n'aie aucun remords, je ne t'en veux point; au contraire, je te suis profondément reconnaissante de ce que tu viens de dire là. Je ne te demande qu'une faveur, qu'une grâce, laisse-moi ton enfant...

—Mon enfant?...

—Je l'élèverai noblement, je te le jure... je le ferai digne de toi... mais je veux l'élever, comme je t'ai élevé toi-même, et le garder jusqu'à l'âge où la vie commence... Je te le donnerai alors et je te promets que je m'y prendrai de façon qu'il nous estime et nous aime l'un et l'autre.

Tony hésitait. Le sacrifice de la jeune femme, perdant ainsi sa réputation, lui paraissait si grand qu'il n'osait le lui laisser accomplir. À la fin, vaincu par son air suppliant:

—Puisque tu le veux, dit-il, puisque tu en fais la condition de ton bonheur... soit, garde-le donc, cet enfant! Mais permets-moi toujours de me rappeler que je suis son père!

Et il se retira, pensif et morne.

—Allons, dit-il, puisque tout le monde le veut, je n'aurai donc plus qu'une maîtresse, qu'un amour: la France!... Jusqu'à ce que Bavette change d'idée... ne put-il s'empêcher de penser en retrouvant un sourire.

Et Goliath?

Attablé chaque jour, soit à la cantine des gardes-françaises, soit au cabaret de maman Nicolo, pour qui il a toujours conservé un faible, le petit homme, la bourse gonflée, paye à boire, non seulement à ses amis, Pivoine, La Rose et le Normand, mais encore à tous les autres gardes qui veulent bien l'honorer de leur amitié, et nous devons dire qu'ils sont nombreux.

Toutefois, le plus assidu de ses commensaux est sans contredit le sergent Pivoine, qui s'est épris d'une véritable amitié pour le nabot, auquel il a persuadé d'apprendre l'escrime, dans l'espérance que «cela le fera grandir».

Après chaque séance, ils vident bouteille sur bouteille, et Goliath dit à Pivoine:

—Buvons... Le vin éclaircit les idées. C'est par le vin que j'ai tout trouvé... Si le Maurevailles n'ose pas revenir en France, c'est parce qu'il me connaît trop bien. En buvant toujours, je trouverai un de ces soirs... le moyen de marier au plus tôt notre brave officier avec la fille de maman Nicolo, dont le vin est si bon.

—Amen, répond Pivoine de sa voix étranglée[1].

FIN

Note 1:

Ce roman avait été interrompu par la mort inopinée de M. Ponson du Terrail. Deux jeunes écrivains d'avenir, MM. Charles Chincholle et Georges Grison, amis de l'auteur, ont été chargés, par sa veuve, de revoir et de terminer cet ouvrage d'après le plan qu'il avait tracé, et ils se sont acquittés de cette tâche délicate avec le soin et le talent que le lecteur a pu constater.

(NOTE DE L'ÉDITEUR.)